Business

English-Polish/ ...ɪɪ-English

First Published in Great Britain 1998

published by
Peter Collin Publishing Ltd
1 Cambridge Road, Teddington, Middlesex, TW11 8DT

Business Glossary Text
© Copyright P.H. Collin 1998

British Library Cataloguing in Publications Data

A Catalogue record for this book is available from the British Library

ISBN 0-948549-46-7

Text computer typeset by PCP
Printed and bound in Finland by WSOY

Cover illustration by Gary Weston

Preface

This glossary is for any business person or traveller who needs to deal with a foreign business language. It contains over 5,000 essential business terms with clear and accurate translations.

How to use this glossary

This glossary is aranged in two main sections. The first lists English terms with a Polish translation, the second half lists Polish terms with equivalent English translation.

Throughout the Business Glossary we have used a number of abbreviations:

adj	przymiotnik (przym.)	adjective
adv	przysłówek	adverb
f	rodzaj żeński	feminine
fpl	rodzaj żeński liczba mnoga	feminine plural
m	rodzaj męski	masculine
mpl	rodzaj męski liczba mnoga	masculine plural
n	rzeczownik; rodzaj nijaki	noun; neuter
npl	rodzaj nijaki liczba mnoga	neuter plural
v	czasownik	verb

Słowo wstępne

Niniejszy glosariusz jest przeznaczony dla ludzi interesu oraz dla podróżujących, którym będzie potrzebna terminologia interesu w języku obcym. Glosariusz zawiera przeszło 5,000 podstawowych terminów z różnych dziedzin ekonomii z jasnym i dokładnym ich tłumaczeniem.

Wskazówki dla korzystających z glosariusza

Glosariusz jest podzielony na dwie części. Pierwsza zawiera terminologię w języku angielskim z tłumaczeniem na język polski, a w drugiej części zawarte są terminy w języku polskim z ich odnośnikami w języku angielskim.

W glosariuszu występują następujące skróty:

adj	przymiotnik (przym.)	adjective
adv	przysłówek	adverb
f	rodzaj żeński	feminine
fpl	rodzaj żeński liczba mnoga	feminine plural
m	rodzaj męski	masculine
mpl	rodzaj męski liczba mnoga	masculine plural
n	rzeczownik; rodzaj nijaki	noun; neuter
npl	rodzaj nijaki liczba mnoga	neuter plural
v	czasownik	verb

Czasowniki polskie podawane są głównie w czasie niedokonanym, ale występują również w czasie dokonanym, w zależności od kontekstu tłumaczonych wyrażeń i zwrotów.

English-Polish
Angielsko-Polski

Aa

A1 pierwszorzędne *albo* pierwszej jakości

abandon an action zaniechać działanie *albo* odstąpić od powództwa

abandon zaniechać *albo* porzucić

abatement obniżka (f) *albo* bonifikata (f)

abroad zagranica (f)

absence nieobecność (f) *albo* absencja (f)

absent nieobecny

absolute monopoly monopol (m) absolutny

accelerated depreciation przyspieszona deprecjacja (f) *[amortyzacja]*

accept (v) *[agree]* uznawać *albo* zgadzać się

accept (v) *[take something]* przyjąć *albo* zaakceptować

accept a bill przyjąć weksel *albo* zaakceptować weksel

accept delivery of a shipment przyjąć dostawę przesyłki

accept liability for something zaakceptować odpowiedzialność za coś

acceptable dogodne *albo* możliwe do przyjęcia

acceptance of an offer zaakceptowanie oferty

acceptance sampling statystyczna kontrola jakości towaru *[przez pobieranie próbek]* przy przyjęciu

acceptance akceptacja (f) *albo* zgoda (f) *albo* akcept (m)

accommodation address adres (m) grzecznościowy

accommodation bill weksel (m) grzecznościowy

according to stosownie do *albo* zgodnie z

account executive referent (m) prowadzący rachunki klientów

account for wyliczać się *albo* wytłumaczyć

account in credit konto (n) z saldem dodatnim

account on stop konto (n) zablokowane

account konto (n) *albo* rachunek (m) *albo* raport (m)

account: on account na koncie

accountant księgowy (m) *albo* rewident (m)

accounting księgowość (f) *albo* rachunkowość (f)

accounts department wydział (m) księgowości

accounts payable rachunek (m) "wierzyciele"

accounts receivable rachunek (m) "dłużnicy"

accrual of interest przyrost (m) odsetek *albo* przyrost (m) procentu

accrual przyrost (m) *albo* kwota (f) narosła

accrue rosnąć *albo* gromadzić się

accrued interest narosłe odsetki (fpl)

accumulate akumulować *albo* gromadzić

accurate dokładny *albo* ścisły

acknowledge receipt of a letter potwierdzać odbiór listu

acknowledgement potwierdzenie (n)

acquire a company nabyć przedsiębiorstwo *albo* nabyć spółkę

acquisition zakup (m) *albo* nabycie (n)

across-the-board dotyczące wszystkich *[bez wyjątku]*

act (v) *[do something]* czynić *albo* robić

act (v) *[work]* działać *albo* funkcjonować

act of God dopust boży (m)

acting manager pełniący funkcje dyrektora

acting pełniący obowiązki

action *[lawsuit]* pozew (m)

action *[thing done]* działalność (f) *albo* czynność (f)

action for damages wytaczać proces o kompensatę za szkody

actual faktyczny *albo* istotny

actuals towary (mpl) loco (mpl)

actuarial table tablica (f) statystyki ubezpieczeniowej

actuarial tables tablice (fpl) statystyk ubezpieczeniowych

actuary aktuariusz (m) *albo* rachmistrz (m) ubezpieczeniowy

ad valorem tax podatek (m) od wartości

ad valorem cło (n) *[taryfa celi]*

add on 10% for service dodawać 10% za obsługę

add up a column of figures dodawać kolumnę liczb

add dodawać *albo* doliczać

addition *[calculation]* dodawanie (n) *albo* sumowanie(n)

addition *[thing added]* dodatek (m)

additional charges dodatkowe opłaty (fpl)

additional premium dodatkowa stawka (f) ubezpieczeniowa *albo* dodatkowa premia (f)

additional dodatkowy

address (n) adres (m)

address (v) adresować

address a letter *albo* **a parcel** zaadresować list *albo* paczkę

address label nalepka (f) z adresem

address list lista (f) adresów

addressee adresat/-ka

adequate właściwy *albo* odpowiedni

adjourn a meeting odraczać zebranie

adjourn odraczać

adjudicate in a dispute orzec w postępowaniu sądowym

adjudication tribunal trybunał (m) sądowy

adjudication orzeczenie (n) sądowe *albo* wyrok (m)

adjudicator osoba wydająca orzeczenie

adjust dostosowywać *albo* regulować

adjustment regulacja (f) *albo* poprawka (f)

administration administracja (f)

administrative expenses koszty (mpl) administracyjne

administrative administracyjny

admission charge opłata (f) za wstęp

admission wstęp (m)

admit *[confess]* przyznać się

admit *[let in]* wpuszczać *albo* zezwalać na wejście

advance (adj) z góry *albo* wcześniej

advance (n) *[increase]* podwyżka(f)

advance (n) *[loan]* pożyczka (f)

advance (v) *[increase]* dać/dostać podwyżkę

advance (v) *[lend]* pożyczać

advance booking rezerwacja (f)

advance on account kredyt (m) kontokorentowy

advance payment zapłata (f) z góry *albo* zapłata przedterminowa

advertise a new product reklamować nowy produkt/towar

advertise a vacancy ogłaszać wolny etat

advertise reklamować *albo* ogłaszać

advertisement reklama (f) *albo* ogłoszenie (n) *albo* anons (m)

advertiser ogłaszający *albo* gazeta zawierająca ogłoszenie

advertising agency agencja (f) reklamowa

advertising budget budżet (m) reklamowy

advertising campaign kampania (f) reklamowa

advertising manager kierownik/dyrektor (m) reklamy

advertising rates taryfa (f) reklamowa *albo* stawka (f) reklamowa

advertising space miejsce (n) na reklamę

advertising reklamowanie (n)

advice note awizo (n) *albo* zawiadomienie (n) *albo* zlecenie (n) *[bankowe handlowe]*

advise *[tell what happened]* powiadamiać

advise *[what should be done]* radzić *albo* doradzać

adviser *albo* **advisor** doradca (m) *albo* konsultant (m)

affidavit oświadczenie pod przysięgą

affiliated przyłączony *albo* afiliowany

affirmative potwierdzający

afford pozwolać sobie *[na to żeby coś kupić]* *albo* dostarczać *[np. środki pieniężne]*

after-sales service serwis (m) po nabyciu

after-tax profit dochód/zysk (m) po opodatkowaniu

agency przedstawicielstwo (n) *albo* agencja(f)

agenda program (m) dnia/zebrania

agent *[representative]* agent/-ka *albo* ajent (m) przedstawiciel/-ka

agent *[working in an agency]* agent(m) *albo* ajent (m) *albo* pośrednik(m)

AGM (= annual general meeting) Doroczne Walne Zebranie

agree *[accept]* zgadzać się

agree *[approve]* aprobować *albo* akceptować

agree *[be same as]* być tego samego zdania

agree to do something porozumieć się aby coś zrobić

agree with *[be same as]* zgadzać się z

agree with *[of same opinion]* być tego samego zdania *albo* dzielić tę samą opinię

agreed price uzgodniona cena (f)

agreed uzgodniony *albo* postanowiony

agreement zgoda (f) *albo* porozumienie (n)

agricultural rolniczy *albo* rolny

aim (n) cel (m)

aim (v) dążyć do *albo* celować

air freight charges *albo* **rates** opłaty frachtu lotniczego *albo* taryfy frachtu lotniczego

air freight fracht (m) *[ładunek]* lotniczy

air letter list (m) lotniczy

air terminal terminal (m) *[miejsce odpraw pasażerów w ruchu lotniczym]*

air powietrze (n)

airfreight (v) przewozić frachtem lotniczym

airline linia (f) lotnicza

airmail (n) poczta (f) lotnicza

airmail (v) wysyłać/nadawać pocztą lotniczą

airmail sticker nalepka (f) lotnicza

airport bus autobus (m) lotniskowy

airport tax opłata (f) lotniskowa

airport terminal terminal (m) lotniskowy

airport lotnisko (n)

airtight packaging opakowanie (n) hermetyczne

all expenses paid wszystkie koszty pokryte

all-in price wszystko wliczone w cenę

all-in wszystko wliczone

allocate wyasygnować *albo* przeznaczać *[np.fundusze]*

allow *[agree]* zgadzać się

allow *[give]* udzielać *[np. zniżki, rabatu] albo* przeznaczać *[np. pieniądze na coś]*

allow *[permit]* pozwalać

allow 10% for carriage uwzględniać 10% kosztów transportu

allow for uwzględniać coś *albo* wziąć poprawkę na

allowance for depreciation odpis amortyzacyjny

all-risks policy polisa od wszelkiego rodzaju ryzyka

alphabetical order porządek (m) alfabetyczny

alter zmieniać *albo* modyfikować *albo* przerabiać

alteration zmiana (f) *albo* modyfikacja (f) *albo* przeróbka (f)

alternative (adj) alternatywny

alternative (n) alternatywa (f) *albo* wybór (m)

amend poprawiać

amendment poprawka (f) *albo* poprawa (f)

American (adj) amerykański

American (n) Amerykan -in/-ka

amortization amortyzacja (f) *albo* umorzenie (n)

amortize amortyzować *albo* umarzać

amount *[of money]* kwota (f) *albo* suma (f)

amount owing kwota (f) należna

amount paid suma/kwota (f) zapłacona

amount to wynosić

analyse *albo* **analyze** analizować *albo* badać

analyse the market potential analizować potencjał rynku

analysis analiza (f) *albo* badanie (n)

announce ogłaszać

announcement ogłoszenie (n) *albo* obwieszczenie (n)

annual accounts sprawozdanie/ zestawienie (n) roczne *albo* bilans (m) roczny

annual general meeting (AGM) Doroczne Walne Zebranie(n)

annual report roczny raport (m)

annual doroczny *albo* roczny *albo* coroczny

annually każdego roku *albo* co rok

answer (n) odpowiedź (m) *albo* rozwiązanie (n)

answer (v) odpowiadać

answer a letter odpisywać na list

answer the telephone odebrać telefon

answering machine automatyczna sekretarka (f)

answering service usługa automatycznego odbierania telefonu

antedate antydatować *albo* poprzedzać

apologize przepraszać

apology przeproszenie (n)

appeal (n) *[against a decision]* apelacja (f) *albo* odwołanie (n)

appeal (n) *[attraction]* urok (m)

appeal (v) *[against a decision]* apelować *albo* odwoływać się

appeal to (v) *[attract]* wywierać urok *albo* przypadać do gustu

appear pojawiać się *albo* figurować *[w księgach]*

appendix dodatek (m) *[np. do książki]*

applicant for a job ubiegający się o pracę *albo* petent (m)

application for a job wniosek/podanie o pracę

application form podanie (n)

application podanie (n) *albo* wniosek (m)

apply for *[ask for]* złożyć podanie o *albo* wnieść podanie o

apply for a job złożyć podanie o pracę

apply in writing zgłaszać się pisemnie

apply to *[affect]* odnosić się

appoint mianować *albo* obrać

appointment *[job]* etat (m) *albo* stanowisko (n)

appointment *[meeting]* spotkanie (n)

appointment *[to a job]* nominacja (f)

appointments book terminarz (m)

appointments vacant wolne etaty (mpl) *albo* wolne stanowiska (npl)

appreciate *[how good something is]* doceniać

appreciate *[increase in value]* zyskiwać na wartości

appreciation *[how good something is]* uznanie (n)

appreciation *[in value]* wzrost (m) wartości

appropriate (v) *[funds]* wyasygnowanie środków pieniężnych *[np. w budżecie]*

approval aprobata (f) *albo* zatwierdzenie (n)

approval: on approval do zaakceptowania *[towar wysłany wprzód]*

approve the terms of a contract zgadzać sie na warunki kontraktu

approximate przybliżony *albo* zbliżony

approximately około *albo* w przybliżeniu

arbitrate in a dispute orzekać w postępowaniu arbitrażowym

arbitration board *albo* arbitration tribunal rada (f) rozjemcza *albo* trybunał (m) rozjemczy

arbitration arbitaż (m) *albo* rozjemstwo (n)

arbitrator arbiter (m)

area *[of town]* dzielnica (f) *albo* strefa (f)

area *[region]* okręg (m) *albo* rejon (m)

area *[subject]* dziedzina (f) *albo* zakres (m)

area *[surface]* obszar (m) *albo* powierzchnia (f)

area code kod (m) pocztowy

area manager dyrektor (m) rejonu/okręgu

argument argument (m) *albo* spór (m)

arrange *[meeting]* zorganizować *[zebranie]*

arrange *[set out]* klasyfikować *albo* rozmieszczać

arrangement *[compromise]* układ (m)

arrangement *[system]* porządek (m) *albo* szyk (m)

arrears zaległości (mpl) *albo* długi (mpl)

arrival przyjazd (m) *albo* przylot (m)

arrivals dostawy (fpl)

arrive przyjechać *albo* przyjść *albo* przylecieć

article *[clause]* artykuł (m) *albo* paragraf (m)

article *[item]* artykuł (m)

articles of association *albo* articles of incorporation statut (m) stowarzyszenia *albo* statut (m) ukonstytuowania towarzystwa

articulated lorry *albo* articulated vehicle TIR (m) *albo* ciężarówka (f)

as per advice zgodnie z zawiadomieniem

as per invoice zgodnie z rachunkiem

as per sample według próbki/wzoru

asap (= as soon as possible) możliwie jak najszybciej

ask *[someone to do something]* poprosić

ask for *[ask a price]* zapytać o *albo* postawić cenę

ask for *[something]* poprosić o coś

ask for a refund żądać zwrotu pieniędzy

ask for further details *albo* particulars poprosić o dodatkowe detale *albo* szczegóły

ask pytać *albo* prosić

assembly *[meeting]* zgromadzenie (n) *albo* zebranie (n)

assembly *[putting together]* montaż (m)

assembly line taśma (f) montażowa

assess damages ustalać sumę odszkodowania

assess szacować *albo* wyceniać

assessment of damages ocena odszkodowania

asset value wartość (f) majątku

asset aktywa (f) *albo* majątek (m)

assets and liabilities aktywa i pasywa

assign a right to someone dokonać cesji *albo* przenieść uprawnienia

assignee cesjonariusz (m) *albo* beneficjant (m)

assignment *[cession]* cesja (f)

assignment *[work]* przydział (m) *albo* wyznaczenie (n) *[zadań, pracy]*

assignor cedent (m)

assist pomagać *albo* wspierać

assistance pomoc (m) *albo* wsparcie (n)

assistant manager wicedyrektor (m) *albo* zastępca (m) dyrektora/kierownika

assistant asystent (m) *albo* pomocnik (m)

associate (adj) stowarzyszony

associate (n) wspólnik (m) *albo* członek (m) stowarzyszenia

associate company przedsiębiorstwo (n) współdziałające

association stowarzyszenie (n) *albo* związek (m) *albo* zrzeszenie (n)

assurance company zakład (m) ubezpieczeń *albo* towarzystwo (n) asekuracyjne

assurance policy polisa (f) ubezpieczeniowa na życie

assurance ubezpieczenie (n) *[na życie]*

assure someone's life ubezpieczyć czyjeś życie

attach przywiązać *albo* przymocować

attack atakować *albo* napadać

attend to służyć *[komuś]* *albo* doglądać

attend uczęszczać

attention uwaga (f) *albo* troska (f)

attorney adwokat (m)

attract przyciągać *[czyjąś uwagę]* *albo* zwabiać

attractive salary atrakcyjne wynagrodzenie (m) *albo* atrakcyjna pensja (f)

auction (n) aukcja (f) *albo* licytacja (f) *albo* przetarg (m)

auction (v) licytować *albo* wystawiać na licytację

auction rooms dom (m) aukcyjny

audit (n) rewizja ksiąg

audit (v) przeprowadzać rewizję ksiąg

audit the accounts przeprowadzać rewizję rachunków/ksiąg

auditing przeprowadzanie rewizji ksiąg *albo* kontrola ksiąg

auditor rewident (m) księgowy

authenticate poświadczać *albo* uwierzytelniać

authority autorytet (m) *albo* władza (f)

authorization pełnomocnictwo (n) *albo* upoważnienie (n)

authorize *[give permission]* upoważniać

authorize payment upoważniać zapłatę

authorized upoważniony

availability dostępność (f) *albo* możność nabycia

available capital kapitał (m) płynny *albo* kapitał (m) do dyspozycji

available dostępne

average (adj) średni *albo* przeciętny

average (n) *[insurance]* odszkodowanie (n) awaryjne

average (n) wskaźnik (m) średniej/przeciętnej

average (v) obliczać średnią/przeciętną

average price cena (f) średnia/przeciętna(f)

avoid unikać

await instructions czekać na instrukcje

award (n) odszkodowanie (n) *albo* nagroda (f)

award (v) zasądzać *albo* nagradzać

award a contract to someone zlecać komuś kontrakt

Bb

back (n) grzbiet (m) *albo* odwrotna strona (f)

back orders zaległe zlecenia (n)

back payment zaległość (f)

back tax zaległy podatek(m)

back up *[computer file]* zapasowa kopia zbioru/pliku

back up *[support]* poparcie

backdate antydatować

backer sponsor (m)

backhander łapówka (f)

backing poparcie (n) *albo* poparcie finansowe (n) *albo* subsydiowana pomoc (f)

backlog zległości (fpl)

backup (adj) *[computer]* zapasowe *[kopie]*

backup copy kopia (f) zapasowa

backwardation deport (m) *albo* transakcja (f) deportowa

bad buy zły zakup (m)

bad debt dług (m) nieściągalny

bag torba (f) *albo* worek (m)

bail someone out zwalniać z więzienia za kaucją

balance (n) bilans (m) *albo* saldo (n) *albo* zestawienie (n) bilansowe

balance (v) *[a budget]* zrównoważenie dochodów i wydatków budżetu

balance (v) bilansować *albo* równoważyć

balance brought down bilans (m) podliczony *[do przeniesienia]*

balance brought forward *albo* **balance carrried forward** bilans (m) z przeniesienia *albo* bilans przeniesiony na drugą stronę

balance due to us saldo (n) debetowe *[ujemne]*

balance of payments bilans (m) płatniczy

balance of trade bilans (m) handlowy

balance sheet zestawienie (n) bilansowe *albo* rachunek (m) bilansowy *albo* bilans (m)

ban (n) zakaz (m)

ban (v) zakazywać

bank (n) bank (m)

bank (v) wpłacać *[na konto]*

bank account konto (n) bankowe

bank balance saldo (n) rachunku bankowego *albo* stan (m) konta

bank base rate stopa (f) dyskontowa

bank bill (GB) weksel (m) bankowy

bank bill (US) banknot (m)

bank book książeczka (f) oszczędnościowa

bank borrowings kredyty (mpl) bankowe

bank charges opłaty (fpl) za operacje bankowe *albo* prowizja (f) *[pobierana przez bank]*

bank credit kredyt (m) bankowy

bank deposits depozyty (mpl) bankowe

bank draft weksel (m) bankowy *albo* trata (f) bankowa

bank holiday święto (n) zwyczajowe

bank loan pożyczka (f) bankowa

bank manager dyrektor (m) banku

bank mandate mandat (m) bankowy

bank statement zestawienie (n) stanu rachunków

bank transfer przelew (m) bankowy

bankable paper papiery nadające się do obrotu bankowego

banker bankier (m) *albo* finansista (m)

banker's draft weksel (m) trasowany *albo* trata (f) bankowa

banker's order przekaz (m) bankowy

banking hours godziny (fpl) urzędowania banku

banking bankowość (f) *albo* operacje (fpl) bankowe

banknote banknot (m)

bankrupt (adj) niewypłacalny *albo* zbankrutowany

bankrupt (n) bankrut (m)

bankrupt (v) zbankrutować

bankruptcy bankructwo (n) *albo* upadłość (f)

bar chart wykres (m) słupkowy

bar code kod (m) kreskowy

bargain (n) *[cheaper than usual]* okazja (f)

bargain (n) *[deal]* korzystna transakcja (f) handlowa

bargain (n) *[stock exchange]* transakcja (f)

bargain (v) targować się *albo* ubijać interes

bargain offer okazyjna oferta (f)

bargain price okazyjna cena (f)

bargaining position mocne stanowisko w negocjacji

bargaining power siła (f) przetargowa

bargaining targowanie się *[ubijanie targu]*

barrier bariera (f) *albo* przeszkoda (f)

barter (n) handel (m) wymienny

barter (v) wymieniać *[towar na inny towar]* albo prowadzić handel wymienny

bartering prowadzenie (n) handlu wymiennego

base (n) *[initial position]* pozycja (f) wyjściowa *albo* podstawa (f)

base (n) *[place]* baza (f) *albo* miejsce (n)

base (v) *[in a place]* bazować *albo* stacjonować

base (v) *[start to calculate from]* bazować

base year rok (m) bazowy *[obliczeniowy]*

basic (adj) *[most important]* zasadniczy

basic (adj) *[simple]* prosty *albo* podstawowy

basic discount podstawowa bonifikata (f)

basic tax stawka (f) podstawowa podatku

basis podstawa (f) *albo* baza (f)

batch (n) *[of orders]* plik (m) *albo* seria (f) *albo* partia (f)

batch (n) *[of products]* partia (f) towaru *albo* transza (f) *albo* seria (f)

batch (v) grupować

batch number numer (m) partii towaru /serii

batch processing opracowanie (n) partii towaru

bear (n) *[stock exchange]* spekulant (m) grający na zniżkę

bear (v) *[carry]* nosić

bear (v) *[interest]* obciążać oprocentowaniem

bear (v) *[pay for]* ponosić koszty *albo* płacić

bear market bessa (f) *albo* rynek (m) o tendencji zniżkowej

bearer bond obligacja (f) na okaziciela

bearer okaziciel (m) *albo* posiadacz (m)

begin zaczynać

beginning początek (m)

behalf: on behalf of w imieniu

belong to należeć

below-the-line expenditure wydatek (m) poniżej wytycznej

benchmark baza *[statyst.]*

beneficiary beneficjent/-ka

benefit (n) zysk (m) *albo* korzyść (f)

benefit from (v) mieć z czegoś zysk

berth (n) kuszetka (f) *albo* koja (f) *albo* miejsce (n) do cumowania

berth (v) przycumować *albo* dać komuś miejsce do spania na statku

best (adj) najlepszy

best (n) najlepsza *[osoba/rzecz]*

best-selling car najchętniej kupowany samochód *albo* najbardziej pokupny samochód

bid (n) *[at an auction]* cena (f) oferowana

bid (n) *[offer to buy]* oferta (f) kupna

bid (n) *[offer to do work]* oferta (f) na wykonanie pracy

bid (n) *[offer to sell]* oferta (f) na dokonanie sprzedaży

bidder oferent (m) *albo* licytant (m)

bidding przetarg (m) *albo* zaproponowanie (n) zakupu *albo* zaoferowanie (n) ceny

bilateral dwustronny *albo* bilateralny

bill (n) (US) banknot (m)

bill (n) *[in a restaurant]* rachunek (m)

bill (n) *[in Parliament]* projekt (m) ustawy

bill (n) *[list of charges]* rachunek (m) *albo* zestawienie (n)

bill (n) *[written promise to pay]* weksel (m) *albo* trata (f) bankowa

bill (v) wystawiać rachunek

bill of exchange weksel (m) *albo* trata (f) bankowa

bill of lading konosament (m)

bill of sale dowód (m) dostawy/kupna

billing wystawienie rachunku *albo* fakturowanie

billion miliard

bills for collection rachunki (mpl) do ściągnięcia

bills payable weksle (mpl) do zapłacenia *["wierzyciele wekslowi"]*

bills receivable weksle (mpl) w porfelu *["dłużnicy wekslowi"]*

binding wiążący *albo* obowiązujący

black economy ekonomia (f) pracy na czarno

black list (n) czarna lista (f)

black market czarny rynek (m)

blacklist (v) wciągać na czarną listę *albo* umieszczać na indeksie

blame (n) wina (f)

blame (v) winić *albo* obwiniać

blank (adj) czysty *[niezapisany]*

blank (n) puste miejsce (n) *[na formularzu]*

blank cheque czek (m) in blanco

blister pack opakowanie (n) plastykowe pęcherzykowate

block (n) *[building]* blok (m) *albo* blok (m) mieszkaniowy

block (n) *[of shares]* pakiet (m) akcji

block (v) blokować

block booking rezerwacja (f) grupowa

blocked currency zablokowana waluta (f)

blue chip najwyższa jakość

blue-chip investments pierwszorzędna inwestycja (f) *albo* inwestycja najwyższej jakości

board (n) *[group of people]* rada (f) *albo* zarząd (m)

board (v) wsiadać *[np. na statek/do pociągu]*

board meeting zebranie zarządu *albo* obrady prezydium

board of directors dyrekcja (f)

board: on board na pokładzie

boarding card *albo* **boarding pass** karta wejścia na pokład samolotu

boardroom sala (f) narad

bona fide w dobrej wierze

bond *[borrowing by government]* obligacja (f)

bonded warehouse skład (m) celny

bonus issue emisja (f) dodatkowa

bonus premia (f) *albo* dodatek (m) *[za wydajność w pracy]*

book (n) księga (f)

book (v) zaksięgować *albo* zarezerwować

book keeper księgowy(m) *albo* buchalter(m)

book sales zbyt (m) towaru według księgi

book value wartość (f) księgowa

booking clerk urzędnik do robienia rezerwacji/przyjmowania zamówień

booking office biuro rezerwacji biletów *albo* biuro zamówień

booking rezerwacja(f)

bookkeeping księgowość (f) *albo* rachunkowość (f) *albo* buchalteria (f)

boom (n) hossa (f) *albo* ożywienie (n) gospodarcze

boom (v) szybko wzrastać *[o cenie i popycie]*

boom industry wysoka koniunktura danego przemysłu

booming ożywiony *albo* zwyżkujący *albo* prosperujący

boost (n) impet (m) *albo* pobudzenie(n)

boost (v) pobudzać *albo* reklamować

border tax adjustment sprostowanie podatku granicznego

borrow pożyczać *albo* zaciągać pożyczkę

borrower pożyczkobiorca (m)

borrowing power zdolność (f) kredytowa

borrowing zaciąganie pożyczki

boss (informal) szef (m)

boss kierownik (m) *albo* dyrektor (m)

bottleneck zator (m) *albo* korek (m) *[w ruchu ulicznym]*

bottom line saldo (n)

bottom dno (n)

bought (see BUY) zakupiony

bought ledger clerk referent (m) do robienia zapisów w księdze rachunkowej

bought ledger księga (f) rachunkowa

bounce *[cheque]* odmówić realizacji czeku

box number numer (m) skrytki pocztowej

boxed set zapakowany *[w skrzynię]* zestaw/komplet

boycott (n) bojkot (m)

boycott (v) bojkotować

bracket (n) *[tax]* klasa (f) podatku *albo* przedział (m) podatkowy

bracket together zgrupować *albo* ujmować coś w klamry

branch manager kierownik (m) oddziału

branch office oddział (filia) przedsiębiorstwa *albo* ekspozytura (f)

branch oddział (m) *albo* filia (f) *albo* branża (f)

brand image obraz (m)/wyobrażenie o danej marce handlowej na rynku

brand loyalty lojalność (f) w stosunku do znaku firmowego

brand name nazwa (f) firmowa *albo* znak (m) firmowy

brand new zupełnie nowy

brand klasa (f) *albo* marka (f) handlowa *albo* gatunek (m)

breach of contract naruszenie umowy

breach of warranty naruszenie gwarancji

break (n) przerwa (f) *albo* pauza (f)

break (v) *[contract]* zerwać kontrakt *albo* nie dotrzymać umowy

break an agreement zerwać umowę/porozumienie/kontrakt

break down (v) *[itemize]* wyszczególniać *albo* podać wszystkie pozycje *[spisu/rachunku]*

break down (v) *[machine]* zepsuć się

break down (v) *[talks]* przerwać rozmowy

break even (v) pracować na poziomie samowystarczalności

break off negotiations zerwać negocjacje

break the law łamać prawo

breakages stłuczki (fpl)

breakdown (n) *[items]* spis (m) *albo* wykaz (m)

breakdown (n) *[machine]* awaria (f)

breakdown (n) *[talks]* przerwanie rozmów

breakeven point próg (m) rentowności *[punkt równowagi przy którym przedsiębiorstwo nie ponosi strat i nie osiąga zysków]*

bribe (n) łapówka (f)

bribe (v) przekupić *albo* dać łapówkę

brief (v) pouczać *albo* odbywać odprawę

briefcase teczka (f) *albo* aktówka (f) *albo* dyplomatka (f)

bring a civil action wnieść powództwo/pozew/skargę do sądu

bring in przynieść

bring out wynieść *albo* wyprowadzać

bring przynieść

British brytyjski

brochure broszura (f)

broke (informal) bez grosza *albo* goły *albo* wypłukany z pieniędzy

broker makler (m) *albo* pośrednik (m)

brokerage *albo* **broker's commission** maklerstwo (n) *albo* kurtaż (m)

brown paper papier (m) opakowaniowy

bubble pack opakowanie (n) plastykowe pęcherzykowate

budget (n) *[government]* budżet (m) państwowy

budget (n) *[personal, company]* budżet (m)

budget (v) wyasygnować fundusze *albo* preliminować *[wydatki]*

budget account konto (n) kredytowe

budgetary control kontrola (f) budżetowa

budgetary policy polityka (f) budżetowa

budgetary budżetowy

budgeting sporządzanie budżetu *albo* planowanie finansowe

building society towarzystwo (n) budowlane

built-in wbudowane

bulk buying zakup hurtem

bulk shipments wysyłka (f) hurtowa

bulk wielka ilość (f) towaru

bulky duży i niezręczny *albo* zajmujący dużo miejsca

bull *[stock exchange]* spekulant (m) grający na zwyżkę

bull market rynek o tendencji zwyżkowej

bulletin biuletyn (m)

bullion bilon (m)

bureau de change kantor (m) *albo* wymiana walut

bus autobus (m)

business *[commerce]* handel (m)

business *[company]* przedsiębiorstwo (n) *albo* firma (f) *albo* interes (m)

business *[discussion]* sprawa (f)

business address adres przedsiębiorstwa *albo* adres firmy

business call telefon (m) w sprawach interesu *albo* wizyta (f) w sprawach interesu

business card wizytówka (f)

business centre centrum (m) handlowe

business class klasa (f) klubowa

business equipment sprzęt (m) biurowy

business hours godziny (fpl) urzędowania

business letter list (m) w sprawach interesu

business lunch obiad powiązany z rozmowami o interesach

business premises *albo* **commercial premises** lokale (mpl) handlowe *[sklepy i biura] albo* lokale (mpl) handlowe

business strategy strategia (f) interesu

business transaction transakcja (f) handlowa

business trip wyjazd (m) służbowy *albo* wyjazd (m) w sprawach interesu

business: on business w interesach

businessman *albo* **businesswoman** człowiek (m) interesu *albo* businessman *albo* businesswoman

busy zajęty

buy (v) kupować *albo* nabywać

buy back odkupić

buy for cash kupić za gotówką

buy forward kupować na termin

buyer *[for a store]* zaopatrzeniowiec (m)

buyer *[person]* klient/-ka

buyer's market rynek (m) nabywcy *albo* dobra koniunktura (f)

buying department dział (m) zaopatrzeniowy

buying kupno (n) *albo* zakup (m)

by-product produkt (m) uboczny

Cc

c.i.f. (= **cost, insurance and freight**) koszty, ubezpieczenie i fracht

c/o (= **care of**) list/wysyłka na adres

cable address adres (m) telegraficzny

calculate obliczać *albo* kalkulować *albo* szacować

calculation obliczenie (n) *albo* kalkulacja (f)

calculator kalkulator (m)

calendar month miesiąc (m) kalendarzowy

calendar year rok (m) kalendarzowy

call (n) *[for money]* żądanie zapłaty

call (n) *[phone]* rozmowa (f) telefoniczna

call (n) *[stock exchange]* wezwać do wpłaty za akcje

call (n) *[visit]* wizyta (f)

call (v) *[ask to do something]* żądać *[od kogoś, żeby coś zrobił]*

call (v) *[meeting]* zwołać *[spotkanie] albo* zarządzić *[spotkanie]*

call (v) *[phone]* zadzwonić

call box budka (f) telefoniczna

call off a deal odwołać transakcję

call rate oprocentowanie (n) pieniądza dziennego *albo* oprocentowanie wkładów a vista

callable bond obligacja (f) podlegająca przedterminowemu wykupowi

campaign kampania (f)

cancel a cheque anulować czek

cancel a contract unieważnić kontrakt/umowę

cancel odwołać *albo* anulować *albo* unieważnić

cancellation clause warunek (m) /klauzula (f) unieważnienia

cancellation of an appointment odwołanie spotkania

cancellation odwołanie (n) *albo* unieważnienie (n) *albo* anulowanie (n)

candidate kandydat/-ka

canvass werbować/zdobywać klientów, zamówienia *albo* zajmować się akwizycją

canvasser akwizytor/-ka

canvassing techniques technika zbierania zamówień *albo* sposoby akwizycji

canvassing zbieranie zamówień *albo* akwizycja (f)

capable of zdolny do

capacity *[ability]* zdolność (f)

capacity *[production]* wydajność (f)

capacity *[space]* objętość (f) *albo* ładowność (f) *albo* kubatura (f)

capacity utilization wykorzystanie (f) ładowności

capital account rachunek (m) kapitału

capital assets środki (mpl) trwałe

capital equipment wyposażenie (n) *[uzbrojenie]* kapitałowe

capital expenditure nakłady (mpl)
kapitałowe *albo* wydatki (mpl)
inwestycyjne

capital gains tax podatek (m) od
przyrostu wartości kapitału *[od
zysków z kapitału]*

capital gains przyrost (m) wartości
kapitału

capital goods środki (mpl) produkcji

capital loss strata (f) kapitału

capital kapitał (m) *albo* fundusze (mpl)
albo środki (mpl) pieniężne

capital-intensive industry przemysł z
dużym nakładem kapitału w
wyposażenie/sprzęt

capitalization of reserves kapitalizacja
(f) rezerw

capitalization kapitalizacja (f) *albo*
spieniężenie (n)

capitalize on wykorzystać daną sytuację

capitalize kapitalizować *albo* spieniężać
albo akumulować

captive market chłonny rynek (m)

capture ujmować *albo* zdobywać *albo*
zawładnąć

carbon copy kopia robiona przez kalkę

carbon paper kalka (f)

carbonless nie zawierający węgla

card *[business card]* wizytówka (f)

card *[material]* brystol (m) *albo*
karton (m)

card *[membership]* legitymacja (f) *albo*
karta (f) członkowska

card *[postcard]* pocztówka (f) *albo*
kartka (f) pocztowa

card index (n) kartoteka (f)

card phone telefon (f) na kartę

cardboard box pudło (n) tekturowe *albo*
karton (m)

cardboard tektura (f) *albo* karton (m)

card-index (v) sporządzać kartotekę

card-index file kartoteka (f)

card-indexing sporządzanie kartoteki

care of (c/o) list/przesyłka na adres

cargo ship statek (m) handlowy

cargo ładunek (m) *albo* towar (m) *albo*
fracht (m)

carnet *[document]* pozwolenie (n) na
tymczasowy import pojazdu do kraju

carriage forward dostarczyć fracht na
adres

carriage free transport (m) wolny od
opłaty

carriage paid transport (m) opłacony

carriage transport (m) *albo* przewóz
towarów *albo* fracht (m)

carrier *[company]* przewoźnik (m) *albo*
firma (f) przewozowa

carrier *[vehicle]* transporter (m)

carry *[approve in a vote]* przyjąć *[w
drodze głosowania]*

carry *[have in stock]* prowadzić *[mieć w
sklepie]*

carry *[produce]* produkować

carry *[transport]* przewozić

carry forward przenieść

carry on a business prowadzić interes

carry over a balance przenieść saldo

cartel kartel (m)

carton *[box]* pudło (n) tekturowe *albo*
karton (m)

carton *[material]* karton (m) *albo*
tektura (f)

case (n) *[box]* skrzynia (f)

case (n) *[suitcase]* walizka (f)

case (v) *[put in boxes]* zapakować w
skrzynie

cash (adv) gotówką

cash (n) *[money]* gotówka (f) *albo*
pieniądze (mpl)

cash a cheque zrealizować czek *albo*
zainkasować czek

cash account konto (n) kasowe

cash advance zaliczka (f)

cash and carry sprzedaż za gotówkę
loco siedziba dostawcy *[przewóz i
odbiór na koszt nabywcy]*

cash balance saldo (n) gotówkowe

cash book księga (f) kasowa

cash card karta (f) do pobierania
pieniędzy z bankomatu

cash deal transakcja (f) gotówkowa

cash deposit depozyt (m) gotówkowy

cash desk kasa (f)

cash discount *albo* **discount for cash**
rabat(m) *albo* rabat (m) przy zapłacie
gotówką

cash dispenser bankomat (m)

cash float gotówka (f) w kasie

cash flow forecast prognoza (f)
przepływu pieniądza

cash flow statement rachunek (m) /
zestawienie (n) przepływu pieniądza

cash flow przepływ (m) pieniądza

cash in hand gotówka (f)

cash offer oferta (f) dotycząca zapłaty
gotówką

cash on delivery (c.o.d.) opłata za pobraniem *[np. pocztowym]*

cash payment zapłata (f) gotówką

cash price *albo* **cash terms** cena (f) przy zapłacie gotówką *albo* warunki (mpl) oparte na płaceniu gotówką

cash purchase zakup (m) za gotówkę

cash register kasa(f) *[rejestrująca]*

cash reserves rezerwa (f) gotówkowa

cash sale sprzedaż (f) za gotówkę

cash terms warunki (mpl) oparte na płaceniu gotówką

cash till kasa (f) sklepowa

cash transaction transakcja (f) gotówkowa *albo* operacja (f) gotówką

cash voucher bon (m) gotówkowy

cashable do spieniężenia *albo* do inkasowania

cashier kasjer/-ka

cashier's check (US) czek (m) bankierski(m) *[czek wystawiony przez jeden bank na drugi]*

casting vote oddać głos *albo* głosować

casual work praca (f) dorywcza

casual worker pracujący dorywczo

catalogue price cena (f) katalogowa

catalogue katalog (m)

category kategoria (f) *albo* klasa (f)

cater for zaopatrywać *albo* dostarczać

caveat emptor sprzeciw/zastrzeżenie *[zgłoszone w celu zabezpieczenia praw wobec osób trzecich w sporze dotyczącym prawa rzeczowego]*

ceiling price cena (f) maksymalna

ceiling pułap (f) *albo* limit górny (m)

cellular telephone telefon (m) komórkowy

central bank bank (m) centralny

central purchasing zakup (m) przez centralę

central centralny *albo* główny *albo* środkowy

centralization centralizacja (f) *albo* ześrodkowanie (n)

centralize centralizować

centre *[important town]* centrum (n)

CEO (= chief executive officer) dyrektor (m) naczelny

certificate of approval zezwolenie (n)

certificate of deposit dowód/kwit (m) świadczący o złożeniu depozytu

certificate of guarantee karta (f) gwarancyjna

certificate of origin świadectwo (n) pochodzenia

certificate of registration dowód (m) rejestracji

certificate świadectwo(n) *albo* zaświadczenie(n) *albo* atest (m)

certificated bankrupt dłużnik (m) upadły przywrócony do praw *[po spłaceniu zobowiązań]*

certificated potwierdzony *albo* poświadczony

certified accountant zaprzysiężony rewident (m) księgowy

certified cheque czek (m) poświadczony

certified copy kopia (f) poświadczona

certify poświadczać *albo* zaświadczać *albo* potwierdzać

cession cesja (f) *albo* odstąpienie (n)

chain *[of stores]* sieć (f) *[sklepów]*

chain store sklep (m) sieciowy

chairman *[of committee]* prezes (m) *albo* przewodniczący

chairman *[of company]* prezes (m)

chairman and managing director prezes (m) i dyrektor (m) naczelny

Chamber of Commerce Izba Handlowa

change (n) *[cash]* bilon (m) *albo* drobne *[pieniądze]*

change (n) *[difference]* reszta (f)

change (v) *[become different]* zmieniać się

change (v) *[money]* wymienić pieniądze *albo* wymienić walutę

change hands przechodzić z jednych rąk w drugie

change machine automat zdolny zmieniać pieniądze na drobne/bilon

channel (n) kanał (m) *albo* droga (f)

channel (v) wysyłać wytyczoną drogą

channels of distribution kanały (mpl) / drogi (fpl) dystrybucji

charge (n) *[in court]* oskarżenie (n)

charge (n) *[money]* opłata (f)

charge (n) *[on account]* obciążenie (n) *[rachunku]*

charge (v) **(in court)** oskarżać

charge (v) *[money]* pobierać opłatę *albo* obciążać rachunek

charge a purchase wstawić zakup do rachunku

charge account konto (n) kredytowe *[zwykle dla klientów sklepowych]*

charge card karta kredytowa klienta

chargeable do pobrania

charges forward koszty przeniesione

charter (n) czarter (m) *albo* umowa (f) czarterowa

charter (v) czarterować *albo* zawierać umowę czarterową

charter an aircraft czarterować samolot

charter flight lot (m) czarterowy

charter plane samolot (m) czarterowy

charterer czarterujący *albo* armator (m)

chartering czarterowanie (n)

chase *[an order]* ponaglać

chase *[follow]* ścigać

cheap labour tania siła robocza

cheap money tani pieniądz *[pieniądz o małej sile nabywczej]*

cheap rate niski kurs (m) *albo* niska stopa (f) *albo* niska cena (f)

cheap tani *albo* niedrogi

check (n) *[examination]* kontrola (f) *albo* inspekcja (f)

check (n) *[stop]* kontrola (f)

check (v) *[examine]* kontrolować

check (v) *[stop]* zatrzymywać *albo* sprawdzać

check in *[at airport]* nadać bagaż

check in *[at hotel]* zameldować się

check out *[of hotel]* wymeldować się

check sample próbka (f) kontrolna

cheque (guarantee) card gwarancyjna karta (f) czekowa

cheque account konto (n) czekowe

cheque book książeczka (f) czekowa

cheque number numer (m) czeku

cheque stub odcinek (m) z książeczki czekowej

cheque to bearer czek (m) na okaziciela

cheque czek (m)

chief (adj) główny *albo* naczelny *albo* najważniejszy

chief clerk kierownik biura

chief executive *albo* **chief executive officer (CEO)** dyrektor (m) naczelny

chief szef (m)

choice (adj) luksusowy *albo* w najlepszym gatunku

choice (n) *[choosing]* wybór (m)

choice (n) *[items to choose from]* asortyment (m) *albo* wybór(m)

choice (n) *[thing chosen]* wybór (m)

choose wybierać *albo* dokonywać wyboru

Christmas bonus premia (f) gwiazdkowa

chronic chroniczny

chronological order porządek (m) chronologiczny

circular (n) okólnik (m)

circular letter of credit akredytywa (f) okrężna

circular letter okólnik (m)

circulation *[money]* obrót (m) *albo* obieg (m)

circulation *[newspaper]* nakład (m)

civil law prawo (n) cywilne

claim (n) roszczenie (n) *albo* reklamacja (f)

claim (v) *[insurance]* rościć z tytułu ubezpieczenia

claim (v) *[right]* dochodzić roszczeń o *[np. odszkodowanie]*

claim (v) *[suggest]* sugerować *albo* twierdzić

claimant osoba występująca z roszczeniem

claims department dział (m) roszczeń/odszkodowań

claims manager kierownik (m) działu roszczeń/odszkodowań

class klasa (f) *albo* kategoria (f)

classification klasyfikacja (f)

classified ads ogłoszenia (npl) różne

classified advertisements ogłoszenia (npl) różne

classified directory sklasyfikowana księga (f) adresowa/telefoniczna

classify klasyfikować

clause klauzula (f)

clawback zwrot (m) pieniędzy pobranych gdy kontrakt zostanie przerwany

clear (adj) *[easy to understand]* jasny *albo* wyraźny

clear (adj) *[free]* wolny

clear (v) *[stock]* wyprzedać

clear a cheque spieniężyć czek *albo* zrealizować czek

clear a debt spłacić dług

clear profit czysty zysk (m)

clearance certificate świadectwo (n) / dowód (m) odprawy celnej

clearance of a cheque zrealizowanie czeku

clearing *[paying]* rozrachunek (m)

clearing bank bank (m) rozrachunkowy *[clearingowy]*

clerical error błąd (m) popełniony przez urzędnika

clerical staff personel (m) biurowy

clerical work praca (f) biurowa

clerical biurowy *albo* kancelaryjny

clerk urzędnik (m)

client klient (m)

clientele klientela (f)

climb wzrost (m) *[np. cen]*

clinch zawrzeć transakcję *albo* dobić targu

clipping service usługi okrawania/obcinania

close (n) *[end]* koniec (m) *albo* zamknięcie (n)

close (v) *[after work]* zamykać

close a bank account zamknąć konto/rachunek

close a meeting zakończyć zebranie

close an account zamknąć konto/rachunek

close down zamknąć/zlikwidować *[np.sklep, fabrykę]*

close to blisko

closed circuit tv telewizja małego obwodu *[np. w sklepie, w banku]*

closed market zamknięty rynek (m)

closed zamknięty

closing (adj) końcowy *albo* kończący

closing (n) zamknięcie (n)

closing balance saldo (n) końcowe

closing bid kurs zamknięcia w zakupie

closing date termin (m) prekluzyjny *albo* data (f) zamknięcia

closing price notowanie (n) końcowe

closing stock stan (m) towaru przy zamknięciu *[np. sklepu]*

closing time godziny (fpl) zamknięcia

closing-down sale wyprzedaż (f) towaru przed likwidacją *[np. sklepu]*

closure zamknięcie (n) *albo* zakończenie (n)

co-creditor współkredytor (m)

COD *albo* **c.o.d.** (= **cash on delivery**) opłata za pobraniem *[pocztowym]*

code of practice kodeks (m) proceduralny

code kod (m)

coding kodowanie (n)

co-director członek (m) zarządu

coin moneta (f) *albo* bilon (m)

co-insurance koasekuracja (f)

cold call zdobywanie nowych klientów przez domokrąstwo

cold start zaczynać od niczego

cold storage przechowywanie (n) w chłodni

cold store chłodnia (f)

collaborate współpracować

collaboration wspólpraca (f)

collapse (n) upadek (m) *albo* krach (m) *[giełdowy]*

collapse (v) runąć *albo* zawalić się

collateral (adj) zabezpieczający *[np. pożyczkę]* *albo* gwarantujący

collateral (n) zabezpieczenie (n) *[majątkowe]* *albo* gwarancja (f) dodatkowa

collect (v) *[fetch]* przynieść

collect (v) *[money]* inkasować

collect a debt inkasować dług

collect call (US) rozmowa (f) na R-kę

collection *[goods]* odbiór (m)

collection *[money]* pobór(m) *albo* inkaso(n)

collection *[post]* wybieranie (n) listów *albo* odbiór (m) poczty

collection charges *albo* **collection rates** koszty (mpl) inkasa *albo* opłaty (fpl) za inkaso

collective ownership własność (f) społeczna *albo* własność (f) publiczna

collective wage agreement kolektywna umowa (f) o płacy

collective kolektywny *albo* wspólny *albo* zbiorowy

collector inkasent (m) *albo* poborca (m)

commerce handel (m) *albo* wymiana (f) handlowa

commercial (adj) handlowy *albo* komercjalny

commercial (n) *[TV]* reklama (f)

commercial attache attache (m) handlowy

commercial college szkoła (f) handlowa

commercial course kurs (m) handlowości

commercial directory informator (m) handlowy

commercial district okręg (m) handlowy

commercial failure niepowodzenie (n) handlowe

commercial law prawo (n) handlowe

commercial traveller komiwojażer (m)

commercial undertaking przedsięwzięcie (n) handlowe

commercialization komercjalizacja (f)

commercialize komercjalizować

commission *[committee]* komisja (f) *albo* komitet (m)

commission *[money]* prowizja (f)

commission agent komisant (m)

commission rep komisant (m)

commit *[crime]* popełnić *[przestępstwo]*

commit funds to a project przeznaczyć fundusze na projekt

commitments zobowiązania (npl)

commodity exchange wymiana (f) towarowa

commodity futures towarowe transakcje (fpl) terminowe *[zgoda na kupno w przyszłości o ustalonej już cenie]*

commodity market rynek (m) towarowy *albo* giełda (f) towarowa

commodity towar (m) *albo* artykuł (m) handlowy

common *[frequent]* pospolity *albo* zwykły

common *[to more than one]* wspólny *albo* powszechny

common carrier transport (m) publiczny

Common Market Wspólny Rynek(m)

common ownership własność (f) publiczna

common pricing kartel (m) cenowy

communicate porozumiewać się *albo* zawiadamiać *albo* komunikować się

communication *[general]* komunikacja (f)

communication *[message]* wiadomość (f)

communications komunikaty (mpl)

community wspólnota (f) *albo* środowisko (n)

commute *[exchange]* zamieniać

commute *[travel]* dojeżdżać

commuter dojeżdżający do pracy

companies' register *albo* **register of companies** rejestr (m) przedsiębiorstw

company director dyrektor (m) przedsiębiorstwa

company law statut (m) przedsiębiorstwa

company secretary sekretarz (m) naczelny przedsiębiorstwa

company kompania (f) *albo* towarzystwo (n) *albo* spółka handlowa(f)

comparability porównywalność (f)

comparable porównywalny

compare with porównywać z

compare porównywać

comparison porównanie (n)

compensate kompensować *albo* wyrównać *[stratę]* *albo* dać odszkodowanie (n)

compensation for damage odszkodowanie za szkodę

compensation rekompensata (f) *albo* odszkodowanie (n) *albo* wyrównanie (n)

compete with someone *albo* **with a company** konkurować z kimś *albo* z przedsiębiorstwem

competing firms firmy (fpl) konkurencyjne

competing products produkty (mpl) konkurencyjne

competing konkurujący

competition konkurs (m) *albo* konkurencja (f) *albo* współzawodnictwo (n)

competitive price cena (f) konkurencyjna

competitive pricing wycena (f) konkurencyjna

competitive products towary/produkty (mpl) konkurencyjne

competitive konkurencyjny

competitively priced wycenione konkurencyjnie

competitiveness konkurencyjność (f)

competitor konkurent/-ka

complain (about) zgłaszać reklamację *albo* reklamować

complaint reklamacja (f) *albo* zażalenie (n) *albo* skarga (f)

complaints department dział (m) reklamacji

complementary dopełniający *albo* uzupełniający

complete (adj) całkowity *albo* kompletny *albo* zakończony

complete (v) uzupełniać *albo* kompletować *albo* zakończyć

completion date data (f) zakończenia

completion of a contract wykonanie (n) umowy

completion wykonanie (n) *albo* zakończenie (n) *albo* finalizacja (f)

compliance zastosowanie się do *[np. czyjejś prośby, regulaminu]*

complimentary ticket bilet (m) gratisowy / grzecznościowy

complimentary gratisowy

compliments slip kartka (f) grzecznościowa z adresem firmy *[zwykle załączana do przesyłek]*

comply with zastosować się *[do czegoś]* albo przestrzegać

composition *[with creditors]* ugoda (f)

compound interest odsetki (fpl) składane

comprehensive insurance ubezpieczenie (n) uniwersalne *[auto casco plus odpowiedzialność cywilna]*

comprehensive uniwersalny

compromise (n) kompromis (m)

compromise (v) godzić się albo pójść na kompromis

compulsory liquidation likwidacja (f) przymusowa

compulsory purchase wykup (m) przymusowy

compulsory przymusowy albo obowiązkowy

computer bureau biuro (n) komputerowe

computer department dział (m) komputerowy

computer error błąd (m) komputerowy

computer file zbiór (m) albo plik (m)

computer language język (m) komputerowy

computer listing wykaz (m) komputerowy

computer printer drukarka (f) *[komputerowa]*

computer printout wydruk (m) komputerowy

computer program program (m) komputerowy

computer programmer programista (m) komputerowy

computer programming programowanie (n) komputera

computer services usługi (fpl) komputerowe

computer system system (m) komputerowy

computer terminal terminal (m) komputerowy

computer time czas (m) komputerowy

computer komputer (m)

computerize komputeryzować

computerized skomputeryzowany

computer-readable codes kody (mpl) możliwe do odczytania przez komputer

computer-readable możliwe do odczytania przez komputer

concealment of assets ukrycie aktyw

concern (n) *[business]* koncern (m) albo przedsiębiorstwo (n)

concern (n) *[worry]* niepokój (m) albo zaniepokojenie (n) albo troska (f)

concern (v) *[deal with]* zajmować się czymś albo być zaangażowanym w coś

concession *[reduction]* ulga (f) albo zniżka (f)

concession *[right]* koncesja (f)

concessionaire koncesjonariusz (m)

conciliation pojednanie (n)

conclude *[agreement]* zawrzeć umowę

condition *[state]* stan (m)

condition *[terms]* warunek (m)

condition: on condition that pod warunkiem, że

conditional warunkowy

conditions of employment warunki (mpl) zatrudnienia

conditions of sale warunki (mpl) sprzedaży

conduct negotiations prowadzić negocjacje

conference *[large]* konferencja (f)

conference *[small]* narada (f)

conference phone telefon (m) konferencyjny

conference room sala (f) obrad albo sala (f) konferencyjna

confidence ufność (f)

confidential report raport (m) poufny

confidential poufny

confidentiality poufność (f) albo zaufanie (n)

confirm a booking potwierdzić rezerwację

confirm someone in a job zatrudnić kogoś

confirm potwierdzić

confirmation potwierdzenie (n)

conflict of interest sprzeczność (f) interesów

conglomerate konglomerat (m)

connect połączyć

connecting flight lot (m) z przesiadką

connection połączenie (n)

customs urząd (m) celny

cut (n) cięcie (n) *albo* redukcja (f) *albo* obniżka (f)

cut (v) ciąć *albo* redukować *albo* obniżać

cut down on expenses zmniejszać wydatki

cut price (n) obniżka (f) cen *albo* przecena (f)

cut-price (adj) przecenione *albo* po obniżonej cenie

cut-price goods towary (mpl) przecenione

cut-price petrol benzyna (f) po obniżonej cenie

cut-price store sklep (m) z towarem przecenionym

cut-throat competition zaciekła konkurencja (f)

CV (= curriculum vitae) życiorys (m)

cycle cykl (m)

cyclical factors czynniki (mpl) cykliczne *albo* czynniki (mpl) koniunkturalne

cyclical cykliczny

Dd

daily dzienny *albo* codzienny

daisy-wheel printer drukarka (f) z wirującą głowicą

damage (n) szkoda (f) *albo* awaria (f) *albo* uszkodzenie (n)

damage (v) uszkodzić

damage survey protokół (m) szód

damage to property uszkodzenie (n) własności

damaged uszkodzony *albo* zepsuty

damages szkody (fpl) *albo* straty (fpl)

data processing przetwarzanie danych

data retrieval wyciąganie danych

data dane (fpl) *albo* informacja (f)

database baza (f) danych

date (n) data (f)

date (v) datować *albo* ustalić datę

date of receipt data (f) odbioru

date stamp datownik (m)

dated datowany

day [24 hours] dzień (m)

day [working day] dzień roboczy (m) *albo* dniówka (f)

day shift zmiana (f) dzienna

day-to-day z dnia na dzień *albo* codziennie

dead (adj) [person] martwy *albo* zmarły

dead account konto (n) nie wykazujące obrotów

dead loss strata (f) bezpowrotna

deadline nieprzekraczalny termin wykonania

deadlock (n) martwy punkt (m) *albo* impas (m)

deadlock (v) stanąć w martwym punkcie

deadweight cargo ładunek (m) o ciężarze własnym

deadweight tonnage tonaż (m) w tonach nośności

deadweight ciężar (m) własny

deal (n) transakcja (f) *albo* interes (m)

deal (v) handlować *albo* obracać

deal with an order zająć się zamówieniem

deal with someone zająć się *[kimś]* *albo* mieć do czynienia *[z kimś]*

dealer makler (m) *albo* agent (m) handlowy

dealing [commerce] przeprowadzanie transakcji/operacji handlowej

dealing [stock exchange] przeprowadzanie transakcji giełdowej

dear drogi *albo* kosztowny

debenture holder posiadacz (m) obligacji

debenture obligacja (f) *albo* obligacja (f) pożyczki państwowej

debit (n) debet(m) *albo* zapis (m) księgowy po stronie "Winien"

debit an account debetować rachunek/konto *albo* obciążać rachunek

debit balance saldo (n) debetowe

debit column rubryka (f) debetów

debit entry zapis (m) w księdze po stronie "Winien"

debit note nota (f) debetowa

debits and credits debety i kredyty *albo* strona "Ma-Winien" w księdze

debt collection agency agencja (f) do ściągania długów

debt collection ściąganie (n) długów

debt collector poborca (m) długów

debt wierzytelność (f) *albo* dług (m) *albo* należność (f)

debtor side strona (f) księgi "Winien"

debtor dłużnik (m)

debts due należny dług (m)

decentralization decentralizacja (f)

decentralize decentralizować

decide on a course of action zdecydować o drodze postępowania

decide decydować *albo* postanawiać

deciding factor czynnik (m) decydujący

deciding decydowanie (n)

decimal (n) system (m) dziesiętny

decimal point przecinek (m)

decision maker decydent (m) *albo* osoba (f) podejmująca decyzję

decision making podejmowanie decyzji

decision decyzja (f) *albo* postanowienie (n)

decision-making processes procesy (mpl) podejmowania decyzji

deck pokład (m)

deck cargo ładunek (m) pokładowy

declaration of bankruptcy ogłoszenie (n) upadłości

declaration of income deklaracja (f) dochodu

declaration deklaracja (f)

declare goods to customs zgłosić towary do oclenia

declare someone bankrupt uznać kogoś za bankruta *[sądownie]*

declare deklarować

declared value zadeklarowana wartość (f)

declared zadeklarowany *albo* zgłoszony

decline (n) spadek (m) *albo* upadek(m)

decline (v) *[fall]* spadać *albo* chylić się ku upadkowi

decontrol zniesienie dozoru

decrease (n) zniżka (f) *albo* zmniejszenie się

decrease (v) zmniejszać *albo* maleć *albo* zniżkować

decrease in price zniżka (f) w cenach

decrease in value spadek/zmniejszenie wartości

decreasing malejący *albo* spadający

deduct potrącać *albo* odliczać

deductible potrącalne

deduction potrącenie (n) *albo* odliczenie (n)

deed of assignment akt (m) cesji *[przelewu]*

deed of covenant akt (m) układu/umowy

deed of partnership akt (m) umowy spółki

deed of transfer dokument (m) przeniesienia prawa własności *[papierów własnościowych]*

deed akt (m) prawny *albo* dokument (m) stanowiący tytuł prawny

default (n) brak (m) *albo* niezapłacenie (n)

default (v) nie dotrzymywać zobowiązania płatności

default on payments nie dokonywać płatności

defaulter osoba (f) nie dotrzymująca zobowiązania

defect defekt (m) *albo* wada (f)

defective *[faulty]* niesprawny *albo* wadliwy

defective *[not valid]* nieważny

defence *albo* **defense** *[legal]* obrona (f) *[prawna]*

defence *albo* **defense** *[protection]* obrona (f) *albo* obrona (f) *[zabezpieczenie]*

defence counsel obrońca (m) *albo* adwokat (m)

defend a lawsuit bronić sprawę sądową

defend bronić

defendant pozwany *albo* oskarżony

defer payment odraczać płatność

defer odraczać *albo* wstrzymywać *albo* opóźniać

deferment of payment odroczenie (n) zapłaty

deferment odroczenie(n)

deferred creditor odroczony wierzyciel (m)

deferred payment odroczona zapłata (f)

deferred odroczony *albo* wstrzymany

deficit financing finansowanie (n) deficytowe

deficit deficyt (m) *albo* manko (n)

deflation deflacja (f) *albo* obniżka (f) cen

deflationary deflacyjny

defray *[costs]* pokryć koszty

defray someone's expenses pokryć czyjeś wydatki

del credere agent agent (m) del credere

del credere del credere

delay (n) zwłoka (f) *albo* opóźnienie (n)

delay (v) zwlekać *albo* opóźniać

delegate (n) delegat (n)

delegate (v) delegować *albo* wysyłać

delegation [action] delegowanie (n)

delegation [people] delegacja (f)

delete skasować *[wymazać] albo* skreślić

deliver dostarczyć *albo* doręczyć

delivered price cena (f) przy dostawie *[wliczając wszystkie inne koszty]*

delivery [bill of exchange] doręczenie

delivery [goods] dostawa (f)

delivery date data (f) dostawy

delivery note kwit (m) przewozowy

delivery of goods dostawa (f) towaru

delivery order zlecenie (n) dostawy

delivery time czas (m) dostawy

delivery van furgonetka (f)

deliveryman dostawca (m)

demand (n) [for payment] żądanie (n) zapłaty

demand (n) [need] popyt (m) *albo* zapotrzebowanie (n)

demand (v) żądać *albo* domagać się

demand deposit wkład (m) bankowy zwrotny na żądanie

demonstrate przedstawić *albo* wykazać

demonstration model model (m) pokazowy

demonstration pokaz (m)

demonstrator demonstrator/-ka

demurrage przestojowe *[opłaty za postój ponad ustalony termin]*

department [in government] ministerstwo (n)

department [in office] dział (m)

department [in shop] dział (m)

department store dom (m) towarowy

departmental manager kierownik (m) działu

departmental działowy

departure [going away] odjazd (m) *albo* odlot (m)

departure [new venture] nowe przedsięwzięcie (n)

departure lounge poczekalnia (f) 'Odlot'

departures odloty

depend on polegać *[na kimś, czymś] albo* liczyć *[na kogoś, coś]*

depending on zależnie od

deposit (n) [in bank] depozyt (m)

deposit (n) [paid in advance] zadatek (m) *albo* zastaw (m)

deposit (v) deponować *albo* złożyć do depozytu *albo* zadatkować

deposit account konto (n) depozytów *albo* konto oszczędnościowe(n)

deposit slip pokwitowanie (n) depozytu/wpłaty

depositor deponent (m) *albo* depozytor (m) *albo* wpłacający

depository [place] miejsce (n) depozytów *albo* przechowalnia (f)

depot skład (m) *albo* magazyn (m)

depreciate [amortize] amortyzować

depreciate [lose value] obniżać wartość *albo* deprecjonować

depreciation [amortizing] amortyzacja (f)

depreciation [loss of value] obniżenie (n) wartości *albo* deprecjacja(f)

depreciation rate stopa (f) amortyzacji

depression depresja (f) *albo* zastój (m)

dept (= department) dział (m) *albo* wydział (m)

deputize for someone zastępować kogoś

deputy manager wicedyrektor/-ka

deputy managing director zastępca (m) dyrektora naczelnego *albo* wicedyrektor (m)

deputy zastępca (m) *albo* poseł (m)

deregulation ograniczenie interwencji państwa w sprawy gospodarcze

describe opisywać

description opis (m)

design (n) wzór (m) *albo* projekt (m)

design (v) projektować *albo* planować

design department wydział (m) projektów

desk diary kalendarz (m) biurkowy *albo* terminarz (m) biurkowy

desk biurko (n)

desk-top publishing (DTP) wydawnictwo (n) komputerowe

despatch (= dispatch) wysyłać *albo* ekspediować

destination miejsce przeznaczenia

detail (n) detal (m) *albo* szczegół (m)

detail (v) wyszczególniać *albo* specyfikować

detailed account szczegółowy rachunek (m)

detailed szczegółowy *albo* wyszczególniony

determine postanowić

Deutschmark marka (f) niemiecka

devaluation dewaluacja (f)

devalue dewaluować

develop *[build]* budować *albo* zagospodarować

develop *[plan]* rozwijać/budować planowo

developing countries kraje rozwijające się

developing country *albo* **developing nation** kraj rozwijający się *albo* naród rozwijający się

development rozwój (m)

device przyrząd (m) *albo* urządzenie (n)

diagram diagram (m) *albo* wykres (m) *albo* harmonogram (m)

dial (v) nakręcać

dial a number nakręcać numer

dial direct nakręcać numer bezpośredni *albo* połączenie *[telefoniczne]* bezpośrednie

dialling code numer (m) kierunkowy

dialling tone sygnał (m) *[w słuchawce]*

dialling nakręcanie numeru

diary kalendarz (m) *albo* terminarz (m)

dictate dyktować

dictating machine dyktafon (m)

dictation dyktat (m)

differ różnić się

difference różnica (f)

differences in price *albo* **price differences** różnice w cenie *albo* różnice cen

different inny *albo* różny

differential tariffs dyferencyjne taryfy (fpl) celne

differential(adj) zróznicowany *albo* dyferencyjny

digit cyfra (f)

dilution of shareholding "rozwodnienie" udziału w kapitale akcyjnym

direct (adj) bezpośredni

direct (adv) bezpośrednio *albo* prosto

direct (v) kierować *albo* zarządzać

direct cost koszt (m) bezpośredni

direct debit debet (m) bezpośredni *albo* obciążanie konta bezpośrednio

direct mail poczta wysyłana bezpośrednio *[od firmy do odbiorcy]*

direct mailing wysyłanie poczty bezpośrednio

direct selling sprzedaż (f) bezpośrednia

direct tax podatek (m) bezpośredni

direct taxation opodatkowanie (n) bezpośrednie

direction kierunek (m) *albo* instrukcja (f)

directions for use instrukcja użytkowania

directive dyrektywa (f) *albo* zarządzenie (n)

direct-mail advertising reklamowanie pocztą wysyłaną bezpośrednio

director dyrektor/-ka *albo* członek zarządu

directory informator (m) *albo* księga adresowa (f)

disburse wydatkować *albo* rozchodowywać

disbursement wydatek (m) *albo* rozchód (m)

discharge (n) *[of debt]* spłata (f) *[długu]*

discharge (v) *[employee]* zwolnić *[z pracy]*

discharge a debt *albo* **to discharge one's liabilities** spłacić dług *albo* uwolnić się od zobowiązań/odpowiedzialności

disclaimer zrzeczenie się pretensji

disclose a piece of information ujawnić jakąś informację

disclose ujawniać

disclosure of confidential information ujawnienie informacji poufnej

disclosure ujawnienie (n)

discontinue zaprzestać *albo* przerwać

discount (n) rabat (m) *albo* obniżka (f) *albo* bonifikata (f)

discount (v) udzielać rabatu/bonifikaty/zniżki

discount house *[bank]* bank (m) dyskontowy

discount house *[shop]* sklep (m) z towarem przecenionym

discount price cena (f) obniżona

discount rate stopa (f) dyskontowa

discount store sklep (m) z towarem przecenionym

discountable nadający się do dyskonta

discounted cash flow (DCF) metoda porównywania i oceny alternatywnych projektów inwestycyjnych

discounter dyskonter (m) *albo* makler (m) wekslowy

discrepancy niezgodność (f) *albo* rozbieżność (f)

discuss dyskutować *albo* omawiać

discussion dyskusja (f) *albo* debata (f)

dishonour a bill nie honorować *[odmówić zapłaty lub przyjęcia weksla]*

dishonour nie honorować *albo* odmawiać zapłaty

disk drive napęd (m) dyskowy

disk dysk (m)

diskette dyskietka (f)

dismiss an employee zwolnić pracownika

dismissal zwolnienie (n) *albo* dymisja (f)

dispatch (n) *[goods sent]* nadanie wysyłki

dispatch (n) *[sending]* wysyłka (f) *albo* ekspedycja (f)

dispatch (v) *[send]* wysyłać *albo* ekspediować

dispatch department dział (m) wysyłek

dispatch note kwit (m) wysyłkowy

display (n) wystawa (f) *albo* ekspozycja (f)

display (v) wystawić *[na pokaz] albo* pokazać *albo* eksponować

display case gablotka (f) do eksponowania towaru

display material materiały (mpl) ekspozycyjne/wystawowe

display pack partia *[towaru]* ekspozycyjna/wystawowa

display stand stoisko (n) ekspozycyjne/wystawowe

display unit półki/regały ekspozycyjne

disposable będący do dyspozycji *albo* do zbycia *albo* jednorazowy

disposal dyspozycja (f) *albo* dysponowanie (n)

dispose of excess stock sprzedać/pozbyć się nadmiernego zapasu towaru

dissolve a partnership likwidować spółkę

dissolve likwidować

distress merchandise towary (mpl) zasekwestrowane/zajęte

distress sale sprzedaż zajętych towarów *[będących własnością dłużnika]*

distributable profit profit/zysk (m) podzielny

distribute *[goods]* dokonywać dystrybucji *albo* rozprowadzać

distribute *[share]* przydzielać

distribution channels *albo* **channels of distribution** kanały (mpl) dystrybucyjne *albo* kanały (mpl) dystrybucji

distribution costs koszty (mpl) dystrybucji

distribution manager kierownik/dyrektor (m) sieci dystrybucji

distribution network sieć (f) dystrybucyjna

distribution podział (m) *albo* dystrybucja (f) *albo* rozprowadzenie (n)

distributor dystrybutor (m) *albo* kolporter (m)

distributorship dystrybucja (f)

diversification różnorodność (f) *albo* urozmaicenie (n) *albo*

diversify dywersyfikować *albo* lokować towar w różne przedsiębiorstwa

dividend cover pokrycie (n) dywidendowe

dividend warrant zlecenie (n) na wypłatę dywidendy

dividend yield dochód (m) z dywidend

dividend dywidenda (f) *albo* dochód (m)

division *[part of a company]* wydział (m) *albo* oddział (m)

division *[part of a group]* sekcja (f)

dock (n) dok (m) *albo* basen (m) portowy

dock (v) *[remove money]* obciąć *[wydatki, budżet]*

dock (v) *[ship]* wejść do doku/basenu portowego

docket etykietka (f) *albo* nalepka (f) *albo* metka (f)

doctor's certificate zaświadczenie (n) lekarskie

document dokument (m) *albo* akt (m)

documentary evidence dowód (m) dokumentacyjne

documentary proof dowód (m) dokumentacyjny

documentary dokumentarny *albo* dokumentalny

documentation dokumentacja (f)

documents dokumenty (mpl)

dollar area strefa (f) dolarowa

dollar balances salda (npl) dolarowe

dollar crisis kryzys (m) dolarowy

dollar dolar (m)

domestic market rynek (m) wewnętrzny

domestic production produkcja (f) krajowa

domestic sales obroty (mpl) krajowe

domestic trade handel (m) wewnętrzny

domestic domowy *albo* krajowy *albo* wewnętrzny

domicile domicylować *albo* umiejscowić *[weksel]*

door drzwi (npl)

door-to-door salesman komiwojażer (m)

door-to-door selling sprzedaż (f) obnośna

door-to-door od drzwi do drzwi

dossier akta (mpl) sprawy *[np.sądowej]*

dot-matrix printer drukarka (f) z matrycą punktową

double (adj) podwójny

double (v) podwajać

double taxation agreement umowa w sprawie unikania podwójnego opodatkowania

double taxation podwójne opodatkowanie (n)

double-book podwójnie zarezerwować

double-booking podwójana rezerwacja (f)

down market tandetny *albo* tani

down payment depozyt (m)

down time czas przestoju *albo* przestój (m)

down na dół *albo* ku dołowi *albo* niżej

downside factor czynnik (m) ujemny/negatywny

downtown (adv) w śródmieściu

downtown (n) śródmieście(n)

downturn spadek (m) koniunktury

downward zniżkowy

dozen tuzin (m)

drachma drachma (f)

draft (n) *[money]* trata (f) *albo* weksel (m)

draft (n) *[rough plan]* szkic (m) *albo* zarys (m) *albo* schemat (m)

draft (v) szkicować *albo* projektować

draft a contract sporządzić umowę

draft a letter napisać list w zarysie

draft plan szkic (m) planu *albo* plan w zarysie

draft project szkic (m) projektu *albo* projekt w zarysie

draw *[a cheque]* wystawić czek

draw *[money]* podjąć pieniądze

draw up a contract sformułować/przygotować kontrakt

draw up sformułować *albo* przygotować

drawee trasat (m) *albo* akceptant (m)

drawer trasant (m) *albo* wystawca (m) *[np.czeku]*

drawing wybieranie *[pieniędzy]* *albo* podejmowanie *[pieniędzy]*

drive (n) *[campaign]* kampania (f)

drive (n) *[energy]* energia (f) *albo* przedsiębiorczość (f)

drive (n) *[part of machine]* napęd (m)

drive (v) *[a car]* prowadzić samochód

driver kierowca (m)

drop (n) spadek (m)

drop (v) spadać *albo* zniżkować

drop in sales spadek (m) obrotów

due *[awaited]* oczekiwany

due *[owing]* należny

dues *[orders]* towary (mpl) zamówione

duly *[in time]* w terminie

duly *[legally]* zgodnie z przepisami

dummy pack paczka (f) zastępcza

dummy imitacja (f) *albo* atrapa (f)

dump bin zbiornik (m) na śmieci *albo* kosz (m) na śmieci

dump goods on a market rzucać towary masowo na rynek po niskich cenach

dumping wyrzucanie

duplicate (n) duplikat (m) *albo* odpis (m) *albo* kopia (f) *albo* wtórnik (m)

duplicate (v) zrobić duplikat/kopię *albo* sporządzić odpis

duplicate an invoice zrobić duplikat rachunku

duplicate receipt *albo* **duplicate of a receipt** duplikat kwitu

duplication podwojenie (n) *albo* kopiowanie (n)

durable goods towary (mpl) trwałe *[trwałego użytku]*

duty (tax) cło (n)

duty-free shop sklep (m) wolnocłowy

duty-free wolne od cła

duty-paid goods towary (mpl) po uiszczeniu opłaty celnej dywersyfikacja (f)

Ee

e. & o.e. (errors and omissions excepted) z zastrzeżeniem błędów i opuszczeń

early wcześnie

earmark funds for a project przeznaczyć fundusze na projekt

earn *[interest]* przynosić *[procent]*

earn *[money]* zarabiać

earning capacity zdolność zarobku

earnings *[profit]* wpływy (mpl) *albo* zyski (mpl)

earnings *[salary]* pobory (mpl) *albo* zarobki (mpl)

earnings per share *albo* **earnings yield** zarobek (m)/dochód(m) w przeliczeniu na jedną akcję *albo* dochód (m) z zarobków

easy terms dogodne warunki (mpl)

easy łatwy

EC (= European Community) Wspólnota Europejska

ECGD (= Export Credit Guarantee Department) Dział Gwarancji Kredytów Eksportowych

economic *[general]* ekonomiczny *albo* gospodarczy

economic *[profitable]* rentowny *albo* ekonomiczny

economic cycle cykl (m) koniunkturalny *albo* cykl (m) gospodarczy

economic development rozwój (m) gospodarczy

economic growth wzrost (m) gospodarczy

economic indicators wskaźniki (mpl) gospodarcze

economic model model (m) gospodarczy

economic planning planowanie (n) gospodarcze

economic trends trendy (mpl) gospodarcze

economical ekonomiczny *albo* gospodarny *albo* oszczędny

economics *[profitability]* intratność (f) *albo* zyskowność (f)

economics *[study]* ekonomia (f) *albo* ekonomika (f)

economies of scale gospodarki (fpl) / przedsiębiorstwa(npl) oparte na zwiększaniu skali produkcji

economist ekonomista (m)

economize oszczędzać *albo* oszczędnie gospodarować

economy *[saving]* racjonalizacja (f) *albo* oszczędność (f)

economy *[system]* system gospodarczy (m) *albo* gospodarka (f)

economy class klasa (f) turystyczna *albo* klasa (f) ekonomiczna

ecu *albo* **ECU (= European currency unit)** eku *albo* europejska jednostka monetarna

effect (n) skutek (m) *albo* wynik (m) *albo* rezultat (m)

effect (v) wywołać skutek *albo* wejść w życie

effective date termin (m) faktyczny *albo* data (f) wejścia w życie

effective demand popyt (m) efektywny

effective yield dochód (m) efektywny *albo* oprocentowanie (n) efektywne

effective skuteczny *albo* efektywny

effectiveness skuteczność (f) *albo* efektywność (f) *albo* wydajność (f)

efficiency skuteczność (f) *albo* sprawność

efficient skuteczny *albo* kompetentny

effort wysiłek (m)

EFTA (= European Free Trade Association) Europejskie Towarzystwo Wolnego Handlu

elasticity elastyczność (f) *albo* giętkość (f)

elect wybierać

election wybory (mpl)

electronic mail poczta (f) elektroniczna

electronic point of sale (EPOS) elektroniczny terminal (m) kasowy

elevator *[goods]* winda (f) towarowa

elevator *[grain]* silos/elevator (m) zbożowy

email (= electronic mail) poczta (f) elektroniczna

embargo (n) embargo (n)

embargo (v) nakładać embargo

embark on przedsięwziąć

embark zaokrętować

embarkation card karta (f) zaokrętowania

embarkation załadowanie (n) na statek *albo* zaokrętowanie (n)

embezzle sprzeniewierzać *albo* zdefraudować

embezzlement sprzeniewierzenie (n) *albo* defraudacja (f)

embezzler sprzeniewierca (m) *albo* defraudant (m) *albo* malwersant (m)

emergency reserves rezerwy (fpl) na nagły wypadek *albo* rezerwy w razie krytycznej sytuacji

emergency nagły wypadek (m) *albo* krytyczna sytuacja (f)

employ zatrudniać *albo* zastosować coś

employed *[in job]* zatrudniony

employed *[money]* użyte

employed *[used]* zastosowany *albo* użyty *[jako]*

employee pracownik (m) *albo* pracownica (f)

employer pracodawca (m) *albo* pracodawczyni (f)

employment agency biuro (n) pośrednictwa pracy

employment bureau biuro (n) pośrednictwa pracy

employment zatrudnienie (n) *albo* praca (f)

empty (adj) pusty *albo* próżny

empty (v) opróżnić

EMS (= European Monetary System) Europejski System Walutowy

encash inkasować *albo* spieniężyć

encashment inkasowanie (n) *albo* inkaso (n) *albo* spieniężenie (n)

enclose załączać

enclosure załącznik (m) *[w liście] albo* załączony towar (m)

end (n) koniec (m) *albo* zakończenie (n)

end (v) kończyć *albo* wygasać *albo* upływać

end of season sale wyprzedaż (f) sezonowa

end product wyrób (m) końcowy

end user konsument (m)

endorse a cheque indosować czek

endorsee indosatariusz (m) *albo* indosat (m)

endorsement *[action]* umieszczenie indosu *[na odwrocie dokumentu]*

endorsement *[on insurance]* potwierdzenie (n) zmian danych w polisie ubezpieczeniowej

endorser indosant (m) *albo* żyrant (m)

energy *[electricity]* energia (f)

energy *[human]* siła (f) *albo* energia (f)

energy-saving (adj) energooszczędny

enforce wyegzekwować *albo* narzucić

enforcement narzucenie *[czegoś komuś]*

engaged *[telephone]* zajęty

engaged tone sygnał, że zajęty

enquire (= **inquire**) dowiadywać się *albo* pytać *albo* zasięgać informacji

enquiry (= **inquiry**) dowiadywanie się *albo* prośba (f) o informację *albo* zasięganie informacji

enter *[go in]* wejść *albo* wstąpić

enter *[write in]* wpisać *albo* zarejestrować

enter into *[discussion]* przystąpić do dyskusji/do rozmowy

entering zapis (m) *[buchalteryjny]*

enterprise przedsięwzięcie (n)

entitle uprawnić *albo* poważnić

entitlement uprawnienie (n)

entrepot port port (m) przeładunkowy

entrepreneur przedsiębiorca (m)

entrepreneurial przedsiębiorczy

entrust powierzać

entry *[going in]* wejście (n)

entry *[writing]* zapis (m) *albo* wpis (m)

entry visa wiza (f) wjazdowa

epos *albo* **EPOS** (= **electronic point of sale**) elektroniczny terminal (m) kasowy

equal (adj) równy

equal (v) równać

equalization zrównanie (n) *albo* wyrównanie (n)

equip zaopatrywać *albo* wyekwipować

equipment sprzęt (m) *albo* wyposażenie (n)

equities papiery (mpl) wartościowe przedsiębiorstw przemysłowych *albo* akcje (fpl) nieuprzywilejowane

equity capital kapitał (m) akcyjny

equity wartość majątku netto *[po odtrąceniu zobowiązań]*

erode wyżłabiać

error rate wskaźnik błędów

error błąd (m) *albo* omyłka (f)

errors and omissions excepted (e. & o.e.) z zastrzeżeniem błędów i opuszczeń

escalate stopniowe zwiększanie/wzmaganie *[czegoś]*

growth index wskaźnik (m) wzrostu

growth rate tempo (n) wzrostu

growth wzrost (m) *albo* przyrost (m) *albo* rozwój (m)

guarantee (n) gwarancja (f) *albo* poręczenie (n) *albo* żyro

guarantee (v) gwarantować *albo* poręczać

guarantee a debt poręczyć dług *albo* żyrować dług

guaranteed wage zagwarantowana płaca (f)

guarantor poręczyciel (m) *albo* żyrant (m)

guideline wytyczna (f) *albo* wskazówka(f)

guild cech (m) *albo* gildia (f)

guilder *[Dutch currency]* gulden (m)

Hh

haggle targować się

half (adj) pół

half (n) połowa (f)

half a dozen *albo* **a half-dozen** pół tuzina

half-price sale wyprzedaż za pół darmo

half-year półrocze (n)

half-yearly accounts półroczne rozliczenie (n)

half-yearly payment zapłata (f) co pół roku

half-yearly statement półroczne zestawienie (n)

hand in wręczyć *albo* podawać

hand luggage bagaż (m) podręczny

hand over przekazać *albo* oddać

handle (v) *[deal with]* załatwiać *albo* posługiwać się

handle (v) *[sell]* handlować *albo* sprzedawać

handling charge opłata (f) manipulacyjna

handling załatwianie *albo* posługiwanie się *albo* obsługiwanie *albo* manipulacja (f)

handwriting pismo (n) *[charakter pisma]*

handwritten napisane odręcznie

handy poręczny *albo* wygodny w użyciu

harbour dues opłaty (fpl) portowe

harbour facilities udogodnienia (npl) portowe

harbour przystań (f) *albo* port (m)

hard bargain trudna transakcja (f)

hard bargaining trudne przeprowadzanie transakcji

hard copy kopia (f) na twardym dysku

hard currency mocna/twarda waluta (f)

hard disk twardy dysk (m)

hard selling agresywne metody sprzedaży

harmonization harmonizacja (f)

haulage contractor kontrahent (m) przewozowy *albo* przewoźnik (m)

haulage costs *albo* **haulage rates** koszty (mpl) przewozu *albo* stawki (fpl) przewozowe

haulage holowanie (n) *albo* przewóz (m)

head of department kierownik (m) działu

head office centrala (f)

headquarters (HQ) urząd (m) centralny albo siedziba (f)

heads of agreement główne punkty (mpl) umowy

health insurance ubezpieczenie (n) na wypadek choroby

health zdrowie (n)

healthy profit pokaźny zysk (m)

heavy *[important]* ważny

heavy *[weight]* ciężki

heavy costs *albo* **heavy expenditure** wysokie koszty (mpl) *albo* duże wydatki (mpl)

heavy equipment ciężki sprzęt (mpl)

heavy goods vehicle (HGV) samochód (m) ciężarowy *albo* cięüarówka (f)

heavy industry przemysł (m) ciężki

heavy machinery ciężkie maszyny (fpl)

hectare hektar (m)

hedge (n) zabezpieczenie (n) *[na obie strony przy operacjach giełdowych]* *albo* ochrona (f)

hedging transakcja (f) hedgingowa

HGV (= heavy goods vehicle) samochód (m) ciężarowy *albo* ciężarówka (f)

hidden asset aktywa (mpl) ukryte

hidden reserves rezerwy (fpl) ukryte

high interest wysoki procent (m)

high rent wysoki czynsz (m)

high taxation wysokie opodatkowanie (n)

highest bidder osoba (f) oferująca najwyższą cenę *[na licytacji]*

highly motivated sales staff wysoce umotywowany personel zajmujący się sprzedażą

highly qualified wysoce wykwalifikowany

highly-geared company przedsiębiorstwo (n) z wysokim udziałem obcego kapitału

highly-paid wysoko opłacany

highly-priced kosztowny *albo* drogi

high-quality goods towary (mpl) wysokiej jakości

high-quality wysoka jakość (f)

hire (n) najem (m) *albo* wynajem (m) *albo* wypożyczalnia (f)

hire a car *albo* **a crane** wynająć samochód *albo* dźwig

hire car wynajęty samochód (m)

hire purchase (HP) sprzedaż (f) ratalna

hire staff personel (m) najemny

hire-purchase company przedsiębiorstwo (m) sprzedaży ratalnej

historic(al) cost koszt (m) pierwotny nabycia

historical figures historyczne obliczenia *[w rachunkowości]*

hive off odsprzedać *albo* rozszczepić

hoard zapas (m)

hoarding *[for posters]* tablica (f) ogłoszeniowa

hoarding *[of goods]* gromadzenie (n)

hold (n) *[ship]* ładownia (f)

hold (v) *[contain]* mieścić

hold (v) *[keep]* trzymać

hold a meeting *albo* **a discussion** odbywać naradę *albo* dyskusję

hold out for przeczekać

hold over odłożyć *albo* odroczyć

hold the line please *albo* **please hold** proszę poczekać *[już łączę]* *albo* proszę poczekać

hold up (v) *[delay]* zatrzymywać *albo* wstrzymywać

holder *[person]* posiadacz (m) *albo* okaziciel (m)

holder *[thing]* podstawka (f) *albo* uchwyt (m)

holding company spółka (f) holdingowa

hold-up (n) *[delay]* opóźnienie (n) *albo* zator (m)

holiday pay wypłata (f) za wakacje

home address adres (m) domowy

home consumption spożycie (n) krajowe *[wewnętrzne]*

home market rynek (m) krajowy *[wewnętrzny]*

home sales sprzedaż (f) krajowa

homeward freight ładunek (m) powrotny

homeward journey podróż (f) powrotna

homeworker chałupnik (m)

honorarium honorarium (n)

honour a bill honorować *[wykupić]* weksel

honour a signature honorować podpis

horizontal communication komunikacja (f) pozioma

horizontal integration integracja (f) pozioma *[w przemyśle]*

hotel accommodation zakwaterowanie w hotelu

hotel bill rachunek (m) za hotel

hotel manager kierownik (m) hotelu

hotel staff personel (m) hotelowy

hotel hotel (m)

hour godzina (f)

hourly rate stawka godzinowa

hourly wage zapłata (f) godzinowa

hourly godzinowo

hourly-paid workers robotnicy płatni godzinowo

house *[company]* przedsiębiorstwo (n) *albo* firma (f)

house *[for family]* dom (m)

house insurance ubezpieczenie (n) domu

house magazine magazyn (m) domowy

house-to-house selling sprzedawanie od domu do domu

house-to-house od domu do domu

HP (= hire purchase) sprzedaż (f) ratalna

HQ (= headquarters) urząd (m) centralny

hurry up pośpieszyć się *albo* ponaglać
hype (n) nadanie rozgłosu *albo*
rozreklamowanie (n)

hype (v) nadawać rozgłos *albo*
rozreklamować
hypermarket duży supermarket (m)

Ii

illegal nielegalny *albo* bezprawny
illegality nielegalność (f) *albo* bezprawie (n)
illegally nielegalnie *albo* bezprawnie
illicit nieuczciwy *albo* nielegalny
ILO (= International Labour Organization) Międzynarodowa Organizacja Pracy
IMF (= International Monetary Fund) Międzynarodowy Fundusz Walutowy
imitation imitacja (f) *albo* kopia (f)
immediate natychmiastowy *albo* bezzwłoczny
immediately natychmiastowo *albo* bezzwłocznie
imperfect wadliwy *albo* niedoskonały
imperfection wadliwość (f) *albo* niedoskonałość (n)
implement (n) narzędzie (n) *albo* sprzęt (m)
implement (v) realizować *albo* wprowadzać w życie
implement an agreement realizować umowę
implementation realizacja (f) *albo* wprowadzenie (n) w życie
import (n) import (m)
import (v) importować
import ban zakaz (m) importu
import duty cło (n) przywozowe
import levy opłata (f) importowa
import licence *albo* **import permit** licencja (f) importowa *albo* pozwolenie (n) importu
import quota norma (f) importowa *albo* kontyngent (m) importowy
import restrictions restrykcje (fpl) importowe
import surcharge dopłata (m) importowa
importance znaczenie (n) *albo* ważność (f)
important ważny *albo* doniosły

importation importowanie (n) *albo* przywóz (m)
importer importer (m)
import-export (adj) importowo-eksportowy
importing (adj) importowy *albo* przywozowy
importing (n) importowanie (n) *albo* import (m)
imports towary (mpl) importowane
impose narzucać *albo* nałożyć
impulse buyer kupujący pod wpływem impulsu *albo* kupujący w porywie
impulse purchase zakup (m) pod wpływem impulsu *albo* zakup (m) w porywie
impulse impuls (m) *albo* odruch (m) *albo* poryw (m)
incentive bonus premia (f) *albo* zachęta (f) pieniężna/materialna *albo* gratyfikacja (f)
incentive payments progresywny system (m) płac
incentive zachęta (f) *albo* bodziec (m)
incidental expenses wydatki (mpl) nieprzewidziane
include włączyć *albo* wliczyć
inclusive charge łącznie z opłatą
inclusive of tax łącznie z podatkiem
inclusive włącznie
income tax podatek (m) dochodowy
income dochód (m) *albo* przychód (m)
incoming call napływająca rozmowa (f) telefoniczna
incoming mail napływająca korespondencja (f)
incompetent niekompetentny *albo* niefachowy
incorporate *[a company]* włączyć *albo* inkorporować *albo* zalegalizować
incorporate przyłączyć *albo* włączyć
incorporation zjednoczenie (n) *albo* inkorporacja (f) *albo* zalegalizowanie (n)

incorrect błędny *albo* niedokładny

incorrectly błędnie *albo* niedokładnie

increase (n) *[higher salary]* podwyżka (f)

increase (n) wzrost (m) *albo* podwyżka (f) *albo* przyrost (m)

increase (v) in price wzrastać w cenie

increase (v) wzrastać *albo* podwyższać *albo* zwiększać

increasing profits wzrastające dochody (mpl)

increasing wzrastający *albo* zwyżkujący

increment podwyżka (f) *albo* przyrost (m)

incremental cost koszty (m) wzrastające

incremental scale skala (f) przyrostu

incremental przyrostowy

incur *[costs]* ponosić koszty

incur debts zaciągnąć długi

incur narażać się *albo* ponosić

indebted zadłużony

indebtedness zadłużenie (n)

indemnification odszkodowanie (n) *albo* kompensata (f)

indemnify someone for a loss zapłacić komuś odszkodowanie za stratę

indemnify zapłacić odszkodowanie *albo* kompensować

indemnity odszkodowanie (n) *albo* kompensata (f)

independent company firma (f) niezależna

independent niezależny *albo* autonomiczny

index (n) *[alphabetical]* indeks (m) *albo* spis (m) alfabetyczny

index (n) *[of prices]* wykaz (m) cen

index (v) umieścić w indeksie

index card kartoteka (f)

index number numer (m) indeksowy *albo* wskaźnik (m)

indexation indeksacja (f)

index-linked wyrównujący inwestycje zgodnie ze stopą inflacji

indicator wskaźnik (m) *albo* informator (m)

indirect labour costs pośrednie koszty robocizny

indirect tax podatek (m) pośredni

indirect taxation opodatkowanie (n) pośrednie

indirect pośredni

induction courses *albo* **induction training** kursy (mpl) wprowadzające *albo* szkolenie (n) wprowadzające

induction wprowadzenie (n) *albo* wstęp (m)

industrial accident wypadek (m) przy pracy

industrial arbitration tribunal trybunał (m) rozjemstwa pracy

industrial capacity zdolności (fpl) produkcyjne przemysłu

industrial centre centrum (m) przemysłowe

industrial design projekt przemysłowy(m)

industrial disputes spory (mpl) między związkami zawodowymi a przedsiębiorstwami

industrial espionage szpiegostwo (n) przemysłowe

industrial estate kompleks (m) przemysłowy

industrial expansion ekspansja (f) przemysłowa

industrial processes procesy (mpl) przemysłowe

industrial relations stosunki (mpl) między pracownikami a pracodawcami w przemyśle

industrial tribunal sąd (m) pracy

industrial przemysłowy *albo* fabryczny

industrialist przemysłowiec (m)

industrialization industralizacja (f) *albo* uprzemysłowienie (n)

industrialize uprzemysławiać

industrialized societies państwa (npl) uprzemysłowione

industry *[companies]* zakłady (npl) przemysłowe

industry *[general]* przemysł (m)

inefficiency nieefektywnośc (f) *albo* nieproduktywność (f)

inefficient nieefektywny *albo* nieproduktywny

inflated currency pieniądz (m) dotknięty inflacją

inflated prices ceny (fpl) wygórowane

inflation inflacja (f)

inflationary inflacyjny

influence (n) wpływ (m) *albo* oddziaływanie (n)

influence (v) wpływać *albo* oddziaływać

inform informować *albo* zawiadamiać *albo* donosić *albo* oznajmiać

non-refundable deposit depozyt (m)
bezzwrotny

non-returnable packing bezzwrotne
opakowanie (n)

non-stop bez przerwy *albo* nieprzerwany

non-taxable income dochód (m) nie
podlegający opodatkowaniu

norm norma (f)

no-strike agreement *albo* **no-strike
clause** umowa (f) o zakazie strajków *albo*
klauzula (f) o zakazie strajków

notary public notariusz (m)

note (n) notatka (f) *albo* uwaga (f)

note (v) *[details]* notować *albo*
zapisywać *[detale]*

note of hand notatka odręczna

notice *[piece of information]*
zawiadomienie (n) *albo* notyfikacja (f)

notice *[that worker is leaving his job]*
wypowiedzenie (n)

notice *[time allowed]* termin *[dany
komuś na zrobienie czegoś]* albo
notyfikacja

notice *[warning that a contract is going
to end]* ostrzeżenie (n)

notification zawiadomienie (n) *albo*
obwieszczenie (n)

notify zawiadamiać *albo* podawać do
wiadomości

null nieważny *albo* niebyły

number (n) *[figure]* numer (m) *albo*
liczba (f)

number (v) numerować

numbered account numerowane konto
(n)

numeric *albo* **numerical** liczbowy *albo*
numeryczny

numeric keypad numeryczna klawiatura
(f)

Oo

objective (adj) obiektywny

objective (n) cel (m)

obligation *[debt]* zobowiązanie (n)

obligation *[duty]* obowiązek (m)

obsolescence zanikanie (n) *albo* starzenie
się

obsolescent zanikający *albo* starzejący
się

obsolete przestarzały *albo*
zdezaktualizowany

obtain otrzymać *albo* uzyskać

obtainable możliwe do nabycia

occupancy rate stawka (f) za
zajmowanie pomieszczenia

occupancy zajęcie (n)*albo* objęcie w
posiadanie

occupant użytkownik (m)

occupational accident wypadek (m)
przy wykonywaniu zawodu

occupational zawodowy

odd *[not a pair]* nieparzysty

odd *[not even]* nierówny

odd numbers nieparzyste numery (mpl)

odpowiedzialnością

off *[away from work]* dzień wolny od
pracy

off *[cancelled]* odwołany *albo* zerwany

off *[reduced by]* obniżony *albo*
zredukowany

off the record nieoficjalnie

offer (n) oferta (f) *albo* propozycja (f)

offer (v) *[to buy]* proponować kupno

offer (v) *[to sell]* proponować sprzedaż

offer for sale oferta sprzedaży

offer price proponowana cena (f)

office equipment wyposażenie (n) biura
albo sprzęt (m) biurowy

office furniture meble (mpl) biurowe

office hours godziny (fpl) urzędowania

office security zabezpieczenie (n) biura

office space powierzchnia (f) biura

office staff personel (m) biurowy

office stationery biurowe materiały
(mpl) piśmienne

office biuro (n) *albo* urząd (m)

offices to let biura (npl) do wynajęcia

official (adj) oficjalny *albo* urzędowy

official (n) urzędnik (m) *albo*
funkcjonariusz (m)

official receiver syndyk (m) masy
upadłości

official return oficjalny *[urzędowy]* raport(m)

officialese urzędas (m)

offload wyładować *albo* rozładować

off-peak poza godzinami szczytu

off-season poza sezonem

offshore poza brzegami *[np. głównej wyspy Wlk. Brytanii]*

off-the-job training szkolenie (n) poza godzinami pracy

oil *[cooking]* olej (m)

oil *[petroleum]* ropa (f) naftowa

oil price cena (f) ropy naftowej

oil-exporting countries kraje (mpl) eksportujące ropę naftową

oil-producing countries kraje (mpl) wydobywające ropę naftową

old stary

old-established założony dawno temu

old-fashioned staromodny

ombudsman urzędnik (m), który kierując się zażaleniami bada przewinienia firmy/instytucji

omission pominięcie (n) *albo* opuszczenie (n)

omit opuszczać *albo* zaniechać

on a short-term basis na zasadzie krótkoterminowej

on account na rachunek *albo* a conto

on agreed terms na ustalonych warunkach

on an annual basis na rocznej zasadzie *albo* rocznie

on approval na próbę

on behalf of w imieniu

on board na pokładzie

on business w sprawach interesu

on condition that pod warunkiem, że

on credit na kredyt

on favourable terms na dogodnych warunkach

on line *albo* **online** na linii Internetu

on order na zamówienie

on request na żądanie

on sale na wyprzedaży

on the average średnio

on the increase zwiększa się

on time puktualnie

one-off item jednorazowy przedmiot (m)

one-off jednorazowy

one-sided agreement umowa (f) jednostronna

one-sided jednostronny

one-way fare opłata (f) za przejazd w jedną stronę

one-way trade handel (m) jednokierunkowy

on-the-job training szkolenie (n) w ramach pracy

OPEC (= Organization of Petroleum Exporting Countries) OPEC *albo* Organizacja Krajów Eksporterów Ropy Naftowej

open (adj) *[not closed]* otwarty

open (v) *[begin]* zaczynać *albo* otwierać

open (v) *[start new business]* otworzyć

open a bank account zakładać/otwierać konto w banku

open a line of credit otwierać linię kredytu

open a meeting dokonać otwarcia zebrania

open account rachunek (m) otwarty

open an account zakładać/otwierać konto

open cheque czek (m) gotówkowy *[nie zakreślony]*

open credit kredyt (m) otwarty *[nieograniczony]*

open market wolny rynek (m)

open negotiations negocjacje (fpl) otwarte

open ticket bilet (m) "open" *[bez ograniczenia czasowego]*

open to offers otwarty na oferty *albo* gotowy na przyjęcie ofert

open-ended agreement umowa (f) bezterminowa

opening (adj) początkowy *albo* wstępny

opening (n) otwarcie (n) *albo* rozpoczęcie (n)

opening balance bilans (m) otwarcia

opening bid oferta (f) wywoławcza

opening hours godziny (fpl) urzędowania

opening price cena (f) wywoławcza

opening stock zasób (m) towaru przy otwarciu

opening time czas (m) otwarcia

open-plan office biuro (n) o dużej otwartej przestrzeni

operate działać *albo* operować

operating (n) działalność (f) *albo* operowanie (n)

operating budget budżet (m) operacyjny *[przesiębiorstwa]*

operating costs *albo* **operating expenses** koszty (mpl) operacyjne *albo* wydatki (mpl) operacyjne

operating manual podręcznik (m) *[wskazówki obsługi]*

operating profit zysk (m) operacyjny przedsiębiorstwa

operating system system (m) działania

operation działalność (f) *albo* operacja (f)

operational budget budżet (m) operacyjny

operational costs koszty (mpl) operacyjne

operational operacyjny

operative (adj) operatywny

operative (n) robotnik (m) *[pracujący przy maszynie]*

operator maszynista (m)

opinion poll sondaż (m)

opportunity możliwość (f) *albo* szansa(f)

option to purchase *albo* **to sell** opcja (f) zakupu *albo* sprzedaży

optional extras dodatki (mpl) do wyboru

optional opcjyny *albo* do wyboru

order (n) *[certain way]* porządek (m) *albo* kolejność (f)

order (n) *[for goods]* zamówienie (n)

order (n) *[instruction]* dyspozycja (f) *albo* zlecenie (f)

order (n) *[money]* przekaz (m)

order (v) *[goods]* zamawiać

order (v) *[put in order]* uporządkowywać

order book księga (f) zamówień

order fulfilment wykonanie zamówienia

order number numer (m) zamówienia

order picking selekcja (f)/dobór(m) zamówienia

order processing realizowanie zamówienia

order: on order na zamówienie

ordinary shares akcje (fpl) zwykłe

ordinary zwykły *albo*zwyczjny *albo* normalny

organization *[institution]* organizacja (f)

organization *[way of arranging]* organizacja (f) *albo* struktura (f) organizacyjna

organization and methods organizacja (f) i metody (fpl)

organization chart schemat (m) organizacyjny

Organization of Petroleum Exporting Countries (OPEC) Organizacja Krajów Eksporterów Ropy Naftowej

organizational organizacyjny

organize organizować

origin pochodzenie (n)

original (adj) oryginalny

original (n) oryginał (m)

OS (= outsize) ponadwymiarowy

out of control poza kontrolą *albo* bez kontroli

out of date przedawniony

out of pocket nie mieć już pieniędzy *albo* wydać wszystkie pieniądze

out of stock nie mieć na składzie/w sklepie

out of work bezrobotny

outbid przelicytować

outgoing mail poczta (f) do wysłania

outgoing odchodzący

outgoings wydatki (mpl) *albo* rozchody (mpl)

outlay nakład (m) *albo* wydatek (m)

outlet sklep (m)

out-of-pocket expenses małe wydatki z własnej kieszeni

output (n) *[computer]* wydajność (f) *albo* wynik (m)

output (n) *[goods]* wydajność (f)

output (v) *[computer]* uzyskiwać efekty przetwarzania danych

output tax podatek (m) od wydajności

outright ryczałtowy *albo* całkowity

outside director dyrektor (m) nie będący członkiem zarządu

outside line połączenie telefoniczne z zewnątrz

outside office hours poza godzinami pracy

outside na zewnątrz

outsize (OS) ponadwymiarowy

outstanding *[exceptional]* wyjątkowy *albo* znakomity *albo* wybitny

outstanding *[unpaid]* zaległy *albo* nie uregulowany

outstanding debts zaległe długi (mpl)

outstanding orders zaległe zamówienia (npl)

overall plan plan (m) ogólny

overall całkowity *albo* ogólny

overbook robić rezerwację ponad liczbę dostępnych miejsc

overbooking rezerwacja ponad liczbę dostępnych miejsc

overcapacity przekraczająca pojemność / zdolność / ładowność

overcharge (n) pobranie za dużo pieniędzy *[niezgodne z ceną]*

overcharge (v) policzyć *[komuś]* za dużo

overdraft facility możliwość/udogodnienie kredytu przejściowego

overdraft kredyt (m) przejściowy *[pozwalający na przekroczenie stanu konta]*

overdraw przekraczać stan konta

overdrawn account przekroczony stan konta

overdue zaległy *albo* przeterminowany

overestimate (v) podać wygórowaną cenę

overhead budget budżet (m) kosztów

overhead costs *albo* **expenses** koszty (mpl) ogólne

overheads koszty (mpl) ogólne

overmanning zaangażowanie zbyt dużej ilości pracowników

overpayment nadpłata (f)

overproduce nadprodukować

overproduction nadprodukcja (f)

overseas (adj) zagraniczny *albo* zamorski

overseas (n) zagranica (f)

overseas markets rynki (mpl) zamorskie *albo* rynki (mpl) zagraniczne

overseas trade handel (m) zagraniczny *albo* handel (m) zamorski

overspend one's budget nadwyrężyć budżet *albo* wyjść poza swój budżet

overspend wydawać ponad stan *albo* wydawać zbyt dużo

overstock (v) robić nadmierny zapas

overstocks nadmiar (m) zapasów

overtime ban zakaz (m) godzin nadliczbowych

overtime pay zapłata (f) za godziny nadliczbowe

overtime godziny (fpl) nadliczbowe *albo* nadgodziny (fpl)

overvalue nakładać zbyt wysoką cenę

overweight (adj) mający nadwagę

owe być dłużnym *albo* mieć dług

owing to dzięki *[czemuś]* *albo* z powodu *[czegoś]*

owing należny *albo* dłużny

own (v) posiadać *albo* być właścicielem

own brand goods towary (mpl) o własnej marce handlowej

own label goods towary (mpl) o własnej marce handlowej

owner właściciel/-ka

ownership własność (f) *albo* prawo (n) własności

Pp

p & p (= postage and packing) porto i opakowanie

p.o.s. *albo* **POS** (= point of sale) punkt (m) sprzedaży

P/E (= price/earnings) stosunek ceny/do zysków

P/E ratio (= price/earnings ratio) stosunek ceny akcji/do zysków do podziału na akcje

PA (= personal assistant) osobisty asystent (m)

pack (n) paczka (f) *albo* pakunek (m) *albo* pakiet (m)

pack (v) pakować

pack goods into cartons pakować towary w kartony

pack of envelopes plik (m) kopert

package *[of goods]* paczka (f)

package *[of services]* pakiet (m)

package deal transakcja (f) handlowa kompleksowa

packaging *[action]* paczkowanie

packaging *[material]* opakowanie (n)

packaging material opakowanie (n)

packer pakowacz (m)

packet of cigarettes paczka (f) papierosów

prevention zapobieganie (n) *albo* prewencja (f)

preventive zapobiegawczy *albo* prewencyjny

previous poprzedni *albo* uprzedni

price (n) cena (f)

price (v) wycenić *albo* ustalić cenę

price ceiling pułap (m) ceny

price control kontrola (f) *[reglamentacja]* cen

price controls kontrole (fpl) cen

price differential rozpiętość (f) cen

price ex quay cena franco (f) nadbrzeże

price ex warehouse cena loco (f) skład

price ex works cena loco (f) fabryka

price label metka (f) z ceną

price list cennik (m) *albo* taryfa (f)

price range różnorodność (f) cen

price reductions redukcja (f) cen

price stability stabilność (f) cen

price tag metka (f) z ceną

price ticket metka (f) z ceną

price war wojna (f) o ceny

price/earnings ratio (P/E ratio) stosunek (m) ceny akcji do zysku do podziału na akcje

price/earnings ratio stosunek (m) ceny akcji do zysku do podziału na akcje

price-cutting war wojna o obniżenie cen

price-sensitive product produkt (m) podlegający zmianie ceny

pricing policy polityka (f) ustalania cen

pricing ustalanie cen *albo* wycena (f)

primary industry przemysł (m) podstawowy

primary pierwszy *albo* pierwotny *albo* podstawowy

prime cost koszt (m) własny *albo* cena (f) kosztu *[zakupu]*

prime rate *albo* **prime** główna / dominująca stopa (f) procentowa pobierana/naliczana

prime główny

principal (adj) zasadniczy *albo* pryncypialny

principal (n) *[money]* suma (f) kapitału

principal (n) *[person]* szef (m) *albo* pryncypał (m)

principle zasada (f)

print out wydrukować

printer *[company]* drukarnia (f)

printer *[machine]* drukarka (f)

printout wydruk (m)

prior poprzedni

private enterprise prywatne przedsięzięcie (n)

private limited company prywatna spółka (f) z ograniczona odpowiedzialnością

private ownership prywatna własność (f)

private property prywatna posiadłość / nieruchomość (f)

private sector sektor (m) prywatny

private prywatny

privatization prywatyzacja (f)

privatize prywatyzować

pro forma (invoice) pro forma (rachunek / faktura)

pro rata pro rata

probation okres (m) próbny

probationary próbny *[okres]*

problem area strefa (f) problemów

problem solver rozwiązujący problemy

problem solving rozwiązywanie problemów

problem problem (m) *albo* kwestia (f)

procedure procedura (f) *albo* tryb (m) *albo* postępowanie (n)

proceed postępować

process (n) proces (m)

process (v) *[deal with]* mieć do czynienia *albo* być w toku

process (v) *[raw materials]* przetwarzać *albo* przerabiać *albo* obrabiać

process figures przetwarzać dane liczbowe

processing of information *albo* **of statistics** przetwarzanie informacji *albo* danych statystycznych

produce (n) *[food]* produkty (mpl) spożywcze

produce (v) *[bring out]* pokazać *albo* wydobyć z

produce (v) *[interest]* dać *albo* przynosić *[procent/odsetki]*

produce (v) *[make]* produkować

producer producent (m) *albo* wytwórca (m)

product advertising reklama (f) towaru

product cycle cykl (m) produkcyjny

product design projekt (m) produktu

product development rozwinięcie / ulepszanie (n) produktu

product engineer inżynier (m) produktu

product line seria (f) produktu

product mix różnorodność (f) produktu

product produkt (m) *albo* wyrób (m)

production *[making]* produkcja (f) *albo* wytwórczość (f) wyrób (m)

production *[showing]* przedstawienie (n) *[czegoś]*

production cost koszt (m) produkcji

production department dział (m) produkcji

production line linia (f) produkcyjna

production manager kierownik (m) produkcji

production standards standarty (mpl) produkcji

production targets zadania (npl) / cele (mpl) produkcji

production unit jednostka (f) produkcji

productive discussions produktywne dyskusje (fpl)

productive produktywny

productivity agreement umowa (f) o produktywności

productivity bonus premia (f) za produktywność *albo* premia (f) za wydajność

productivity wydajność (f) *albo* produktywność (f)

professional (adj) *[expert]* fachowy *albo* zawodowy

professional (n) *[expert]* fachowiec (m) *albo* zawodowiec (m)

professional qualifications kwalifikacje (fpl) zawodowe

profit after tax zysk (m) po opodatkowaniu

profit and loss account rachunek (m) strat i zysków

profit before tax zysk (m) przed opodatkowaniem

profit centre centrum (m) zysku

profit margin marża (f) zysku

profit zysk (m) *albo* zarobek (m)

profitability *[making a profit]* dochodowość (f)

profitability *[ratio of profit to cost]* rentowność (f) *albo* zyskowność (f)

profitable rentowny *albo* dochodowy *albo* zyskowny

profit-making osiąganie zysków

profit-oriented company przedsiębiorstwo (n) nastawione na zysk

profit-sharing udział (m) w zyskach

program a computer zaprogramować komputer

programme *albo* **program** program (m)

programming language język (m) programowania

progress (n) rozwój (m) *albo* postęp (m)

progress (v) robić postępy *albo* rozwijać się

progress chaser goniący za rozwojem

progress payments spłaty (fpl) progresywne

progress report raport (m) o stanie robót

progressive taxation opodatkowanie (n) progresywne

prohibitive zakazujący *albo* prohibicyjny

project *[plan]* projekt (m)

project analysis analiza (f) projektu

project manager kierownik/dyrektor (m) projektu

projected sales zamierzona sprzedaż

projected zamierzony

promise (n) obietnica (f) *albo* przyrzeczenie (n)

promise (v) obiecać *albo* przyrzekać

promissory note skrypt (m) dłużny *albo* przyrzeczenie (n) zapłaty *albo* promesa (f)

promote *[advertise]* reklamować *albo* robić reklamę *albo* lansować

promote *[give better job]* awansować *[kogoś]* *albo* podnieść na wyższe stanowisko

promote a corporate image wyrabiać pozycję i wyobrażenie firmy

promote a new product reklamować nowy produkt

promotion *[publicity]* reklama (f)

promotion *[to better job]* awans (m)

promotion budget budżet (m) reklamowy

promotion of a product reklama (n) produktu

promotional budget budżet (m) reklamowy

promotional reklamowy

prompt payment opłata/zapłata (f) bez zwłoki

prompt service obsługa (f) bezzwłoczna

prompt natychmiastowy *albo* szybki *albo* bez zwłoki

proof dowód (m) *albo* próba (f)

proportion proporcja (f) *albo* stosunek (m)

proportional proporcjonalny

proposal *[insurance]* wniosek (m) ubezpieczeniowy

proposal *[a suggestion]* propozycja (f)

propose *[a motion]* proponować

propose to *[do something]* wystąpić z propozycją zrobienia czegoś

proprietary company (US) przedsiębiorstwo (n) macierzyste

proprietor właściciel (m)

proprietress właścicielka (f)

prosecute podać sprawę do sądu

prosecution *[legal action]* powództwo (n)

prosecution *[party in legal action]* powództwo (n) *albo* oskarżyciel (m)

prosecution counsel prokurator (m)

prospective buyer potencjalny kupiec (m)

prospective potencjalny *albo* spodziewany *albo* przyszły

prospects perspektywy

prospectus prospekt (m)

protective tariff taryfa (f) ceł ochronnych

protective ochronny *albo* protekcyjny

protest (n) *[against something]* protest (m)

protest (n) *[official document]* list (m) protestacjny *albo* nota (f) protestacyjna

protest (v) *[against something]* protestować

protest a bill protestować weksel

protest strike strajk (m) protestacyjny

provide for zabezpieczyć *[kogoś]*

provide dostarczyć *albo* dać

provided that *albo* **providing** zakładając, że

provision *[condition]* klauzula (f) *albo* warunek (m) *albo* zastrzeżenie (n)

provision *[money put aside]* rezerwa (f)

provisional budget budżet (m) tymczasowy

provisional forecast of sales prowizoryczna prognoza (f) sprzedaży

provisional prowizoryczny *albo* tymczasowy *albo* przejściowy

proviso zastrzeżenie (n) *albo* klauzula (f)

proxy *[deed]* pełnomocnictwo (n)

proxy *[person]* pełnomocnik (m) *albo* prokurent (m)

proxy vote głos (m) oddany przez upoważnionego

public (adj) publiczny *albo* państwowy

public finance finanse (mpl) publiczne

public funds fundusze (mpl) publiczne

public holiday święto (n) powszechne

public image powszechne wyobrażenie (n)

Public Limited Company (Plc) spółka (f) publiczna z ograniczoną odpowiedzialnością

public opinion opinia (f) publiczna

public relations (PR) ciągłe ubieganie się o formowanie i utrzymywanie dobrej renomy firmy *albo* public relations

public relations department wydział (m) public relations

public relations man osoba (f) do spraw public relations

public relations officer urzędnik (m) do spraw public relation

public sector sektor (m) publiczny *[państwowy]*

public transport transport (m) publiczny

publicity budget budżet (m) reklamowy

publicity campaign kampania (f) reklamowa

publicity department dział (m) reklamy

publicity expenditure wydatki (mpl) reklamowe

publicity manager kerownik / dyrektor (m) reklamy

publicity reklama (f) *albo* rozgłos (m)

publicize reklamować *albo* informować

purchase (n) kupno (n)

purchase (v) kupować *albo* nabywać

purchase ledger księga (f) zakupów

purchase order zamówienie (n) *albo* zlecenie (n) zakupu

purchase price cena (f) zakupu

purchase tax podatek (m) od zakupu

purchaser nabywca (m)

purchasing department dział (m) zakupów

purchasing manager kierownik (m) zakupów

purchasing power siła (f) nabywcza

purchasing zakup (m) *albo* kupno (n)

put (v) *[to place]* położyć *albo* umieścić

put back *[later]* odłożyć *[na później]*
put in writing wyrazić na piśmie

put money down wpłacić depozyt

Qq

qty (= **quantity**) ilość (f) *albo* liczba (f)
qualified *[with reservations]*
  uwarunkowany
qualified wykwalifikowany
qualify as zdobywać zawód *albo*
  zdobywać potrzebne kwalifikacje
quality control kontrola (f) jakości
quality controller kontroler (m) jakości
quality label znak (m) jakości
quality jakość (f) *albo* gatunek (m)
quantity discount bonifikata (f)/ rabat
  (m) przy zakupie pewnej ilości
quantity ilość (f) *albo* liczba (f)
quarter *[25%]* ćwierć
quarter *[three months]* kwartał (m)

quarter day dzień (m) dotrzymywania
  płatności kwartalnych
quarterly (adj) kwartalny
quarterly (adv) kwartalnie
quay nadbrzeże (n)
quorum kworum (n)
quota kontyngent (m) *albo* wkład (m)
quotation *[estimate of cost]* szacunek
  (m)
quote (n) *[estimate of cost]* szacunek
  (m)
quote (v) *[a reference]* odnośnik (m)
quote (v) *[estimate costs]* szacować
quoted company przedsiębiorstwo (n)
  notowane na giełdzie
quoted shares akcje (fpl) notowane na
  giełdzie

Rr

R&D (= **research and devlopment**)
  badania (npl) i rozwój (m)
racketeer oszust (m)
racketeering oszustwo (n)
rail transport transport (m) kolejowy
rail kolej (f)
railroad (US) kolej (f) żelazna
railway (GB) kolej (f) żelazna
railway station stacja (f) kolejowa *albo*
  dworzec (m) kolejowy
raise (v) *[a question]* zadać pytanie *albo*
  kwestionować
raise (v) *[increase]* podwyższać
raise (v) *[obtain money]* uzyskać
  pieniądze na coś
raise an invoice sporządzić
  fakturę/rachunek
rally (n) wiec (m)
rally (v) skupiać innych dookoła siebie
  albo zbierać *[agitować innych dookoła*
  siebie]

random check wyrywkowa kontrola (f)
random error przypadkowy błąd (m)
random sample wyrywkowa próbka (f)
random sampling wyrywkowe
  próbowanie (n)
random przypadkowy *albo* wyrywkowy
  albo nie planowany
range (n) *[series of items]* seria (f) *albo*
  zestaw (m)
range (n) *[variation]* asortyment (m)
  albo wybór (m)
range (v) sięgać odtąd - dotąd
rate (n) *[amount]* ilość (f) *albo* norma (f)
rate (n) *[price]* cena (f) *albo* stawka (f)
rate of exchange kurs (m) dewizowy
  [przeliczeniowy, wekslowy]
rate of inflation stopa (f) inflacji
rate of production norma (f)
  produkcyjna
rate of return stopa (f) zysku *albo*
  wskaźnik (m) efektywności inwestycji

ratification ratyfikacja (f) *albo* zatwierdzenie (n)

ratify ratyfikować *albo* zatwierdzać

rating ocena (f) *albo* oszacowanie (n)

ratio stosunek (m) *albo* współczynnik (m)

rationalization racjonalizacja (f)

rationalize racjonalizować *albo* udoskonalać

raw materials surowce (mpl)

reach *[arrive]* dotrzeć *albo* dojść *albo* dojechać

reach *[come to]* osiągnąć *albo* dosięgnąć

reach a decision osiągnąć decyzję

reach an agreement dojść do porozumienia

readjust ponownie uporządkować *albo* reorganizować

readjustment ponowne uporządkowanie (n) *albo* reorganizacja (f)

ready cash gotówka (f)

ready gotowy *albo* przygotowany

real estate nieruchomość (f) *albo* własność (f) gruntowa

real income *albo* **real wages** dochód (m) realny *albo* płaca (f) realna

real realny *albo* rzeczywisty *albo* nieruchomy

realizable assets aktywa (fpl) możliwe do spieniężenia/upłynnienia

realization of assets upłynnienie aktyw

realize *[sell for money]* sprzedawać *albo* realizować *albo* upłynniać

realize *[understand]* zrozumieć *albo* zdawać sobie sprawę

realize a project *albo* **a plan** zrealizować projekt *albo* plan

realize property *albo* **assets** sprzedać nieruchomość *albo* upłynnić aktywa

real-time system system (m) czasu realnego/bieżącego

reapplication ponowne złożenie podania/wniosku

reapply ponownie składać podanie/wniosek

reappoint ponownie mianować

reappointment ponowne mianowanie

reassess poddawać rewizji/ocenie *albo* ponownie opodatkowywać

reassessment rewizja (f) *albo* ponowna ocena (f) *albo* ponowne opodatkowanie (n)

rebate *[money back]* zwrot pieniędzy

rebate *[price reduction]* rabat (m) *albo* bonifikata (f) opust (m)

receipt *[paper]* kwit (m) *albo* potwierdzenie (n) odbioru /zapłaty

receipt *[receiving]* odbiór (m)

receipt book bloczek (m) kasowy *albo* bloczek (m) pokwitowań

receipts kwity (mpl) *albo* pokwitowania (npl)

receivable należny

receivables wierzytelności (fpl) *albo* pozycja "dłużnicy" (mpl) *[w księgach handlowych]*

receive otrzymywać *albo* odbierać

receiver *[liquidator]* syndyk (m) masy upadłości *albo* likwidator (m)

receiver odbiorca (m) *albo* adresat (m)

receiving otrzymanie (n) *albo* odbiór (m)

reception clerk recepjonista (m) recepcjonistka (f)

reception desk recepcja (f)

reception przyjęcie (n) *albo* recepcja (f)

receptionist recepcjonista (m) recepcjonistka (f)

recession recesja (f)

reciprocal agreement umowa (f) dwustronna *albo* porozumienie (n) na zasadzie wzajemności

reciprocal trade handel (m) dwustronny

reciprocal wzajemny *albo* obustronny *albo* odwzajemniony

reciprocity wzajemność (f) *albo* wzajemne oddziaływanie

recognition uznanie (n)

recognize a union uznać związek zawodowy

recommend *[say something is good]* polecać *albo* rekomendować

recommend *[suggest action]* sugerować *albo* polecać

recommendation polecenie (n) *albo* rekomendacja (f)

reconcile pojednywać *albo* godzić

reconciliation of accounts uzgodnienie *[kont]* rachunków

reconciliation pojednanie (n) *albo* zgoda (f)

record (n) *[for personnel]* akta (mpl) personalne

record (n) *[better than before]* rekord (m)

record (n) *[of what has happened]* dziennik (m) *albo* zapis (m)

record (v) rejestrować *albo* notować *albo* wciągać do wykazu

record sales *albo* **record losses** *albo* **record profits** rekordowe sprzedaże (mpl) *albo* rekordowe straty (fpl) *albo* rekordowe zyski (mpl)

record-breaking pobijanie rekordu

recorded delivery przesyłka (f) polecona

records akta (mpl) *albo* dokumenty (mpl) *albo* archiwum (m)

recoup one's losses wynagradzać komuś straty

recover *[get better]* odzyskać *[zdrowie, mienie]*

recover *[get something back]* odebrać *albo* odzyskać

recoverable ściągalny

recovery *[getting better]* powrót (m) do zdrowia

recovery *[getting something back]* windykacja (f) *albo* odzyskanie (n) *[np. mienia, pieniędzy]*

rectification poprawa (f) *albo* korektura (f) *albo* sprostowanie (n)

rectify poprawiać *albo* prostować *albo* korygować

recurrent powtarzający się

recycle ponownie przerabiać

recycled paper przerobiona makulatura (f)

red tape biurokracja (f)

redeem a bond wykupić obligację

redeem a debt spłacić dług

redeem a pledge wykupić zastaw

redeem wykupić *albo* umorzyć *albo* spłacać

redeemable wykupywalny

redemption *[of a loan]* spłata (f) pożyczki *albo* amortyzacja (f)

redemption date termin spłaty/wykupu

redevelop przebudować *albo* rozbudować na nowo

redevelopment przebudowa (f)

redistribute rozdzielać ponownie

reduce a price obniżać cenę

reduce expenditure redukować wydatki

reduce obniżać *albo* redukować *albo* zmniejszać

reduced rate stawka (f) ulgowa

reduction redukcja (f) *albo* obniżka (f)

redundancy zwolnienie pracowników *[z odprawą pieniężną]*

redundant zwolniony *[z odprawą pieniężną]*

re-elect wybrać ponownie

re-election ponowny wybór (m)

re-employ zatrudnić ponownie

re-employment ponowne zatrudnienie (n)

re-export (n) reeksport (m)

re-export (v) reeksportować

refer *[pass to someone]* kierować *albo* odsyłać

refer *[to item]* odnosić się do

reference *[dealing with]* powołanie się na *albo* odnosić się do

reference *[person who reports]* referent (m)

reference *[report on person]* referencja (f) *albo* opinia (f)

reference number numer (m) odnośny

refinancing of a loan refinansowanie pożyczki

refresher course kurs (m) dla przypomnienia sobie uprzednio zdobytej wiedzy

refund (n) zwrot (m) *[np. kosztów, pieniędzy]*

refund (v) zwracać pieniądze *[przy zwrocie towaru, z którego klient jest niezadowolony]*

refundable deposit zadatek (m) zwrotny

refundable zwrotny *[o zadatku, płatności za towar]*

refunding of a loan zwrot pożyczki

refusal odmowa (f) *albo* odrzucenie *[oferty propozycji]*

refuse (v) odmawiać *albo* odrzucać ofertę

regarding odnośnie *albo* wobec *albo* w sprawie

regardless of bez względu na

regional regionalny *albo* okręgowy

register (n) *[large book]* księga (f) *albo* rejestr (m)

register (n) *[official list]* lista (f) *albo* wykaz (m) *albo* rejestr (m)

register (v) *[at hotel]* zameldować się

register (v) *[in official list]* zarejestrować się *albo* wpisać się na listę

register (v) *[letter]* wysłać listem poleconym

register a company zarejestrować spółkę/przedsiębiorstwo

register a property wpisać nieruchomość do księgi wieczystej

register a trademark zarejestrować znak firmowy

register of directors rejestr (m) dyrektorów

register of shareholders rejestr (m) udziałowców

registered (adj) zarejestrowany

registered letter list (m) polecony

registered office centrala (f)

registered trademark zastrzeżony znak firmowy

Registrar of Companies urząd (m) rejestrowania spółek/firm

registrar rejestrator/-ka *albo* urząd (m) rejestracyjny

registration fee opłata (f) rejestracyjna

registration form formularz (m) rejestracyjny

registration number numer (m) rejestracyjny

registration rejestracja (f) *albo* wpisanie do rejestru

registry office biuro (n) rejestrów *albo* urząd (m) stanu cywilnego

registry registratura (f) *albo* kancelaria (f)

regular *[always at same time]* regularny

regular *[ordinary]* zwykły *albo* normalny

regular customer stały klient (m)

regular income stały dochód (m)

regular size standardowy rozmiar (m)

regular staff stały personel (m)

regulate *[adjust]* regulować

regulate *[by law]* wprowadzić prawo

regulation regulacja (f) *albo* uporządkowanie (n) *albo* przepis

regulations przepisy (mpl) prawne *albo* regulamin (m)

reimbursement of expenses zwrot (m) wydatków *albo* zwrot (m) kosztów

reimbursement remburs (m) *albo* zwrot (m)

reimport (n) reimport (m)

reimport (v) reimportować

reimportation reimport (m)

reinsurance reasekuracja (f)

reinsure reasekurować

reinsurer reasekurator (m)

reinvest reinwestować

reinvestment reinwestycja (f)

reject (n) brak (m) *albo* wybrakowany wyrób (m)

reject (v) odrzucać *albo* brakować *[wybierać]*

rejection odrzucenie (n) *albo* wybrakowanie (n)

relating to dotyczący *[kogoś, czegoś]* *albo* odnoszący się do

relations związki (mpl)

release (n) wydanie (n) *albo* uwolnienie (n)

release (v) *[free]* zwolnić *[np. z długu]* *albo* wypuścić *[na wolność]*

release (v) *[make public]* opublikować *albo* podać do ogólnej wiadomości

release (v) *[put on the market]* wypuścić na rynek

release dues należności związane z wypuszczeniem *[np. towaru na rynek]*

relevant stosowny *albo* posiadający znaczenie

reliability wiarygodność (f) *albo* niezawodność (f) *albo* solidność (f)

reliable wiarygodny *albo* niezawodny *albo* solidny

remain *[be left]* pozostawać

remain *[stay]* zostawać

remainder *[things left]* reszta (f) *albo* pozostałość (f)

remind przypominać

reminder monit (m) *albo* upomnienie (n)

remit (n) przekaz (m) pieniężny

remit (v) przekazać *albo* przelać

remit by cheque przekazać *[kwotę]* czekiem *albo* zapłacić czekiem

remittance przelew (m) *albo* płatność (f) *albo* przekaz (m)

remote control zdalne kontrolowanie (n)

removal *[sacking someone]* usunięcie (m) *albo* odwołanie (n) ze stanowiska

removal *[to new house]* przeprowadzka (f)

remove usunąć *albo* zdjąć *albo* skreślić

remunerate wynagrodzić

remuneration wynagrodzenie (n) *albo* remuneracja (f)

render an account przedłożyć rachunek

renew a bill of exchange *albo* **to renew a lease** prolongować weksel *albo* przedłużyć okres dzierżawy

renew a subscription ponowić subskrybcję

renew wznowić *albo* ponowić *albo* przedłużyć *albo* prolongować

renewal notice notyfikacja (f) o wznowieniu

renewal of a lease *albo* **of a subscription** *albo* **of a bill** wznowienie dzierżawy *albo* subskrybcji *albo* prolongata weksla

renewal premium składka (f) ubezpieczeniowa płatna we wznowionej umowie ubezpieczeniowej

renewal wznowienie (n) *albo* prolongata (f) *albo* przedłużenie (n)

rent (n) czynsz (m) *albo* komorne (n)

rent (v) *[pay money for]* wynajmować *albo* wydzierżawiać

rent collector zbierający dzierżawę *albo* administrator (m)

rent control kontrola (f) cen czynszu

rent tribunal trybunał (m) do spraw czynszu

rental income dochód (m) z czynszu *albo* dochód (m) z dzierżawy

rental czynsz (m) *albo* komorne (n) *albo* dzierżawa (f)

rent-free wolne od opłaty czynszowej

renunciation zrzeczenie się *albo* odstąpienie (n)

reorder (n) ponowne zamówienie (n)

reorder (v) ponownie zamawiać

reorder level poziom (m) ponownego zamówienia

reorganization reorganizacja (f) *albo* reforma (f)

reorganize reorganizować *albo* przekształcać

rep (= representative) przedstawiciel (m)

repair (n) naprawa (f) *albo* remont (m) *albo* reperacja (f)

repair (v) naprawiać *albo* remontować *albo* reperować

repay spłacać *albo* zwracać *[np. dług]*

repayable odpłatny *albo* zwrotny *[o długu]*

repayment spłata (f) *albo* zwrot (m) *[np. długu]*

repeat powtarzać *albo* ponawiać

repeat an order ponowić zamówienie

repeat order ponowne zamówienie (n)

replace zastępować *albo* wymieniać

replacement *[item]* wymiana (f) *albo* zamiana (f)

replacement *[person]* zastępowanie (n)

replacement value wartość (f) przy wymianie *albo* wartość (f) odnowienia *[odszkodowania ubezpieczeniowego]*

reply (n) odpowiedź (f)

reply (v) odpowiadać

reply coupon kupon (m) na odpowiedź

report (n) raport (m) *albo* relacja (f)

report (v) *[go to a place]* zgłosić się *albo* zameldować się

report (v) relacjonować *albo* donosić *albo* składać sprawozdanie

report a loss zgłosić stratę/zgubę

report for an interview zgłosić się na rozmowę

report on the progress of the work *albo* **of the negotiations** zdać sprawozdanie (n) o stanie prac *albo* postępach w negocjacjach

report to someone zgłosić się do kogoś

repossess odzyskać *albo* ponownie wchodzić w posiadanie

represent reprezentować

representative (adj) reprezentatywny *albo* przedstawicielski

representative *[company]* przedstawicielstwo (n)

representative *[person]* przedstawiciel (m)

repudiate an agreement nie honorować umowy

repudiate odrzucać *albo* nie honorować

request (n) prośba (f) *albo* życzenie (n)

request (v) prosić *albo* żądać

request: on request na życzenie *albo* na żądanie

require *[demand]* wymagać *albo* żądać

require *[need]* potrzebować

requirements potrzeby (fpl) *albo* wymagania (npl)

resale price cena (f) odsprzedaży

resale odsprzedaż (f)

rescind odwołać *albo* unieważnić *albo* anulować

research (n) badanie (n) *albo* praca (f) badawcza

research (v) badać *albo* przeprowadzać pracę badawczą

research and development (R & D) praca (f) badawcza i rozwój(m)

research programme program (m) prac badawczych

research worker badacz/-ka

researcher badacz/-ka

reservation rezerwacja (f)

reserve (n) *[money]* rezerwa (f) *albo* fundusz rezerwowy (m)

reserve (n) *[supplies]* zapas (m)

reserve (v) robić zapasy *albo* rezerwować

reserve a room *albo* **a table** *albo* **a seat** zarezerwować pokój (m) *albo* stolik (m) *albo* miejsce (n)

reserve currency waluta (f) rezerwowa

reserve price cena (f) minimalna *[wywoławcza]*

reserves rezerwy (fpl)

residence permit pozwolenie (n) na pobyt stały

residence miejsce (n) zamieszkania

resident (adj) przebywający na stałe *albo* zamieszkujący na stałe

resident (n) rezydent (m) *albo* mieszkaniec (m)

resign rezygnować *albo* zrzekać się *[czegoś]*

resignation zrzeczenie się *albo* ustąpienie (n)

resolution rezolucja (f) *albo* rozwiązanie (n)

resolve postanawiać *albo* rozstrzygać *albo* rozwiązywać

resources środki (mpl) *[np. pieniężne]*

respect (v) poważać *albo* szanować *albo* respektować

response odpowiedź (f) *albo* reakcja (f)

responsibilities zobowiązania (npl) *albo* obowiązki (mpl)

responsibility odpowiedzialność(f)

responsible (for) odpowiedzialny za

responsible to someone odpowiedzialny przed

restock ponownie zaopatrywać *albo* ponawiać zapasy

restocking ponowne zaopatrzenie *albo* uzupełnienie zasobów towarów

restraint of trade ograniczenie handlu

restraint ograniczenie (n) *albo* hamowanie (n)

restrict credit kredyt (m) ograniczony

restrict ograniczać

restriction restrykcja (f) *albo* ograniczenie (n)

restrictive practices praktyki (fpl) ograniczające

restrictive restrykcyjny *albo* ograniczający

restructure przebudować *albo* reorganizować

restructuring of a loan wprowadzenie zmian w zawartej umowie o pożyczkę

restructuring of the company restrukturyzacja (f) przedsiębiorstwa

restructuring przebudowa (f) *albo* reorganizacja (f) *albo* restrukturyzacja (f)

result *[general]* rezultat (m) *albo* wynik (m)

result from wynikać z

result in kończyć się *[czymś]*

results *[company's profit or loss]* wyniki (mpl) roku sprawozdawczego *[obrachunkowego]*

resume negotiations wznawiać negocjacje

resume wznawiać *albo* podejmować na nowo

retail (n) handel (m) detaliczny

retail (v) *[goods]* sprzedawać w detalu

retail (v) *[sell for a price]* sprzedawać po cenie detalicznej

retail dealer kupiec (m) detaliczny

retail goods towary (mpl) detaliczne

retail outlets sklepy (mpl) sprzedaży detalicznej

retail price index wskaźnik (m) cen detalicznych

retail price cena (f) detaliczna

retailer kupiec (m) detaliczny *albo* przedsiębiorstwo (n) handlu detalicznego

retailing handel (m) detaliczny *albo* detal (m)

retire *[from one's job]* iść na emeryturę

retirement age wiek (m) emerytalny

retirement emerytura

retiring idący na emeryturę

retrain przekwalifikować

retraining przekwalikowanie (n)

retrenchment ograniczenie (n) *albo* redukcja (f)

retrieval system system (m) odzyskiwania *[np. danych]*

retrieval odzyskanie (n)

retrieve odzyskać

retroactive pay rise wsteczna podwyżka płac

retroactive działający wstecz *albo* z mocą retroaktywną

return (n) *[declaration]* deklaracja (f) podatkowa *[dotycząca podatku dochodowego]*

return (n) *[going back]* powrót (m)

return (n) *[profit]* dochód (m) *albo* zysk (m)

return (n) *[sending back]* zwrot (m)

return (v) *[declare]* podawać w deklaracji podatkowej

return (v) *[send back]* odsyłać z powrotem

return a letter to sender odesłać list do nadawcy

return address adres zwrotny (m) *albo* nadawca (m)

return on investment (ROI) zwrot (m) z inwestycji

returnable zwrotny *[o towarze]*

returned empties zwrócone opakowania (npl)

returns *[profits]* dochody (mpl) *albo* zyski (mpl)

returns *[unsold goods]* zwroty (mpl)

revaluation rewaluacja (f) *albo* rewaloryzacja (f)

revalue rewaluować *albo* rewaloryzować

revenue accounts rachunki (mpl) dochodów

revenue from advertising dochód (m) z reklamy

revenue dochód (m) *albo* dochody (mpl) państwowe

reversal nagła zmiana (f) *albo* storno (n)

reverse (adj) odwrotny *albo* przeciwny *albo* wsteczny

reverse (v) zawracać *albo* zmieniać kierunek

reverse charge call rozmowa (f) na R-kę

reverse takeover przejęcie (n) większego przedsiębiorstwa przez mniejszą firmę

reverse the charges prosić rozmowę na R-kę

revise rewidować *albo* poddawać korekcie *albo* poprawiać

revoke odwoływać *albo* cofać

revolving credit kredyt (m) rewolwingowy *[odnawialny]*

rider klauzula (f) podatkowa *albo* alonż (m)

right (adj) *[not left]* prawy

right (adj) *[not wrong]* poprawny *albo* słuszny

right (n) *[legal title]* prawo (n) *albo* racja (f) *albo* przywilej (m)

right of veto prawo (n) weta

right of way pierwszeństwo (n) przejazdu

rightful claimant występujący z pełnoprawnym roszczeniem

rightful owner pełnoprawny właściciel (m)

rightful prawny *albo* prawnie należny

right-hand man prawa ręka (f) *[osoba niezbędna]*

rights issue emisja praw poboru

rise (n) *[increase]* wzrost (m) *albo* zwyżka (f)

rise (n) *[salary]* podwyżka (f)

rise (v) wzrastać *albo* zwyżkować

risk (n) ryzyko (n)

risk (v) *[money]* ryzykować

risk capital kapitał (m) spekulacyjny narażony na szczególne ryzyko

risk premium premia (f) za ryzyko

risk-free investment inwestycja (f) bez ryzyka

risky ryzykowny

rival company firma (f) konkurencyjna *albo* konkurencja (f)

road haulage transport (m) drogowy

road haulier przedsiębiorstwo (n) przewozu drogowego

road tax podatek (m) drogowy

road transport transport (m) drogowy

road droga (f) *albo* ulica (f)

rock-bottom prices najniższe ceny (fpl)

ROI (= return on investment) dochód (m) z inwestycji

roll on/roll off ferry prom (m) z przewożeniem samochodów *[osobowych, ciężarowych]*

roll over credit *albo* **a debt** kredyt (m) / dług (m) z okresową korektą stopy procentowej

rolling plan plan (m) w toku

room *[general]* pokój (m) *albo* sala (f) *albo* miejsce (n)

room *[hotel]* pokój (m)

room *[space]* miejsce (m)

room reservations rezerwacja (f) pokoi

room service obsługa (f) pokojowa

rough calculation obliczenie (n) w przybliżeniu

rough draft szkic (m) orientacyjny

rough estimate szacunek (m) w przybliżeniu

rough szorstki *albo* przybliżony

round down zaokrąglić *[cenę]* w dół

round up zaokrąglić *[cenę]* w górę

routine (adj) rutynowy *albo* ustalony

routine (n) rutyna (f)

routine call rutynowa rozmowa
[telefoniczna] (f)

routine work rutynowa praca(f)

royalty autorskie honorarium (m) *albo*
tantiema (f)

rubber check (US) czek (m) bez
pokrycia

rule (n) zasada (f) *albo* reguła (f) *albo*
przepis (m)

rule (v) *[be in force]* rządzić *albo*
panować

rule (v) *[give decision]* postanawiać

ruling (adj) kierujący *albo* panujący

ruling (n) orzeczenie (n) *albo* decyzja (f)
albo werdykt (m)

run (n) *[regular route]* trasa (f)

run (n) *[work routine]* przebieg (m)

run (v) *[be in force]* obowiązywać

run (v) *[buses, trains]* kierować *albo*
uruchamiać komunikację

run (v) *[manage]* prowadzić
[zarządzać] *albo* kierować

run (v) *[work machine]* obsługiwać

run a risk ryzykować

run into debt popaść w długi

run out of wyczerpać

run to doganiać

running (n) *[of machine]* obsługa (f)
[maszyny]

running costs *albo* **running expenses**
bieżące koszty (mpl) *albo* bieżące
wydatki (mpl)

rush (n) pośpiech (m) *albo* pęd (m)

rush (v) śpieszyć się *albo* pędzić

rush hour godzina (f) szczytu

rush job pilna praca (f) *[terminowa]*

rush order pilne zamówienie (n)

Ss

sack someone zwolnić kogoś z pracy

safe (adj) bezpieczny *albo* pewny *albo*
ostrożny

safe (n) sejf (m) *albo* skrytka (f)
bankowa

safe deposit sejf (m) *albo* skrytka (f)
bankowa

safe investment pewna *[bezpieczna]*
lokata (f) kapitału

safeguard gwarantować *albo*
zabezpieczać

safety measures środki (mpl)
bezpieczeństwa

safety precautions środki (mpl)
bezpieczeństwa

safety regulations przepisy (mpl)
dotyczące bezpieczeństwa

safety bezpieczeństwo (n) *albo* pewność
(f)

salaried pobierający wynagrodzenie /
pensję

salary cheque czek (m) z należną
zapłatą / pensją

salary review rewizja (f) płac

salary pensja (f) *albo* wynagrodzenie (n)

sale (n) *[at a low price]* wyprzedaż (f)

sale (n) *[selling]* sprzedaż (f)

sale by auction sprzedaż (f) aukcyjna

sale or return sprzedaż (f) lub zwrot (m)

saleability pokupność (f) *albo*
chodliwość (f)

saleable pokupny *albo* chodliwy

sales analysis analiza (f) zbytu *[obrotów
handlowych]*

sales book księga (f) obrotów *albo*
księga (f) sprzedaży

sales budget program (m) zbytu *[np.
gotowych produktów]*

sales campaign kampania (f) sprzedaży

sales chart wykres (m) sprzedaży /
obrotu

sales clerk sprzedawca (m) *albo*
sprzedawczyni (f)

sales conference konferencja (f)
dotycząca sprzedaży

sales curve krzywa sprzedaży/obrotów

sales department dział (m) sprzedaży

sales executive kierownik (m) /
kierowniczka (f) działu sprzedaży

sales figures dane (fpl) dotyczące
sprzedaży / obrotu

sales force grupa (f) sprzedawców

sales forecast prognoza (f) sprzedaży /
obrotów

sales ledger clerk urzędnik (m) do prowadzenia księgaiea sprzedaży

sales ledger księga (f) sprzedaży

sales literature materiały (mpl) dotyczące sprzedaży

sales manager dyrektor (m)/kierownik (m) od spraw sprzedaży

sales people sprzedawcy (mpl)

sales pitch przekonywające argumenty (mpl) przy sprzedaży towaru

sales promotion zareklamowanie (n) sprzedaży

sales receipt kwit (m) sprzedaży

sales representative przedstawiciel/-ka *[agent/-ka]* do spraw sprzedaży

sales revenue dochód (m) ze sprzedaży

sales target zadanie (n) planowe sprzedaży

sales tax podatek (m) obrotowy

sales team zespół (m) pracowników do spraw sprzedaży

sales volume rozmiar (m) sprzedaży / obrotów

sales obroty (m) *albo* zbyt (m)

salesman *[in shop]* sprzedawca (m) *albo* sprzedawczyni (f) *albo* ekspedient/-ka

salesman *[representative]* przedstawiciel/-ka *[agent/-ka]* do spraw sprzedaży

salvage (n) *[action]* ratunek (m) *albo* udzielenie pomocy

salvage (n) *[things saved]* mienie (n) / dobra (npl) ocalałe

salvage (v) ratować *albo* udzielać pomocy

salvage vessel statek (m) ratowniczy

sample (n) *[group]* partia (f) próbna

sample (n) *[part]* próbka (f) *albo* wzór (m)

sample (v) *[ask questions]* zadać kilka pytań *albo* wypytywać

sample (v) *[test]* pobierać próbki *albo* próbować

sampling *[statistics]* próbkowanie (n)

sampling *[testing]* próbobranie (n) *albo* pobieranie próbek

satisfaction satysfakcja (f)

satisfy *[customer]* zadowalać

satisfy a demand zaspokoić popyt

saturate the market nasycić rynek

saturate nasycać

saturation nasycenie (n)

save (v) *[money]* oszczędzać

save (v) *[not waste]* zaoszczędzić

save (v) *[on computer]* zapisać w pamięci komputera

save on zaoszczędzić na

save up zaoszczędzić

savings account konto (n) oszczędnościowe *albo* rachunek (m) oszczędnościowy

savings oszczędności (fpl)

scale *[system]* skala (f) *albo* układ (m)

scale down *albo* **scale up** stopniowo obniżać *albo* stopniowo powiększać

scale of charges taryfa (f) opłat

scarcity value wartość (f) określana rzadkością zasobu

scheduled flight planowy lot (m)

scheduling planowanie (n) *albo* sporządzanie harmonogramu

screen candidates wybrani kandydaci (mpl)

scrip issue wydanie (n) akcji gratisowych

scrip tymczasowy certyfikat (m) akcji

seal (n) pieczęć (f) *albo* stempel (m)

seal (v) *[attach a seal]* przyłożyć pieczęć *albo* założyć plombę

seal (v) *[envelope]* zapieczętować kopertę

sealed envelope zapieczętowana koperta (f)

sealed tenders oferty (fpl) submisyjne zapieczętowane

season *[time for something]* sezon (m)

season *[time of year]* pora (f) roku

season ticket bilet (m) okresowy *[np. miesięczny]*

seasonal adjustments sezonowe / okresowe dostosowanie

seasonal demand popyt (m) sezonowy

seasonal variations sezonowe wahania (npl)

seasonal sezonowy *albo* okresowy

seasonally adjusted figures dane (fpl) skorygowane sezonowo

second (adj) drugi *albo* drugorzędny

second (v) *[member of staff]* poprzeć

second quarter drugi kwartał

secondary industry przemysł (m) przetwórczy

second-class druga klasa (f)

secondhand używany

seconds towary (mpl) wybrakowane

secret (adj) sekretny *albo* tajny

secret (n) sekret (m) *albo* tajemnica (f)

secretarial college studium (n) szkolenia sekretarek

secretary *[government minister]* minister (m)

secretary *[of company]* sekretarz (m)

secretary sekretarka (f)

sector sektor (m)

secure funds pewne fundusze (mpl)

secure investment pewna lokata (f) kapitału

secure job gwarantowana praca (f)

secured creditor zabezpieczony wierzyciel (m)

secured debts zabezpieczone długi (mpl)

secured loan zabezpieczona pożyczka (f)

securities papiery (mpl) wartościowe

security *[being safe]* bezpieczeństwo (n)

security *[guarantee]* gwarancja (f) *albo* poręczenie (n) *albo* zastaw (m)

security guard strażnik (m) *albo* konwojent

security of employment gwarancja (f) zatrudnienia

security of tenure gwarancja (f) posiadania

see-safe zakup (m) z prawem zwrotu

seize konfiskować *albo* zagarniać

seizure zajęcie (n) *albo* konfiskata (f)

selection procedure procedura (f) wyboru

selection selekcja (f) *albo* wybór (m)

self-employed pracujący na własny rachunek

self-financing (adj) samofinansujący

self-financing (n) samofinansowanie (n)

self-regulation samoregulacja (f)

self-regulatory samoregulujący

sell forward sprzedawać na termin

sell off sprzedać *albo* zbyć

sell out *[all stock]* wyprzedać

sell out *[sell one's business]* sprzedać *[przedsiębiorstwo/firmę]*

sell sprzedawać *albo* zbywać

sell-by date data (f) upływu ważności

seller sprzedawca (m) *albo* sprzedawczyni (f)

seller's market rynek (m) sprzedawcy

selling (n) sprzedaż (m) *albo* zbyt (m)

selling price cena (f) sprzedaży

semi-finished products półprodukty (mpl) *albo* półwyroby (mpl) *albo* półfabrykaty (mpl)

semi-skilled workers częściowo wykwalifikowani robotnicy (mpl)

send a package by airmail wysłać paczkę pocztą lotniczą

send a package by surface mail wysłać paczkę pocztą zwykłą

send a shipment by sea wysłać przesyłkę drogą morską

send an invoice by post wysłać fakturę pocztą

send wysyłać *albo* przesyłać

sender nadawca (m)

senior manager *albo* **senior executive** główny zarządca/dyrektor (m)

senior partner główny udziałowiec (m)

senior starszy *albo* starszy rangą

separate (adj) oddzielny *albo* odrębny *albo* osobny

separate (v) rozdzielać *albo* odłączyć

sequester *albo* **sequestrate** konfiskować *albo* nakładać sekwestr (m)

sequestration sekwestracja (f) *albo* konfiskata (f)

sequestrator sekwestrator (m)

serial number numer (m) seryjny

serve a customer obsługiwać klienta

serve służyć *albo* obsługiwać

service (n) *[business which helps]* usługa (f)

service (n) *[dealing with customers]* obsługa (f)

service (n) *[of machine]* serwis (m)

service (n) *[regular working]* praca

service (n) *[working for a company]* służba (f)

service (v) *[a machine]* zrobić przegląd

service a debt obsłużyć dług (m)

service centre centrum (m) usług

service charge opłata za serwis/obsługę

service department dział (m) usług dla klientów

service manual instrukcja (f) obsługi

set (adj) ustalony *albo* określony

set (n) komplet (m) *albo* zestaw (m) *albo* zbiór (m)

set (v) ustalić *albo* określić

set against przeciwstawić *[coś czemuś]*

set price ustalona cena (f)

set targets ustalone cele (mpl)

set up a company założyć firmę

set up in business urządzić się w interesie *albo* zainstalować się w interesie

setback niepowodzenie (n) *albo* zahamowanie (n)

settle *[an invoice]* uregulować / zapłacić *[rachunek]*

settle *[arrange things]* załatwić *albo* uzgodnić

settle a claim załatwić roszczenie / żądanie

settle an account uregulować rachunek

settlement *[agreement]* porozumienie (n)

settlement *[payment]* rozliczenie (n) *albo* zapłata (f) *albo* rozrachunek (m)

setup *[company]* firma (f)

setup *[organization]* organizacja (f)

share (n) *[in a company]* udział (m) *albo* akcja (f)

share (n) część (f)

share (v) *[divide among]* rozdzielać

share (v) *[use with someone]* dzielić

share an office dzielić *[z kimś]* biuro

share capital kapitał akcyjny

share certificate świadectwo (n) udziałowe

share issue emisja (f) akcji

shareholder akcjonariusz (m) *albo* udziałowiec (m)

shareholding posiadanie portfelu akcji *albo* partycypacja w kapitale akcyjnym

sharp practice oszustwo (n)

sheet of paper kartka (f) papieru *albo* arkusz (m) papieru

shelf filler towar (m) do zapełnienia półek

shelf life of a product okres (m) ważności produktu

shelf półka (f) *albo* regał (m)

shell company spółka (f) holdingowa *[dysponująca pakietem kontrolnym akcji innych firm]*

shelter schronienie (n)

shelve odkładać na półkę *albo* chować do akt

shelving *[postponing]* odłożenie

shelving *[shelves]* półki (fpl) *albo* regały (mpl)

shift (n) *[change]* zmiana (f)

shift (n) *[team of workers]* zmiana (f) *albo* szychta (f)

shift key klucz "shift" na klawiaturze

shift work praca (f) na zmiany

ship (n) statek (m) *albo* okręt (m)

ship (v) wysyłać statkiem *albo* przewozić

ship broker makler (m) okrętowy *[agent sprzedaży statków]*

shipment ładunek (m) *albo* przesyłka (f) statkiem

shipper przedsiębiorstwo (n) spedycyjne

shipping agent spedytor (m) *albo* ekspedytor (m)

shipping charges *albo* **shipping costs** opłaty (fpl) za przewóz *albo* koszty (mpl) przewozu

shipping clerk urzędnik zajmujący się wysyłką ładunków *albo* ekspedytor (m)

shipping company przedsiębiorstwo (n) wysyłkowe

shipping instructions instrukcje (fpl) wysyłkowe

shipping line linia (f) żeglugowa *albo* przewozy (mpl) morskie

shipping note kwit (m) załadowczy

shipping wysyłka (f) *albo* przewóz (m) *albo* ekspedycja (f)

shop around rozglądać się za lepszym towarem

shop assistant sprzedawca (m) *albo* sprzedawczyni (f) *albo* ekspedient/-ka

shop window wystawa (f) sklepowa *albo* witryna (f)

shop sklep (m) *albo* zakład (m) *[pracy]*

shopkeeper właściciel (m) sklepu

shoplifter złodziej (m) kradnący w sklepie

shoplifting kradzież (f) w sklepach

shopper nabywca (m) klient (m)

shopping *[action]* zakupy (mpl)

shopping *[goods bought]* zakupy (m)

shopping arcade pasaż (m) handlowy

shopping centre centrum (m) handlowe

shopping mall ulica (f) handlowa *[wyłącznie dla pieszych]*

shopping precinct pasaż (m) handlowy

shop-soiled towar (m) zabrudzony w sklepie

short credit kredyt (m) krótkoterminowy

short of odczuwać brak (m) *[czegoś]*

shortage brak (m) *albo* niedobór (m)

short-dated bills rachunki (mpl) krótkoterminowe

shortfall brak (m) *albo* deficyt (m)

shortlist (n) lista kandydatów (po wstępnej selekcji)

shortlist (v) zrobić listę kandydatów (po wstępnej selekcji)

short-term (adj) krótkoterminowy

short-term contract kontrakt (m) krótkoterminowy

short-term credit kredyt (m) krótkoterminowy

short-term debts dług (m) krótkoterminowy

short-term loan pożyczka (f) krótkoterminowa

show (n) *[exhibition]* wystawa (f) albo pokaz (m)

show (v) wystawiać na pokaz

show a profit wykazywać zysk

showcase wspaniały przykład (m)

showroom sala (f) wystawowa

shrinkage skurczenie *[się]*

shrink-wrapped opakowane metodą zbiegania się materiału opakunkowego

shrink-wrapping pakowanie metodą zbiegania się materiału opakunkowego

shut (adj) zamknięty

shut (v) zamykać

side strona (f)

sideline linia (f) uboczna *[np. uboczne źródło dochodu]*

sight draft trata (f) płatna za okazaniem *[a vista]*

sight widok (m)

sign (n) znak (m)

sign (v) podpisywać

sign a cheque podpisać czek

sign a contract podpisać kontrakt

signatory sygnatariusz (m)

signature podpis (m)

simple interest odsetki (mpl) proste

Single European Market Europejski Wspólny Rynek

single pojedynczy

sister company przedsiębiorstwo (n) "siostrzane"

sister ship statek (m) "siostrzany" *[tego samego typu]*

sit-down protest protest (m) okupacyjny

sit-down strike strajk (m) okupacyjny

site engineer inżynier (m) na miejscu budowy

site parcela (f) *[budowlana]* albo miejsce (n)

sitting tenant zasiedziały lokator (m)

situated położony

situation *[place]* położenie (n)

situation *[state of affairs]* sytuacja (f) albo położenie (n)

situations vacant wolne miejsca (npl) pracy

size rozmiar (m) albo wielkość (f)

skeleton staff kadra (f)

skill zręczność (f) albo kwalifikacje (f)

skilled labour wykwalifikowana siła robocza

skilled wykwalifikowany

slack opieszały albo ospały

slash prices albo credit terms zredukowane ceny (fpl) albo warunki kredytu

sleeping partner cichy wspólnik (m)

slip (n) *[mistake]* pomyłka (f) albo przeoczenie (n)

slip (n) *[piece of paper]* odcinek (m) albo kwit (m)

slow down zwalniać

slow payer opieszały płatnik (m)

slow powolny

slowdown zwolnienie tempa

slump (n) *[depression]* kryzys (m) albo recesja (f)

slump (n) *[rapid fall]* gwałtowny spadek (m) albo bessa (f)

slump (v) gwałtownie spadać

slump in sales silny spadek popytu

small ads ogłoszenia (npl) drobne

small businesses małe przedsiębiorstwa (npl)

small businessman drobny przedsiębiorca (m)

small change drobne

small mały

small-scale enterprise przedsięwzięcie na małą skalę

small-scale na małą skalę

soar iść w gwałtowkie w górę albo zwyżkować

social costs koszty (mpl) socjalne

social security zabezpieczenie społeczne

social społeczny albo socjalny

society *[club]* stowarzyszenie (n) albo towarzystwo (n)

society *[general]* społeczeństwo (n)

socio-economic groups grupy (fpl) społeczno-ekonomiczne

soft currency waluta (f) miękka (niewymienialna)

soft loan pożyczka (f) udzielana na ulgowych warunkach

soft sell sprzedaż (f) przy pomocy delikatnej perswazji

software software

sole agency wyłączne przedstawicielstwo (n)

sole agent agent/ajent (m) wyłączny

sole owner wyłączny właściciel (m)

sole trader wyłączny kupiec (m)

sole jedyny *albo* wyłączny

solicit orders zabiegać / starać się o zamówienia

solicitor adwokat (m) *albo* radca (m) prawny

solution rozwiązanie (n) *albo* rozstrzygnięcie (n)

solve a problem rozwiązać problem (m)

solvency wypłacalność (f)

solvent (adj) wypłacalny

source of income źródło dochodu

spare part część (f) zapasowa

spare time czas (m) wolny

special drawing rights (SDR) specjalne prawa ciągnienia *[w Międzynarodowym Funduszu Walutowym]*

special offer specjalna oferta (f)

special specjalny

specialist specjalista (m) *albo* ekspert (m)

specialization specjalizacja (f)

specialize specjalizować się

specification specyfikacja (f) *albo* wykaz (m)

specify wyszczególniać *albo* sporządzać specyfikację

speech of thanks słowa (npl) podziękowania *albo* mowa (f) dziękczynna

spend *[money]* wydawać

spend *[time]* spędzać czas

spending money pieniądze (mpl) na bieżące wydatki

spending power siła (f) nabywcza

spinoff dodatkowy rozwój wynikający z dobrego przedsięwzięcia

spoil psuć *albo* niszczyć

sponsor (n) sponsor (m)

sponsor (v) sponsorować *albo* wspierać finansowo

sponsorship finansowe wsparcie (n)

spot *[place]* miejsce (n)

spot *[purchase]* zakup (m) na miejscu *[natychmiastowy]*

spot cash transakcja (f) gotówkowa

spot price cena (f) loco

spread a risk rozłożyć ryzyko

spreadsheet *[computer]* arkusz (m) kalkulacyjny *[komputerowy]*

stability stabilność (f)

stabilization stabilizacja (f)

stabilize stabilizować

stable currency mocna / ustabilizowana waluta (f)

stable economy zrównoważona ekonomia (f) *albo* mocna gospodarka (f)

stable exchange rate sztywny kurs (m) dewizowy *[przeliczeniowy]*

stable prices ustabilizowane ceny (fpl)

stable stabilny *albo* mocny

staff (n) personel (m) *albo* pracownicy (mpl)

staff (v) zatrudniać pracowników

staff appointment angażowanie (n) pracowników

staff meeting zebranie (n) pracowników

stage (n) stadium (n) *albo* faza (f) *albo* etap (m)

stage (v) *[organize]* zadziałać

stage a recovery inscenizować poprawę *[koniunktury]*

staged payments etapowe zapłaty (fpl)

stagger chwiać się

stagnant stagnacyjny *albo* będący w zastoju

stagnation stagnacja (f) *albo* zastój (m)

stamp (n) *[device]* stempel (m)

stamp (n) *[post]* znaczek (m)

stamp (v) *[letter]* nakleić znaczek *albo* stemplować *albo* frankować

stamp (v) *[mark]* oznaczyć *albo* ostemplować

stamp duty opłata (f) skarbowa

stand (n) *[at exhibition]* stoisko (n)

stand down wycofać się

stand security for someone poręczyć za kogoś *albo* założyć kaucję

stand surety for someone być gwarantem / poręczycielem dla kogoś

standard (adj) standardowy *albo* typowy

standard (n) standard (m)

standard letter list (m) szablonowy

standard rate (of tax) podatek (m) zasadniczy

standardization standaryzacja (f)

standardize standaryzować *albo* normalizować

standby arrangements plany (mpl)/dyspozycje (fpl) będące zawsze w stanie gotowości

standby credit kredyt (m) wsparcia *[w razie potrzeby]*

standby ticket bilet (m) bez rezerwacji

standing order zlecenie (n) bankowi dokonywania regularnych płatności

standing stały *albo* trwały

staple (n) spinacz (n)

staple (v) spinać *[spinaczem]*

staple industry przemysł (m) podstawowy

staple papers together spiąć razem papiery

staple product produkt (m) podstawowy

stapler spinacz (m)

start (n) początek (m)

start (v) rozpoczynać

starting (adj) początkowy *albo* startowy

starting date data (f) rozpoczęcia

starting point punkt (m) wyjściowy

starting salary wynagrodzenie (n) początkowe

start-up costs koszty (mpl) uruchomienia

start-up uruchamiać

state (n) *[condition]* stan (m)

state (n) *[country]* państwo (n) *albo* kraj (m)

state (v) stwierdzać *albo* oświadczać

statement of account wyciąg (m) z konta

statement of expenses zestawienie (n) wydatków

statement zestawienie (n) *albo* bilans (m) *albo* wyciąg (m) *albo* wykaz (m)

state-of-the-art najnowocześniejszy sprzęt

station *[train]* dworzec (m) kolejowy *albo* stacja (f) kolejowa

statistical analysis analiza (f) statystyczna

statistical statystyczny

statistician statystyk (m)

statistics statystyka (f)

status inquiry badanie statusu/stanu

status symbol symbol (m) statusu

status status (m) *albo* stan (m)

statute of limitations ustawa (f) o przedawnieniu

statutory holiday wakacje należne ustawowo

statutory ustawowy *albo* statutowy

stay (n) *[time]* pobyt (m)

stay (v) przebywać *albo* zatrzymać się czasowo

stay of execution zawieszenie (n) wykonania

steadiness solidność (f) *albo* pewność (f) *albo* niezawodność (f)

sterling szterling (m)

stevedore sztauer (m) *albo* przeładowca (m)

stiff competition ostra konkurencja (f)

stimulate the economy pobudzać gospodarkę

stimulus bodziec (m)

stipulate przewidywać *[ustalać]* w umowie *albo* zastrzegać sobie *[w umowie]*

stipulation warunek (m) *[umowy]* albo* zastrzeżenie (n)

stock (adj) *[normal]* standardowy

stock (n) *[goods]* towar (m) *albo* zapas (m)

stock (v) *[goods]* zaopatrywać *albo* tworzyć zapas

stock code kod towaru

stock control kontrola (f) towaru

stock controller kontroler (m) towaru

stock exchange giełda (f) papierów wartościowych

stock level poziom zapasów

stock list ceduła (f) giełdowa *albo* spis towarów na składzie

stock market valuation wycena (f) giełdowa

stock market giełda (f) papierów wartościowych

stock movements ruch (m) towaru

stock of raw materials zapas (m) surowców

stock size rozmiar (m) zapasów

stock turnover obrót (m) towarów

stock up zrobić zapasy *albo* wypełnić magazyn towarem

stock valuation oszacowanie (n) towaru

stockbroker makler (m) giełdowy

stockbroking maklerka (f) walorami *[giełdowymi]*

stockist firma (f) trzymająca zapasy danych towarów

stocklist rejestr (m) towaru *albo*
inwentarz (m)

stockpile (n) zapas (m) towarów *albo*
rezerwa (f)

stockpile (v) magazynować *albo*
gromadzić *albo* składać towar

stockroom magazyn (m) towarowy

stocktaking sale wyprzedaż (f)
poremanentowa

stocktaking remanent (m) *albo*
inwentaryzacja (f) towaru

stop (n) postój (m) *albo* przystanek (m)

stop (v) *[doing something]* przestawać

stop a cheque wstrzymać wypłatę czeku

stop an account zablokować rachunek

stop payments wstrzymać wpłaty

stoppage *[act of stopping]* zatrzymanie
(n) *albo* zawieszenie (n) *albo* zastój (m)

stoppage of payments zawieszenie
płatności

storage (n) *[computer]* przechowanie
danych *[w pamięci komputera]*

storage (n) *[cost]* koszt (m) składowania

storage (n) *[in warehouse]* składowanie
(n)

storage capacity pojemność (f)
magazynu

storage facilities możliwości (fpl)
magazynowania

storage unit magazyn (m) *albo* skład (m)

store (n) *[items kept]* skład (m)

store (n) *[large shop]* sklep (m)

store (n) *[place where goods are kept]*
magazyn (m) *albo* skład (m)

store (v) *[keep for future]* robić zapasy

store (v) *[keep in warehouse]*
magazynować *albo* składować

storeroom skład (m)

storm damage uszkodzenia (npl)
spowodowane burzą

straight line depreciation amortyzacja
(f) liniowa

strategic planning planowanie (n)
strategiczne

strategic strategiczny

strategy strategia (f)

street directory wykaz (m) nazw ulic
albo informator (m) nazw ulic

strike (n) strajk (m)

strike (v) strajkować

striker strajkujący

strong silny

structural adjustment poprawki (fpl)
strukturalne

structural unemployment strukturalne
bezrobocie (n)

structural strukturalny

structure (n) struktura (f) *albo* budowa
(f)

structure (v) *[arrange]* układać

study (n) analiza (f) *albo* badanie (n)

study (v) studiować

sub judice w rozpatrywaniu sądowym

subcontract (n) subkontrakt (m) *albo*
umowa (f) z podwykonawcą

subcontract (v) zawierać subkontrakt
[umowę z podwykonawcą]

subcontractor podwykonawca (m)

subject to pod warunkiem

sublease (n) podnajem (m) *albo*
poddzierżawa (f)

sublease (v) podnajmować *albo*
poddzierżawiać

sublessee podnajemca (m) *albo*
poddzierżawca (m)

sublessor oddający w poddzierżawę

sublet podnajem (m) *albo* poddzierżawa
(f)

subsidiary (adj) pomocniczy *albo*
zależny

subsidiary (n) filia (f) *albo*
przedsiębiorstwo zależne
[kontrolowane]

subsidiary company przedsiębiorstwo
(n) filialne

subsidize subsydiować *albo*
subwencjonować

subsidy subsydium (m) *albo* subwencja
(f)

subtotal suma (f) łączna

subvention subwencja (f)

succeed *[do as planned]* odnieść sukces

succeed *[do well]* odnieść sukces

succeed *[follow someone]* następować
[po kimś]

success sukces (m)

successful bidder pomyślnie działający
oferent (m)

successful udany *albo* uwieńczony
powodzeniem

sue pozwać do sądu *albo* wnieść skargę
do sądu

suffer damage cierpieć na skutek
szkody / straty

sufficient wystarczający *albo* dostateczny

sum *[of money]* suma (f) *albo* kwota (f)

sum *[total]* suma (f)

summons wezwanie (n) sądowe

sundries drobiazgi (mpl) *albo* rozmaitości (fpl)

sundry items rozmaite rzeczy (mpl) *albo* drobiazgi (mpl)

superior (adj) *[better quality]* lepszy

superior (n) *[person]* zwierzchnik (m) *albo* przełożony (m)

supermarket supermarket (m)

superstore supersam (m)

supervise nadzorować *albo* kontrolować

supervision nadzór (m) *albo* kontrola (f)

supervisor nadzorca *albo* kontrolujący

supervisory nadzorczy *albo* kontrolny

supplement dodatek (m)

supplementary dodatkowy

supplier dostawca (m)

supply (n) *[action]* dostawa (f)

supply (n) *[stock of goods]* zaopatrzenie (n) *albo* towar (m) na składzie

supply (v) zaopatrywać *albo* dostarczać

supply and demand podaż i popyt

supply price cena (f) dostawy

supply side economics polityka gospodarcza wspierająca dotacje rządu

support price subsydiowana cena (f)

surcharge dopłata (f) *albo* narzut (m)

surety (n) *[person]* gwarant (m) *albo* poręczyciel (m)

surety (n) *[security]* poręczenie (n) *albo* kaucja (f)

surface mail pocztą zwykłą *[lądową]*

surface transport transport lądowy

surplus nadwyżka (f) *albo* superata (f)

surrender (n) *[insurance]* wykupienie (n)

surrender a policy wykupić polisę

surrender value wartość wykupu polisy ubezpieczeniowej

survey (n) *[examination]* przegląd (m)

survey (n) *[general report]* protokół (m) przeglądu

survey (v) *[inspect]* dokonać przeglądu

surveyor inspektor (m) *albo* mierniczy *albo* rzeczoznawca (m)

suspend zawieszać *albo* odraczać

suspension of deliveries wstrzymanie dostaw

suspension of payments zawieszenie (n) płatności

suspension zawieszenie (n) *albo* odroczenie (n)

swap (n) zamiana (f)

swap (v) zamienić

swatch wzór (m)

switch (v) *[change]* nadać inny kierunek *albo* zmienić

switch over to przerzucić się na *albo* przenieść się do/na

switchboard centrala (f) telefoniczna

swop (= swap) zamienić

sympathy strike strajk (m) solidarnościowy

synergy współdziałanie (n)

system system (m)

systems analysis analiza (f) systemów

systems analyst analityk (m) *albo* badacz (m) systemów

Tt

tabulate zestawiać w formie tabel

tabulation sporządzenie tabeli

tabulator tabulator (m)

tachograph tachograf (m)

tacit approval cicha zgoda (f)

take (n) *[money received]* wpływy (mpl)

take (v) *[need]* potrzebować

take (v) *[receive money]* uzyskać wpływy

take a call odebrać telefon

take a risk zaryzykować

take action zadziałać

take legal action podać sprawę do sądu

take legal advice zasięgnąć porady prawnej

take note zauważać *albo* przyjąć do wiadomości

take off *[deduct]* odjąć *albo* udzielić rabatu

take off *[plane]* wystartować

take off *[rise fast]* dobrze wystartować *[odnosić szybki sukces]*

take on freight podjąć się frachtu

take on more staff zaangażować więcej pracowników

take out a policy ubezpieczyć się

take over *[from someone else]* przejąć

take place zająć miejsce

take someone to court zaskarżyć kogoś do sądu

take stock robić remanent *albo* robić inwentaryzację

take the initiative wystąpić z inicjatywą

take the soft option przyjąć łagodną opcję

take time off work zwolnić się z pracy *[na kilka godzin lub dni]*

take up an option przyjąć opcję

take up podjąć *[coś szczególnie nowego]*

takeover bid oferta (f) kupna *[przejęcia]*

takeover target cel (m) przejęcia

takeover przejęcie (n)

takings utarg (m) *albo* wpływy (mpl)

tangible assets majątek (m) rzeczowy *albo* aktywa (mpl) rzeczowe

tangible namacalny *albo* rzeczywisty

tanker tankowiec (m) *albo* zbiornikowiec (m)

tare tara (f) *albo* zniżka na tarę

target (n) cel (m) *albo* zadanie (n)

target (v) wysuwać cel *albo* stawiać sobie zadanie

target market rynek (m) zbytu do zdobycia

tariff *[price]* taryfa (f) *albo* cennik (m)

tariff barriers bariery (fpl) celne

tax (n) podatek (m)

tax (v) opodatkowywać *albo* nakładać podatek

tax adjustments regulacja (f) podatku

tax allowance ulga (f) podatkowa

tax assessment ustalenie (n) wymiaru podatku *[action]* albo wymiar (m) podatku *[result]*

tax avoidance uchylanie się od płacenia podatku

tax code kod (m) podatkowy

tax collection pobór (m) podatku

tax collector poborca (m) podatkowy

tax concession ulga (f) podatkowa

tax consultant doradca (m) podatkowy *albo* księgowy

tax credit nadpłata (f) podatkowa

tax deducted at source podatek (m) potrącony u źródła

tax deductions *[taken from salary to pay tax]* odliczenie (n) podatku

tax evasion uchylanie się od płacenia podatku

tax exemption zwolnienie (n) od płacenia podatku

tax form formularz (m) podatkowy *albo* druki (mpl) podatkowe

tax haven oaza (f) bezpodatkowa *[miejsce gdzie nie płaci się podatków lub są bardzo niskie]*

tax inspector kontroler (m)/inspektor podatkowy

tax loophole luka (f) w systemie podatkowym

tax offence przekroczenie (n) podatkowe

tax paid podatek (m) zapłacony

tax rate stawka (f) podatkowa

tax reductions obniżki (fpl) podatku

tax relief ulga (f) podatkowa

tax return *albo* **tax declaration** zeznanie (n) podatkowe *albo* deklaracja (f) podatkowa

tax shelter zabezpieczenie (n) kapitału od podatku

tax system system (m) podatkowy

tax year rok (m) podatkowy

taxable income dochód (m) podlegający opodatkowaniu

taxable podlegające opodatkowaniu

taxation opodatkowanie (n)

tax-deductible podlegające odliczeniu od podatku

tax-exempt zwolnione od opodatkowania

tax-free wolne od podatku

taxpayer podatnik (m)

telephone (n) telefon (m)

telephone (v) dzwonić *albo* telefonować

telephone book *albo* **telephone directory** książka (f) telefoniczna

telephone call rozmowa (f) telefoniczna

telephone directory książka (f) telefoniczna

telephone exchange centrala (f) telefoniczna

telephone line linia (f) telefoniczna

telephone number numer (m) telefonu

telephone subscriber abonent (m) telefoniczny

telephone switchboard centrala (f) telefoniczna

telephonist telefonistka (f)

telesales sprzedaż (f) przez telefon

telex (n) teleks (m)

telex (v) wysłać teleksem

teller kasjer/-ka

temp (n) pracownik (m) tymczasowy

temp (v) pracować tymczasowo

temp agency agencja (f) prac zleconych

temporary employment tymczasowe zatrudnienie (n)

temporary staff personel (m) tymczasowy

tenancy *[agreement]* umowa (f) dzierżawy

tenancy *[period]* okres (m) umowy dzierżawy

tenant dzierżawca (m) *albo* lokator (m)

tender (n) *[offer to work]* propozycja (f) pracy *albo* oferta (f) pracy

tender for a contract przystąpić do przetargu o kontrakt

tenderer oferent (m) *albo* submitent (m)

tendering uczestnictwo (n) w przetargu

tenure *[right]* prawo (n) posiadania własności

tenure *[time]* kadencja (f)

term *[part of academic year]* semestr (m)

term *[time of validity]* okres (m) *albo* termin (m)

term insurance ubezpieczenie (n) krótkoterminowe *[na życie na określony termin]*

term loan kredyt (m) terminowy *[na pewien okres czasu]*

terminal (adj) *[at the end]* końcowy *albo* ostateczny

terminal (n) *[airport]* terminal (m)

terminal bonus dodatkowa dywidenda (f)

terminate an agreement rozwiązać umowę

terminate kończyć *albo* wygasać

termination clause klauzula (f) rozwiązania umowy

termination zakończenie (n) *albo* wygaśnięcie (n)

terms of employment warunki (mpl) zatrudnienia

terms of payment warunki (mpl) płatności

terms of reference zakres (m) pełnomocnictw *albo* kompetencja (f)

terms of sale warunki (mpl) sprzedaży

terms warunki (mpl)

territory *[of salesman]* rejon (m) *albo* rewir (m)

tertiary industry trzeciorzędny przemysł (m)

tertiary sector trzeciorzędny sektor (m)

test (n) test (m) *albo* sprawdzian (m) *albo* próba (f)

test (v) poddać próbie *albo* przeprowadzać test

theft kradzież (f)

third party osoby (fpl) trzecie

third quarter trzeci kwartał

third-party insurance ubezpieczenie (n) odpowiedzialności cywilnej

threshold agreement porozumienie (n) wstępne

threshold price cena (f) progu

threshold próg (m)

throughput zdolność (f) przepustowa *albo* wydajność (f)

tie-up *[link]* powiązanie (n)

tight money niewystarczająca ilość pieniędzy

tighten up on zaoszczędzić na *albo* ograniczyć

till kasa (f)

time and motion study analiza procedury przemysłowej lub pracy w celu ustalenia

time deposit wkład (m) terminowy

time limit limit (m) czasu

time limitation restrykcja (f) czasowa

time rate stawka (f) godzinowa *albo* norma (f) czasowa

time scale skala (f) czasu

time: on time punktualnie

timetable (n) *[appointments]* harmonogram (m) *[spotkań]*

timetable (n) *[trains, etc.]* rozkład (m)

timetable (v) ułożyć program/harmonogram

timing uzgodnienie *[czynności, działalności]* w czasie *albo* ko

tip (n) *[advice]* rada (f)

tip (n) *[money]* napiwek (m)

tip (v) *[give money]* dać napiwek

tip (v) *[say what might happen]* poufnie poradzić

TIR (= Transports Internationaux Routiers) TIR (= Transport Międzynarodowy)

token charge opłata (f) symboliczna

token payment zapłata (f) symboliczna

token symbol (m) *albo* znak (m)

toll free (US) wolne od opłat

toll free number (US) bezpłatny numer (m)

toll opłata (f) *albo* myto (n)

ton tona (f)

tonnage tonaż (m)

tonne tona (f)

tool up wyposażyć w maszyny

top (adj) szczytowy

top (n) *[highest point]* szczyt (m)

top (n) *[upper surface]* powierzchnia (f)

top (v) *[go higher than]* przewyższać

top management naczelne kierownicto (n)

top quality najwyższa jakość (f)

top-selling najbardziej pokupny

total (adj) totalny *albo* całkowity *albo* globalny

total (n) suma (f) razem

total (v) sumować *albo* zliczać

total amount całkowita suma (f)

total assets całkowita suma aktywów

total cost całkowite koszty (mpl)

total expenditure całkowite wydatki (mpl)

total income dochód (m) globalny

total invoice value całkowita wartość (f) fakturowa

total output maksymalna produkcyjność (f)

total revenue dochód (m) całkowity

track record rejestr (m) *[ewidencja]* działalności przedsiębiorstwa

trade (n) *[business]* handel (m)

trade (v) handlować

trade agreement umowa (f) handlowa

trade association związek (m) handlowy albo cech (m)

trade cycle cykl (m) koniunkturalny

trade deficit *albo* **trade gap** deficyt (m) handlowy

trade description opis (m) handlu

trade directory informator (m) handlowy

trade discount rabat (m) towarowy

trade fair targi (mpl) handlowe

trade in *[buy and sell]* handlować *[czymś]*

trade in *[give in old item for new]* dać coś na poczet zapłaty

trade journal czasopismo (n) handlowe

trade magazine czasopismo (n) handlowe

trade mission misja (f) handlowa

trade price cena (f) hurtowa

trade terms warunki (mpl) handlowe

trade union związek (m) zawodowy

trade unionist związkowiec (m) *albo* działacz związku zawodowego

trade-in *[old item in exchange]* dać stary sprzęt jako część zapłaty

trade-in price cena (f) przy zakupie z częściową wymianą

trademark *albo* **trade name** znak (m) firmowy *albo* nazwa (f) firmowa

trader kupiec (m) *albo* handlowiec (m)

trading company przedsiębiorstwo (n) handlowe

trading loss strata (f) handlowa przedsiębiorstwa

trading partner wspólnik (m)

trading profit zysk (m) handlowy przedsiębiorstwa

trading handlowanie (n)

train (n) pociąg (m)

train (v) *[learn]* szkolić *albo* dokształcać *[zawodowo]*

train (v) *[teach]* szkolić *[kogoś]* *albo* przyuczać

trainee szkolący się *albo* stażysta (m)

traineeship umożliwienie szkolenia

training levy pobór (f) za szkolenie

training officer instruktor (m) *albo* szkoleniowiec (m)

training szkolenie (n) *albo* staż (m)

transact business zawierać transakcję

transaction transakcja (f)

transfer (n) przelew (m) *albo* transfer (m) *albo* cesja (f)

transfer (v) *[move to new place]* przenieść *[coś, kogoś dokąd]* *albo* przemieścić

transfer of funds przelew (m) funduszy

transferable przenoszalny *albo* zbywalny

transferred charge call rozmowa na R-kę

transit lounge poczekalnia (f)/sala (f) tranzytowa

transit visa wiza (f) tranzytowa

transit tranzyt (m) *albo* przewóz (m) *albo* przejazd (m)

translate tłumaczyć

translation bureau biuro (n) tłumaczeń

translation tłumaczenie (n)

translator tłumacz/-ka

transport (n) transport (m) *albo* przewóz (m)

transport (v) transportować *albo* przewozić

transport facilities udogodnienia (npl) transportowe

treasury skarb (m) państwa

treble potrójny *albo* trzykrotny

trend trend (m) *albo* tendencja (f) *albo* orientacja (f)

trial *[court case]* proces (m) sądowy

trial *[test of product]* próba (f)

trial and error uczenie się na błędach

trial balance bilans (m) próbny

trial period okres (m) próbny

trial sample próbka (f)

triple (adj) potrójny

triple (v) potroić

triplicate: in triplicate w trzech egzemplarzach

troubleshooter fachowiec (m)

truck *[lorry]* TIR (m) *albo* ciężarówka (f)

truck *[railway wagon]* wagon (m)

trucker kierowca (m) TIR'a

trucking transport TIR'ami

true copy wierna kopia (f)

trust company przedsiębiorstwo (n) powiernicze

turn down odrzucić

turn over (v) *[make sales]* obracać *albo* mieć obrót

turnkey operation akcja (f) przygotowania do wejścia *[na rynek]*

turnkey operator przedsiębiorstwo (n), które przygotowywuje akcję "otwarcia drzwi" *[wejścia na rynek]*

turnover *[of staff]* fluktuacja (f) kadr

turnover *[of stock]* obrót (m) towarowy

turnover *[sales]* obroty (m)

turnover tax podatek (m) obrotowy

turnround *[goods sold]* zakup i odsprzedaż

turnround *[making profitable]* obracać coś na swój pożytek

turnround *[of plane]* przygotowanie (n) do odlotu

Uu

unaccounted for nie wyjaśniony *albo* nie uwzględniony *[np. w spisie]*

unaudited accounts nie rewidowany bilans

unaudited nie rewidowany *[księga handlowa]* *albo* nie sprawdzony

unauthorized expenditure nie upoważniony wydatek

unavailability niedostępność (f) *albo* brak (m)

unavailable niedostępny *albo* nieosiągalny

unchanged nie zmieniony

unchecked figures nie sprawdzone dane

unclaimed baggage nie odebrany bagaż

unconditional bezwarunkowy

unconfirmed nie potwierdzony

undated nie datowany *albo* bez daty

undelivered nie dostarczony

under *[according to]* zgodnie z *albo* stosownie do

under *[less than]* poniżej

under construction w trakcie budowy

under contract objęte kontraktem

under control pod kontrolą

under new management pod nowym zarządem

undercharge pobrać zbyt niską należność *albo* policzyć za mało

undercut a rival podciąć konkurencję

underdeveloped countries kraje (mpl) gospodarczo zacofane

underequipped niewystarczająco wyposażony

underpaid za mało opłacany *albo* źle wynagradzany

undersell sprzedawać poniżej wartości

undersigned niżej podpisany

underspend za mało wydawać

understand rozumieć

understanding porozumienie (n) *albo* warunek (m)

undertake przedsięwziąć *albo* podejmować się

undertaking *[company]* przedsięwzięcie (n)

undertaking *[promise]* zobowiązanie (n) *albo* obietnica (f)

underwrite *[guarantee]* zaasekurować *albo* zagwarantować

underwrite *[pay costs]* poręczyć *albo* wystąpić jako gwarant

underwriting syndicate konsorcjum emisyjne *[ubezpieczeniowe]*

undischarged bankrupt dłużnik (m) *[w stosunku do którego nie uchylono]*

uneconomic rent nieekonomiczny czynsz

unemployed bezrobotny

unemployment pay zasiłek (m)

unemployment bezrobocie (n)

unfair competition nieuczciwa konkurencja (f)

unfair dismissal niesłuszne zwolnienie (n)

unfair niesprawiedliwy *albo* niesłuszny

unfavourable exchange rate niekorzystna wymiana *albo* niekorzystny kurs

unfavourable niekorzystny *albo* niepomyślny

unfulfilled order niespełnione zamówienie (n)

unilateral jednostronny

union recognition uznanie (n) przez związek

union związek (m) *albo* unia (f)

unique selling point *albo* **proposition (USP)** unikalna cecha, która pomoże przy sprzedaży/unikalny pomysł na sprzedaż

unit *[in unit trust]* jednostka (f)

unit *[item]* jednostka (f)

unit cost jednostka (f) kalkulacji kosztów

unit price cena (f) jednostkowa

unit trust trust (m) inwestycyjny typu otwartego *[emitujący nieograniczoną liczbę udziałów]*

unlimited liability nieograniczona odpowiedzialność (f)

unload *[get rid of]* pozbyć się

unload *[goods]* rozładować

unobtainable niemożliwe do nabycia

unofficial nieoficjalny

unpaid invoices nie zapłacone rachunki

unpaid nie zapłacony

unsealed envelope nie zapieczętowana koperta

unsecured creditor wierzyciel (m) nie zabezpieczony

unskilled niewykwalifikowany

unsold nie sprzedany

unsubsidized nie subwencjonowany

unsuccessful nieudany *albo* nie uwieńczony sukcesem

up front z góry

up to date *[complete]* wypełniony *albo* aktualny

up to date *[modern]* nowoczesny *albo* modny

up to do

upadłości]

update (n) aktualizacja (f)

update (v) aktualizować *albo* uaktualniać

up-market drogi i wyższej jakości

upset price cena (f) wyjściowa *albo* cena (f) wywoławcza

upturn zmiana (f) na lepsze *albo* poprawa (f)

upward trend tendencja (f) zwyżkowa

urgent pilny

use (n) użytek (m) *albo* używanie (n)

use (v) używać *albo* użytkować

use up spare capacity zużytkować niewykorzystany potencjał

useful użyteczny *albo* przydatny

user użytkownik (m)

user-friendly przystępny dla użytkownika

USP (= unique selling point) unikalny pomysł na sprzedaż

usual zwykły *albo* normalny

utilization użytkowanie (n) *albo* utylizacja (f)

Vv

vacancy *[for job]* wolna posada (f) *albo* wakans (m)

vacant wolny *albo* do wynajęcia

vacate zwolnić

valid ważny *albo* obowiązujący *albo* słuszny

validity ważność (f) *albo* moc (f) prawna

valuation wycena (f) *albo* oszacowanie (n)

value (n) wartość (f)

value (v) wyceniać *albo* oszacować

value added tax (VAT) WAT

valuer taksator (m)

van furgonetka (f)

variable costs koszty (mpl) zmienne

variance niezgodność (f) rozbieżność (f)

variation zmiana (f) *albo* odmiana (f) *albo* wariant (m)

VAT (= value added tax) VAT (podatek od wartości dodatkowej)

VAT declaration deklaracja VAT'u

VAT inspector inspektor VAT'u

VAT invoice rachunek (m) VAT'u

vehicle pojazd (m)

vendor sprzedawca (m)

venture (n) *[business]* przedsięwzięcie

venture (v) *[risk]* ryzyko (n)

venture capital kapitał udziałowy *[w ryzykowne przedsięwzięcie]*

venue miejsce *[wykonania]*

verbal agreement porozumienie (n) słowne

verbal ustny *albo* słowny

verification weryfikacja (f) machine maszyna (f)

verify weryfikować

vertical communication komunikacja (f) pionowa

vertical integration integracja (f) pionowa *[w przemyśle]*

vested interest mieć w czymś swój interes na uwadze

veto a decision sprzeciwić się decyzji

via przez

viable moZliwe do zrealizowania

VIP lounge pokój (m)/sala (f) dla osobistości

visa wiza (f)

visible imports import (m) widoczny *[towarowy]*

visible trade handel (m) widoczny *[towarami]*

void (adj) *[not valid]* nieważny

void (v) unieważniać *albo* anulować

volume discount rabat (m) z racji dużych zamówień

volume of sales rozmiar (mpl) sprzedaży

volume of trade *albo* **volume of business** rozmiar (mpl) handlu *albo* wielkość (f) obrotu

volume objętość (f) *albo* ilość (f) *albo* rozmiar (m)

voluntary liquidation dobrowolna likwidacja (f)

voluntary redundancy dobrowolne zwolnienie z pracy

vote of thanks słowa (npl) podziękowania

voucher *[document from an auditor]* poręczenie (n) *albo* asygnata (f)

voucher *[paper given instead of money]* bon (m) *[towarowy]*

Ww

wage claim roszczenie o płacę

wage freeze zamrożenie (n) płac

wage levels poziom (m) płac

wage negotiations negocjacje (fpl) w sprawie płac

wage scale skala (f) płac

wage płaca (f) *albo* zarobek (m) *albo* wynagrodzenie (n)

waive a payment zwolnić od uiszczenia zapłaty

waive zrzekać się *albo* rezygnować *[z czegoś]*

waiver *[of right]* akt (m) zrzeczenia

waiver clause klauzula (f) zrzeczenia

warehouse (n) magazyn (m)

warehouse (v) magazynować

warehouseman magazynier (m)

warehousing magazynowanie (n)

warrant (n) *[document]* nakaz (m) sądowy

warrant (v) *[guarantee]* gwarantować

warrant (v) *[justify]* usprawiedliwić

warranty (n) gwarancja (f)

wastage ubytki (mpl)

waste (n) strata (f) *albo* odpady (mpl)

waste (v) (use too much) marnować *albo* nie wykorzystywać

waybill kwit (m) przewozowy

weak market słaby rynek (m) *albo* słaba koniunktura (f)

wear and tear zużycie przez używanie

week tydzień

weekly tygodniowy

weigh ważyć

weighbridge waga (f) pomostowa *[wozowa]*

weight limit ograniczenie ciężaru

weight ciężar (m) *albo* waga (f)

weighted average średnia wagowa

weighted index ważony wakaźnik (m) *[np.cen]*

weighting dodatkowa płaca *[np. za dojazdy]*

well-paid job dobrze płatna praca (f)

wharf nadbrzeże (n)

white knight wybawca (m)

whole-life insurance ubezpieczenie (n) na całe życie

wholesale (adv) hurtowo

wholesale dealer hurtownik (m) *albo* kupiec (m) hurtowy

wholesale discount rabat (m) hurtowy

wholesale price index wskaźnik (m) cen hurtowych

wholesaler hurtownik (m) *albo* kupiec hurtowy

wildcat strike strajk (m) bez uprzedniej konsultacji ze związkiem zawodowym *albo* strajk (m) na dziko

win a contract zdobyć kontrakt (m)

wind up *[a company]* zwinąć *albo* zamknąć *albo* zlikwidować

wind up *[a meeting]* zakończyć *[zebranie]*

winding up likwidacja (f)

window display w oknie wystawowym *albo* na wystawie

window wystawa (f) *albo* okno (n) wystawowe

withdraw *[an offer]* wycofać ofertę

withdraw *[money]* wybrać *[pieniądze]* *albo* podjąć pieniądze

withdraw a takeover bid wycofać ofertę przejęcia

withdrawal *[of money]* wybranie *[pieniędzy]* *albo* podjęcie pieniędzy

withholding tax podatek (m) pobierany u źródła

witness (n) świadek (m)

witness (v) *[a document]* poświadczyć

witness an agreement poświadczyć umowę

wording sformułowanie (n)

word-processing word processing

work (n) praca (f)

work (v) pracować

work in progress praca w toku

work permit pozwolenie (n) na pracę

worker director kierownik/dyrektor prac

worker pracownik (m) *albo* robotnik (m)

workforce siła (f) robocza

working (adj) pracujący

working capital kapitał (m) obrotowy

working conditions warunki (mpl) pracy

working party grupa (f) robocza

workshop warsztat (m) *albo* pracownia (f)

workstation *[at computer]* stacja (f) komputerowa

work-to-rule wypełniać nadgorliwie wymagania pracy *[w celu zwolnienia tempa pracy - rodzaj protestu związków zawodowych]*

world market światowy rynek (m)

world świat (m)

worldwide (adj) ogólnoświatowy

worldwide (adv) ogólnoświatowo

worth (n) *[value]* wartość (f)

worth: be worth być wartym

worthless bez wartości

wrap (up) pakować *albo* zawijać

wrapper opakowanie (n)

wrapping paper papier (m) pakunkowy

wrapping opakowanie

wreck (n) *[company]* bankructwo (n) *albo* ruina (f)

wreck (n) *[ship]* wrak (m)

wreck (v) *[ruin]* rozbijać *albo* rujnować

writ nakaz (m) sądowy

write down *[assets]* spisać *[zasoby]*

write off *[debt]* odpisywać / wyksięgować / wystornować *[dług]*

write out a cheque wystawić / wypisać czek

write out wystawić *albo* wypisać

write pisać

writedown *[of asset]* obniżenie ceny *[zasobów, wartości]*

write-off *[loss]* całkowite odpisanie nieściągalnych wierzytelności

writing pisanie (n) *albo* pismo (n)

written agreement umowa (f) pisemna

wrong zły *albo* bezprawny

wrongful dismissal bezprawne zwolnienie

Xx Yy Zz

year end koniec (m) roku

year rok (m)

yearly payment roczna zapłata/opłata

yellow pages książka (f) telefoniczna

yield (n) *[on investment]* zysk (m)

yield (v) *[interest]* procentować *albo* przynosić zysk

zero zero

zero-rated zwolnienie od podatku od wartości dodanej

zip code (US) kod (m) pocztowy

Polsko-Angielski
Polish-English

Aa

abonent (m) telefoniczny telephone subscriber

absencja (f) absence

absolwent (m) na praktyce graduate trainee

a conto on account

administracja (f) administration

administracyjny administrative

administrator (m) administrator

adres (m) domowy home address

adres (m) firmy business address

adres (m) grzecznościowy accommodation address

adres (m) odbiorcy forwarding address

adres (m) przedsiębiorstwa business address

adres (m) telegraficzny cable address

adres (m) zwrotny return address

adres (m) address (n)

adresat/-ka addressee

adresować address (v)

adwokat (m) defence counsel *or* lawyer *or* barrister *or* solicitor *or* attorney

afiliowany affiliated

agencja (f) do ściągania długów debt collection agency

agencja (f) prac zleconych temp agency

agencja (f) prasowa news agency

agencja (f) reklamowa advertising agency

agencja (f) wynajmu mieszkań letting agency

agencja(f) agency

agent (m) *[ajent]* patentowy patent agent

agent (m) celny customs broker

agent (m) del credere del credere agent

agent (m) handlowy dealer

agent (m) ubezpieczeniowy insurance agent

agent/ajent (m) wyłączny sole agent

agent/-ka agent *[representative]* or agent *[working in an agency]*

agresywne metody sprzedaży hard selling

ajent (m) agent *[working in an agency]* or agent *[representative]*

akcept (m) acceptance

akceptacja (f) acceptance

akceptacja (f) nieodwołalna irrevocable acceptance

akceptant (m) acceptor

akceptować agree *[approve]*

akcja (f) share (n) *[in a company]*

akcja (f) przygotowania do wejścia *[na rynek]* turnkey operation

akcja (f) uprzywilejowana kumulacyjna cumulative preference share

akcje (fpl) nieuprzywilejowane *[przynoszące dywidendy]* equities

akcje (fpl) niewykorzystane neglected shares

akcje (fpl) notowane na giełdzie quoted shares

akcje (fpl) uprzywilejowane preference shares

akcje (fpl) zwykłe ordinary shares

akcjonariusz (m) shareholder

akcjonariusz (m) "mniejszościowy" minority shareholder

akcjonariusz (m) mniejszy minor shareholders

akcyza (f) excise excise duty

akredytywa (f) L/C (= letter of credit) *or* letter of credit (L/C)

akredytywa (f) nieodwołalna irrevocable letter of credit

akredytywa (f) okrężna circular letter of credit

akt (m) document

akt (m) cesji *[przelewu]* deed of assignment

akt (m) prawny deed

akt (m) układu/umowy/kowenantu deed of covenant

akt (m) umowy spółki deed of partnership

akt (m) zrzeczenia waiver *[of right]*

akta (mpl) personalne record (n) *[for personnel]*

akta (mpl) sprawy *[np.sądowej]* dossier

akta (mpl) file (n) *[documents]* or records

aktówka (f) briefcase

aktualizacja (f) update (n)

aktualizować update (v)

aktualna wartość (f) present value

aktualny present (adj) *[now] or* up to date *[complete]*

aktuariusz (m) actuary

aktywa (f) asset

aktywa (fpl) możliwe do spieniężenia / upłynnienia realizable assets

aktywa (mpl) finansowe financial asset

aktywa (mpl) niematerialne *[np. prawa patentowe]* intangible assets

aktywa (mpl) niewidoczne invisible assets

aktywa (mpl) rzeczowe tangible assets

aktywa (mpl) ukryte hidden asset

aktywa (mpl) zablokowane frozen assets

aktywa i pasywa assets and liabilities

aktywa(mpl) łatwo zbywalne liquid assets

akumulować accumulate *or* capitalize

akwizycja (f) canvassing people *[for their custom]*

akwizytor/-ka canvasser

akwizytor (m) ubezpieczeniowy insurance salesman

alonż (m) rider

alternatywa (f) alternative (n)

alternatywny alternative (adj)

alternatywny plan (m) przedsiębiorstwa *[na nieprzewidzianą okoliczność]* contingency plan

Amerykan -in/-ka American (n)

amerykański American (adj)

amortyzacja (f) amortization *or* depreciation *[amortizing] or* redemption *[loan]*

amortyzacja (f) liniowa straight line depreciation

amortyzować amortize *or* depreciate *[amortize]*

analityk (m) *[specjalista]* od badania rynku zbytu market analyst

analityk (m) *or* analityk (m) systemów systems analyst

analiza (f) analysis

analiza (f) kosztów cost analysis

analiza pracy job analysis

analiza (f) procedury przemysłowej lub pracy w celu ustalenia metody najwyższej wydajności time and motion study

analiza (f) projektu project analysis

analiza (f) rynku market analysis

analiza (f) statystyczna statistical analysis

analiza (f) systemów systems analysis

analiza (f) zbytu *[obrotów handlowych]* sales analysis

analiza (f) zysków i kosztów cost-benefit analysis

analizować analyse *or* analyze

analizować potencjał rynku analyse the market potential

angażowanie *[do pracy]* manning

angażowanie (n) pracowników staff appointment

anons (m) advertisement

antydatować antedate *or* backdate

anulować cancel *or* rescind *or* void (v)

anulować czek cancel a cheque

anulowanie (n) cancellation

apelacja (f) appeal (n) *[against a decision]*

apelować appeal (v) *[against a decision]*

aprobata (f) approval

aprobować agree *[approve]*

arbitraż (m) arbitration

arbiter (m) arbitrator

archiwum (n) records

argument (m) argument

arkusz (m) kalkulacyjny *[komputerowy]* spreadsheet *[computer]*

arkusz (m) papieru sheet of paper

armator (m) charterer

armatura (f) fittings

artykuł (m)

article *[item] or* article artykuł (m) handlowy commodity

artykuł krótki *[promocyjny]* magazine insert

artykuł (m) sprzedawany po niższej cenie dla zwabienia klientów loss-leader *[clause] or* item *[thing for sale]*

artykuły (mpl) chodliwe *or* artykuły (mpl) pokupne fast-selling items

artykuły (mpl) handlowe goods

artykuły (mpl) nietrwałe perishable goods *or* items *or* cargo

artykuły (mpl) niezwykłe extraordinary items

artykuły (mpl) rozmaite miscellaneous items

asekurować insure

asortyment (m) choice (n) *[items to choose from]* or mixed *[different sorts]* or range (n) *[variation]*

asygnata (f) voucher *[document from an auditor]*

asystent (m) assistant

atakować attack

atest (m) certificate

atrakcyjna pensja (f) attractive salary

atrakcyjne wynagrodzenie (m) attractive salary

atrakcyjność (f) towaru dla klienta customer appeal

atrapa (f) dummy

attache (m) handlowy commercial attache

aukcja (f) auction (n)

autentyczny genuine

autobus (m) bus

autobus (m) lotniskowy airport bus

automat (m) do zmiany pieniędzy na drobne/bilon change machine

automatyczna sekretarka (f) answering machine

automatyczne zasilanie papierem paper feed

autonomiczny independent

autorskie honorarium (m) royalty

autorytet (m) authority or prestige

autoryzowanie przez producenta prawa do sprzedaży jego towaru franchise (v)

awans (m) promotion *[to better job]*

awansować *[kogoś]* promote *[give better job]*

awaria (f) breakdown (n) *[machine]* or damage (n)

awizo (n) advice note

Bb

badać analyse or analyze or examine or research (v)

badacz/-ka researcher

badacz (m) systemów systems analyst

badania (npl) i rozwój (m) R&D (= research and devlopment)

badanie (n) analysis or research (n) or study (n)

badanie (n) rynku zbytu market research

badanie statusu/stanu status inquiry

bagaż (m) luggage

bagaż (m) podręczny hand luggage

bank (m) bank (n)

bank (m) centralny central bank

bank (m) dyskontowy discount house *[bank]*

bank (m) emisyjny issuing bank

bank (m) handlowy *[finansujący głównie handel zagraniczny]* merchant bank

bank (m) kredytowy credit bank

bankier (m) banker

banknot (m) bill (n) (US) or bank bill (US) or banknote or currency note

bankomat (m) cash dispenser

bankowość (f) banking

bankructwo (n) bankruptcy or wreck (n) *[company]*

bankrut (m) bankrupt (n)

bardzo dobra jakość kopii listu near letter-quality (NLQ)

bariera (f) barrier

bariera (f) celna customs barrier

bariery (fpl) celne tariff barriers

basen (m) portowy dock (n)

baza (f) basis or base (n) *[place]* or benchmark or depot

baza *[statyst.]* benchmark

baza (f) danych database

baza (f) maszynowa plant (n) *[machinery]*

baza (f) pieniężna monetary base

bazować base (v) *[in a place]* or base (v) *[start to calculate from]*

beneficjent/-ka assignee or beneficiary

benzyna (f) po obniżonej cenie cut-price petrol

bessa (f) bear market or slump (n) *[rapid fall]*

bezbłędny correct (adj)

bez daty undated

bez grosza broke (informal)

bez kontroli out of control

bez kuponu *[uprawniającego do pobrania dywidendy]* ex coupon

bez ograniczeń free (adj) *[no restrictions]*

bezpłatne wypróbowanie (n) free trial

bezpłatnie free (adv) *[no payment]* or free of charge

bezpłatny numer (m) toll free number (US)

bezpłatny free (adj) *[no payment]*

bezpieczeństwo (n) safety or security *[being safe]*

bezpieczny safe (adj)

bezpośredni direct (adj)

bezpośredni outright

bezpośrednio direct (adv)

bez prawa do dywidendy ex dividend

bezprawie (n) illegality

bezprawne zwolnienie wrongful dismissal

bezprawnie illegally

bezprawny illegal or wrong

bez przerwy non-stop

bezrobocie (n) unemployment

bezrobotny unemployed or out of work

bezustannie continually

bezustanny continual

bez wartości worthless

bezwarunkowy unconditional

bez względu na regardless of

bezzwłocznie immediately

bezzwłoczny immediate

bez zwłoki prompt

bezzwrotne opakowanie (n) non-returnable packing

bez żadnego zysku nil return

będący w zastoju stagnant

bieżące koszty (mpl) running costs

bieżące wydatki (mpl) running expenses

bieżący current or going

bilans (m) balance sheet or balance (n)

bilans (m) handlowy balance of trade

bilans (m) otwarcia opening balance

bilans (m) płatniczy balance of payments

bilans (m) podliczony *[do przeniesienia]* balance brought down

bilans (m) próbny trial balance

bilans (m) roczny annual accounts

bilansować balance (v)

bilans przeniesiony na drugą stronę balance carrried forward

bilans ultimo pod koniec miesiąca month-end accounts

bilans (m) z przeniesienia balance brought forward

bilateralny bilateral

bilet (m) bez rezerwacji standby ticket

bilet (m) gratisowy / grzecznościowy complimentary ticket

bilet (m) okresowy *[np. miesięczny]* season ticket

bilet (m) "open" *[bez ograniczenia czasowego]* open ticket

bilon (m) bullion or coins or change

biuletyn (m) bulletin

biura (npl) do wynajęcia offices to let

biurko (n) desk

biuro (n) office

biuro (n) informacji kredytowej credit agency

biuro (n) informacyjne information bureau

biuro (n) komputerowe computer bureau

biuro (n) o dużej otwartej przestrzeni open-plan office

biuro (n) pośrednictwa pracy employment bureau

biuro (n) rejestrów registry office

biuro (n) rezerwacji biletów booking office

biuro (n) robienia fotokopii photocopying bureau

biuro (n) tłumaczeń translation bureau

biuro (n) zamówień booking office

biurokracja (f) red tape

biurowe materiały (mpl) piśmienne office stationery

biurowy clerical

blankiet (m) form (n)

blankiet (m) przy wpłacie pieniędzy paying-in slip

blisko close to

bloczek (m) kasowy receipt book

bloczek (m) pokwitowań receipt book

blok (m) or **blok (m) mieszkaniowy** block (n) *[building]*

blokować block (v)

błąd (m) error or mistake

błąd (m) komputerowy computer error

błąd (m) popełniony przez urzędnika clerical error

błąd (m) w obliczeniach miscalculation
błędnie incorrectly
błędny incorrect
bodziec (m) incentive *or* stimulus
bojkot (m) boycott (n)
bojkotować boycott (v)
bon (m) *[towarowy]* voucher *[paper given instead of money]*
bon (m) gotówkowy cash voucher
bonifikata (f) discount (n) *or* rebate *[price reduction] or* abatement
bonifikata (f) / rabat (m) przy zakupie pewnej ilości quantity discount
brać w rachubę allow for
brak (m) default (n) *or* shortage *or* reject (n) *or* shortfall *or* unavailability
brak (m) siły roboczej manpower shortage
brakować *[wybierać]* reject (v)
branża (f) branch *or* field
bronić defend
bronić sprawę sądową defend a lawsuit
broszura (f) brochure
brutto gross (adj)
brytyjski British
buchalter(m) bookkeeper
buchalteria (f) bookkeeping

budżet (m) budget (n) *[personal, company]*
budżet (m) kosztów overhead budget
budżet (m) operacyjny *[przesiębiorstwa]* operating budget
budżet (m) państwowy budget (n) *[government]*
budżet (m) reklamowy advertising budget *or* promotion budget *or* promotional budget *or* publicity budget
budżet (m) tymczasowy provisional budget
budżetowy budgetary
budka (f) telefoniczna call box
budowa (f) structure (n)
budować develop *[build]*
businessman businessman *or* businesswoman
businesswoman businessman *or* businesswoman
być dłużnym owe
być gwarantem / poręczycielem dla kogoś stand surety for someone
być tego samego zdania agree with *[of same opinion] or* agree *[be same as]*
być w toku process (v) *[deal with]*
być wartym be worth
być zaangażowanym w coś concern (v) *[deal with]*

Cc

całkowita skala (f) full-scale
całkowita suma (f) total amount
całkowita suma aktywów total assets
całkowita wartość (f) fakturowa total invoice value
całkowite koszty (mpl) total cost
całkowite odpisanie nieściągalnych wierzytelności write-off *[loss]*
całkowite spłacenie długu full discharge of a debt
całkowite wydatki (mpl) total expenditure
całkowity zwrot pieniędzy full refund *or* refund in full
całkowity total (adj) *or* complete (adj) *or* full *or* entire *or* overall
cały etat (m) full-time

cech (m) guild *or* trade association
cecha (f) mark
cechować mark (v)
cedent (m) assignor
ceduła (f) giełdowa stock list
cel (m) objective (n) *or* target (n) *or* aim (n)
cel (m) przejęcia takeover target
celnik (m) customs officer
celować aim (v)
cena (f) price (n) *or* cost (n) *or* rate (n)
cena (f) średnia / przeciętna(f) average price
cena (f) detaliczna retail price
cena (f) dostawy supply price
cena (f) fabryczna factory price

cena franco (f) nadbrzeże price ex quay

cena (f) hurtowa trade price

cena (f) interwencyjna intervention price

cena (f) jednostkowa unit price

cena (f) katalogowa catalogue price

cena (f) konkurencyjna competitive price

cena (f) kosztów cost price

cena (f) kosztu *[zakupu]* prime cost

cena (f) loco fabryka price ex works

cena (f) loco skład price ex warehouse

cena (f) loco spot price

cena (f) maksymalna ceiling price

cena (f) maksymalna maximum price

cena (f) minimalna *[wywoławcza]* reserve price

cena (f) netto net price

cena (f) obniżona discount price

cena (f) odsprzedaży resale price

cena (f) oferowana bid (n) *[at an auction]*

cena (f) pokrycia ubezpieczeniowego *or* cena (f) ubezpieczenia cover charge

cena (f) progu threshold price

cena (f) przeliczeniowa conversion price

cena (f) przy dostawie *[wliczając wszystkie inne koszty]* delivered price

cena (f) przy zakupie z częściową wymianą trade-in price

cena (f) przy zapłacie gotówką cash price *or* cash terms

cena (f) ropy naftowej oil price

cena (f) rynkowa *[bieżąca]* current price

cena (f) rynkowa market price

cena (f) sprzedaży selling price

cena (f) szacunkowa estimated figure

cena towaru wraz z kosztami wyładunku landed costs

cena (f) ustalona w fabryce price ex factory

cena (f) wyjściowa upset price

cena (f) wywoławcza opening price

cena (f) wywoławcza upset price

cena (f) zakupu purchase price *[price]*

cennik (m) list price *or* price list *or* tariff *[price]*

centrala (f) head office *or* general office *or* main office *or* registered office

centrala (f) telefoniczna switchboard *or* telephone switchboard *or* telephone exchange

centralizacja (f) centralization

centralizować centralize

centralny central

centrum (n) centre *[important town]*

centrum (m) handlowe shopping centre

centrum interesów/biznesu business centre

centrum (m) kalkulacji kosztów cost-centre

centrum (m) przemysłowe industrial centre

centrum (m) usług service centre

centrum (m) zysku profit centre

ceny (fpl) do przyjęcia keen prices

ceny (fpl) drastycznie zredukowane slash prices

ceny (fpl) elastyczne flexible prices

ceny przystępne (fpl) popular prices

ceny (fpl) utrzymywane na jednym poziomie peg prices

ceny (fpl) wygórowane inflated prices

cesja (f) assignment *[cession]* *or* cession *or* transfer (n)

cesjonariusz (m) assignee

chałupnik (m) homeworker

chłodnia (f) cold store

chłonny rynek (m) captive market

chodliwość (f) saleability

chodliwy saleable

chować do akt shelf

chroniczny chronic

chwiać się stagger

chybić miss *[not to hit]* *or* miss a target

chylić się ku upadkowi decline (v) *[fall]*

ciągłe zasilanie (n) / dozowanie (n) continuous feed

ciągłe ubieganie się o formowanie lub utrzymywanie dobrej renomy firmy wśród klienteli PR (= public relations)

ciągły continual *or* continuous

ciągle continually

ciąć cut (v)

cicha zgoda (f) tacit approval

cichy wspólnik (m) sleeping partner

cierpieć na skutek szkody/straty suffer damage

cięcie (n) cut (n)

ciężar (m) weight

ciężar (m) własny deadweight

ciężarówka (f) articulated lorry *or* articulated vehicle *or* lorry *or* HGV (= heavy goods vehicle) *or* truck *[lorry]*

ciężarówka (f) z małym dźwigiem fork-lift truck

ciężki sprzęt (mpl) heavy equipment

ciężki heavy *[weight]*

ciężkie maszyny (fpl) heavy machinery

cło (n) duty (tax)

cło (n) *[taryfa od wartości]* ad valorem

cło (n) preferencyjne preferential duty

cło (n) przywozowe import duty

cło (n) wywozowe export duty

codziennie day-to-day

codzienny daily

co rok annually

cofać revoke

cofnięcie (n) countermand

coroczny annual

cudzoziemski foreign

cum cum

cyfra (f) digit *or* figure

cykl (m) cycle

cykl (m) gospodarczy economic cycle

cykl (m) koniunkturalny economic cycle *or* trade cycle

cykl (m) produkcyjny product cycle

cykliczny cyclical

CZ cz

czarna lista (f) black list (n)

czarny rynek (m) black market

czarter (m) charter (n)

czarterować charter (v)

czarterować samolot charter an aircraft

czarterowanie (n) chartering

czarterujący charterer

czas (m) do namysłu *[po sprzedaży]* cooling off period

czas (m) dostawy delivery time

czas (m) komputerowy computer time

czas (m) otwarcia opening time

czas (m) przestoju down time

czas (m) przygotowania *or* **czas (m) przysposabiania** make-ready time

czas (m) wolny spare time

czasopismo (n) magazine *or* journal *[magazine]* *or* periodical

czasopismo handlowe trade magazine *or* trade journal

czek (m) cheque

czek (m) bankierski *[czek wystawiony przez jeden bank na drugi]* cashier's check (US)

czek (m) bez pokrycia rubber check (US)

czek (m) gotówkowy *[nie zakreślony]* open cheque

czek (m) in blanco blank cheque

czek (m) krosowany crossed cheque

czek (m) na okaziciela cheque to bearer

czek (m) poświadczony certified cheque

czek z należnością pay cheque

czek (m) z należną zapłatą/pensją salary cheque

czek z wydrukowanym nazwiskiem personalized cheques

czekać na instrukcje await instructions

częsty frequent

częściowo wykwalifikowani robotnicy (mpl) semi-skilled workers

częściowo wymienny part exchange

część (f) zapasowa spare part

część (f) piece *or* part (n) *or* share (n)

członek (m) member *[of a group]*

członek (m) towarzystwa associate (n)

członek (m) zarządu co-director

członkostwo (n) membership *[all members]* *or* membership *[being a member]*

człowiek (m) man (n)

człowiek (m) interesu businessman *or* businesswoman

czwarty kwartał (m) fourth quarter

czynnik (m) factor (n) *[influence]*

czynnik (m) decydujący deciding factor

czynnik / faktor (m) dodatni / plusowy plus factor

czynnik (m) kosztów cost factor

czynnik (m) pośredniczący medium (n)

czynnik (m) ujemny / negatywny
  downside factor
czynniki (mpl) cykliczne cyclical
  factors
czynniki (mpl) koniunkturalne or
czynniki (mpl) produkcji factors of
  production

czynność (f) action *[thing done]*
czynsz (m) rent (n) *or* rental
czynsz (m) nominalny nominal rent
czysta strata (f) net loss
czysty net (adj)
czysty *[niezapisany]* blank (adj)
czysty zysk (m) clear profit *or* net profit

Cć

ćwiczenie (n) exercise (n)
ćwiczyć exercise (v)

ćwierć quarter *[25%]*

Dd

dać give *or* provide
dać łapówkę bribe (v)
dać coś na poczet zapłaty trade in *[give
  in old item for new]*
dać komuś miejsce do spania na statku
  berth (v)
dać napiwek tip (v) *[give money]*
dać odszkodowanie compensate
dać sobie radę get along
dalej coś ciągnąć continue
dalekosiężny long-range
dalszy ciąg (m) continuation
dane (fpl) data *or* figures
**dane (fpl) dotyczące sprzedaży /
  obrotu** sales figures
dane (fpl) skorygowane sezonowo
  seasonally adjusted figures
dar (m) present (n) *[gift]*
darować give *[as gift]*
data (f) date (n)
data (f) dostawy delivery date
data (f) odbioru date of receipt
data (f) rozpoczęcia starting date
data (f) stempla pocztowego postdate
data (f) terminu płatności maturity date
data (f) upływu ważności sell-by date
data (f) wejścia w życie effective date

data (f) wypuszczenia na rynek
  launching date
data (f) zakończenia completion date
data (f) zamknięcia closing date
data upływu ważności expiry date
datować date (v)
datowany dated
datownik (m) date stamp
dążyć do aim (v)
debata (f) discussion
debet (m) bezpośredni direct debit
debet(m) debit (n)
debetować rachunek / konto debit an
  account
debety i kredyty debits and credits
decentralizacja (f) decentralization
decentralizować decentralize
decydent (m) decision maker
decydować decide
decydowanie (n) deciding
decyzja (f) decision *or* ruling (n)
defekt (m) defect *or* fault *[mechanical]*
deficyt (m) handlowy trade deficit *or*
  trade gap
deficyt (m) deficit *or* shortfall
definitywny final
deflacja (f) deflation
deflacyjny deflationary

defraudacja (f) embezzlement

defraudant (m) embezzler

deklaracja (f) declaration

deklaracja (f) celna customs declaration

deklaracja (f) dochodu declaration of income

deklaracja (f) podatkowa *[dotycząca podatku dochodowego]* return (n) *[declaration]*

deklaracja (f) podatkowa tax return *or* tax declaration

deklaracja VAT'u VAT declaration

deklarować declare

del credere del credere

delegacja (f) delegation *[people]*

delegat (n) delegate (n)

delegować delegate (v)

delegowanie (n) delegation *[action]*

demonstrator/-ka demonstrator

deponent (m) depositor

deponować deposit (v)

deport (m) backwardation

depozyt (m) down payment *or* deposit (n) *[in bank]*

depozyt (m) bezzwrotny non-refundable deposit

depozyt (m) gotówkowy cash deposit

depozyt (m) przynoszący odsetki interest-bearing deposit

depozyt (m) terminowy fixed deposit

depozytor (m) depositor

depozyty (mpl) bankowe bank deposits

deprecjacja(f) depreciation *[loss of value]*

deprecjonować depreciate *[lose value]*

depresja (f) depression

detal (m) detail (n)

detal (m) retailing *or* retail (n)

dewaluacja (f) devaluation

dewaluować devalue

dewizy (fpl) foreign exchange *[currency]*

diagram (m) diagram

diagram (m) chronologiczny(m) *[obrotów]* flow diagram

diwidenda (f) minimalna minimum dividend

dług (m) do spłacenia (= jestem Tobie winien) IOU (= I owe you)

dług (m) krótkoterminowy short-term debts

dług (m) nie do odzyskania irrecoverable debt

dług (m) nieściągalny bad debt

dług (m) debt

długi (mpl) długoterminowe long-term debts

długi (mpl) arrears

długi (przym) long

długi lot (m) long-distance flight

długoletni *or* **długookresowy** *or* **długoterminowy** long-standing

długoterminowe zobowiązania (npl) long-term liabilities

długotrwały lot (m) long-haul flight

dłużnik (m) debtor

dłużnik (m) *[w stosunku do którego nie uchylonoupadłości]* undischarged bankrupt

dłużnik (m) hipoteczny mortgager *or* mortgagor

dłużnik (m) upadły przywrócony do praw *[pospłaceniu zobowiązań]* certificated bankrupt

dłużnik (m) z wyroku sądowego judgment debtor

dłużny owing

dniówka (f) day *[working day]*

dno (n) bottom

do up to

dobra jakość (f) good quality

dobra koniunktura(f) buyer's market

dobra wola (f) goodwill

dobre zarządzanie (n) good management

dobrowolna likwidacja (f) voluntary liquidation

dobrowolne zwolnienie z pracy voluntary redundancy

dobry zakup (m) good buy

dobry good

dobrze płatna praca (f) well-paid job

dobrze prosperujący flourishing

dobrze wystartować *[odnosić szybki sukces]* take off *[rise fast]*

dobrze fine (adv) *[very good]*

doceniać appreciate *[how good something is]*

dochód (m) bieżący current yield

dochód (m) brutto gross income

dochód (m) całkowity total revenue

dochód (m) efektywny effective yield

dochód (m) globalny total income

dochód (m) netto net earnings *or* net income *or* net salary

dochód (m) nie podlegający opodatkowaniu non-taxable income

dochód (m) osobisty (m) *[własny]* personal income

dochód (m) podlegający opodatkowaniu taxable income

dochód (m) realny real income

dochód (m) w przeliczeniu na jedną akcję earnings per share *or* earnings yield

dochód (m) z czynszu rental income

dochód (m) z dywidend dividend yield

dochód (m) z dzierżawy rental income

dochód (m) z inwestycji investment income

dochód (m) z inwestycji ROI (= return on investment)

dochód (m) z reklamy revenue from advertising

dochód (m) ze sprzedaży sales revenue

dochód (m) revenue *or* income *or* return (n) *[profit]* *or* dividend

dochód/zysk (m) po opodatkowaniu after-tax profit

dochodowość (f) profitability *[making a profit]*

dochodowy profitable *or* paying (adj)

dochody (mpl) państwowe revenue

dochody (mpl) returns *[profits]*

dochodzenie (n) investigation

dochodzić roszczeń o *[np. odszkodowanie]* claim (v) *[right]*

dochodzić investigate

dodać 10% za obsługę add on 10% for service

dodać kolumnę liczb add up a column of figures

dodatek (m) *[np. do książki]* appendix

dodatek (m) do płacy zasadniczej *[z tytułu wzrostu wskaźnika kosztów]* cost-of-living bonus

dodatek (m) drożyźniany cost-of-living allowance

dodatek (m) supplement *or* addition *[thing added]*

dodatek za zasługi merit award *or* merit bonus

dodatek / premia (m) *[za wydajność w pracy]* bonus

dodatki (mpl) do wyboru optional extras

dodatkowa dywidenda (f) terminal bonus

dodatkowa płaca *[np. za dojazdy]* weighting

dodatkowa premia (f) additional premium

dodatkowa stawka (f) ubezpieczeniowa additional premium

dodatkowe opłaty (fpl) additional charges *or* extra charges

dodatkowy rozwój wynikający z dobrego przedsięwzięcia spinoff

dodatkowy additional *or* collateral (adj) *or* extra *or* supplementary

dodatni bilans (m) handlowy favourable balance of trade

dodatni przepływ pieniężny positive cash flow

dodatni positive

dodawać add

dodawanie (n) addition *[calculation]*

doganiać run to **doglądać** attend to

dogodne warunki (mpl) easy terms

dogodne acceptable

dogodny convenient

do inkasowania *or* **do spieniężenia** cashable

dojść do porozumienia reach an agreement

dojść reach *[arrive]*

dojeżdżać commute *[travel]*

dojeżdżający do pracy commuter

dojechać reach *[arrive]*

dojrzewać mature (v)

dok (m) dock (n)

dokładnie exactly

dokładny accurate *or* exact

dokonać dystrybucji distribute *[goods]*

dokonać otwarcia zebrania open a meeting

dokształcać *[zawodowo]* train (v)

dokument (m) *[papier handlowy lub wartościowy]* przenoszalny negotiable instrument

dokument (m) niezbywalny *[nieprzenoszalny]* non-negotiable instrument

dokument (m) patentowy letters patent

dokument (m) przeniesienia prawa własności *[papierów własnościowych]* deed of transfer

dokument (m) stanowiący tytuł prawny deed

dokument (m) document *or* instrument *[document]*

dokumentacja (f) documentation

dokumentarny documentary

dokumenty (mpl) sfałszowane / **podrobione** faked documents

dokumenty (mpl) documents

dokumenty (mpl) records

dolar (m) dollar

doliczać add

dom (m) aukcyjny auction rooms

dom (m) sprzedaży wysyłkowej mail order business

dom (m) towarowy department store

dom (m) house *[for family]*

domagać się demand (v)

domicylować domicile

domowy domestic doniosły important

donosić inform *or* report (v)

dopłata (f) surcharge

dopłata (m) importowa import surcharge

dopełniający complementary

do pobrania chargeable

dopust boży (m) act of God

doręczać deliver

doręczenie delivery *[bill of exchange]*

doradca (m) podatkowy tax consultant

doradca (m) prawny w sprawach **przekazywania własności** conveyancer

doradca (m) adviser *or* advisor

doradzać advise *[what should be done]*

doradztwo (n) consultancy

Doroczne Walne Zebranie(n) annual general meeting (AGM)

doroczny annual

dosięgać reach *[come to]*

doskonały excellent

doskonale fine (adv) *[very good]*

dostępne available

dostępność (f) availability

dostarczać *[być dostawcą]* cater for

dostarczać *[np. środki pieniężne]* afford

dostarczać deliver *or* provide *or* supply (v)

dostarczyć fracht na adres carriage forward *or* freight forward

dostateczny sufficient

dostawa (f) ekspresowa express delivery

dostawa (f) franco free delivery

dostawa (f) towaru delivery of goods

dostawa (f) delivery *[goods]* *or* supply (n) *[action]*

dostawać get

dostawca (m) supplier *or* deliveryman

dostawy (fpl) arrivals

dostosować adjust

dostrojenie (n) fine tuning

doświadczony experienced

dotrzeć reach *[arrive]*

dotrzymywać obietnicy keep a promise

dotyczące wszystkich *[bez wyjątku]* across-the-board

dotyczący *[kogoś, czegoś]* relating to

dowód (m) dokumentacyjny documentary proof *or* documentary evidence

dowód (m) dostawy / kupna bill of sale

dowód (m) rejestracji certificate of registration

dowód (m) proof

dowód / kwit (m) świadczący o **złożeniu depozytu** certificate of deposit

dowiadywać się enquire (= inquire)

do wyboru optional

do zaakceptowania on approval

do zapłacenia payable

do zapłacenia w przeciągu sześciesięciu **dni** payable at sixty days

do zbycia disposable

dożywotni dochód (m) life interest

dożywotnie prawo (n) użytkowania life interest

drachma (f) drachma

drobiazgi (mpl) sundries *or* sundry items

drobna kradzież (f) pilferage *or* pilfering

drobne *[pieniądze]* change (n) *[cash]*

drobne wydatki (mpl) petty expenses

drobne small change

drobny przedsiębiorca (m) small businessman

drobny fine (adv) *[very small]* *or* petty

droga (f) road *or* channel (n)

drogi i wyższej jakości up-market

drogi dear *or* expensive *or* highly-priced

druga klasa (f) second-class

drugi kwartał second quarter

drugi second (adj)

drugorzędny second (adj)

druk (m) form (n)

drukarka (f) printer *[machine]*

drukarka (f) *[komputerowa]* computer printer

drukarka (f) **laserowa** laser printer

drukarka (f) **z matrycą punktową** dot-matrix printer

drukarka (f) **z wirującą głowicą** daisy-wheel printer

drukarnia (f) printer *[company]*

druki (mpl) **podatkowe** tax form

drzwi (npl) door

dumping dumping

duplikat (m) duplicate (n)

duplikat kwitu duplicate receipt *or* duplicate of a receipt

duże wydatki (mpl) heavy costs *or* heavy expenditure

duży blok (m) **papierowy** *[używany w celach ilustracyjnych w czasie prezentacji, odczytu]* flip chart

duży i niezręczny bulky

duży popyt (m) keen demand

duży supermarket (m) hypermarket

dworzec (m) **kolejowy** railway station *or* station *[train]*

dwustronny bilateral

dyferencyjne taryfy (fpl) **celne** differential tariffs

dyferencyjny differential(adj)

dyktafon (m) dictating machine

dyktat (m) dictation

dyktować dictate

dymisja (f) dismissal

dynamiczny go-ahead (adj)

dyplomatka (f) briefcase

dyrekcja (f) board of directors *or* management *[managers]*

dyrektor (m) **banku** bank manager

dyrektor (m) **naczelny** general manager *or* managing director (MD)

dyrektor (m) **naczelny** *[stojący na czele zarządu przedsiębiorstwa]* executive director

dyrektor (m) **naczelny** chief executive *or* chief executive officer (CEO)

dyrektor (m) **nie będący członkiem zarządu** non-executive director *or* outside director

dyrektor (m) **od spraw eksportu** export manager

dyrektor (m) **przedsiębiorstwa** company director

dyrektor (m) **rejonu / okręgu** area manager

dyrektor (m) **/ kierownik** (m) **od spraw sprzedaży** sales manager

dyrektor/-ka director *or* boss

dyrektor(m) **finansów** finance director

dyrektor / kierownik (m) **danej branży** field sales manager

dyrektywa (f) directive

dysk (m) disk

dyskietka (f) diskette

dyskonter (m) discounter

dyskusja (f) discussion

dyskusje (fpl) **między związkami zawodowymi i zarządem na temat spornych kwestii dotyczących pracy** labour disputes

dyskutować discuss

dysponowanie (n) disposal

dyspozycja (f) disposal

dyspozycja (f) order (n) *[instruction]*

dyspozycje (fpl) **spedycyjne** forwarding instructions

dystrybucja (f) distribution *or* distributorship

dystrybutor (m) distributor

dywersyfikacja (f) diversification

dywersyfikować diversify

dywidenda (f) dividend

dywidenda (f) **ostateczna** final dividend

dywidenda (f) **tymczasowa** interim dividend

dział (m) **komputerowy** computer department

dział (m) **marketingu** marketing division *or* marketing department

dział (m) **produkcji** production department

dział (m) **reklamacji** complaints department

dział (m) **reklamy** publicity department

dział (m) **roszczeń/odszkodowań** claims department

dział (m) **sprzedaży** sales department

dział (m) **usług dla klientów** customer service department

dział (m) **usług dla klientów** service department

dział (m) **wysyłek** dispatch department

dział (m) **zakupów** purchasing department

dział (m) **zaopatrzeniowy** buying department

dział (m) dept (= department) *or* department *[in shop]* or department *[in office]*

Dział Gwarancji Kredytów Eksportowych ECGD (= Export Credit Guarantee Department)

działać act (v) *[work]* or operate

działać jako pośrednik *[kupować i zaliczkować wierzytelność]* factor (v)

działacz związku zawodowego trade unionist

działający wstecz retroactive

działalność (f) action *[thing done]* or operating (n) *or* operation

działalność (f) **maklerska** brokerage

działowy departmental

dziennie per day

dziennik (m) record (n) *[of what has happened]*

dzienny daily

dzień (m) **dotrzymywania płatności kwartalnych** quarter day

dzień (m) day *[24 hours]*

dzień roboczy (m) day *[working day]*

dzień wolny od pracy off *[away from work]*

dziedzina (f) area *[subject]* or field

dzielić *[z kimś]* **biuro** share an office

dzielić tę samą opinię agree with *[of same opinion]*

dzielić share (v) *[use with someone]*

dzierżawa (f) lease (n) *or* rental

dzierżawca (m) lessee

dzierżawca (m) tenant

dzierżawić lease (v) *[of tenant]*

dzięki *[czemuś]* owing to

dzwonić phone (v) *or* telephone (v)

dźwig (m) crane

dźwignięcie (n) leverage

Ee

efektywny effective *or* efficient

egzamin (m) examination *[test]*

egzemplarz (m) copy (n) *[of a book, newspaper]*

ekipa (f) group *[of people]*

ekonomika (f) economics *[study]*

ekonomia (f) **/gospodarka** (f) **wysoko rozwinięta** mature economy

ekonomia (f) **pracy na czarno** black economy

ekonomia (f) **wolnego rynku** free market economy

ekonomia (f) economics *[study]*

ekonomiczny economical *or* economic *[profitable]* or economic *[general]*

ekonomista (m) economist

ekonomista (m) **od spraw rynku zbytu** market economist

ekspansja (f) expansion

ekspansja (f) **przemysłowa** industrial expansion

ekspedient/-ka counter staff *or* shop assistant *or* salesman *[in shop]*

ekspediować dispatch (v) *[send]* or despatch

ekspedycja (f) dispatch (n) *[sending]* or forwarding *or* shipping

ekspedytor (m) shipping agent *or* shipping clerk

ekspert (m) specialist

ekspert od spraw zbytu towarem merchandizer

ekspertyza (f) expertise

ekspiracja (f) *[umowy]* expiration or expiry

ekspirować expire

eksploatować exploit

eksponent (m) exhibitor

eksponować exhibit (v) *or* display (v)

eksport (m) export (n)

eksporter (m) exporter

eksportować export (v)

eksportujący exporting (adj)

ekspozycja (f) display (n)

ekspozytura (f) branch office

ekspresowy express (adj) *[fast]*

ekstra extra

eku ecu *or* ECU (= European currency unit)

ekwiwalent (m) parity

elastyczność (f) elasticity or flexibility

elektroniczny terminal (m) kasowy electronic point of sale (EPOS)

embargo (n) embargo (n)

emerytura (f) *[pójście na]* retirement

emerytura (f) pension

emisja (f) akcji share issue

emisja (f) dodatkowa bonus issue

emisja (f) issue (n) *[of shares]*

emisja praw poboru rights issue

emitować issue (v) *[shares]*

energia (f) energy *[human]* or energy *[electricity]*

energooszczędny energy-saving (adj)

escudo portugalskie escudo

etap (m) stage

etapowe zapłaty (fpl) staged payments

etat (m) post (n) *[job]* or position *[job]* or appointment *[job]*

etykietka (f) docket or label

etykietkować label (v)

etykietkowanie labelling

euroczek (m) Eurocheque

eurodolar (m) Eurodollar

europejska jednostka monetarna ecu or ECU (= European currency unit)

Europejski Bank Inwestycyjny European Investment Bank

Europejski System Walutowy European Monetary System (EMS)

Europejski Wspólny Rynek Single European Market

europejski European

Europejskie Towarzystwo Wolnego Handlu EFTA (= European Free Trade Association)

eurowaluta (f) Eurocurrency

ewentualność (f) contingency

Ff

fałszerstwo (n) falsification or forgery *[action]* or counterfeit

fałszować counterfeit (v) or forge or falsify

fałszywy false

fabryczny industrial

fabryka (f) factory or plant (n) *[factory]*

fachowiec (m) professional (n) *[expert]* or troubleshooter

fachowy professional (adj) *[expert]*

faks (m) fax (n)

faktoring (m) factoring

faktura (f) invoice (n)

faktura (f) szczegółowa itemized invoice

fakturować invoice (v)

fakturowanie invoicing or billing

faktyczny actual

falsyfikacja (f) falsification

falsyfikat (m) forgery *[copy]*

falsyfikować falsify

faza (f) stage (n)

feler (m) fault *[mechanical]*

fiasko (n) flop (n)

figurować *[w księgach]* appear (v)

filia (f) branch or subsidiary (n)

finalizacja (f) completion

finanse (mpl) finance (n) or finances

finanse (mpl) publiczne public finance

finansować fund (v) or finance (v)

finansowane przez rząd government-sponsored

finansowanie (n) financing or funding

finansowanie (n) deficytowe deficit financing

finansowanie (n) z góry pre-financing

finansowe wsparcie (n) sponsorship

finansowo financially

finansowy financial

firma (f) business *[company]* or firm or setup *[company]*

firma (f) doradcza consultancy firm

firma (f) eksportowa exporter

firma/instytucja kredytu ratalnego finance company

firma (f) konkurencyjna rival company

firma (f) konsultacyjna consultancy firm

firma (f) która ożyła phoenix company

firma (f) niezależna independent company

firma (f) przewozowa carrier
[company]

firma (f) sprzedaży wysyłkowej
mail-order firm

**firma (f) trzymająca zapasy danych
towarów** stockist

firmy (fpl) konkurencyjne competing
firms

fiskalny fiscal

flota (f) handlowa merchant navy

fluktuacja (f) fluctuation

fluktuacja (f) kadr turnover *[of staff]*

forma wypowiedzi form of words

formalności (fpl) celne customs
formalities

formalność (f) formality

formalny formal

formować form (v)

formularz (m) form (n)

formularz (m) deklaracji celnej
customs declaration form

formularz (m) podatkowy tax form

formularz (m) rejestracyjny
registration form

fotokopia (f) photocopy (n)

fotokopiarka (f) photocopier

fotokopiowanie photocopying

fracht (m) carriage *or* cargo *or* freight
[carriage]

fracht (m) *[ładunek]* lotniczy air freight

frachtowiec (m) freighter *[ship]*

franco statek (m) FOB *or* f.o.b. (free on
board)

franco wagon (m) FOB *or* f.o.b. (free on
board)

frank franc

**frankować *[stemplować opłatę pocztową
automatem]* frank (v)

franszyza (f) franchise (n)

fundusz (m) fund (n)

fundusz (m) emerytalny pension fund

**fundusz (m) na nieprzewidziane
wypadki** contingency fund

fundusz rezerwowy (m) reserve (n)
[money]

fundusze (mpl) publiczne public funds

funkcjonariusz (m) official (n)

funkcjonować act (v) *[work]*

funt (m) pound *[money]*

funt (m) pound *[weight: 0.45kg]*

funt (m) szterling pound sterling

furgonetka (f) delivery van *or* van

Gg

gablotka (f) do eksponowania towaru
display case

**GATT (Ogólne Porozumienie w
Sprawie Taryf i Handlu)** GATT
(General Agreement on Tariffs and
Trade)

gatunek (m) quality *or* brand

gazeta (f) newspaper

gazeta zawierająca ogłoszenie
advertiser

generalny general

generalny strajk (m) general strike

giełda (f) papierów wartościowych
stock exchange *or* stock market

giełda (f) towarowa commodity market

giełdy (fpl) money markets

giętki flexible

giętkość (f) flexibility *or* elasticity

gildia (f) guild

globalny total (adj)

głos (m) oddany przez upoważnionego
proxy vote

głosować casting vote

**główna / dominująca stopa (f)
procentowa** pobierana/naliczana prime
rate

główne punkty (mpl) umowy heads of
agreement

główny akcjonariusz (m) major
shareholder

główny main *or* major *or* prime *or*
general *or* central *or* chief (adj)

główny urząd (m) general office

główny zarządca/dyrektor senior
manager/executive

gmach / budynek (m) główny main
building

godzić się compromise (v)

godzić reconcile

godzina (f) szczytu rush hour

godzina (f) hour

godzinowo hourly

godziny (fpl) nadliczbowe overtime

godziny (fpl) urzędowania banku banking hours

godziny (fpl) urzędowania business hours *or* office hours *or* opening hours

godziny (fpl) zamknięcia closing time

goły broke (informal)

goniący za rozwojem progress chaser

goniec (m) courier *[messenger]*

gospodarczy economic *[general]*

gospodarka (f) economy *[system]*

gospodarka (f) centralnie planowana controlled economy

gospodarka (f) mieszana mixed economy

gospodarki (fpl) / przedsiębiorstwa (npl) oparte na zwiększaniu skali produkcji economies of scale

gospodarny economical

gotówką cash (adv)

gotówka (f) cash in hand *or* cash (n)

gotówka (f) w kasie cash float *or* float (n) *[money] [money]* or ready cash

gotowe w opakowaniu prepack *or* prepackage

gotowy ready

gotowy na przyjęcie ofert open to offers

gram gram *or* gramme

granica (f) border *or* line (n) *or* limit (n)

gratis gratis

gratisowy complimentary

gratyfikacja (f) incentive bonus

gromadzenie (n) hoarding *[of goods]*

gromadzić accrue *or* accumulate *or* stockpile (v)

gros (12 tuzinów) gross (n) (=144)

grupa (f) group *[of people]*

grupa (f) kierownicza management team

grupa (f) robocza working party

grupa (f) specjalistów panel

grupa (f) sprzedawców sales force

grupować batch (v)

grupy (fpl) społeczno-ekonomiczne socio-economic groups

grzbiet (m) back (n)

grzywna (f) fine (n)

gulden (m) guilder *[Dutch currency]*

gwałtownie spadać slump (v)

gwałtowny spadek (m) slump (n) *[rapid fall]*

gwarancja (f) guarantee (n) *or* security *[guarantee]* or warranty (n)

gwarancja (f) dodatkowa collateral (n)

gwarancja (f) posiadania security of tenure

gwarancja (f) pracy job security

gwarancja (f) zatrudnienia security of employment

gwarancyjna karta (f) czekowa cheque (guarantee) card

gwarant (m) surety (n) *[person]* or guarantor

gwarantować guarantee (v) *or* safeguard *or* warrant (v) *[guarantee]*

gwarantowana praca (f) secure job

gwarantujący collateral

Hh

hamować moderate (v)

hamowanie (n) restraint

handel (m) trade (n) *[business]* or commerce *or* business *[commerce]*

handel (m) detaliczny retail (n)

handel (m) dwustronny reciprocal trade

handel (m) eksportowy export trade

handel (m) jednokierunkowy one-way trade

handel (m) legalny lawful trade

handel (m) międzynarodowy international trade

handel (m) morski maritime trade

handel (m) niewidoczny *[poza towarowy]* invisible trade

handel oparty na dogodnych warunkach dla stron zainteresowanych fair trading

handel (m) wewnętrzny domestic trade

handel (m) widoczny *[towarami]* visible trade

handel (m) wielostronny multilateral trade

handel (m) wymienny barter (n)

handel (m) zagraniczny foreign trade *or* overseas trade *or* external trade

handel (m) zamorski overseas trade

handlować trade (v) *or* deal (v) *or* handle (v) *[sell]* *or* merchandize (v)

handlować *[czymś]* trade in *[buy and sell]*

handlowanie (n) trading

handlowiec (m) trader *or* merchant

handlowy commercial (adj)

harmonizacja (f) harmonization

harmonogram (m) timetable (n) *or* schedule

hektar (m) hectare

hipoteka (f) mortgage (n)

historyczne obliczenia *[w rachunkowości]* historical figures

holowanie (n) haulage

honorarium (n) honorarium *or* fee *[for services]*

honorować *[wykupić]* **weksel** honour a bill

honorować podpis honour a signature

hossa (f) boom (n)

hotel (m) hotel

hotel (m) o oznaczonej klasie graded hotel

hurt (m) bulk

hurtownik (m) wholesaler *or* wholesale dealer

hurtowo wholesale (adv)

Ii

idący na emeryturę retiring

identyczny equal

ilość (f) quantity *or* qty (= quantity) *or* rate (n) *[amount]* *or* volume

imitacja (f) fake (n) *or* dummy *or* imitation

imitować fake (v)

impas (m) deadlock

impet (m) boost (n)

import (m) import (n)

import (m) widoczny *[towarowy]* visible imports

importer (m) importer

importować import (v)

importowanie (n) importing (n) *or* importation

importowo-eksportowy import-export (adj)

importowy importing (adj)

impuls (m) impulse

inżynier (m) produktu product engineer

indeks (m) index (n) *[alphabetical]*

indeksacja (f) indexation

indosant (m) endorser

indosat (m) / indosatariusz (m) endorsee

indosować czek endorse a cheque

industralizacja (f) industrialization

inflacja (f) spowodowana wzrostem kosztów cost-push inflation

inflacja (f) inflation

inflacyjny inflationary

informacja (f) o lotach flight information

informacja (f) data *or* information

informator (m) handlowy commercial directory *or* trade directory

informator (m) nazw ulic street directory

informator (m) directory *or* advertiser *or* indicator

informować się inquire

informować inform *or* publicize

infrastruktura (f) infrastructure

inicjatywa (f) initiative

inkasent (m) collector

inkaso (n) collection *[money]* *or* encashment

inkasować dług collect a debt *or* encash

inkasować collect (v) *[money]*

inkasowanie (n) encashment

inkorporacja (f) incorporation

inkorporować incorporate *[a company]*

innowacja (f) innovation

innowacyjny innovative

innowator/-ka innovator

inny different

inscenizować poprawę *[koniunktury]* stage a recovery

inspekcja (f) inspection *or* examination *or* check (n) *[examination]*

inspektor (m) surveyor *or* inspector

inspektor (m) fabryk / inspektor (m) fabryczny factory inspector *or* inspector of factories

inspektor VAT'u VAT inspector

instalacja (f) fittings

instrukcja (f) obsługi / serwisu service manual

instrukcja (f) direction *or* instruction

instrukcja użytkowania directions for use

instrukcje (fpl) wysyłkowe shipping instructions

instruktor (m) training officer

instrument (m) instrument *[device]*

instytucja (f) institution

instytucja (f) finansowa financial institution

instytucjonalny institutional

instytut (m) institute (n)

integracja (f) pionowa *[w przemyśle]* vertical integration

integracja (f) pozioma *[w przemyśle]* horizontal integration

interes (m) business *[company]* *or* deal (n)

interesować interest (v)

interfejs (m) interface (n)

interlokutor (m) interviewer

intratność (f) economics *[profitability]* *or* cost-effectiveness

intratny cost-effective

inwentaryzacja (f) towaru stocktaking

inwentaryzować inventory (v)

inwentarz (m) likwidacyjny liquidate stock

inwentarz (m) inventory (n) *[list of contents]* *or* stocklist

inwestor (m) investor

inwestorzy (mpl) instytucjonalni institutional investors

inwestować invest

inwestycja (f) investment

inwestycja (f) bez ryzyka risk-free investment

inwestycja najwyższej jakości blue-chip investments

inwestycje o ustalonej stopie procentowej fixed-interest investments

inwestycje (fpl) zagraniczne foreign investments

inżynier (m) konsultant consulting engineer

inżynier (m) na miejscu budowy site engineer

istotny essential *or* actual

iść go

iść na emeryturę retire *[from one's job]*

iść gwałtownie w górę soar

Izba Handlowa Chamber of Commerce

Jj

jakość (f) quality

jasny clear (adj) *[easy to understand]*

jednorazowy one-off *or* disposable

jednorazowy przedmiot (m) one-off item

jednostka (f) unit *[item]* *or* unit *[in a unit trust]*

jednostka (f) kalkulacji kosztów unit cost

jednostka (f) pieniężna monetary unit

jednostka (f) produkcji production unit

jednostronny one-sided *or* unilateral

jedyny sole

jeśli to zawiedzie failing that

język (m) komputerowy computer language

język (m) programowania programming language

joint venture joint venture

jurysdykcja (f) jurisdiction

Kk

kadencja (f) tenure *[time]*
kadra (f) personnel
kadra (f) kierownicza managerial staff
kadra (f) zasadnicza skeleton staff
kalectwo (n) invalidity
kalendarz (m) biurkowy desk diary
kalendarz (m) kieszonkowy pocket diary
kalendarz (m) diary
kalka (f) carbon paper
kalkulacja (f) calculation *or* estimate (n) *[calculation]*
kalkulacja (f) ceny kosztu costing
kalkulacja cen według kosztów krańcowych marginal pricing
kalkulator (m) calculator
kalkulator (m) kieszonkowy pocket calculator
kalkulować calculate
kalkulować cenę cost (v)
kampania (f) campaign
kampania (f) drive (n) *[campaign]*
kampania (f) reklamowa advertising campaign
kampania (f) reklamowa publicity campaign
kampania (f) sprzedaży sales campaign
kanał (m) channel (n)
kanały (mpl) / drogi (fpl) dystrybucji / kanały (mpl) dystrybucyjne channels of distribution
kancelaria (f) registry
kandydat/-ka candidate
kantor (m) bureau de change
kapitał (m) capital
kapitał (m) akcyjny share capital
kapitał (m) do dyspozycji / kapitał (m) płynny available capital
kapitał (m) nominalny *[akcyjny, zakładowy]* nominal capital
kapitał (m) obrotowy working capital
kapitał (m) pożyczkowy loan capital
kapitał (m) spekulacyjny narażony na szczególne ryzyko risk capital
kapitał (m) trwały fixed assets
kapitał (m) własny net assets
kapitał (m) wstępny initial capital

kapitał (m) zakładowy opening capital *or* capital stock
kapitał udziałowy *[w ryzykowne przedsięwzięcie]* venture capital
kapitalizacja (f) capitalization
kapitalizacja (f) na giełdzie market capitalization
kapitalizacja (f) rezerw capitalization of reserves
kapitalizować capitalize
kapitanat (m) portu port authority
kara (f) penalty
kara (f) pieniężna fine (n)
karać penalize
karta (f) członkowska card *[membership]*
karta (f) do pobierania pieniędzy z bankomatu cash card
karta (f) gwarancyjna certificate of guarantee
karta (f) kartoteczna filing card
karta (f) kredytowa charge card *or* credit card
karta (f) lądowania landing card
karta (f) telefoniczna phone card
karta (f) umowy / kontraktu contract note
karta umowy contract note
karta wejścia na pokład samolotu boarding card *or* boarding pass
karta (f) zaokrętowania embarkation card
kartel (m) cartel
kartel (m) cenowy common pricing
kartka (f) grzecznościowa z adresem firmy *[zwykle zalączana do przesyłek]* compliments slip
kartka (f) papieru sheet of paper
kartka (f) pocztowa card *[postcard]*
karton (m) cardboard *or* carton *[box]* *or* cardboard box *or* carton *[material]*
kartoteka (f) card-index file *or* card index (n)
kasa (f) cash desk *or* pay desk *or* till
kasa (f) *[rejestrująca]* cash register
kasa (f) podręczna petty cash box
kasa (f) sklepowa cash till
kasjer/-ka cashier *or* teller

katalog (m) catalogue *or* list (n) *[catalogue]*

katalog (m) wysyłkowy mail-order catalogue

katastrofa (f) crash (n) *[accident]*

kategoria (f) category *or* class

kategorycznie express (adj) *[stated clearly]*

kaucja (f) surety (n) *[security]*

kawałek (m) piece

każdego roku annually

kierować direct (v) *or* manage *or* refer *[pass to someone]* *or* control (v) *or* run (v) *[manage]*

kierowca (m) driver

kierowca (m) ciężarówki/TIR'a lorry driver *or* trucker

kierownictwo (n) management team *or* management *[managers]*

kierowniczka (f) manager *[of branch or shop]*

kierowniczy managerial

kierownik (m) manager *[of branch or shop]* *or* boss

kierownik biura chief clerk

kierownik (m) działu departmental manager *or* head of department

kierownik / kierowniczka działu manager *[of department]*

kierownik (m) działu roszczeń / odszkodowań claims manager

kierownik (m) hotelu hotel manager

kierownik (m) / kierowniczka (f) działu sprzedaży sales executive

kierownik (m) / dyrektor (m) niższy stażem junior executive *or* junior manager

kierownik (m) oddziału branch manager

kierownik / dyrektor (m) do spraw marketingu marketing manager

kierownik / dyrektor (m) od zarządzania pracą w fabryce, biurze floor manager

kierownik / dyrektor prac worker director

kierownik (m) produkcji production manager

kierownik / dyrektor (m) projektu project manager

kierownik / dyrektor (m) reklamy publicity manager *or* advertising manager

kierownik / dyrektor (m) sieci dystrybucji distribution manager

kierownik / dyrektor (m) wydziału kadr personnel manager

kierownik (m) zakupów purchasing manager

kierujący ruling (adj)

kierunek (m) direction

kieszeń (f) pocket (n)

kilo kilo *or* kilogram

kilogram kilo *or* kilogram

klasa (f) category *or* class *or* brand

klasa (f) klubowa business class

klasa (f) podatku bracket (n) *[tax]*

klasa (f) turystyczna economy class

klasyfikacja (f) classification

klasyfikować classify *or* arrange *[set out]*

klasyfikowana taryfa reklamowa graded advertising rates

klauzula (f) clause *or* proviso *or* provision *[condition]*

klauzula (f) dodatkowa rider

klauzula (f) o zakazie strajków no-strike clause

klauzula (f) rozwiązania umowy termination clause

klauzula (f) stosowania kary penalty clause

klauzula (f) wykluczenia exclusion clause

klauzula (f) zrzeczenia waiver clause

klauzula (f) zwrócenia pieniędzy payback clause

klauzula "ucieczki" *[dająca możliwość uchylenia się od warunków umowy]* escape clause

klawiatura (f) keyboard (n)

klawisz (m) key *[on keyboard]*

klient/-ka buyer *[person]* *or* customer

klientela (f) clientele *or* custom

klucz (m) key *[to door]*

klucz (m) sterujący control key

klucz "shift" na klawiaturze shift key

kluczowa kadra (f) *or* **kluczowy personel (m)** key personnel *or* key staff

kluczowe stanowisko (n) key post

kluczowy key (adj) *[important]*

kluczowy przemysł (m) key industry

kłaść place (v)

koasekuracja (f) co-insurance

kod (m) code

kod (m) kreskowy bar code

kod (m) pocztowy area code *or* postcode *or* zip code (US)

kod (m) podatkowy tax code

kod zapasu / zasobu stock code

kodeks (m) proceduralny code of practice

kodowanie (n) coding

kody (mpl) możliwe do odczytania przez komputer computer-readable codes

koja (f) berth (n)

kolej (f) rail

kolej (f) żelazna railroad (US) *or* railway (GB)

kolejność (f) order (n) *[certain way]*

kolektywna umowa (f) o płacy collective wage agreement

kolektywny collective

kolporter (m) distributor

komercjalizacja (f) commercialization

komercjalizować commercialize

komercjalny commercial (adj)

komisant (m) commission agent *or* commission rep

komisja (f) *or* komitet (m) commission *[committee]*

komisja (f) przetargowa sale by tender committee

komiwojażer (m) commercial traveller *or* door-to-door salesman

komorne (n) rent (n) *or* rental

kompensata (f) indemnity

kompensować compensate *or* indemnify *or* make up for

kompetencja (f) terms of reference

kompleks (m) przemysłowy industrial estate

komplet (m) set (n)

kompletny complete (adj)

kompletować complete (v)

kompromis (m) compromise (n)

komputer (m) computer

komputer (m) *[osobisty or Pecet]* personal computer (PC)

komputeryzować computerize

komunikacja (f) communication

komunikacja (f) pionowa vertical communication

komunikacja (f) pozioma horizontal communication *[general]*

komunikaty (mpl) communications

komunikować się communicate

koncern (m) concern (n) *[business]*

koncern (m) wielonarodowy multinational (n) concern

koncesja (f) concession *[right]*

koncesjonariusz (m) concessionaire *or* licensee

koncesjonować license

konferencja (f) conference *[large]*

konferencja (f) dotycząca sprzedaży sales conference

konferencja (f) prasowa press conference

konfiskata (f) forfeiture *or* seizure *or* sequestration

konfiskować sequester *or* sequestrate *or* seize

konglomerat (m) conglomerate

koniec (m) close (n) *[end]* *or* end (n)

koniec (m) miesiąca month end

koniec (m) roku year end

konieczny necessary

koniunktura (f) na rynku market trends

konkurencja (f) competition *or* rival company

konkurencyjność (f) competitiveness

konkurencyjny competitive

konkurent/-ka competitor

konkurować z kimś compete with someone

konkurować z przedsiębiorstwem compete with a company

konkurs (m) competition

konkurujący competing

konosament (m) bill of lading

konserwacja (f) maintenance *[keeping in working order]*

konsolidacja (f) consolidation *or* funding *[of debt]*

konsolidować consolidate

konsolidowany consolidated

konsorcjum (m) consortium *or* group *[of businesses]*

konsorcjum emisyjne *[ubezpieczeniowe]* underwriting syndicate

konsultant (m) od spraw zarządzania management consultant

konsultant (m) adviser *or* advisor *or* consultant

konsultować się consult

konsument (m) end user *or* consumer

konsumpcja (f) consumption

konsygnacja (f) consignment *[things sent]*

konsygnatariusz (m) consignee

konsygnator (m) consignor

konsygnować consign

kontakt (m) contact (n) *[general]*

kontakty (mpl) contacts

kontener (m) container *[for shipping]*

kontenerowiec (m) container ship

konto (n) bankowe bank account

konto (n) bieżące current account

konto (n) czekowe cheque account

konto (n) depozytów deposit account

konto (n) kasowe cash account

konto (n) kredytowe zwykle dla klientów sklepowych charge account

konto (n) kredytowe credit account

konto (n) nie wykazujące obrotów dead account

konto (n) nominata nominee account

konto (n) przeciwstawne contra account

konto (n) z saldem dodatnim account in credit

konto (n) zablokowane account on stop *or* frozen account

konto (n) account

konto budżetowe budget account

konto oszczędnościowe(n) deposit account *or* savings account

kontrahent (m) państwowy government contractor

kontrahent (m) przewozowy haulage contractor

kontrahent (m) contractor

kontrakt (m) krótkoterminowy short-term contract

kontrakt (m) contract (n)

kontraktowy contractual

kontrast (m) contrast (n)

kontrasygnować countersign

kontroferta (f) counter-offer

kontrola (f) *[reglamentacja]* cen price control

kontrola (f) budżetowa budgetary control

kontrola (f) cen czynszu rent control

kontrola (f) inwentarza inventory control

kontrola (f) jakości quality control

kontrola (f) kredytu credit control

kontrola (f) materiałów materials control

kontrola (f) ogólna general audit

kontrola (f) towaru stock control

kontrola (f) check (n) *[examination]* or check *[stop]* or control (n) *[check]* or inspection or supervision or control (n) *[power]*

kontrola ksiąg auditing

kontrole (fpl) cen price controls

kontroler (m) jakości quality controller

kontroler (m) towaru stock controller

kontroler (m)/inspektor podatkowy tax inspector

kontroler (m) controller (US) or controller *[who checks]*

kontrolny controlling (adj) or supervisory

kontrolować check (v) *[examine]* or examine or control (v) or inspect or supervise

kontrolowane przez rząd government-controlled

kontrolujący controlling (adj)

kontrpropozycja (f) or **kontroferta (f)** counterbid

kontuar (m) counter

kontygent (m) importowy import quota

kontyngent (m) quota

kontynuacja (f) continuation

kontynuować continue

konwersja (f) conversion

konwertować convert

konwojent (m) security guard

końcowy or **kończący** closing (adj) or final or terminal (adj) *[at the end]*

kończyć end (v) or terminate

kończyć się *[czymś]* result in

kooptować kogoś co-opt someone

kopia (f) na twardym dysku hard copy

kopia (f) poświadczona certified copy

kopia (f) zapasowa backup copy

kopia (f) duplicate (n) or copy (n) *[of document]*

kopia robiona przez kalkę carbon copy

kopiarka (f) copier or copying machine or duplicating machine

kopiować copy (v)

kopiowanie (n) duplication

korek (m) *[w ruchu ulicznym]* bottleneck

korekta (f) correction

korektura (f) rectification

korespondencja (f) correspondence

korespondent/-ka correspondent *[who writes letters]* or correspondent *[journalist]*

korespondować correspond with someone

korona (f) *[duńska i norweska]* krone *[currency used in Denmark and Norway]*

korona (f) *[szwedzka i islandzka]* krona *[currency used in Sweden and Iceland]*

korporacja (f) corporation

korygować rectify

korzyść (f) benefit (n)

korzystna transakcja (f) handlowa bargain (n) *[deal]*

korzystny favourable

kosz (m) na śmieci dump bin

koszt (m) składowania storage (n) *[cost]*

koszt (m) własny prime cost

koszt wzrastający incremental cost

kosztorys (m) estimate (n) *[quote]*

kosztorysowy estimated

kosztować cost (v)

kosztowny costly or dear or highly-priced

koszty (m) cost (n) or expenditure or expense

koszty (mpl) administracyjne administrative expenses

koszty (m) bezpośrednie direct cost

koszty (mpl) dodatkowe extras

koszty (mpl) dystrybucji distribution costs

koszty (mpl) frachtowe freight costs

koszty (mpl) frachtu freightage

koszty (mpl) inkasa collection charges

koszty (m) krańcowe *[bezpośrednie]* marginal cost

koszty (mpl) odsetek interest charges

koszty (mpl) ogólne overhead costs

koszty (mpl) operacyjne operating costs

koszty (m) pierwotne nabycia historic(al) cost

koszty (mpl) pokrycia ubezpieczeniowego / koszty (mpl) ubezpieczenia cover costs

koszty (mpl) produkcji or **produkcji** manufacturing costs

koszty przeniesione charges forward

koszty (mpl) przewozu haulage costs or shipping costs

koszty (mpl) realne plus dodatkowe cost plus

koszty (mpl) robocizny labour costs

koszty (mpl) sądowe legal costs

koszty (mpl) sądowe legal expenses

koszty (mpl) socjalne social costs

koszty (mpl) sprzedaży cost of sales

koszty (mpl) stałe fixed costs

koszty, ubezpieczenie i fracht cost, insurance and freight (c.i.f.)

koszty (mpl) uruchomienia start-up costs

koszty (mpl) utrzymania cost of living

koszty (mpl) wzrastające incremental cost

koszty (mpl) zmienne variable costs

koszty (mpl) związane z wypuszczeniem na rynek launching costs

kowenant (m) covenant

krach (m) *[giełdowy]* collapse (n) or crash (n) *[financial]*

kradzież (f) w sklepach shoplifting

kradzież (f) theft

kraj (m) największego uprzywilejowania most-favoured nation

kraj (m) pochodzenia *[towaru]* country of origin

kraj (m) country *[state]*

kraj rozwijający się developing country or developing nation

kraje (mpl) eksportujące ropę naftową oil-exporting countries

kraje (mpl) gospodarczo zacofane underdeveloped countries

kraje (mpl) wydobywające ropę naftową oil-producing countries

kraje rozwijające się developing countries

krajowy domestic or inland or internal *[inside a country]*

krańce (mpl) peripherals

krata (f) grid

kredyt (m) credit (n) or loan (n)

kredyt (m) bankowy bank credit

kredyt (m) długoterminowy long credit

kredyt (m) klienta consumer credit

kredyt (m) kontokorentowy advance on account

kredyt (m) krótkoterminowy short-term credit

kredyt (m) krótkoterminowy short credit

kredyt (m) nieograniczony [*"rozszerzony"*] extended credit

kredyt (m) nieoprocentowany interest-free credit

kredyt (m) ograniczony restrict credit

kredyt (m) otwarty [*nieograniczony*] open credit

kredyt (m) przejściowy [*pozwalający na przekroczenie stanu konta*] overdraft

kredyt (m) rewolwingowy [*odnawialny*] revolving credit

kredyt (m) terminowy [*na pewien okres czasu*] term loan

kredyt (m) wsparcia [*w razie potrzeby*] standby credit

kredyt/dług z okresową korektą stopy procentowej roll over credit/debt

kredytor (m) creditor

kredytować credit (v)

kredyty (mpl) bankowe bank borrowings

kredyty (mpl) zamrożone frozen credits

krosować czek cross a cheque

krótkoterminowy kapitał spekulacyjny flight of capital

krótkoterminowy short-term (adj)

kruchy fragile

krytyczna sytuacja (f) emergency

kryzys (m) slump (n) [*depression*]

kryzys (m) dolarowy dollar crisis

kryzys (m) finansowy financial crisis

kryzys (m) płatności liquidity crisis

krzywa curve

krzywa sprzedaży/obrotów sales curve

krzywdzący wrong

książeczka (f) czekowa cheque book

książeczka (f) oszczędnościowa bank book

książka (f) telefoniczna telephone directory *or* telephone book *or* yellow pages

księga (f) book (n) *or* journal [*accounts book*] *or* register (n) [*large book*]

księga adresowa (f) directory

księga (f) główna rachunkowa ledger

księga (f) główna [*rachunkowa*] nominal ledger

księga (f) kasowa cash book

księga (f) obrotów sales book

księga (f) rachunkowa bought ledger

księga (f) raportowa *or* **księga (f) z zapisem** log (v)

księga (f) sprzedaży sales ledger *or* sales book

księga (f) zakupów purchase ledger

księga (f) zamówień order book

księgować pozycję post an entry

księgowość (f) accounting *or* bookkeeping

księgowy (m) / referent (m) do spraw kosztów cost accountant

księgowy (m) accountant *or* bookkeeper *or* tax consultant

kubatura (f) capacity [*space*]

kubiczny cubic

ku dołowi down

kumulacyjny procent (m) cumulative interest

kupić za gotówkę buy for cash

kupiec (m) merchant *or* trader

kupiec (m) detaliczny retail dealer *or* retailer

kupiec (m) hurtowy wholesale dealer *or* wholesaler

kupno (n) buying *or* purchase (n) *or* purchasing

kupon (m) coupon

kupon (m) na odpowiedź reply coupon

kupon (m) reklamowy coupon ad

kupon (m) upominkowy gift coupon

kupować buy (v) *or* purchase (v)

kupować na termin / kupowanie (n) terminowe buy forward *or* forward buying *or* buying forward

kupowanie w panice panic buying

kupujący pod wpływem impulsu / kupujący w porywie impulse buyer

kurczenie [*się*] shrinkage

kurier (m) courier [*guide*] *or* messenger

kurs (m) bieżący [*dnia*] wymiany waluty current rate of exchange *or* going rate

kurs (m) dewizowy exchange rate

kurs (m) dewizowy [*przeliczeniowy, wekslowy*] rate of exchange

kurs (m) dla przypomnienia sobie uprzednio zdobytej wiedzy refresher course

kurs (m) handlowości commercial course

kurs (m) mieszany [*kurs dwu walut obcych wyliczony na podstawie ich notowania na rynku trzecim*] cross rate

kurs (m) przeliczeniowy conversion rate

kurs (m) w transakcji terminowej forward rate

kurs (m) zarządzania / kurs (m) kształcenia menadżerów management course

kurs zamknięcia w zakupie closing bid

kursy (mpl) pieniądza money rates

kursy (mpl) wprowadzające induction courses *or* induction training

kurtaż (m) broker's commission

kuszetka (f) berth (n)

kwalifikacje (fpl) skill

kwalifikacje (fpl) zawodowe professional qualifications

kwartał (m) quarter *[three months]*

kwartalnie quarterly (adv)

kwartalny quarterly (adj)

kwestia (f) problem *or* matter (n) *[problem]*

kwestionować raise (v) *[a question]*

kwit (m) receipt *[paper]* *or* slip (n) *[piece of paper]*

kwit (m) celny customs receipt

kwit (m) konsygnacyjny consignment note

kwit (m) przewozowy delivery note *or* waybill

kwit (m) sprzedaży sales receipt

kwit (m) wysyłkowy dispatch note

kwit (m) załadowczy shipping note

kwitnący flourishing

kwitnący handel (m) flourishing trade

kwitnąć flourish

kwity (mpl) receipts

kworum (n) quorum

kwota (f) amount *[of money]* *or* sum *[of money]*

kwota (f) dochodu osobistego nie podlegająca opodatkowaniu personal allowances

kwota (f) należna amount owing

kwota (f) narosła accrual

Ll

lada (f) counter

lansować promote

lądować land (v) *[of plane]*

leasing leasing

legalny lawful *or* legal *[according to law]*

legitymacja (f) card *[membership]*

lekceważenie (n) negligence

lepszy superior (adj) *[better quality]*

lewy left *[not right]*

licencja (f) licence

licencja (f) eksportowa export licence

licencja (f) importowa import licence

licencjobiorca (m) licensee

licencjonowanie licensing

lichwiarz (m) moneylender

licytacja (f) auction (n)

licytant (m) bidder

licytować auction (v)

liczba (f) figure *or* qty (= quantity) *or* number (n) *[figure]*

liczbowy numeric *or* numerical

liczyć *[na kogoś, coś]* depend on

liczyć count (v) *[add]*

likwidacja (f) liquidation *or* winding up

likwidacja (f) przymusowa compulsory liquidation

likwidator (m) liquidator *or* receiver *[liquidator]*

likwidować dissolve

likwidować przesiębiorstwo liquidate a company

likwidować spółkę dissolve a partnership

limit (m) czasu time limit

limit (m) kredytu credit limit

limit górny (m) ceiling

limit pożyczki / kredytu lending limit

line printer *[drukarka strumieniowa]* line printer

linia (f) line (n)

linia (f) lotnicza airline

linia ładowności load line

linia (f) postępowania policy

linia (f) produkcyjna production line

linia (f) produktu product line

linia (f) telefoniczna telephone line

linia (f) uboczna *[np. uboczne źródło dochodu]* sideline

linia (f) żeglugowa shipping line

lir (m) włoski lira *[currency used in Italy and Turkey]*

list (m) letter

list (m) ekspresowy express letter

list (m) intencyjny letter of intent

list (m) lotniczy air letter

list (m) nominacyjny letter of appointment

list (m) polecający kogoś lub coś introduction letter

list (m) polecony registered letter

list (m) protestacjny protest (n) *[official document]*

list / przesyłka na adres care of (c/o)

list przewozowy consignment note

list (m) szablonowy standard letter

list (m) upominający / lub będący następstwem uprzedniej korespondencji follow-up letter

list (m) w sprawach interesu business letter

list (m) wyjaśniający covering letter

lista (f) list (n) *or* register (n) *[official list]*

lista (f) adresów address list *or* mailing list

lista kandydatów (po wstępnej selekcji) shortlist (n)

litr (m) litre

logo (n) logo

lojalność (f) klienta customer loyalty

lojalność (f) w stosunku do znaku firmowego brand loyalty

lokal (m) premises

lokale (mpl) handlowe *[sklepy i biura]* business premises *or* commercial premises

lokalny local

lokata (f) investment

lokator (m) tenant

lokować invest

lokować towar w różne przedsiębiorstwa diversify

lot (m) flight *[of plane]*

lot (m) czarterowy charter flight

lot (m) z przesiadką connecting flight

lotnik (m) pilot (n) *[person]*

lotnisko (n) airport

luka (f) gap

luka (f) w systemie podatkowym tax loophole

luksusowy choice (adj)

luźny loose

Łł

ładować load (v)

ładownia (f) hold (n) *[ship]*

ładowność (f) capacity *[space]*

ładunek cargo *or* load (n) *or* shipment

ładunek (m) nietrwały / łatwo psujący się perishable cargo

ładunek (m) o ciężarze własnym deadweight cargo

ładunek (m) pokładowy deck cargo

ładunek (m) powrotny homeward freight

ładunek ciężarówki/TIR'a lorry-load

łamać prawo break the law *or* infringe

łamliwe fragile

łapówka (f) backhander *or* bribe (n)

łatwo przystosowujący się flexible

łatwo psujące się perishable

łatwy easy

łącznie jointly

łącznie z opłatą inclusive charge

łącznie z podatkiem inclusive of tax

łączny cumulative *or* joint

łączyć join

łączyć się consolidate

Mm

macierzysta *[firma]* **spółka (f)** parent company

magazyn (m) journal *[magazine]*

magazyn (m) warehouse (n) *or* store (n) *[place where goods are kept]* or depot

magazyn (m) domowy / firmowy house magazine

magazyn (m) towarowy goods depot *or* stockroom

magazynier (m) warehouseman

magazynować warehouse (v) *or* store (v) *[keep in warehouse]* or stockpile (v)

magazynowanie warehousing

mający nadwagę overweight (adj)

mający wartość obiegową negotiable

majątek (m) rzeczowy tangible assets

majątek (m) asset

makieta (f) mock-up

makler (m) broker *or* dealer

makler (m) dewizowy foreign exchange broker *or* foreign exchange dealer

makler (m) giełdowy stockbroker

makler (m) okrętowy *[agent sprzedaży statków]* ship broker

makler (m) wekslowy discounter

maklerstwo walorami *[giełdowymi]* stockbroking

makroekonomia (f) macro-economics

maksimum (n) maximum (n)

maksymalizacja (f) maximization

maksymalizować maximize

maksymalna produkcyjność (f) total output

maksymalny maximum (adj) *or* full-scale

maleć decrease (v)

malejący decreasing

malwersant (m) embezzler

małe przedsiębiorstwa (npl) small businesses

małe wydatki z własnej kieszeni out-of-pocket expenses

mało ważny petty

mało znaczący negligible

mały small

mały popyt (m) low sales

mandat (m) mandate

mandat (m) bankowy bank mandate

manekin (m) model (n) *[person]*

manifest (m) manifest

manipulacja (f) handling

manko (n) deficit

marża (f) margin *[profit]*

marża (f) brutto gross margin

marża (f) zysku profit margin *or* mark-up *[profit margin]*

marża (f) zysku netto net margin

marginalny marginal

margines (m) *[tolerancja]* **błędu** margin of error

marka (f) handlowa brand

marka (f) niemiecka Deutschmark *or* mark (n) *[currency used in Germany]*

marketing marketing

marketing masowy mass marketing

marnować waste (v) (use too much)

martwy dead (adj) *[person]*

martwy punkt (m) deadlock (n)

masa (f) mass *[of things]* *or* bulk

maszyna (f) machine

maszyna (f) frankująca franking machine

maszynistka (f) *[osoba pisząca na komputerze]* keyboarder

materiały (mpl) dotyczące sprzedaży sales literature

materiały (mpl) ekspozycyjne / wystawowe display material

meble (mpl) biurowe office furniture

mediana (f) median

mediator (m) mediator

memorandum (n) memorandum

metka (f) docket *or* label (n)

metka (f) z ceną price label *or* price tag *or* price ticket

metkować label (v)

metkowanie labelling

metoda oceny amortyzacji przedsiębiorstwa first in first out (FIFO) *[accounting]*

metoda porównywania i oceny alternatywnych projektów *[inwestycyjnych]* discounted cash flow (DCF)

mężczyzna (m) man (n)
mianować appoint
miara (f) measurement
miara (m) rentowności measurement of profitability
mieć possess
mieć do czynienia *[z kimś]* deal with someone
mieć obrót turn over (v) *[make sales]*
mieć w czymś swój interes na uwadze vested interest
mieć w magazynie carry *[have in stock]*
mieć z czegoś zysk benefit from (v)
miejsce (n) spot *[place]* or site or room *[general]* or room *[space]* or place (n) *[in a* text*]* or place (n) *[in a competition]*
miejsce (n) ładowania loading bay
miejsce (n) na reklamę advertising space
miejsce (n) pracy place of work
miejsce przeznaczenia destination
miejsce (n) spotkania meeting place or venue
miejsce (n) zamieszkania residence
miejscowa siła (f) robocza local labour
miejscowy local
mienie (n)/dobra (npl) ocalałe salvage (n) *[things saved]*
mierniczy surveyor
miesiąc (m) month
miesiąc (m) kalendarzowy calendar month
miesięcznie monthly (adv)
miesięczny monthly (adj)
mieszane mixed *[different sorts]*
mieszkanie (n) flat (n)
mieszkaniec (m) resident (n)
Międzynarodowa Organizacja Pracy International Labour Organization (ILO)
międzynarodowe połączenie (n) automatyczne international direct dialling
międzynarodowy international
Międzynarodowy Fundusz Walutowy International Monetary Fund (IMF)
mikroekonomia (f) micro-economics
mikrokomputer (m) microcomputer
miliard billion
milion (m) million
milioner (m) millionaire

minimalny minimum (adj)
minimum (n) minimum (n)
minister (m) secretary *[government minister]*
ministerstwo (n) department *[in government]*
Ministerstwo Finansów Exchequer
minus (m) minus
minuta (f) minute (n) *[time]*
misja (f) handlowa trade mission
młodszy junior (adj)
młodszy wspólnik (m) *[mający mniejszy wpływ na prowadzenie spółki]* junior partner
mniejszość minority
mnożenie (n) multiplication
mnożyć multiply
mobilizować mobilize
mobilność (f) mobility
moc (f) prawna validity
mocna gospodarka (f) stable economy
mocna / twarda waluta (f) hard currency
mocna / ustabilizowana waluta (f) stable currency
mocne stanowisko w negocjacji bargaining position
mocno osadzać firm (v)
mocny firm (adj) or stable
model (m) gospodarczy economic model
model (m) model (n) *[small copy]*
model (m) pokazowy demonstration model
model/-ka model (n) *[person]*
modelować model (v) *[clothes]*
modem modem
modyfikacja (f) alteration
modyfikować alter
moneta (f) coin
monit (m) reminder
monitor (m) monitor (n) *[screen]*
monitować monitor (v)
monopol (m) monopoly
monopol (m) absolutny absolute monopoly
monopolizacja (f) monopolization
monopolizować monopolize
monotonny flat (adj) *[dull]*
montaż (m) assembly *[putting together]*
moratorium (n) moratorium

morski maritime *or* marine
motywacja (f) motivation
mowa (f) dziękczynna speech of thanks
możliwe possible
możliwe do nabycia obtainable
możliwe do odczytania przez komputer computer-readable
możliwe do przyjęcia acceptable
możliwe do zrealizowania viable
możliwie jak najszybciej asap (= as soon as possible)
możliwość possibility
możliwość kredytu facility *[credit]*

możliwość / udogodnienie kredytu przejściowego overdraft facility
możność nabycia availability
możliwość przeprowadzenia feasibility
możliwości (fpl) kredytu credit facilities
możliwości (fpl) magazynowania storage facilities
możliwości (fpl) / szanse (fpl) rynkowe market opportunities
możliwy do przeprowadzenia manageable
multilateralny multilateral
myto (n) toll

Nn

nabrzeże (n) quay *or* wharf
nabyć acquire *or* buy (v) *or* purchase (v)
nabyć prawem pierwokupu pre-empt
nabyć przedsiębiorstwo acquire a company
nabyć spółkę acquire a company *or* get *or* gain (v) *[get]*
nabycie (n) acquisition
nabywca (m) purchaser *or* shopper
nacjonalizacja (f) nationalization
naczelne kierownicto (n) top management
naczelny chief (adj)
nadać bagaż check in *[at airport]*
nadać inny kierunek switch (v) *[change]*
nadający się do dyskonta discountable
nadający się do sprzedaży marketable
nadanie rozgłosu hype (n)
nadanie wysyłki dispatch (n) *[goods sent]*
nadawać pocztą post (v)
nadawać rozgłos hype (v)
nadawca (m) sender *or* consignor *or* return address
nadążać za keep up
nadążać za popytem keep up with the demand
nadgodziny (fpl) overtime
nadmiar (m) excess *or* glut (n)
nadmiar (m) zapasów overstocks

nadmierna pojemność (f) excess capacity
nadmierne koszty (mpl) excessive costs
nadmierny excessive
na dogodnych warunkach on favourable terms
na dół down
nadpłata (f) podatkowa tax credit
nadpłata (f) overpayment
nadprodukcja (f) overproduction
nadprodukować overproduce
nadrabiać stratę make good a loss
nadwyżka (f) excess *or* surplus
nadwyżka (f) bagażu excess baggage
nadwyrężyć budżet overspend one's budget
nadzór (m) supervision *or* control (n) *[check]*
nadzorca (m) supervisor
nadzorczy supervisory
nadzorować supervise
nadzorowanie (n) control (n) *[power]*
nadzwyczajny extraordinary
nagła zmiana (f) reversal
na głowę per head *or* per capita
nagły wypadek (m) emergency
na godzinę *or* **dziennie** *or* **na tydzień** *or* **na rok** per hour *or* per day *or* per week *or* per year
nagradzać award (v)
nagroda (f) award (n)

nagroda (f) za zasługi merit award *or* merit bonus

nagromadzony cumulative

najchętniej kupowany samochód best-selling car

najbardziej pokupny top-selling

najbardziej pokupny samochód /

najem (m) hire (n) *or* lease (n)

najemca (m) lessee

najlepsza *[osoba/rzecz]* best (n)

najlepszy best (adj)

najmujący lessor

najniższe ceny (fpl) rock-bottom prices

najnowocześniejszy sprzęt state-of-the-art

najnowszy latest

najważniejszy chief (adj)

najwyższa jakość (f) top quality *or* blue chip

nakaz (m) sądowy warrant (n) *[document]* *or* writ

nakleić znaczek stamp (v) *[letter]*

nakład (m) outlay *or* circulation *[newspaper]*

nakładać embargo embargo (v)

nakładać opłatę levy (v)

nakładać zbyt wysoką cenę overvalue

nakłady (mpl) kapitałowe capital expenditure

na koncie on account

na kredyt on credit

nakręcać dial (v)

nakręcać numer dial a number

nakręcać numer bezpośredni dial direct

nakręcanie numeru dialling

należeć belong to

należność (f) debt

należności związane z wypuszczeniem *[np. towaru na rynek]* release dues

należny due *[owing]* *or* receivable *or* owing

należny dług (m) debts due

nalepka (f) docket

nalepka (f) lotnicza airmail sticker

nalepka (f) z adresem address label

naliczyć count

na lini Internetu on line

nałożyć impose

nałożyć grzywnę fine (v)

namacalny tangible

na małą skalę small-scale

nanieść program load (v) *[computer program]*

napadać attack

napęd (m) dyskowy disk drive

napęd (m) drive (n) *[part of machine]*

napisane odręcznie handwritten

napiwek (m) tip (n) *[money]*

napływająca korespondencja (f) incoming mail

napływająca rozmowa (f) telefoniczna incoming call

na pokładzie on board

naprawa (f) repair (n)

naprawiać repair (v) *or* fix *[mend]* *or* amend

naprawiać błąd make good a defect

naprzód forward

naród rozwijający się developing country *or* developing nation

narada (f) conference *[small]* *or* narada (f)

narażenie się exposure

narosłe odsetki (fpl) accrued interest

naruszać infringe

naruszenie gwarancji breach of warranty

naruszenie praw klienta infringement of customs regulations

naruszenie prawa patentu infringement of patent

naruszenie umowy breach of contract

narzędzie (n) implement (n) *or* instrument *[device]*

narzucać impose *or* enforce

narzucenie *[komuś czegoś]* enforcement

narzut (m) na zysk surcharge *or* mark-up *[profit margin]*

na sprzedaż for sale

następować *[po kimś]* succeed *[follow someone]*

nasycać saturate

nasycenie (n) saturation

nasycić rynek saturate the market

naśladować follow

natychmiastowo immediately

natychmiastowy kredyt (m) instant credit

natychmiastowy instant (adj) *[immediate]* *or* prompt

na ustalonych warunkach on agreed terms

nawiązując do further to

na wyprzedaży on sale

na zamówienie on order *or* order

na zasadzie krótkoterminowej on a short-term basis

na zasadzie rocznej on an annual basis

na zewnątrz outside

nazwa (f) firmowa brand name *or* trademark *or* trade name

nazwa (f) korporacyjna corporate name

na żądanie on request

na życzenie request: on request

negatywny przepływ pieniądza negative cash flow

negocjacja (f) negotiation

negocjacje (fpl) otwarte open negotiations

negocjacje (fpl) w sprawie płac wage negotiations

negocjator (m) negotiator

negocjować negotiate

netto net (adj)

nic nil

niebezpieczeństwo (n) ognia/pożaru fire risk

niebyły null

niedatowany undated

niedbały negligent

niedobór (m) shortage

niedochodowy non profit-making

nie dojść do skutku fall through

niedokładnie incorrectly

niedokładny incorrect

nie dokonywać płatności default on payments

nie do pary odd *[not a pair]*

niedoskonałość (n) imperfection

niedoskonały imperfect

niedostarczenie (n) non-delivery

niedostatek (m) funduszy lack of funds

nie dostarczony undelivered

niedostępność (f) unavailability

niedostępny unavailable

nie dotrzymać umowy break (v) *[contract]*

nie dotrzymywać zobowiązania płatności default (v)

niedrogi cheap

nieefektywność (f) inefficiency

nieefektywny inefficient

nieekonomiczny czynsz uneconomic rent

niefachowy incompetent

nie honorować dishonour *or* repudiate

nie honorować *[odmówić zapłaty lub przyjęcia weksla]* dishonour a bill

nie honorować umowy repudiate an agreement

niekompetentny incompetent

niekorzystna wymiana/niekorzystny kurs unfavourable exchange rate

niekorzystny unfavourable

nielegalnie illegally

nielegalność (f) illegality

nielegalny illegal *or* illicit

nie licząc *[w tym np. kosztów ubocznych]* exclusive of

nie licząc podatku exclusive of tax

nie mieć już pieniędzy out of pocket

nie mieć na składzie / w sklepie out of stock

niemożliwe do nabycia unobtainable

nie nadążać fall behind *[be in a worse position]*

nieobecność(f) absence

nieobecny absent

nie odebrany bagaż unclaimed baggage

nieodwołalny irrevocable

nieoficjalnie off the record

nieoficjalny unofficial

nieograniczona odpowiedzialność (f) unlimited liability

nie osiągać celu fail *[not to succeed]*

nieosiągalny unavailable

niepłacenie (n) non-payment *[of a debt]*

nieparzyste numery (mpl) odd numbers

nieparzysty odd *[not even]*

nie podlegający opodatkowaniu tax-exempt

niepokój (m) concern (n) *[worry]*

niepomyślny unfavourable

nieporozumienie (n) misunderstanding

nie potwierdzony unconfirmed

niepowodzenie (n) handlowe commercial failure

niepowodzenie (n) failure *or* setback

nie powtarzające się pozycje non-recurring items

nieprawidłowości (fpl) irregularities

nieprawidłowy irregular

nie rewidowana *[księga handlowa]* unaudited

nie rewidowany bilans unaudited accounts

nieproduktywność (f) inefficiency

nieproduktywny inefficient

nieprzekraczalny termin wykonania deadline

nieprzerwany continuous *or* non-stop

nieregularny irregular

nieruchomość (f) real estate

nieruchomy *[prawnie]* real

niesłuszne zwolnienie (n) unfair dismissal

niesłuszny unfair

niespełnienie obowiązku nonfeasance

niespełnione zamówienie (n) unfulfilled order

nie spotkać się miss *[not to meet]*

niesprawdzone dane unchecked figures

nie sprawdzony unaudited

nie sprzedany unsold

niesprawiedliwy unfair

niesprawny defective *[faulty]*

nie subwencjonowany unsubsidized

nie trafić miss *[not to hit]*

nie trafić do celu miss a target

nietrwałe perishable

nieuchwytny intangible

nieuczciwa konkurencja (f) unfair competition

nieuczciwie fraudulently

nieuczciwy illicit

nieudany unsuccessful

nie uiszczenie długu non-payment *[of a debt]*

nie upoważniony wydatek unauthorized expenditure

nieuregulowany outstanding *[unpaid]*

nieważność (f) *[umowy]* invalidity

nieważny invalid *or* defective *[not valid]* *or* negligible *or* null *or* void (adj) *[not valid]*

nie uwieńczony sukcesem unsuccessful

nie uwzględniony *[np. w spisie]* unaccounted for

nie wyjaśniony unaccounted for

niewykwalifikowany unskilled

nie wykonywać czegoś fail *[not to do something]*

niewypłacalność (f) insolvency

niewypłacalny insolvent *or* bankrupt (adj)

niewystarczająca ilość pieniędzy tight money

niewystarczające pokrycie na koncie insufficient funds (US)

niewystarczająco wyposażony underequipped

niezależny independent

niezapieczętowana koperta unsealed envelope

nie zapłacić raty miss an instalment

niezapłacone rachunki unpaid invoices

nie zapłacony unpaid

nie zawierający węgla carbonless

niezawodność (f) reliability

niezawodny reliable

nie zdążyć *[na pociąg, samolot]* miss *[train, plane]*

niezgodność (f) discrepancy *or* variance

niezmieniony unchanged

niezmienny constant

niezwykły extraordinary

niska jakość (f) low-quality

niski low (adj)

niski gatunek (m) low-grade

niski kurs (m) / niska cena (f) / niska stopa (f) cheap rate

niski poziom (m) low-level

nisza (f) niche

niszczyć spoil

niż (m) low (n)

niżej down

niżej podpisany undersigned

niższy lower (adj)

noc (f) night

nocna zmiana (f) night shift

nominacja (f) appointment *[to a job]*

nominat (m) nominee

norma (f) norm *or* quota *or* rate (n) *[amount]*

norma (f) czasowa time rate

norma (f) importowa import quota

norma (f) produkcyjna rate of production

normalizować standardize

normalne zużycie (n) fair wear and tear

normalny regular *[ordinary]* *or* usual

nosić bear (v) *[carry]*

nota (f) debetowa debit note

nota (n) kredytowa credit note

nota (f) pokrycia ubezpieczeniowego cover note

nota (f) protestacyjna protest (n) *[official document]*

notariusz (m) notary public

notatka (f) note (n)

notatka odręczna note of hand

notować record (v) *or* note (v) *[details]*

notować niżej mark down

notować wyżej mark up

notować/sporządzać protokół minute (v)

notowanie (n) końcowe closing price

notyfikacja (f) notice *[piece of information]* or notice *[time allowed]*

notyfikacja (f) o wznowieniu renewal notice

nowe przedsięwzięcie (n) departure *[new venture]*

nowoczesny up to date *[modern]*

nudny flat (adj) *[dull]*

numer (m)

number (n) *[figure]* or issue (n) *[magazine]* or copy (n) **numer (m) czeku** cheque number

numer (m) faktury invoice number

numer (m) indeksowy index number

numer (m) kierunkowy dialling code

numer (m) odnośny reference number

numer (m) partii towaru / serii batch number

numer (m) rachunku żyrowego giro account number

numer (m) rejestracyjny registration number

numer (m) seryjny serial number

numer (m) skrytki pocztowej box number

numer (m) telefonu phone number *or* telephone number

numer (m) wewnętrzny extension *[telephone]*

numer (m) zamówienia order number

numer (m) zastrzeżony ex-directory *[newspaper]*

numerować number (v)

numerowane konto (n) numbered account

numeryczna klawiatura (f) numeric keypad

numeryczny numeric *or* numerical

Oo

oaza (f) bezpodatkowa tax haven

obca waluta (f) foreign currency

obciążać oprocentowaniem bear (v) *[interest]*

obciążać rachunek debit an account *or* charge (v) *[money]*

obciążanie konta bezpośrednio direct debit

obciążenie (n) *[rachunku]* charge (n) *[on account]*

obciążenie (n) użyteczne *[kosztami wynagrodzeń]* payload

obcinać *[wydatki, budżet]* dock (v) *[remove money]*

obcinanie (n) etatów job cuts

obcy foreign

obecna wartość (f) present value

obecny present (adj) *[being there]* or present (adj) *[now]*

obiad powiązany z rozmowami o interesach business lunch

obiecać promise (v)

obieg (m) circulation *[money]*

obieg (m) *[cyrkulacja]* circulation *[money]*

obiektywny objective (adj)

obietnica (f) promise (n) *or* undertaking *[promise]*

objaśniać explain

objaśnienie (n) explanation

objęcie w posiadanie occupancy

objęte kontraktem under contract

objętość (f) volume *or* capacity *[space]*

obliczać calculate

obliczać średnią / przeciętną average (v)

obliczanie kosztów cost accounting

obliczenie (n) calculation

obliczenie (n) kosztów bieżących current cost accounting

obliczenie (n) w przybliżeniu rough calculation

obligacja (f) debenture *or* bond *[borrowing by government]*

obligacja (f) na okaziciela bearer bond

obligacja (f) nie podlegająca wykupowi irredeemable bond

obligacja (f) podlegająca przedterminowemu wykupowi callable bond

obligacja (f) pożyczki państwowej debenture

obligacje (fpl) państwowe government bonds

obligacje (fpl) wymienne convertible loan stock

obniżać lower (v) *or* cut (v) *or* reduce

obniżać wartość depreciate *[lose value]*

obniżać / zbijać cenę knock down (v) *[price]* *or* knock off *[reduce price]* *or* reduce a price *or* mark down

obniżający lowering

obniżenie (n) wartości depreciation *[loss of value]*

obniżenie ceny *[zasobów, wartości]* writedown *[of asset]*

obniżka (f) reduction *or* discount (n) *or* decrease (n) *or* cut (n)

obniżka (f) cen cut price (n) *or* deflation *or* mark-down

obniżki (fpl) podatku tax reductions

obniżone ceny (fpl) lower prices

obniżony off *[reduced by]*

obopólny mutual (adj)

obowiązek (m) obligation *[duty]*

obowiązki (mpl) responsibilities

obowiązkowy compulsory

obowiązujący binding *or* valid

obowiązywać run (v) *[be in force]*

obrót (m) towarów stock turnover *or* turnover *[of stock]*

obrać appoint

obrabiać process (v) *[raw materials]*

obracać deal (v) *or* turn over (v) *[make sales]*

obracać coś na swój pożytek turnround *[making profitable]*

obrady prezydium board meeting

obraz / wyobrażenie o danej marce handlowej na rynku brand image

obrona (f) *[prawna]* defence *or* defense *[legal]* *or* defense *[protection]*

obrońca (m) defence counsel

obroty (mpl) sales *or* turnover *[sales]*

obroty (mpl) krajowe domestic sales

obsługa (f) service (n) *[dealing with customers]*

obsługa (f) *[maszyny]* running (n) *[of machine]*

obsługa (f) bezzwłoczna prompt service

obsługa (f) pokojowa room service

obsługa (f) techniczna maintenance *[keeping in working order]*

obsługiwać serve

obsługiwać *[maszynę]* run (v) *[work machine]*

obsługiwać klienta serve a customer

obsłużyć dług (m) service a debt

obsługiwanie handling

obsadzać ludźmi man (v)

obszar (m) area *[surface]*

obszar (m) powierzchni floor space

obustronny reciprocal

obwieszczenie (n) announcement *or* notification

obwiniać blame (v)

ocena (f) rating *or* estimation

ocena odszkodowania assessment of damages

ocena (f) wydajności performance rating

ocena (f) zdolności kredytowej credit rating

oceniać evaluate *or* value (v)

ochrona (f) konsumenta consumer protection

ochronny protective

ociągać się fall behind *[be late]*

oczekiwany due *[awaited]*

oczekujący rozstrzygnięcia pending

o dalekim zasięgu long-range

odbiór (m) poczty collection of post

odbiór (m) collection *[goods]* *or* receipt *[receiving]*

odbierać receive

odbiorca (m) *or* klient (m) consumer

odbiorca (m) *[sumy należności]* payee *or* receiver

odbywać odprawę brief (v)

odbywać naradę hold a meeting *or* a discussion

odchodzący outgoing

odchodzić leave (v) *[go away]*

odcinek (m) slip (n) *[piece of paper]* *or* coupon

odcinek (m) kontrolny counterfoil

odcinek (m) z książeczki czekowej cheque stub

odczuwać brak (m) *[czegoś]* short of

oddający w poddzierżawę sublessor

oddawać hand over

oddawać głos casting vote

oddawać w zastaw hipoteczny mortgage (v)

od domu do domu house-to-house

od drzwi do drzwi door-to-door

oddział (m) branch *or* division *[part of a company]*

oddział (m) kalkulacji kosztów cost centre

oddział (filia) przedsiębiorstwa branch office

oddziaływać influence (v)

oddziaływanie (n) influence (n)

oddzielne pomieszczenia (npl) handlowe lock-up premises

oddzielny separate (adj)

oddzwonić phone back

odebrać recover *[get something back]*

odebrać telefon answer the telephone *or* take a call

odejść *[z pracy]* leave (v) *[resign]*

odesłać list do nadawcy return a letter to sender

odjazd (m) *or* odlot (m) departure *[going away]*

odjazdy (mpl) *or* odloty (mpl) departures

odkładać postpone

odkładać na półkę shelf

odkupić buy back *or* redeem

odliczać deduct *or* take off *[deduct]*

odliczenie (n) deduction

odliczenie (n) podatku tax deductions *[taken from salary to pay tax]*

odłożenie shelving *[postponing]*

odłożyć put back *[later]* *or* hold over

odłączać separate (v)

odmówić realizacji czeku bounce *[cheque]*

odmawiać refuse (v) *or* turn down

odmawiać zapłaty dishonour

odmiana (f) variation

odmowa (f) refusal

odnawialny kredyt roll over credit *or* a debt

odnosić się do refer *[to item]* *or* apply to *[affect]*

odnosić sukces succeed *[do well]*

odnoszący się do relating to

odnośnie regarding

odnośnik (m) quote (v) *[a reference]*

odpłatność (f) payback

odpłatny repayable

odpadać fall off

odpady (mpl) waste (n)

odpis (m) *[dokumentu]* copy (n) *[of the document]*

odpis (m) duplicate (n) *or* write-off *[loss]*

odpis (m) na amortyzację allowance for depreciation

odpisywać na list answer a letter

odpisywać / wyksięgować / wystornować *[dług]* write off *[debt]*

odpowiadać answer (v) *or* reply (v)

odpowiadać *[czemuś]* correspond with something

odpowiadać wymaganiom meet *[be satisfactory]*

odpowiedź (m) answer (n) *or* reply (n) *or* response

odpowiedni adequate

odpowiedzialność (f) liability *or* responsibility

odpowiedzialny przed responsible to someone

odpowiedzialny za liable *or* responsible for

odprawa (f) celna customs clearance

odrębny separate (adj)

odraczać defer *or* postpone *or* suspend *or* adjourn *or* hold over

odraczać płatność defer payment

odraczać zebranie adjourn a meeting

odroczenie (n) postponement *or* suspension *or* deferment

odroczenie (n) zapłaty deferment of payment

odroczona zapłata (f) deferred payment

odroczony wierzyciel (m) deferred creditor

odroczony deferred

odruch (m) impulse

odrzucać reject (v) *or* repudiate *or* turn down

odrzucać ofertę refuse (v)

odrzucenie (n) rejection

odrzucenie *[oferty propozycji]* refusal

odsetki (fpl) interest (n) *[paid on investment]*

odsetki (fpl) składane compound interest

odsetki (mpl) proste simple interest

odsprzedać hive off

odsprzedaż (f) resale

odstąpić od powództwa abandon an action

odstąpienie (n) cession *or* renunciation

odsyłać refer *[pass to someone]*

odsyłać z powrotem return (v) *[send back]*

odszkodowanie (n) compensation *or* award *or* indemnity *or* indemnification

odszkodowanie (n) awaryjne average (n) *[insurance]*

odszkodowanie za szkodę compensation for damage

odwołać cancel *or* rescind *or* revoke

odwołać transakcję call off a deal

odwołanie (n) cancellation *or* appeal (n) *[against a decision]*

odwołanie (n) *[nakazu, zarządzenia]* countermand

odwołanie spotkania cancellation of an appointment

odwołanie (n) ze stanowiska removal *[sacking someone]*

odwołany off *[cancelled]*

odwoływać się appeal (v) *[against a decision]*

odwrotna strona (f) back (n)

odwrotny contrary *or* reverse (adj)

odwzajemniony reciprocal

odzyskać *[zdrowie, mienie]* recover *[get better]*

odzyskanie (n) retrieval

odzyskanie (n) *[np. mienia, pieniędzy]* recovery *[getting something back]*

odzyskiwać get back *[something lost]* *or* recover *[get something back]* *or* repossess *or* retrieve

oferent (m) bidder *or* tenderer

oferta (f) offer (n)

oferta (f) dotycząca zapłaty gotówką cash offer

oferta (f) kupna *[przejęcia]* takeover bid

oferta (f) kupna bid (n) *[offer to buy]*

oferta (f) na dokonanie sprzedaży bid (n) *[offer to sell]*

oferta (f) na wykonanie pracy bid (n) *[offer to do work]*

oferta (f) pracy tender (n) *[offer to work]*

oferta (f) wstępna introductory offer

oferta (f) wywoławcza opening bid

oferta sprzedaży offer for sale

oferty (fpl) submisyjne zapieczętowane sealed tenders

oficjalny formal *or* official (adj)

oficjalny *[urzędowy]* **raport(m)** official return

ogień (m) fire (n)

ogłaszać advertise *or* announce

ogłaszać wolny etat advertise a vacancy

ogłaszający advertiser

ogłoszenia (npl) drobne small ads

ogłoszenia (npl) różne classified advertisements *or* classified ads

ogłoszenie (n) announcement *or* advertisement

ogłoszenie (n) upadłości declaration of bankruptcy

ogólna przeciętna general average

ogólna suma (f) grand total

ogólne koszty (mpl) produkcji manufacturing overheads

Ogólne Porozumienie w Sprawie Taryf i Handlu (GATT) General Agreement on Tariffs and Trade (GATT)

ogólnokrajowy nationwide

ogólnoświatowo worldwide (adv)

ogólnoświatowy worldwide (adj)

ogólny general *or* overall

ograniczać limit (v) *or* restrict *or* tighten up on

ograniczający restrictive

ograniczenie (n) restriction *or* limitation

ograniczenie (n) ciężaru weight limit

ograniczenie (n) handlu restraint of trade

ograniczenie (n) interwencji państwa w sprawy gospodarcze deregulation *or* restraint *or* retrenchment

ograniczona odpowiedzialność (f) limited liability

ograniczony limited

ograniczony *[wąski]* **rynek (m)** limited market

okólnik (m) circular letter *or* circular (n)

okólny circular (n)

okazać present (v) *[show a document]*

okazanie (n) presentation *[showing a document]*

okaziciel (m) bearer *or* holder *[person]*

okazja (f) bargain (n) *[cheaper than usual]*

okazyjna cena (f) bargain price

okazyjna oferta (f) bargain offer

okienko (n) *[kasowe]* counter

okno (n) wystawowe window

około approximately

określić set (v)

określony set (adj)

okres (m) między złożeniem zamówienia a otrzymaniem towaru lead time

okres (m) notyfikacji period of notice

okres (m) odpłatności payback period

okres (m) próbny probation

okres (m) próbny trial period

okres (m) szczytowy peak period

okres (m) umowy dzierżawy tenancy *[period]*

okres (m) ważności period of validity

okres (m) wypowiedzenia period of notice

okres (m) period *or* term *[time of validity]*

okres ważności produktu shelf life of a product

okresowy periodic *or* periodical (adj) *or* seasonal

okręg (m) handlowy commercial district

okręg (m) area *[region]*

okręgowy regional

okręt (m) ship (n)

olej (m) oil *[cooking]*

omawiać discuss

omyłka (f) error

opakowane metodą zbiegania się materiału opakunkowego shrink-wrapped

opakowanie (n) packaging material *or* packing *[material or* wrapper *or* wrapping

opakowanie (n) hermetyczne airtight packaging

opakowanie (n) plastykowe pęcherzykowate blister pack *or* bubble pack

opatentować wynalazek (m) patent an invention

opatentowany patented

opatrzony nazwiskiem lub inicjałami personalized

opcja (f) zakupu *or* **sprzedaży** option to purchase *or* to sell

opcyjny optional

OPEC OPEC (= Organization of Petroleum Exporting Countries)

operacja (f) gotówką cash transaction

operacja (f) operation

operacja (fpl) wielowalutowa multicurrency operation

operacje (fpl) bankowe banking

operacyjny operational

operatywny operative

operować operate

operowanie operating

operowanie na podstawie franszyzy franchising

opieszały slack *or* negligent

opieszały płatnik (m) slow payer

opieszale go-slow

opinia (f) letter of reference *or* reference *[report on person]*

opinia (f) publiczna public opinion

opinie i uwagi na temat *[np. towaru, projektu]* feedback

opis (m) description

opis (m) pracy job description

opis handlu trade description

opisywać describe

opłacać defray *[costs]*

opłacać z góry prepay

opłacać *[robotnika]* pay (v) *[worker]*

opłacalność (f) cost-effectiveness

opłacalny paying (adj)

opłacone z góry prepaid

opłacony paid *[for work]*

opłata (f) *[za przewóz, postój, rozmowę telefoniczną]* toll

opłata (f) celna duty (tax) *or* customs duty

opłata (f) importowa import levy

opłata (f) lotniskowa airport tax

opłata (f) maniupulacyjna handling charge

opłata (f) rejestracyjna registration fee

opłata (f) skarbowa stamp duty

opłata (f) symboliczna token charge

opłata (f) za przejazd w jedną stronę one-way fare

opłata (f) za przejazd fare

opłata (f) za wstęp admission charge

opłata (f) charge (n) *[money]*

opłata pocztowa (f) postage

opłata pocztowa uiszczona postage paid

opłata za pobraniem *[pocztowym]* cash on delivery (c.o.d.) *or* COD

opłata za serwis/obsługę service charge

opłata/zapłata (f) bez zwłoki prompt payment

opłaty (fpl) faktoringu factoring charges

opłaty (fpl) pocztowe postal charges

opłaty (fpl) portowe harbour dues

opłaty (fpl) portowe port charges *or* port dues

opłaty (fpl) za inkaso collection rates

opłaty (fpl) za opakowanie packing charges

opłaty (fpl) za operacje bankowe bank charges

opłaty (fpl) za przewóz shipping charges

opłaty (fpl) za wyładunek landing charges

opłaty frachtu lotniczego air freight charges

opłaty sądowe legal charges

opodatkowanie (n) bezpośrednie direct taxation

opodatkowanie (n) pośrednie indirect taxation

opodatkowanie (n) progresywne progressive taxation

opodatkowanie (n) taxation

opodatkowywać tax (v)

opóźniać defer *or* delay (v) *or* keep back *[delay]* *or* empty (v)

opóźnienie (n) delay (n) *or* hold-up

opracowanie (n) partii towaru batch processing

oprocentowanie (n) efektywne effective yield

oprocentowanie (n) pieniądza dziennego call rate

oprocentowanie (n) wkładów a vista call rate

opublikować release (v) *[make public]*

opublikowanie informacji w prasie press release

opuszczać leave (v) *[go away]* *or* omit

opuszczenie (n) omission

organizacja (f) organization *[way of arranging]* *or* organization *[institution]* *or* setup *[organization]*

organizacja (f) i metody (fpl) organization and methods

organizacja (f) liniowa line organization

Organizacja Krajów Eksporterów Ropy Naftowej Organization of Petroleum Exporting Countries (OPEC)

organizacyjny organizational

organizować organize

orientacja (f) trend

oryginał (m) original (n)

oryginalny original (adj)

orzec w postępowaniu sądowym adjudicate in a dispute

orzeczenie (n) ruling (n) *or* judgement

orzeczenie (n) sądowe adjudication

orzekać w postępowaniu arbitrażowym arbitrate in a dispute

oscylować fluctuate

oscylowanie(n) fluctuation

oscylujący fluctuating

osiągać cel meet a target

osiągać punkt szczytowy peak (v)

osiąganie zysków profit-making

osiągnąć reach *[come to]*

osiągnąć decyzję reach a decision

oskarżać charge (v) (in court]

oskarżenie (n) charge (n) *[in court]*

oskarżony defendant

oskarżyciel (m) prosecution *[party in legal action]*

osoba (f) oferująca najwyższą cenę *[na licytacji]* highest bidder

osoba (f) podejmująca decyzję decision maker

osoba (f) przeprowadzająca wywiad interviewer

osoba (f) wydająca orzeczenie adjudicator

osoba do spraw PR public relation man

osoba nie dotrzymująca zobowiązania defaulter

osoba występująca z roszczeniem claimant

osobisty asystent (m) PA (= personal assistant)

osobisty stan (m) majątkowy personal assets

osobny separate (adj)

osoby (fpl) trzecie third party

ospały slack

osprzęt (m) gear

ostateczny terminal (adj) *[at the end]*

ostatni final

ostatni kwartał (m) last quarter

ostatnie upomnienie (n) final demand

ostemplować stamp (v) *[mark]*

ostra konkurencja (f) stiff competition

ostrożny safe (adj)

ostrzeżenie (n) notice *[warning that a contract is going to end]*

oszacować evaluate *or* value (v)

oszacować koszty evaluate costs

oszacowanie (n) evaluation *or* valuation *or* rating

oszacowanie (n) towaru stock valuation

oszczędnie gospodarować economize

oszczędność (f) economy *[saving]*

oszczędności (fpl) savings

oszczędny economical

oszczędzać economize *or* save (v) *[money]*

oszukańcza transakcja (f) fraudulent transaction

oszukańczo fraudulently

oszukańczy fraudulent

oszukiwać fiddle (v)

oszust (m) racketeer

oszustwo (n) fraud *or* fiddle (n) *or* racketeering *or* sharp practice

oświadczać state (v)

oświadczenie pod przysięgą affidavit

otrzymywać obtain *or* receive

otwarcie (n) opening (n)

otwarte do późnych godzin late-night opening

otwarty open (adj) *[not closed]*

otwarty na oferty open to offers

otwierać open (v) *[begin]* *or* open (v)

otwierać linię kredytu open a line of credit *[start new business]*

oznaczać stamp (v) *[mark]*

oznajmiać inform

ożywienie (n) gospodarcze boom (n)

ożywiony booming

Pp

paczka (f) parcel (n) *or* packet *or* package *[of goods]* *or* pack (n)

paczka (f) papierosów packet of cigarettes

paczka (f) zastępcza dummy pack

paczkowanie packaging *[action]*

pakiet (m) packet *or* package *[of services]*

pakiet (m) akcji block (n) *[of shares]*

pakować pack (v) *or* wrap (up)

pakować towary w kartony pack goods into cartons

pakować w skrzynie crate (v)

pakowacz (m) packer

pakowanie packing *[action]*

pakowanie metodą zbiegania się materiału opakunkowego shrink-wrapping

pakowanie w kontenery containerization *[putting into containers]*

pakunek (m) pack (n)

paleta (f) pallet

paletyzować palletize

pamięć (f) memory *[computer]*

panel (m) panel

panować rule (v) *[be in force]*

panujący ruling

państwa (npl) uprzemysłowione industrialized societies

państwo (n) state (n) *[country]*

państwowe *[np. obligacje, zasoby]* government (adj)

papiery (mpl) papers

papier (m) opakowaniowy brown paper

papiery nadające się do obrotu bankowego bankable paper

papier (m) pakunkowy wrapping paper

papier (m) rolowy *[do drukarek]* continuous stationery

papiery (mpl) wartościowe przedsiębiorstw przemysłowych equities

papiery (mpl) wartościowe securities

paragraf (m) article *[clause]*

parcela (f) *[budowlana]* site

partia (f) party

partia *[towaru]* **ekspozycyjna /
wystawowa** display pack

partia (f) próbna sample *[group]*

partia (f) towaru batch (n) *[of products]
or* lot *[of items]*

partner (m) partner

partycypacja w kapitale akcyjnym
shareholding

partycypujący finansowo contributor

parytet (m) parity *or* par

pasaż (m) handlowy shopping arcade *or*
shopping precinct

pasywa (mpl) *[płatności]* liabilities

patent (m) patent

pauza (f) break (n)

pawilon (m) wystawowy exhibition hall

pełna cena (f) full price

pełniący obowiązki acting

pełniący funkcje dyrektora acting
manager

pełnomocnictwo (n) authorization *or*
power of attorney *or* proxy *[deed]*

pełnomocnik (m) proxy *[person]*

pełnoprawny właściciel (m) rightful
owner

pełny full

pełny etat (m) full-time

pecet personal computer (PC) *or* PC (=
personal computer)

penetracja (f) rynku market penetration

penetrować rynek penetrate a market

pensja (f) salary

per per

periodyczny periodic *or* periodical (adj)

periodyk (m) periodical

peron (m) platform *[railway station]*

personel (m) personnel *or* staff (n) *or*
establishment *[staff]*

personel (m) biurowy clerical staff *or*
office staff

personel (m) hotelowy hotel staff

personel (m) najemny hire staff

personel (m) tymczasowy temporary
staff

perspektywy prospects

pertraktacja (f) negotiation

pertraktować negotiate

peryferie (fpl) peripherals

peseta (f) hiszpańska peseta *[Spanish
currency]*

petent (m) applicant for a job

pewna *[bezpieczna]* **lokata (f) kapitału**
safe investment *or* secure investment

pewne fundusze (mpl) secure funds

pewność (f) safety *or* steadiness

pewny safe (adj)

pęd (m) rush (n)

pędzić rush (v)

pieczęć (f) seal (n)

pieczęć (f) urzędu celnego customs seal

pieniądz (m) dotknięty inflacją inflated
currency

pieniądze (mpl) na bieżące wydatki
spending money

pieniądze (mpl) money *or* cash (n)
[money] or currency

pieniężny monetary

pierwokup (m) first option

pierwotny primary

pierwsza jakość premium quality

pierwszeństwo (n) przejazdu right of
way

pierwszej jakości A1

pierwszorzędna inwestycja (f)
blue-chip investments

**pierwszorzędne papiery wartościowe o
stałym oprocentowaniu emitowane
przez rząd brytyjski** gilt-edged
securities *or* gilts

pierwszorzędny first-class *or* A1

pierwszy kwartał(m) first quarter

pierwszy first *or* primary

piętro (n) floor *[level]*

pilna praca (f) *[terminowa]* rush job

pilne zamówienie (n) rush order

pilny urgent

pilot (m) pilot (n) *[person]*

pionier (m) pioneer (n)

pisać write

pisać na komputerze keyboard (v)

pisak (m) do oznakowania towaru
marker pen

pisanie (n) writing

pismo (n) writing

pismo (n) *[charakter pisma]*
handwriting

plajta (f) flop (n)

plan (m) plan (n) *[project]* or plan (n)
[drawing]

plan (m) *[np.podróży]* itinerary

plan (m) korporacyjny corporate plan

plan na zrobienie pieniędzy
money-making plan

plan (m) ogólny overall plan

plan (m) powierzchni floor plan

plan (m) w toku rolling plan

plan w zarysie draft plan

planista (m) planner

planować plan (v) *or* design (v)

planowanie planning *or* scheduling

planowanie (n) długoterminowe long-term planning

planowanie (n) gospodarcze economic planning

planowanie (n) korporacyjne corporate planning

planowanie (n) siły roboczej manpower planning

planowanie (n) strategiczne strategic planning

planowanie finansowe budgeting

planowe inwestycje (fpl) plan investments

planowy lot (m) scheduled flight

plany (mpl) / dyspozycje (fpl) będące zawsze w stanie gotowości standby arrangements

plasować place (v)

plik (m) kopert pack of envelopes

plik (m) computer file *or* batch (n) *[of orders]*

plus (m) plus

płaca (f) wage

płaca (f) minimalna minimum wage

płaca (f) realna real income *or* real wages

płacić bear (v) *[pay for]*

płacić czekiem pay by cheque

płacić gotówką pay cash

płacić kartą kredytową pay by credit card

płacić procent / odsetki pay interest

płacić z góry pay in advance

płatne payable

płatne na żądanie payable on demand

płatne przy dostawie payable on delivery

płatne z góry payable in advance *or* money up front

płatnik (m) payer

płatność (f) remittance *or* paying (n)

płynność (f) liquidity

płynny floating

pobierać brutto gross (v)

pobierać opłatę charge (v) *[money]* *or* levy (v)

pobierać próbki sample (v) *[test]*

pobierać zbyt niską należność undercharge

pobierający wynagrodzenie/pensję salaried

pobieranie próbek sampling

pobijanie rekordu record-breaking

poborca (m) długów debt collector

poborca (m) opłaty akcyzowej Excise officer

poborca (m) podatkowy tax collector

poborca (m) collector

pobory (mpl) brutto gross salary

pobory (mpl) earnings *[salary]*

pobór (m) podatku tax collection

pobór (m) za szkolenie training levy

pobór (m) levy (n) *or* collection *[money]*

pobranie za dużo pieniędzy *[niezgodne z ceną]* overcharge (n)

pobudzać boost (v)

pobudzać gospodarkę stimulate the economy

pobudzenie (n) boost (n)

pobyt (m) stay (n) *[time]*

pochodzenie (n) origin

pociąg (m) train (n)

pociąg (m) towarowy freight train *or* goods train

początek (m) beginning *or* start (n)

początkowy initial (adj) *or* opening (adj) *or* starting (adj)

poczekalnia (f) dla odlatujących departure lounge

poczekalnia (f) / sala (f) tranzytowa transit lounge

pocztą zwykłą *[lądową]* surface mail

pocztówka (f) card *[postcard]*

poczta (f) do wysłania outgoing mail

poczta (f) elektroniczna electronic mail *or* email (= electronic mail)

poczta (f) główna general post offfice

poczta (f) lotnicza airmail (n)

poczta (f) opłacona *[z góry]* postpaid

poczta (f) mail (n) *[postal system]* *or* mail (n) *[letters sent or received]*

poczta wysyłana bezpośrednio *[od firmy do odbiorcy]* direct mail

pocztowy postal

podać do ogólnej wiadomości release (v) *[make public]*

podać sprawę do sądu take legal action *or* prosecute

podać wszystkie pozycje *[spisu/rachunku]* break down (v) *[itemize]*

podaż (f) pieniądza money supply

podaż i popyt supply and demand

podanie (n) o pracę job application

podanie (n) application *or* application form *or* letter of application

podarować present (v) *[give]* *or* give away

podatek (m) tax (n) *or* levy (n)

podatek (m) bezpośredni direct tax

podatek (m) dochodowy income tax

podatek (m) drogowy road tax

podatek (m) eksportowy export duty

podatek (m) konsumpcyjny excise duty

podatek (m) korporacyjny corporation tax

podatek (m) o zróżnicowanej stawce graded tax

podatek (m) obrotowy turnover tax *or* sales tax

podatek (m) od przyrostu wartości kapitału *[od zysków z kapitału]* capital gains tax

podatek (m) od wartości ad valorem tax

podatek (m) od wydajności output tax

podatek (m) od zakupu purchase tax

podatek (m) pobierany u źródła withholding tax

podatek (m) pobierany we wcześniejszych fazach obrotu input tax

podatek (m) pośredni indirect tax

podatek (m) zapłacony tax paid

podatek (m) zasadniczy standard rate (of tax)

podatkowy fiscal

podatnik (m) taxpayer

podawać do wiadomości notify

podawać w deklaracji podatkowej return (v) *[declare]*

podawać hand in *or* give *[pass]*

podążać w ślad za follow up

podciąć konkurencję undercut a rival

poddatny manageable

poddawać korekcie revise

poddawać rewizji / ocenie reassess

poddawać egzaminowi examine

poddawać próbie test (v)

poddzierżawa (f) sublet *or* sublease (n)

poddzierżawca (m) sublessee

poddzierżawiać sublease (v)

podejmować na nowo resume

podejmować się undertake

podejmowanie *[pieniędzy]* drawing

podejmowanie decyzji decision making

podjąć *[coś szczególnie nowego]* take up

podjąć pieniądze draw *[money]* *or* withdraw *[money]*

podjąć się frachtu take on freight

podjęcie pieniędzy withdrawal *[of money]*

pod kontrolą under control

podlegające odliczeniu od podatku tax-deductible

podlegające opodatkowaniu taxable

podlegający ubezpieczeniu insurable

podłoga (f) floor *[surface]*

podnajem (m) sublet *or* sublease (n) *or* lease-back

podnajemca (m) sublessee

podnajmować sublease (v)

podnieść na wyższe stanowisko promote *[give better job]*

pod nowym zarządem under new management

po obniżonej cenie cut-price (adj)

podpis (m) signature

podpisać czek sign a cheque

podpisywać inicjałami initial (v)

podpisywać kontrakt sign a contract

podpisywać kowenant covenant (v)

podpisywać sign (v)

podrabiać counterfeit (v) *or* fake (v) *or* forge

podręcznik (m) manual (n)

podręcznik (m) *[wskazówki obsługi]* operating manual

podrobienie (n) forgery *[action]*

podrobiony counterfeit (adj)

podróbka (f) fake (n)

podróż (f) powrotna homeward journey

podstawa (f) basis *or* base (n) *[initial position]*

podstawka (f) holder *[thing]*

podstawowa bonifikata (f) basic discount

podstawowy basic (adj) *[simple]* *or* essential *or* primary

podtrzymywanie (n) kontaktów maintenance of contacts

podwajać double (v)

pod warunkiem subject to

pod warunkiem, że on condition that

podwojenie (n) duplication

podwójna rezerwacja (f) double-booking

podwójne opodatkowanie (n) double taxation

podwójnie zarezerwować double-book

podwójny double (adj)

podwyżka (f) ceny mark-up *[action]*

podwyżka (f) increase (n) *or* pay rise *or* increase (n) *[higher salary]* or increment

podwyższać increase (v) *or* raise (v) *[increase]*

podwyższać cenę mark up

podwykonawca (m) subcontractor

podział (m) distribution

pogarszać się fall off

pojawiać się appear

pojazd (m) vehicle

pojednanie (n) conciliation *or* reconciliation

pojednywać reconcile

pojedynczy single

pojemnik (m) container *[box, tin]*

pojemność (f) magazynu storage capacity

pojemność (f) sześcienna cubic measure

pokład (m) deck

pokój (m) / sala (f) dla osobistości VIP lounge

pokój (m) room *[hotel]* or room *[general]*

pokaźna suma *[np. wpłacana co pewien czas]* lump sum

pokaźny zysk (m) healthy profit

pokaz (m) demonstration *or* show (n) *[exhibition]*

pokazać display (v) *or* demonstrate *or* produce (v) *[bring out]*

pokrycie (n) dywidendowe dividend cover

pokrycie (n) ubezpieczeniowe insurance cover

pokrywać *[wydatki]* cover (v) *[expenses]* or meet *[expenses]*

pokrywać czyjeś wydatki defray someone's expenses

pokupność (f) saleability

pokupny saleable

pokwitowania (npl) receipts

pokwitowanie (n) depozytu/wpłaty deposit slip

polecać wykonanie pracy farm out work

polecać recommend *[suggest action]* or recommend *[say something is good]*

polecenie (n) recommendation

polegać *[na kimś, czymś]* depend on

policzyć *[komuś]* **za dużo** overcharge (v)

policzyć za mało undercharge

polisa (f) ubezpieczeniowa na życie assurance policy

polisa (f) ubezpieczeniowa insurance policy

polisa od wszelkiego rodzaju ryzyka all-risks policy

polityka (f)/polisa (f) policy

polityka (f) budżetowa budgetary policy

polityka (f) elastyczności cen flexible pricing policy

polityka gospodarcza wspierająca dotacje rządu supply side economics

polityka (f) kredytowa credit policy

polityka (f) ustalania cen pricing policy

polityka stosowana przy regulacji personelu *[ostatni zatrudniony pierwszym zwolnionym]* LIFO (= last in first out)

połączenie (n) connection *or* consolidation

połączenie *[telefoniczne]* **bezpośrednie** dial direct

połączenie *[telefoniczne]* **z zewnątrz** outside line

połączone zasoby (mpl) pool resources

połączyć connect *or* incorporate *or* merge

połowa (f) half (n)

położenie (n) finansowe financial position

położenie (n) position *[state of affairs]* or situation *[state of affairs]* or situation *[place]*

położony situated

położyć put *[place]*

pomału go-slow

pomagać assist

pomiary (mpl) measurements

pomieszczenie (n) facility *[building]* or premises

pominięcie (n) omission

pomoc (m) assistance

pomocniczy subsidiary (adj)

pomocnik (m) assistant

pomyłka (f) slip (n) *[mistake]*

pomyślnie działający oferent (m) successful bidder

pomyślny favourable

ponadwymiarowy outsize (OS)

ponaglać chase *[an order]* or hurry up

ponawiać subskrybcję renew a subscription

ponawiać zamówienie repeat an order

ponawiać zapasy restock

ponawiać renew or repeat

poniżej under *[less than]*

ponosić incur

ponosić koszty bear (v) *[pay for]* or incur *[costs]*

ponosić straty lose money

ponowna ocena (f) reassessment

ponowne mianowanie reappointment

ponowne opodatkowanie (n) reassessment

ponowne uporządkowanie (n) readjustment

ponowne złożenie podania/wniosku reapplication

ponowne zamówienie (n) repeat order

ponowne zamówienie (n) reorder (n)

ponowne zaopatrzenie restocking

ponowne zatrudnienie (n) re-employment

ponownie mianować reappoint

ponownie opodatkowywać reassess

ponownie przerabiać recycle

ponownie skaładać podanie/wniosek reapply

ponownie uporządkować readjust

ponownie wchodzić w posiadanie repossess

ponownie zamawiać reorder (v)

ponownie zaopatrywać restock

ponowny wybór (m) re-election

popaść w długi get into debt or run into debt

poparcie (n) *[finansowe]* backing

poparcie (n) back up *[support]*

popełnić *[przestępstwo]* commit *[crime]*

popełnić błąd w obliczeniach miscalculate

poprawa (f) amendment or correction or rectification or upturn

poprawiać correct (v) or rectify or revise or amend

poprawka (f) amendment or adjustment

poprawki (fpl) **strukturalne** structural adjustment

poprawny correct (adj) or right (adj) *[not wrong]*

poprosić ask *[someone to do something]*

poprosić o coś ask for *[something]*

poprosić o dodatkowe detale/szczegóły ask for further details or particulars

poprzedni prior or previous

poprzedzać antedate

popularny popular

popyt (m) demand (n) *[need]*

popyt (m) **efektywny** effective demand

popyt (m) **sezonowy** seasonal demand

pora (f) **roku** season *[time of year]*

porada (f) **prawna w sprawach przekazywania własności** conveyancing

porada (f) **prawna** legal advice

porada (f) counsel

poradzić sobie manage to

poręczać guarantee (v)

poręczać za kogoś stand security for someone

poręczać underwrite *[pay costs]*

poręczenie (n) *albo* **poręczenie** (n) security *[guarantee]* or surety (n) *[security]* or voucher *[document from an auditor]*

poręczny handy

poręczyciel (m) guarantor or surety (n) *[person]*

porozumienie (n) agreement or understanding or settlement

porozumieć się aby coś zrobić agree to do something

porozumienie (n) **słowone** verbal agreement

porozumienie (n) **na zasadzie wzajemności** reciprocal agreement

porozumienie (n) **oparte na słowie honoru** gentleman's agreement

porozumienie (n) **wstępne** threshold agreement *[agreement]*

porozumiewać się communicate

porównanie (n) comparison

porównywać compare

porównywać z compare with

porównywalność (f) comparability

porównywalny comparable

port (m) harbour or port *[harbour]*

port (m) komputerowy port *[computer]*

port (m) kontenerowy container port

port (m) przeładunkowy entrepot port

port (m) przystanku port of call

port (m) rejestracji port of registry

port (m) zaokrętowania port of embarkation

portfel (m) *[wekslowy]* portfolio

porto postage

porto i opakowanie p & p (= postage and packing)

poryw (m) impulse

porządek (m) alfabetyczny alphabetical order

porządek (m) chronologiczny chronological order

porządek (m) podróży journey order

porządek (m) arrangement *[system]* or order (n) *[certain way]*

porzucać abandon

posada (f) place (n) *[job]* or post (n) *[job]*

poseł (m) deputy

posiadać own (v) or possess

posiadacz (m) obligacji debenture holder

posiadacz (m) bearer or holder *[person]*

posiadający duże znaczenie important

posiadający znaczenie relevant

posiadanie portfelu akcji shareholding

posłaniec (m) messenger

posługiwać się handle

posługiwanie się handling

posługiwanie się materiałem material handling

pospolity common *[frequent]*

postanawiać determine or decide or resolve or rule (v)

postanowienie (n) decision

postanowiony agreed

postawić cenę ask for *[ask a price]*

poste restante poste restante

postęp (m) progress (n)

postępować proceed or process (v) *[deal with]*

postępowanie (n) procesowe action *[lawsuit]*

postępowanie (n) sądowe legal proceedings

postępowanie (n) procedure

postój (m) stop (n)

poszukiwać explore

pośpiech (m) rush (n)

pośpieszyć się hurry up

pośredni indirect or mean (adj)

pośrednictwo (n) wynajmu mieszkań letting agency

pośrednictwo (n) mediation

pośredniczący intermediary

pośredniczyć mediate

pośrednie koszty robocizny indirect labour costs

pośrednik (m) handlowy factor (n) *[person, company]*

pośrednik (m) ubezpieczeniowy insurance broker

pośrednik (m) agent *[working in an agency]* or middleman or mediator or contact (n) *[person]*

poświadczać certify or authenticate or witness (v) *[a document]*

poświadczenie (n) płacy / wypłaty pay slip

poświadczony certificated

poświadczyć umowę witness an agreement

potencjał (m) potential (n)

potencjalni klienci (mpl) potential customers

potencjalny potential (adj) or prospective

potencjalny kupiec (m) prospective buyer

potencjalny rynek (m) potential market

potrącać deduct

potrącalne deductible

potrącenie (n) deduction

potroić triple (v)

potrójny treble or triple (adj)

potrzebny necessary

potrzebować require *[need]* or take (v) *[need]*

potrzeby (fpl) requirements

potwierdzać odbiór listu acknowledge receipt of a letter

potwierdzać rezerwację confirm a booking

potwierdzać certify or confirm

potwierdzający affirmative

potwierdzenie (n) acknowledgement or confirmation

potwierdzenie (n) odbioru / zapłaty receipt *[paper]*

potwierdzenie (n) zmian danych w polisie ubezpieczeniowej endorsement *[on insurance]*

potwierdzony certificated

pouczać brief (v)

poufnie poradzić tip (v) *[say what might happen]*

poufność (f) confidentiality

poufny confidential

poważać respect (v)

poważny kupiec (m) genuine purchaser

powiązanie (n) tie-up *[link]*

powiększać się expand *or* gain (v) *[become bigger]*

powiadamiać advise *[tell what happened]*

powiadomienie (n) information

powierzać entrust

powierzchnia (f) area *[surface]* *or* floor

powierzchnia (f) biura office space *[surface]* *or* top (n) *[upper surface]*

powietrze (n) air

powolny slow

powód (m) sądowy plaintiff

powództwo (n) wzajemne counter-claim (n)

powództwo (n) lawsuit *or* prosecution *[legal action]*

powódź (f) flood (n)

powołanie się na reference *[dealing with]*

powrót (m) return (n) *[going back]*

powrót (m) do zdrowia recovery *[getting better]*

powstrzymywać się keep back

powszechny common *[to more than one]*

powtarzać repeat

powtarzający się recurrent

poza brzegami *[np. głównej wyspy Wlk. Brytanii]* offshore

poza godzinami pracy outside office hours

poza godzinami szczytu off-peak

poza kontrolą out of control

poza sezonem off-season

pozbawiony mocy invalid

pozbyć się czegoś get rid of something *or* unload *[get rid of]*

pozew (m) action *[lawsuit]*

poziom (m) level

poziom (m) płac wage levels

poziom (m) ponownego zamówienia reorder level

poziom zapasów stock level

poziomy (mpl) zatrudnienia manning levels

pozory false pretences

pozostałość (f) remainder *[things left]*

pozostawać remain *[be left]*

pozostawać w tyle fall behind *[be in a worse position]*

pozwalać allow *[permit]* *or* license *or* permit (v)

pozwany defendant

pozwolenie (n) permit (n) *or* permission

pozwolenie (n) importu import licence *or* import permit

pozwolenie (n) na pobyt stały residence permit

pozwolenie (n) na pracę work permit

pozwolenie (n) na tymczasowy import pojazdu do kraju carnet *[document]*

pozwolenie (n) wywozu export licence

pozwolić sobie *[na to żeby coś kupić]* afford

pozycja "dłużnicy" (mpl) *[w księgach handlowych]* receivables

pozycja wyjściowa base (n) *[initial position]*

pozytywny positive

pozywać sue

pożar (m) fire (n)

pożyczać loan (v) *or* advance (v) *[lend]* *or* borrow

pożyczać *[komuś]* lend

pożyczanie lending

pożyczka (f) bankowa bank loan

pożyczka (f) długoterminowa long-term loan

pożyczka (f) krótkoterminowa short-term loan

pożyczka (f) udzielana na ulgowych warunkach soft loan

pożyczka (f) loan (n) *or* advance (n) *[loan]*

pożyczkobiorca (m) borrower

pożyczkodawca (m) lender

późno late

pójść na kompromis compromise (v)

pół tuzina half a dozen *or* a half-dozen

pół half (adj)

półetat (m) part-time

półetatowiec (m) part-timer

półfabrykaty (mpl) / półprodukty (mpl) / półwyroby (mpl) semi-finished products

półka (f) shelf

półki (fpl) shelving *[shelves]*

półki / regały ekspozycyjne display unit

półmiesięczny bilans (m) mid-month accounts

półrocze (n) half-year

półroczne rozliczenie (n) half-yearly accounts

półroczne zestawienie (n) half-yearly statement

praca (f) employment *or* work *or* job *[employment]* or labour *or* service *[regular work]*

praca (f) akordowa piecework

praca (f) badawcza research (n)

praca (f) badawcza i rozwój(m) research and development (R & D)

praca (f) biurowa clerical work

praca (f) dorywcza casual work

praca (f) fizyczna manual work

praca (f) kontraktowa contract work

praca (f) na pół etatu part-time work *or* part-time employment

praca (f) na zmiany shift work

praca (f) papierkowa paperwork

praca (f) terenowa field work

praca w toku work in progress

pracodawca (m)/pracodawczyni (f) employer

pracować na poziomie samowystarczalności break even (v)

pracować tymczasowo temp (v)

pracować work (v)

pracownia (f) workshop

pracownicy (mpl) personnel *or* staff (n)

pracownik (m) fizyczny manual worker

pracownik (m) tymczasowy temp (n)

pracownik (m)/pracowniczka (f) employee

pracownik (m) worker

pracujący dorywczo casual worker

pracujący na własny rachunek self-employed

pracujący working (adj)

"prać" pieniądze z nieczystego źródła launder *[money]*

praktykant (m) graduate trainee

praktykant(m) / stażysta (m) zarządu management trainee

praktyki (fpl) ograniczające restrictive practices

praktykować exercise (v)

praktykowanie (n) exercise (n)

prasa (f) press

prawa ręka (f) *[osoba niezbędna]* right-hand man

prawdziwy genuine

prawidłowy correct (adj)

prawnie należny rightful

prawnik (m) lawyer

prawnik / adwokat (m) od prawa morskiego maritime lawyer

prawny legal *[according to law]* or lawful *or* rightful

prawny środek płatniczy legal tender *or* legal currency

prawo (n) law *[rule]* or law *[study]* or right (n) *[legal title]*

prawo (n) cywilne civil law

prawodawstwo (n) legislation

prawo (n) handlowe commercial law

prawo (n) kontraktu law of contract

prawo (n) malejących dochodów law of diminishing returns

prawo (n) międzynarodowe international law

prawo (n) morskie maritime law

prawo (n) pierwokupu first option

prawo (n) podaży i popytu law of supply and demand

prawo (n) posiadania własności tenure *[right]*

prawo (n) weta right of veto

prawo (n) własności ownership

prawo (n) zastawu lien

prawo (n) zobowiązań contract law

prawy right (adj) *[not left]*

preferencja (f) preference

preferencyjny preferential

preferować prefer

preliminować *[wydatki]* budget (v)

premia (f) bonus *or* incentive bonus

premia (f) gwiazdkowa Christmas bonus

premia (f) płatna gdy nie ma roszczeń odszkodowań no-claims bonus

premia (f) za ryzyko risk premium

premia (f) za wydajność / premia (f) za produktywność productivity bonus

prestiż (m) prestige

presyłka (f) pocztowa mailing piece

prewencja (f) prevention

prewencyjny preventive

prezent (m) gift *or* present (n) *[gift]*

prezentacja (f) presentation *[exhibition]*

prezes (m) chairman *[of committee]* or chairman *[of company]*

prezes (m) i dyrektor (m) naczelny chairman and managing director

pro forma (rachunek / faktura) pro forma (invoice)

pro rata pro rata

prośba (f) request (n)

prośba (f) o informację enquiry (= inquiry)

problem (m) problem

procedura (f) procedure

procedura (f) wyboru selection procedure

procent (m) interest (n) *[paid on investment]*

procent (m) per cent *or* percentage

procentować yield (v) *[interest]*

proces (m) process (n)

proces (m) sądowy legal proceedings *or* trial *[court case]* or lawsuit

procesy (mpl) podejmowania decyzji decision-making processes

procesy (mpl) przemysłowe industrial processes

procesy (mpl) sądowe judicial processes

producent (m) manufacturer *or* producer

produkcja (f) manufacturing *or* manufacture *or* production *[making]*

produkcja (f) krajowa domestic production

produkcja (f) maksymalna peak output

produkcja (f) masowa mass production

produkować manufacture (v) *or* produce (v) *[make]* or carry *[produce]*

produkt (m) product

produkt (m) masowy mass-produce

produkt (m) podlegający zmianie ceny price-sensitive product

produkt (m) podstawowy staple product

produkt (m) uboczny by-product

produkt *[dochód]* narodowy brutto GNP (= gross national product)

produkt/towar (m) prestiżowy prestige product

produkty (mpl) konkurencyjne competing products

produkty (mpl) spożywcze produce (n) *[food]*

produktywne dyskusje (fpl) productive discussions

produktywność (f) productivity

produktywny productive

profit / zysk (m) podzielny distributable profit

prognoza (f) forecast (n)

prognoza (f) długoterminowa long-term forecast

prognoza (f) przepływu pieniądza cash flow forecast

prognoza (f) sprzedaży / obrotów sales forecast

prognozować forecast (v)

prognozowanie (n) forecasting

program (m) programme *or* program

program (m) / harmonogram (m) *[spotkań]* timetable (n) *[appointments]*

program (m) dnia / zebrania agenda

program (m) komputerowy computer program

program (m) prac badawczych research programme

program / projekt próbny (m) pilot scheme

program (m) zabezpieczenie emerytalnego pension scheme

program (m) zbytu *[np. gotowych produktów]* sales budget

programista (m) komputerowy computer programmer

programowanie (n) komputera computer programming

progresywny go-ahead (adj)

progresywny podatek (m) dochodowy graduated income tax

progresywny system (m) płac incentive payments

prohibicyjny prohibitive

projekt (m) plan (n) *[project]* or project

projekt (m) produktu product design

projekt (m) przemysłowy industrial design

projekt (m) ustawy bill (n) *[in Parliament]* [plan]* or design (n)

projekt w zarysie draft project

projektować draft (v) *or* design (v) *or* plan (v)

prokurator (m) prosecution counsel

prokurent (m) proxy

prolongata (f) renewal *or* extension *[making longer]*

prolongata weksla renewal of a bill

prolongować weksel renew a bill of exchange

prolongować renew *or* extend *[make longer]*

prom (m) ferry

prom (m) z przewożeniem samochodów *[osobowych, ciężarowych]* roll on / roll off ferry

promesa (f) promissory note

proponować propose *[a motion]*

proponować kupno offer (v) *[to buy]*

proponować sprzedaż offer (v) *[to sell]*

proponowana cena (f) offer price

proporcja (f) proportion

proporcjonalny proportional

propozycja (f) offer (n) *or* proposal

propozycja (f) pracy tender (n) *[offer to work]* *[suggestion]*

prosić ask *or* request (v)

prosić rozmowę na R-kę reverse the charges

prospekt (m) prospectus

prosto direct (adv)

prostować rectify

prosty basic (adj) *[simple]*

proszę poczekać *[już łączę]* hold the line please

proszę poczekać please hold

protekcyjny protective

protest (m) protest (n) *[against something]*

protest (m) okupacyjny sit-down protest

protestować protest (v) *[against something]*

protestować weksel protest a bill

protokół (m) przeglądu survey (n) *[general report]*

protokół (m) szkód damage survey

protokół (m) zebrania minutes (n) *[of meeting]*

protokołować record (v)

prowadzenie handlu wymiennego bartering

prowadzić carry *[produce]*

prowadzić *[mieć w sklepie]* carry *[have in stock]*

prowadzić *[zarządzać]* run (v) *[manage]*

prowadzić handel wymienny barter (v)

prowadzić interes carry on a business

prowadzić negocjacje conduct negotiations

prowadzić samochód drive (v) *[a car]*

prowincja (f) country *[not town]*

prowizja (f) commission *[money]*

prowizja (f) *[pobierana przez bank]* bank charges

prowizoryczna prognoza (f) sprzedaży provisional forecast of sales

prowizoryczny provisional

próba (f) wykorzystania prawa opcji exercise of an option

próba (f) proof *or* trial *[test of product]*

próba (f) test (n)

próbka (f) gratisowa free sample

próbka (f) kontrolna check sample

próbka (f) sample (n) *[part]* *or* trial sample

próbkowanie (n) sampling *[statistics]*

próbny *[okres]* probationary

próbobranie (n) sampling *[testing]*

próbować sample (v) *[test]*

próg (m) rentowności *[punkt równowagi przy którym przedsiębiorstwo nie ponosi strat i nie osiąga zysków]* breakeven point

próg (m) threshold

próżny empty (adj)

pryncypał (m) principal (n) *[person]*

pryncypialny principal (adj)

prywatna posiadłość / nieruchomość (f) private property

prywatna spółka (f) z ograniczona odpowiedzialnością private limited company

prywatna własność (f) private ownership

prywatne przedsięwzięcie (n) private enterprise

prywatny private *or* personal

prywatyzacja (f) privatization

prywatyzować privatize

przebieg (m) run (n) *[work routine]*

przebudowa (f) redevelopment *or* restructuring

przebudować redevelop *or* restructure

przebywać stay (v)

przebywający stale resident (adj)

przecena (f) cut price (n)

przeceniać wartość overestimate (v)

przecenione cut-price (adj)

przechodzić w inne ręce move *[be sold]*

przechodzić z jednych rąk w drugie change hands

przechowalnia (f) depository *[place]*

przechowalnia (f) bagażu left luggage office

przechowanie danych *[w pamięci komputera]* storage (n) *[computer]*

przechowywanie (n) storage (n) *[in warehouse]*

przechowywanie w chłodni cold storage

przeciętna (f) mean (n)

przeciętna roczna wzrostu mean annual increase

przeciętny average (adj) *or* mean (adj)

przeciek (m) leakage

przeciwdziałać pre-empt

przeciwieństwo (n) contrast (n)

przeciwny contrary

przeciwstawić *[coś czemuś]* set against

przeczekać hold out for

przedawniony out of date

przedłożenie (n) presentation *[showing a document]*

przedłożyć present (v) *[show a document]*

przedłożyć rachunek do akceptacji present a bill for acceptance

przedłożyć rachunek do zapłaty present a bill for payment

przedłożyć rachunek render an account

przedłużać renew *or* extend *[make longer]* *or* extend *[grant]*

przedłużenie (n) renewal

przedłużenie dzierżawy renewal of lease

przedłużenie subskrypcji renewal of subscription

przedłużać okres dzierżawy to renew a lease

przedpłata (f) prepayment

przedsiębiorca (m) entrepreneur

przedsiębiorczość (f) drive (n) *[energy]*

przedsiębiorczy entrepreneurial

przedsiębiorstwo (n) firm (n) *or* business *[company]* *or* establishment *[business]* *or* house *[company]*

przedsiębiorstwo (n) filialne subsidiary company

przedsiębiorstwo (n) handlowe trading company

przedsiębiorstwo (n) handlu detalicznego retailer

przedsiębiorstwo (n), które przygotowywuje akcje "otwarcia drzwi" *[wejścia na rynek]* turnkey operator

przedsiębiorstwo (n) macierzyste proprietary company (US)

przedsiębiorstwo (n) nastawione na zysk profit-oriented company

przedsiębiorstwo (n) notowane na giełdzie quoted company

przedsiębiorstwo (n) powiernicze trust company

przedsiębiorstwo (n) przewozu drogowego road haulier

przedsiębiorstwo (n) rodzinne family company

przedsiębiorstwo (n) "siostrzane" sister company

przedsiębiorstwo (n) spedycyjne shipper

przedsiębiorstwo (m) sprzedaży ratalnej hire-purchase company

przedsiębiorstwo (n) średniej wielkości middle-sized company

przedsiębiorstwo udzielające prawa produkcji i sprzedaży swoich towarów franchiser

przedsiębiorstwo uzyskujące prawo sprzedaży towarów i usług wytworzonych przez drugie przedsiębiorstwo franchisee

przedsiębiorstwo (n) współdziałające associate company

przedsiębiorstwo (n) wypożyczania maszyn fabrycznych plant-hire firm

przedsiębiorstwo (n) wysyłkowe shipping company

przedsiębiorstwo (n) z wysokim udziałem obcego kapitału highly-geared company

przedsiębiorstwo zależne *[kontrolowane]* subsidiary (n)

przedsięwziąć embark on *or* undertake

przedsięwzięcie venture (n) *[business]* *or* undertaking *[company]*

przedsięwzięcie (n) handlowe commercial undertaking

przedsięwzięcie na małą skalę small-scale enterprise

przedstawiać introduce *or* demonstrate *or* present (v) *[show a document]*

przedstawiciel (n) representative *[person]* *or* rep (= representative) *or* delegate (n)

przedstawiciel/-ka *[agent/-ka]* do sprzedaży sales representative *or* salesman *[representative]*

przedstawicielski representative (adj)

przedstawicielstwo (n) agency *or* representative *[company]*

przedstawienie (n) production *[showing]*

przedział (m) podatkowy bracket (n) *[tax]*

przegląd (m) survey (n) *[examination]*

przejąć take over *[from someone else]*

przejęcie (n) większego przedsiębiorstwa przez mniejszą firmę reverse takeover

przejęcie (n) takeover

przejęcie firmy przetargiem contested takeover

przejściowy provisional

przejazd (m) transit

przekaz (m) order (n) *[money]*

przekaz (m) bankowy banker's order

przekaz (m) pieniężny money order *or* remit (n) *or* remittance

przekaz (m) pocztowy postal order

przekazywać hand over

przekazywać *or* **przelewać** remit (v)

przekazywać *[kwotę]* **czekiem** remit by cheque

przekonywające argumenty (mpl) przy sprzedaży towaru sales pitch

przekraczać exceed

przekraczać stan konta overdraw

przekraczająca pojemność / zdolność / ładowność overcapacity

przekroczenie (n) podatkowe tax offence

przekroczony stan konta overdrawn account

przekształcać reorganize

przekupić bribe (v)

przekwalifikować retrain

przekwalikowanie (n) retraining

przelew (m) transfer (n) *or* remittance

przelew (m) bankowy bank transfer

przelew (m) funduszy transfer of funds

przelicytować outbid

przeliczać convert

przeliczenie (n) conversion

przeliczenie *[wymiana]* **jednej waluty na drugą** conversion of funds

przeliczenie (n) waluty / pieniędzy currency conversion

przeładowca (m) stevedore

przełożony (m) superior (n) *[person]*

przemieścić transfer (v) *[move to new place]*

przemysł (m) industry *[general]* *or* manufacture

przemysł (m) ciężki heavy industry

przemysł (m) podstawowy primary industry

przemysł (m) podstawowy staple industry

przemysł (m) przetwórczy secondary industry

przemysł (m) upaństwowiony nationalized industry

przemysł z dużym nakładem kapitału w wyposażenie / sprzęt capital-intensive industry

przemysłowiec (m) industrialist

przemysłowy industrial

przeniesienie (n) *[praw własności]* conveyance

przenośny portable

przenosić carry forward

przenosić *[coś, kogoś dokąd]* transfer (v) *[move to new place]*

przenosić saldo carry over a balance

przenosić się do / na *or* **przerzucać się na** switch over to

przenoszalny negotiable *or* transferable

przeoczenie (n) slip

przepływ (m) flow (n)

przepływ pieniądza cash flow

przepływać flow (v)

przepis (m) rule (n) *or* regulation

przepisy (mpl) dotyczące bezpieczeństwa safety regulations

przepisy (mpl) prawne regulations

przepisy (mpl) przeciwpożarowe fire regulations

przepisywać copy (v)

przepraszać apologize

przeproszenie (n) apology

przeprowadzać badania *[poszukiwania]* explore

przeprowadzać pracę badawczą research (v)

przeprowadzać rewizję ksiąg audit (v)

przeprowadzać rewizję rachunków / ksiąg audit the accounts

przeprowadzać się move *[house, office]*

przeprowadzać test test (v)

przeprowadzać wywiad interview (v)

przeprowadzanie rewizji ksiąg auditing

przeprowadzanie transakcji giełdowej dealing *[stock exchange]*

przeprowadzanie transakcji / operacji handlowej dealing *[commerce]*

przeprowadzka (f) removal *[to new house]*

przerabiać alter

przerabiać process (v) *[raw materials]*

przerobiona makulatura (f) recycled paper

przeróbka (f) alteration

przerwa (f) break (n)

przerwać discontinue

przerwać rozmowy break down (v) *[talks]*

przerwanie rozmów breakdown (n) *[talks]*

przeskoczyć na początek kolejki jump the queue

przestarzały obsolete

przestawać stop (v) *[doing something]*

przestojowe *[opłaty za postój ponad ustalony termin]* demurrage

przestój (m) stoppage *or* down time

przestrzegać comply with

przesyłać consign *or* send

przesyłka (f) consignment *[things sent]* *or* parcel post *or* shipment

przesyłka (f) polecona recorded delivery

przesycać glut (v)

przesycenie (n) glut (n)

przeszkoda (f) barrier

przetarg (m) auction (n) *or* bidding

przeterminowany overdue

przetwarzać process (v) *[raw materials]*

przetwarzać dane liczbowe process figures

przetwarzanie danych data processing

przetwarzanie informacji *or* danych statystycznych processing of information *or* of statistics

przewóz towarów freight *[carriage]* *or* carriage *or* haulage

przewidywać forecast (v)

przewidywać *[ustalać]* w umowie stipulate

przewidywania (npl) dotyczące rynku market forecast

przewidywania dotyczące siły roboczej manpower forecasting

przewidywanie (n) forecasting

przewodniczący chairman *[of committee]*

przewodnik (m) courier *[guide]*

przyłączyć incorporate

Rr

rabat (m) discount (n) *or* rebate *[price reduction]* *or* cash discount

rabat (m) *[dyskont]* procentowy percentage discount

rabat (m) hurtowy wholesale discount

rabat (m) przy zapłacie gotówką discount for cash

rabat (m) towarowy trade discount

rabat (m) z racji dużych zamówień volume discount

rachmistrz (m) ubezpieczeniowy actuary

rachować count (v) *[add]*

rachunek (m) account *or* bill (n) *[list of charges]* *or* bill (n) *[in a restaurant]*

rachunek (m) bilansowy balance sheet

rachunek (m) długoterminowy long-dated bill

rachunek (m) "dłużnicy" accounts receivable

rachunek (m) kapitału capital account

rachunek (m) oszczędnościowy savings account

rachunek (m) otwarty open account

rachunek (m) powierniczy escrow account

rachunek rozliczeń zagranicznych external account

rachunek (m) strat i zysków profit and loss account

rachunek (m) szczegółowy / z wyszczególnieniem itemized account

rachunek (m) VAT'u VAT invoice

rachunek (m) "wierzyciele" accounts payable

rachunek (m) wydatków expense account

rachunek (m) za hotel hotel bill

rachunek (m) / zestawienie (n) obrotu gotówkowego cash flow statement

rachunek (m) żyrowy giro account

rachunki (mpl) dochodów revenue accounts

rachunki (mpl) do ściągnięcia bills for collection

rachunki (mpl) krótkoterminowe short-dated bills

rachunki (mpl) zarządu management accounts

rachunkowość (f) accounting or book-keeping or invoicing department

racja (f) right (n) *[legal title]*

racjonalizacja (f) economy *[saving]* or rationalization

racjonalizować rationalize

rada (f) board (n) *[group of people]* or counsel or tip (n) *[advice]*

rada (f) rozjemcza arbitration board or arbitration tribunal

radca (m) prawny legal adviser or solicitor

radzić advise *[what should be done]*

radzić się consult

radzić sobie cope

rampa (f) załadowcza loading ramp

raport (m) report (n) or account

raport (m) o stanie robót progress report

raport (m) poufny confidential report

raport (m) w sprawie możliwości przeprowadzenia inwestycji feasibility report

rata (f) instalment

rata / spłata (f) ostateczna final discharge

ratować salvage (v)

ratunek (m) salvage (n) *[action]*

ratyfikacja (f) ratification

ratyfikować ratify

reakcja (f) response

realizacja (f) implementation

realizować implement (v) or realize *[sell for money]*

realizować umowę implement an agreement

realizowanie zamówienia order processing

realny real

reasekuracja (f) reinsurance

reasekurator (m) reinsurer

reasekurować reinsure

recepcja (f) reception or reception desk

recepcjonista (m) recepcjonistka (f) receptionist or reception clerk

recesja (f) recession or slump (n) *[depression]*

redukcja (f) reduction or cut (n) or retrenchment

redukcja (f) cen price reductions

redukować reduce or cut (v)

redukować wydatki reduce expenditure

redukowanie (n) kosztów cost-cutting

reeksport (m) re-export (n)

reeksportować re-export (v)

referencja (f) letter of reference or reference *[report on person]*

referent (m) reference *[person who reports]*

referent (m) do robienia zapisów w księdze rachunkowej bought ledger clerk

referent (m) prowadzący rachunki klientów account executive

refinansowanie pożyczki refinancing of a loan

reforma (f) reorganization

regał (m) shelf

regały (mpl) shelving *[shelves]*

regionalny regional

registratura (f) registry

reglamentacja (f) *[kontrola]* dewizowa exchange controls

reguła (f) rule (n)

regulacja (f) adjustment or regulation

regulacja (f) podatku tax adjustments

regulamin (m) regulations

regularny regular *[always at same time]*

regulować adjust or regulate *[adjust]*

regulowane przez rząd government-regulated

reimport (m) reimportation or reimport (n)

reimportować reimport (v)

reinwestować reinvest

reinwestycja (f) reinvestment

rejestr (m) register (n) *[large book]* or *[official list]* or journal *[accounts book]*

rejestr (m) *[ewidencja]* działalności przedsiębiorstwa] track record

rejestr (m) dyrektorów register of directors

rejestr (m) przedsiębiorstw companies' register or register of companies

rejestr (m) udziałowców register of shareholders

rejestracja (f) registration

rejestrator/-ka registrar

rejestrować record (v) or enter *[write in]*

rejon (m) area *[region]* or territory *[of salesman]*

reklama (f) commercial (n) *[TV]* or advertisement or promotion *[publicity]*

reklama (f) ogólnokrajowa national advertising

reklama (n) produktu promotion of a product

reklama (f) towaru product advertising

reklamacja (f) claim (n) or complaint

reklamować complain or advertise or boost (v) or promote *[advertise]* or publicize

reklamować nowy produkt/towar advertise or promote a new product

reklamowanie (n) advertising

reklamowanie pocztą wysyłaną bezpośrednio direct-mail advertising

reklamowy promotional

rekomendacja (f) recommendation

rekomendować recommend *[say something is good]*

rekompensata (f) compensation

rekord (m) record (n) *[better than before]*

rekordowe sprzedaże (mpl) record sales

rekordowe straty (fpl) record sales or record losses or record profits

rekordowe zyski (mpl) record sales or record losses or record profits

relacja (f) report (n)

relacjonować report (v)

remanent (m) stocktaking

remburs (m) reimbursement

rembursować pay back

remitent (m) payee

remont (m) repair (n)

remontować repair (v)

remuneracja (f) remuneration

rentowność (f) cost-effectiveness or profitability *[ratio of profit to cost]*

rentowny cost-effective or profitable or economic *[profitable]*

reorganizacja (f) reorganization or restructuring or readjustment

reorganizować reorganize or restructure or readjust

reperacja (f) repair (n)

reperować fix *[mend]* or repair (v)

reprezentatywny representative (adj)

reprezentować represent

respektować respect (v)

respondent (m) interviewee

restrukturyzacja (f) restructuring

restrukturyzacja (f) przedsiębiorstwa restructuring of the company

restrykcja (f) restriction

restrykcja (f) czasowa time limitation

restrykcje (fpl) importowe import restrictions

restrykcyjny restrictive

reszta (f) remainder *[things left]* or change (n) *[difference]*

rewaloryzacja (f) revaluation

rewaloryzować revalue

rewaluacja (f) revaluation

rewaluować revalue

rewident (m) accountant or controller (US)

rewident (m) księgowy auditor

rewident (m) wewnętrzny internal auditor

rewident (m) z zewnątrz external auditor

rewidować revise

rewir (m) territory *[of salesman]*

rewizja (f) reassessment

rewizja (f) celna customs examination

rewizja ksiąg audit (n)

rewizja (f) płac salary review

rewizja (f) wewnętrzna internal audit

rewizja (f) zewnętrzna *[dokonana przez rewidentów z zewnątrz]* external audit

rezerwa (f) provision *[money put aside]* or reserve (n) *[money]* or stockpile (n)

rezerwa (f) gotówkowa cash reserves

rezerwacja (f) reservation or advance booking

rezerwacja biletów booking office

rezerwacja (f) grupowa block booking

rezerwacja (f) pokoi room reservations

rezerwacja ponad liczbę dostępnych miejsc overbooking

rezerwować ponad liczbę dostępnych miejsc overbook

rezerwować reserve (v)

rezerwy (fpl) reserves

rezerwy (fpl) na nagły wypadek emergency reserves

rezerwy (fpl) ukryte hidden reserves

rezerwy (fpl) walutowe currency reserves

rezerwy w razie krytycznej sytuacji emergency reserves

rezolucja (f) resolution

rezultat (m) result *[general]* or effect (n)

rezydent (m) resident (n)

rezygnacja (f) resignation

rezygnować *[z czegoś]* waive

rezygnować resign

ręczny manual (adj)

rościć z tytułu ubezpieczenia claim (v) *[insurance]*

robić act (v) *[do something]*

robić fotokopię photocopy (v)

robić inwentaryzację take stock

robić nadmierny zapas overstock (v)

robić pieniądze make money

robić postępy progress (v)

robić reklamę promote *[advertise]* or plug (v) *[publicize]*

robić remanent take stock

robić zapasy reserve (v)

robić zapasy store (v) *[keep for future]*

robienie fotokopii photocopying

robienie pieniędzy money-making

robota (f) job *[piece of work]*

robotnicy płatni godzinowo hourly-paid workers

robotnik (m) worker

robotnik (m) *[obsługujący maszynę]* operative (n)

roczna zapłata/opłata yearly payment

rocznie per year or per annum or on an annual basis

roczny raport (m) annual report

roczny annual

rok (m) year

rok (m) bazowy *[obliczeniowy]* base year

rok (m) budżetowy financial year

rok (m) finansowy financial year

rok (m) kalendarzowy calendar year

rok (m) podatkowy tax year

rolniczy or **rolny** agricultural

romawiać z osobą ubiegającą się o pracę interview (v)

ropa (f) naftowa oil *[petroleum]*

rosnące mounting

rosnąć accrue or mount up

roszczenie (n) claim (n)

roszczenie o płacę wage claim

roszczenie (n) z tytułu ubezpieczenia insurance claim

rozbieżność (f) discrepancy

rozbijać wreck (v) *[ruin]*

rozbudowa (f) addition *[thing added]*

rozbudować na nowo redevelop

rozchód (m) expenditure or disbursement

rozchodowywać disburse

rozchody (mpl) outgoings

rozdawać give away

rozdzielać share (v) *[divide among]* or separate (v)

rozdzielać ponownie redistribute

rozgłaszać plug (v) *[publicize]*

rozglądać się za lepszym towarem shop around

rozgłos (m) publicity

rozjemstwo (n) arbitration

rozkład (m) timetable (n) *[trains, etc.]*

rozliczenie (n) finansowe financial settlement

rozliczenie (n) settlement *[payment]*

rozliczyć się *[i zwolnić]* pay off *[worker]*

rozładować offload or unload *[goods]*

rozłożyć ryzyko spread a risk

rozmaite rzeczy (mpl) sundry items

rozmaitości (fpl) sundries

rozmaity miscellaneous

rozmiar (m) size or volume

rozmiar (mpl) handlu volume of trade

rozmiar (mpl) sprzedaży volume of sales

rozmiar (m) sprzedaży / obrotów sales volume

rozmiar (m) zapasów stock size

rozmieszczać arrange *[set out]*

rozmowa (f) miejscowa local call

rozmowa (f) międzynarodowa international call

rozmowa (f) na R-kę reverse charge call *or* collect call (US) *or* transferred charge call

rozmowa (f) sprawdzająca przydatność ubiegającego się o pracę interview (n) *[for a job]*

rozmowa (f) telefoniczna call (n) *[phone]* *or* phone call *or* telephone call

rozmowy (fpl) wprowadzające / początkowe initiate discussions

rozpatrywać consider

rozpiętość (f) cen price differential

rozpoczęcie (n) opening (n)

rozpoczynać start (v)

rozpoczynać coś embark on

rozpoczynać działalność w interesie go into business

rozporządzalny disposable

rozpoznawczy znak (m) firmowy logo

rozprowadzać distribute *[goods]*

rozprowadzenie (n) distribution

rozrachunek (m) settlement *[payment]* *or* clearing *[paying]*

rozreklamowanie (n) hype (n)

rozstrzygać resolve

rozstrzygnięcie (n) solution

rozszczepiać hive off

rozszerzać extend *[make longer]*

rozumieć understand

rozwój (m) development *or* growth *or* progress (n)

rozwój (m) gospodarczy economic development

rozważać consider

rozwiązać problem (m) solve a problem

rozwiązać umowę terminate an agreement

rozwiązanie (n) answer (n) *or* solution *or* resolution

rozwiązujący problemy problem solver

rozwiązywać resolve

rozwiązywanie problemów problem solving

rozwijać/budować planowo develop *[plan]*

rozwijać się progress (v) *or* flourish *or* expand

rozwinięcie / ulepszanie (n) produktu product development

"rozwodnienie" udziału w kapitale akcyjnym dilution of shareholding

róg (m) corner (n) *[angle]*

równać equal (v)

równość (f) par

równorzędność par

równoważyć balance (v)

równy equal (adj)

różnić się differ

różnica (f) difference

różnice cen price differences

różnice w cenie differences in price

różnorodność cen price range

różnorodność (f) diversification

różnorodność (f) produktu product mix

różnorodny multiple (adj)

różny miscellaneous *or* different

rubryka (f) "Ma" credit column

rubryka (f) debetów debit column

ruch (m) movement

ruch kapitału movements of capital

ruchliwość (f) mobility

ruina (f) wreck (n) *[company]*

rujnować wreck (v) *[ruin]*

runąć collapse (v)

rutyna (f) routine (n)

rutynowa praca(f) routine work

rutynowa rozmowa *[telefoniczna]* (f) routine call

rutynowy routine (adj)

ryczałt (m) flat rate

ryczałtowy flat (adj) *[fixed]* *or* outright

rynek (m) marketplace *[place where something is sold]* *or* market (n) *[place]* marketplace *[in town]* *or* market (n) *[possible sales]*

rynek (m) *[zbytu]* market (n) *[where a product might sell]*

rynek (m) dewizowy foreign exchange market

Rynek (m) Europejski Euromarket

rynek (m) krajowy *[wewnętrzny]* home market

rynek (m) nabywcy buyer's market

rynek (m) o tendencji zniżkowej bear market

rynek o tendencji zwyżkowej bull market

rynek (m) sprzedawcy seller's market

rynek (m) towarowy commodity market

rynek (m) transakcji terminowych forward market

rynek (m) wewnętrzny domestic market

rynek (m) zbytu do zdobycia target market

rynki (mpl) pieniężne money markets

rynki (mpl) zagraniczne overseas markets

rynki (mpl) zamorskie overseas markets

ryzyko (n) risk (n) *or* **venture** (v) *[risk]*

ryzyko (n) finansowe financial risk

ryzykować run a risk *or* risk (v) *[money]*

ryzykowny risky

rząd (n) government (n)

rządowy government (adj)

rządzić rule (v) *[be in force]*

rzecz (f) aktualna item *[information]*

rzeczoznawca (m) surveyor

rzeczywisty real *or* tangible

rzucać towary masowo na rynek po niskich cenach dump goods on a market

Ss

sala (f) room *[general]*

sala (f) konferencyjna *or* **sala (f) obrad** conference room

sala (f) narad boardroom

sala (f) wystawowa exhibition hall *or* showroom

salda (npl) dolarowe dollar balances

saldo (n) balance (n)

saldo (n) debetowe debit balance

saldo (n) debetowe *[ujemne]* balance due to us

saldo (n) gotówkowe cash balance

saldo (n) końcowe closing balance

saldo (n) kredytowe *[pozostałość kredytu]* credit balance

saldo (n) rachunku bankowego bank balance

samochód (m) ciężarowy HGV (= heavy goods vehicle)

samochody (mpl) produkowane masowo mass-produce cars

samofinansowanie (n) self-financing (n)

samofinansujący self-financing (adj)

samolot (m) plane

samolot (m) czarterowy charter plane

samolot (m) transportowy freighter *[plane]* *or* freight plane

samoregulacja (f) self-regulation

samoregulujący self-regulatory

satysfakcja (f) satisfaction

sąd (m) court

sąd (m) pracy industrial tribunal

sądy (mpl) law courts

sądzić judge (v)

scalać merge

schemat (m) draft (n) *[rough plan]*

schemat (m) organizacyjny organisation chart

schronienie (n) shelter

sejf (m) safe (n) *or* safe deposit

sekcja (f) division *[part of a group]*

sekret (m) secret (n)

sekretarka (f) secretary

sekretarz (m) secretary *[of company]*

sekretarz (m) naczelny przedsiębiorstwa company secretary

sekretny secret (adj)

sektor (m) prywatny private sector

sektor (m) publiczny *[państwowy]* public sector

sektor (m) sector

sekwestracja (f) sequestration

sekwestrator (m) sequestrator

sekwestrować

selekcja (f)/dobór(m) zamówienia order picking

selekcja (f) selection

semestr (m) term *[part of academic year]*

sequester

seria (f) produktu product line

seria (f) batch (n) *[of products]* *or* range (n) *[series of items]*

seria listów *[w określonym celu, zwykle reklamująca nowy produkt]* mailing shot *or* mail shot

serwis (m) po nabyciu after-sales service

serwis (m) service (n) *[of machine]*

sezon (m) season *[time for something]*

sezonowe wahania (npl) seasonal variations

sezonowe / okresowe dostosowanie seasonal adjustments

sezonowy seasonal

sędzia (m) judge (n)

sfałszowany counterfeit (adj)

sfinalizować finalize

sfinansować przedsięwzięcie finance an operation

sformułować draw up

sformułować / przygotować kontrakt draw up a contract

sformułowanie (n) wording *or* form of words

sieć (f) *[sklepów]* chain *[of stores]*

sieć (f) dystrybucyjna distribution network

sieć (f) komputerowa network (v) *[computers]*

sieć (f) network (n)

siedziba (f) headquarters (HQ)

sięgać odtąd - dotąd range (v)

silna / ostra konkurencja (f) keen competition

silny spadek popytu slump in sales

silny strong

silos/elewator (m) zbożowy elevator *[grain]*

siła (f) energy *[human]*

siła (f) nabywcza purchasing power *or* spending power

siła (f) przetargowa bargaining power

siła (f) robocza labour force *or* manpower *or* workforce

siła (f) wyższa force majeure

siły (fpl) rynku zbytu market forces

skala (f) scale *[system]*

skala (f) czasu time scale

skala (f) płac wage scale

skala (f) przyrostu incremental scale

skarb (m) państwa treasury

skarbowy fiscal

skarga (f) complaint

skasować *[wymazać]* delete

skasować pocket (v)

sklasyfikowana księga (f) adresowa / telefoniczna classified directory

sklep (m) shop *or* outlet *or* store (n)

sklep (m) fabryczny factory outlet

sklep (m) nocny late-night opening

sklep (m) sieciowy chain store

sklep (m) wielofiliowy multiple store

sklep (m) wolnocłowy duty-free shop

sklep (m) w sąsiedztwie corner shop

sklep (m) z towarem przecenionym discount house *[shop]* *or* discount store *or* cut-price store

sklep (m) z upominkami gift shop *[large shop]*

sklepy (mpl) sprzedaży detalicznej retail outlets

skład (m) celny bonded warehouse

skład (m) store (n) *[place where goods are kept]* *or* store (n) *[items kept]* *or* depot *or* storeroom *or* storage unit

składać się z consist of

składać sprawozdanie report (v)

składać towar stockpile (v)

składamie do akt / kartoteki filing *[action]*

składka (f) dodatkowa premium *[extra charge]*

składka (f) ubezpieczeniowa insurance premium *or* premium *[insurance]*

składka (f) ubezpieczeniowa płatna we wznowionej umowie ubezpieczeniowej renewal premium

składować store (v) *[keep in warehouse]*

składowanie (n) storage (n) *[in warehouse]*

skomputeryzowany computerized

skonsolidować ładunki consolidate *[shipments]*

skontaktować się contact (v)

skończony finished

skończyć pracę knock off *[stop work]*

skończyć finalize

skraje (mpl) peripherals

skreślić cross off *or* remove *or* delete

skrypt (m) dłużny promissory note

skrytka (f) bankowa safe (n) *or* safe deposit

skrzynia (f) crate (n) *or* case (n) *[box]*

skrzynka (f) packing case

skup i zaliczkowanie wierzytelności factoring

skupiać innych dookoła siebie rally (v)

skurczenie *[się]* shrinkage

skuteczność (f) effectiveness

skuteczny effective

skutek (m) effect (n)

słaba koniunktura (f) weak market

słaby rynek (m) weak market

słowa (npl) podziękowania speech of thanks *or* vote of thanks

słowny verbal

słuszny right (adj) *[not wrong]* *or* valid

słuszna cena (f) fair price

służba (f) service (n) *[regular working]* *or* service (n) *[working for a company]*

służyć *[komuś]* attend to *or* serve

socjalny social

software software

solidność (f) reliability *or* steadiness

solidny reliable

sondaż (m) opinii konsumenta consumer research *or* opinion poll

spaść lose *[fall to a lower level]*

spadać decline (v) *[fall]* *or* drop (v) *or* fall (v) *[go lower]*

spadający decreasing *or* falling *or* lowering

spadek (m) ceny mark-down

spadek (m) koniunktury downturn

spadek (m) obrotów drop in sales

spadek (m) fall (n) *or* drop *or* decrease *or* decline (n)

spadek/zmniejszenie wartości decrease in value

specjalista (m) specialist

specjalizacja (f) specialization

specjalizować się specialize

specjalna oferta (f) special offer *or* premium offer

specjalne prawa ciągnienia *[w Międzynarodowym Funduszu Walutowym]* special drawing rights (SDR)

specjalny special

specyfikacja (f) specification

specyfikacja (f) poszczególnych sztuk ładunku packing list *or* packing slip

specyfikacja (f) pracy job specification

specyfikować detail (v)

spedycja (f) forwarding

spedytor (m) forwarding agent

spedytor (m) portowy shipping agent

spekulant (m) grający na zniżkę bear (n) *[stock exchange]*

spekulant (m) grający na zwyżkę bull *[stock exchange]*

spędzać czas spend *[time]*

spiąć razem papiery staple papers together

spieniężać capitalize *or* encash

spieniężenie (n) capitalization *or* encashment

spieniężyć czek clear a cheque

spinać *[spinaczem]* staple (v)

spinacz (m) staple (n) *or* stapler *or* paperclip

spis (m) breakdown (n) *[items]*

spis (m) alfabetyczny index (n) *[alphabetical]*

spis (m) inwentarza inventory (n) *[list of contents]*

spis towarów na składzie stock list

spis (m) treści contents

spisywać *[zasoby]* write down *[assets]*

spisywać inwentarz inventory (v)

splajtować flop (v)

spłacać na raty pay in instalments

spłacić pay up *or* redeem *or* repay

spłacić dług pay off *[debt]* *or* clear a debt *or* discharge a debt *or* redeem a debt

spłacić zobowiązania to discharge one's liabilities

spłata (f) payment *or* repayment *or* premium *[on lease]*

spłata (f) *[długu]* discharge (n) *[of debt]*

spłata (f) *[pożyczki]* redemption *[of a loan]*

spłaty (f) hipoteczne mortgage payments

spłaty (fpl) miesięczne monthly payments

spłaty (fpl) progresywne progress payments

społeczeństwo (n) society *[general]*

społeczny social

spożycie (n) krajowe *[wewnętrzne]* home consumption

spodziewany prospective

sponsor (m) sponsor (n) *or* backer

sponsorować sponsor (v)

sporadyczny random

spory (mpl) między związkami zawodowymi a przedsiębiorstwami industrial disputes

sporządzać kartotekę card-index (v)

sporządzać odpis copy (v) *or* duplicate (v)

sporządzać specyfikację specify

sporządzanie budżetu budgeting

sporządzanie harmonogramu scheduling

sporządzanie kartoteki card-indexing

sporządzenie (n) kopii /odpisu copy (n) *[a document]*

sporządzenie tabeli tabulation

sporządzić umowę draft a contract

sporządzić fakturę/rachunek raise an invoice

sposób (m) mode

sposób (m) zapłaty mode of payment

sposoby (mpl) means *[ways]*

spotkać się meet *[someone]*

spotkanie (n) meeting *or* appointment *[meeting]*

spółdzielczy co-operative (adj)

spółdzielnia (f) co-operative (n) *or* cooperative society

spółka (f) *[firma]* macierzysta parent company

spółka (f) holdingowa *[dysponująca pakietem kontrolnym akcji innych firm]* shell company

spółka (f) holdingowa holding company

spółka (f) komandytowa limited partnership

spółka (f) z ograniczoną odpowiedzialnością limited partnership *or* limited liability company (Ltd) *or* Ltd (= limited company)

spółka (f) partnership *or* copartnership *or* corporation

spółka publiczna z ograniczoną odpowiedzialnością PLC *or* plc (= Public Limited Company)

spór (m) argument

sprawa (f) matter (n) *[to be discussed]* *or* business *[discussion]*

sprawa (f) sądowa court case

sprawa (f) wymagająca załatwienia matter (n) *[problem]*

sprawdzać inspect *or* check (v) *[stop]*

sprawdzanie sytuacji finansowej *[ubiegających się o zasiłki]* means test

sprawdzenie (n) verification

sprawdzian (m) test (n)

sprawiedliwy fair

sprawozdanie (n) *[o stanie płac / negocjacjach]* report

sprawozdanie (n) przejściowe interim report

sprawozdanie w środkach masowego przekazu media coverage

sprawozdanie/zestawienie (n) roczne annual accounts

sprawozdawca (m) correspondent *[journalist]*

sprostowanie (n) rectification *or* correction

sprostowanie podatku granicznego border tax adjustment

sprzeciw/zastrzeżenie *[zgłoszone w celu zabezpieczenia praw wobec osób trzecich w sporze dotyczącym prawa rzeczowego]* caveat emptor

sprzeciwić się decyzji veto a decision

sprzeczność (f) interesów conflict of interest

sprzeczny contrary

sprzedaż (m) selling (n) *or* sale (n) *[selling]*

sprzedaż (f) aukcyjna sale by auction

sprzedaż (f) bezpośrednia direct selling

sprzedaż (f) krajowa home sales

sprzedaż (f) lub zwrot (m) sale or return

sprzedaż (f) na kartę kredytową credit card sale

sprzedaż (f) na termin forward sales

sprzedaż (f) obnośna door-to-door selling

sprzedaż (f) przez telefon telesales

sprzedaż (f) przy pomocy delikatnej perswazji soft sell

sprzedaż (f) ratalna hire purchase (HP)

sprzedaż (f) wysyłkowa mail order

sprzedaż (f) za gotówkę cash sale

sprzedaż przymusowa forced sale

sprzedaż za gotówkę loco siedziba dostawcy *[przewóz i odbiór na koszt nabywcy]* cash and carry

sprzedaż zajętych towarów *[będących własnością dłużnika]* distress sale

sprzedawać sell *or* handle (v) *[sell]* *or* realize *[sell for money]* *or* sell off

sprzedawać *[przedsiębiorstwo/firmę]* sell out *[sell one's business]*

sprzedawać brutto gross (v)

sprzedawać na termin sell forward

sprzedawać nieruchomość realize property

sprzedawać po cenie detalicznej retail (v) *[sell for a price]*

sprzedawać poniżej wartości undersell

sprzedawać w detalu retail (v) *[goods]*

sprzedawać / pozbywać się nadmiernego zapasu towaru dispose of excess stock

sprzedawanie od domu do domu house-to-house selling

sprzedawca (m) / sprzedawczyni (f) shop assistant *or* sales clerk *or* seller *or* salesman *[in shop]* *or*   vendor

sprzedawcy (mpl) sales people

sprzeniewierca (m) embezzler

sprzeniewierzać embezzle *or* misappropriate

sprzeniewierzenie (n) embezzlement *or* misappropriation

sprzęg (m) interface (n)

sprzęgać interface (v)

sprzęt (m) biurowy business equipment *or* office equipment

sprzęt (m) z defektem faulty equipment

sprzęt (m) equipment *or* implement (n)

stabilizacja (f) stabilization

stabilizować stabilize

stabilność (f) cen price stability

stabilność (f) stability

stabilny stable

stacja (f) kolejowa railway station *or* station *[train]*

stacja (f) komputerowa workstation *[at computer]*

stacjonować base (v) *[in a place]*

stadium (n) stage (n)

stagnacja (f) stagnation

stagnacyjny stagnant

stała cena (f) firm price

stała stopa (f) procentowa fixed interest

stały fixed *or* standing *or* constant

stały dochód (m) fixed income *or* regular income

stały klient (m) regular customer

stały personel (m) regular staff

stan (m) condition *[state]* *or* level *or* status

stan (m) konta bank balance

stan (m) towaru przy zamknięciu *[np. sklepu]* closing stock

stanąć w martwym punkcie deadlock (v)

standardowy standard (adj) *or* stock (adj) *[normal]*

standard (m) standard (n)

standardowy rozmiar (m) regular size

standardy (mpl) produkcji production standards

standaryzacja (f) standardization

standaryzować standardize

stanowczy firm (adj)

stanowisko (n) position *[job]* *or* post (n) *[job]* *or* place *[job]* *or* appointment *[job]*

staromodny old-fashioned

starszy senior

starszy rangą senior

startowy starting (adj)

stary old

starzejący się obsolescent

starzenie się obsolescence

statek (m) ship (n)

statek (m) "siostrzany" *[tego samego typu]* sister ship

statek (m) franco free on board (f.o.b.)

statek (m) handlowy merchant ship *or* merchant vessel *or* cargo ship

statek (m) kontenerowy freightliner

statek (m) ratowniczy salvage vessel

status (m) status

status (m) prawny legal status

statut (m) przedsiębiorstwa company law

statut (m) stowarzyszenia articles of association

statut (m) ukonstytuowania towarzystwa articles of incorporation

statutowy statutory

statystyczna kontrola jakości towaru *[przez pobieranie próbek]* **przy przyjęciu** acceptance sampling

statystyczny statistical

statystyk (m) statistician

statystyka (f) figures *or* statistics

stawiać sobie zadanie target (v)

stawka (f) rate (n) *[price]*

stawka (f) akordowa piece rate

stawka (f) godzinowa time rate *or* hourly rate

stawka (f) jednolita/ryczałtowa flat rate

stawka (f) nocna night rate

stawka (f) podatkowa tax rate

stawka (f) podstawowa podatku basic tax

stawka (f) reklamowa advertising rates

stawka (f) ulgowa reduced rate

stawka (f) za zajmowanie pomieszczenia occupancy rate

stawki (fpl) przewozowe haulage rates

stawki (fpl) ubezpieczeniowe insurance rates

staż (m) training

stażysta (m) graduate trainee

stempel (m) seal (n) *or* stamp (n) *[device]*

stemplować stamp (v) *[letter]*

stłuczki (fpl) breakages

stoisko (n) ekspozycyjne/wystawowe display stand *or* stand (n) *[at exhibition]*

stopa (f) amortyzacji depreciation rate

stopa (f) dyskontowa bank base rate *or* discount rate

stopa (f) inflacji rate of inflation

stopa (f) procentowa interest rate

stopa (f) rynkowa market rate

stopa (f) zysku rate of return

stopień magistra administracji interesu MBA (= Master in Business Administration)

stopniowe zwiększanie/wzmaganie *[czegoś]* escalate

stopniowo obniżać scale down

stopniowo powiększać scale up

stopniowy gradual *or* graduated

storno (n) reversal

stosownie do according to *or* under *[according to]*

stosowny relevant

stosunek (m) ratio *or* proportion

stosunek ceny akcji / do zysków do podziału na akcje P/E ratio (= price/earnings ratio)

stosunek ceny / do zysków P/E (= price/earnings)

stosunek kapitału uprzywilejowanego do akcji zwyczajnych gearing

stosunek zależności i dominacji relationship of dependence

stosunki (mpl) między pracownikami a pracodawcami w przemyśle industrial relations

stowarzyszenie (n) association *or* society *[club]*

stowarzyszony associate (adj)

strażnik (m) security guard

stracić pieniądze lose money

stracić wskutek konfiskaty forfeit (v)

stracić zamówienie lose an order

strajk (m) strike (n)

strajk (m) bez uprzedniej konsultacji ze związkiem zawodowym wildcat strike

strajk (m) na dziko wildcat strike

strajk (m) okupacyjny sit-down strike

strajk (m) protestacyjny protest strike

strajk (m) solidarnościowy sympathy strike

strajkować strike (v)

strajkujący striker

strata (f) loss *[not a profit]* *or* waste

strata (f) bezpowrotna dead loss

strata (f) częściowa partial loss

strata (f) handlowa przedsiębiorstwa trading loss

strata (f) kapitału capital loss

strata (f) na papierze paper loss

strata (f) zamówienia loss of an order

strategia (f) strategy

strategia (f) interesu business strategy

strategia (f) marketingu marketing strategy

strategiczny strategic

straty (fpl) damages

strefa (f) area *[of town]*

strefa (f) dolarowa dollar area

strefa (f) handlowa shopping precinct

strefa (f) problemów problem area

strefa (f) wolnego handlu free trade area

strona (f) side

strona (f) "Winien" w księdze debtor side

strona (f) kredytowa rachunku / strona "Ma" w księdze credit side

strona (f) zawierająca umowę contracting party

strona "Ma-Winien" w księd debits and credits

struktura (f) structure (n)

struktura (f) organizacyjna organization *[way of arranging]*

struktura metalowa grid structure

strukturalne bezrobocie (n) structural unemployment

strukturalny structural

studiować study (v)

studium (n) szkolenia sekretarek secretarial college

stwierdzać state (v)

styczność (f) contact (n) *[general]*

stypendium (n) grant (n)

subkontrakt (m) subcontract (n)

submitent (m) tenderer

subsydiować subsidize

subsydiowana cena (f) support price

subsydiowana pomoc (f) backing

subsydium (n) subsidy or grant (n)

subwencja (f) subvention or subsidy

subwencjonować subsidize

sugerować recommend [suggest action] or claim (v) [suggest]

sukces (m) success

suma (f) amount [of money] or sum [of money]

suma (f) łączna subtotal

suma (f) kapitału principal (n) [money]

suma (f) razem sum [total] or total (n)

suma / kwota (f) zapłacona amount paid

sumować total (v)

sumowanie (n) addition [calculation]

superata (f) surplus

supermarket (m) supermarket

supersam (m) superstore

surowce (mpl) raw materials

sygnał (m) [w słuchawce] dialling tone

sygnał, że zajęty engaged tone

sygnatariusz (m) signatory

symbol (m) token

symbol (m) statusu status symbol

syndrom (m) feniksa phoenix syndrome

syndyk (m) masy upadłości official receiver or receiver [liquidator]

syndykat (m) consortium or group [of businesses]

system (m) system

system (m) czasu realnego/bieżącego real-time system

system (m) działania operating system

system (m) dziesiętny decimal (n)

system gospodarczy (m) economy

system (m) komputerowy computer system

system (m) odzyskiwania [np. danych] retrieval system

system (m) podatkowy tax system

system (m) rozliczeń żyrowych giro system [system]

systemy (mpl) kontrolne control systems

sytuacja (f) place (n) [situation] or position [state of affairs] or situation [state of affairs]

szacować estimate (v) or quote (v) [estimate costs] or assess or calculate

szacunek (m) estimation or quotation [estimate of cost] or estimate (n) [quote]

szacunek (m) w przybliżeniu rough estimate

szacunkowe obroty estimated sales

szacunkowy estimated

szafa (f) do akt filing cabinet

szanować respect (v)

szansa(f) opportunity

szczególny exceptional

szczegół (m) detail (n)

szczegółowe informacje (fpl) particulars

szczegółowy detailed

szczegółowy rachunek (m) detailed account

szczyt (m) peak (n) or top (n) [highest point]

szczytowy top (adj)

sześcienny cubic

szef (m) boss (informal) or chief or principal (n) [person]

szkic (m) draft (n) [rough plan] or plan (n) [drawing]

szkic (m) orientacyjny rough draft

szkic (m) planu draft plan

szkic (m) projektu draft project

szkicować draft (v)

szkoła (f) handlowa commercial college

szkoda (f) damage (n)

szkoda (f) ogniowa fire damage

szkody (fpl) damages

szkolący się trainee

szkolenie (n) poza godzinami pracy off-the-job training

szkolenie (n) wewnątrz zakładowe in-house training

szkolenie (n) wprowadzające induction training

szkolenie (n) w ramach pracy on-the-job training

szkolenie (n) zarządu management training

szkolenie (n) training

szkoleniowiec (m) training officer

szkolić [kogoś] train (v) [teach]

szkolić się train (v) [learn]

szorstki rough

szpiegostwo (n) przemysłowe industrial espionage

sztauer (m) stevedore

szterling (m) sterling

sztuczny false
sztuka (f) piece
sztywny kurs (m) **dewizowy**
[przeliczeniowy] stable exchange rate
sztywny kurs (m) **walutowy** fixed
   exchange rate

szybki fast (adj) *or* prompt *or* express
   (adj) *[fast]*
szybko fast (adv)
szybko wzrastać *[o cenie i popycie]*
   boom (v)
szychta (f) shift (n) *[team of workers]*
szyk (m) arrangement *[system]*

Śś

ściągać opłatę levy (v)
ściągalny recoverable
ściąganie (n) **długów** debt collection
ściśle exactly
ścisły accurate *or* exact
śledzić follow *or* chase *[follow]*
śledztwo (n) investigation
śpieszyć się rush (v)
śródmieście(n) downtown (n)
średni average (adj) *or* mean (adj)
średnia (f) mean (n)
średnia wagowa weighted average
średniego rozmiaru medium-sized
średnio on the average
średnioterminowy (5-15 years)
   medium-term
środek (m) medium
środek (m) **tygodnia** mid-week
środki (mpl) means *[money]* *or* means
środki (mpl) *[np. pieniężne]* resources
środki (mpl) **bezpieczeństwa** safety
   measures *or* safety precautions

środki (mpl) **fiskalne** fiscal measures
środki (mpl) **masowego przekazu** mass
   media
środki (mpl) **obrotowe** current assets *or*
   liquid assets
środki (mpl) **pieniężne** capital
środki (mpl) **produkcji** capital goods
środki (mpl) **trwałe** fixed assets *or*
   capital assets *[ways]*
środkowy central
środowisko (n) community
święto (n) **zwyczajowe** bank holiday
święto (n) **powszechne** public holiday
świadectwo(n) certificate
świadectwo (n) **/ dowód** (m) **odprawy
celnej** clearance certificate
świadectwo (n) **pochodzenia** certificate
   of origin
świadectwo (n) **udziałowe** share
   certificate
świadek (m) witness (n)
świat (m) world
światowy rynek (m) world market

Tt

tablica (f) **ogłoszeniowa** hoarding *[for
   posters]*
tablica (f) **statystyki ubezpieczeniowej**
   actuarial table
tablice (fpl) **statystyk
ubezpieczeniowych** actuarial tables
tabulator (m) tabulator

tachograf (m) tachograph
tajemnica (f) secret (n)
tajny secret (adj)
taksator (m) valuer
tandetny down market
tani cheap *or* down market

tani pieniądz *[pieniądz o małej sile nabywczej]* cheap money

tania siła robocza cheap labour

tankowiec (m) tanker

tantiema (f) royalty

tara (f) tare

targi (mpl) handlowe trade fair

targować się bargain (v) *or* haggle

targowanie się *[ubijanie targu]* bargaining

targowisko (n) marketplace *[in town]*

taryfa (f) tariff *[price]*

taryfa (f) ceł ochronnych protective tariff

taryfa (f) celna customs tariff

taryfa (f) frachtowa freight rates

taryfa (f) opłat scale of charges

taryfa (f) pocztowa postal rates

taryfa (f) preferencyjna preferential tariff

taryfa (f) reklamowa advertising rates

taryfy frachtu lotniczego air freight rates

taśma (f) magnetyczna magnetic tape *or* mag tape

taśma (f) montażowa assembly line

technika (f) zarządzania management techniques

technika / sposób zbierania zamówień canvassing techniques

techniki (fpl) marketingu marketing techniques

teczka (f) briefcase

teczka (f) opatrzona nazwiskiem / inicjałami personalized briefcase

teka (f) portfolio

tektura (f) cardboard *or* carton *[material]*

telefon (m) phone (n)

telefon (f) na kartę card phone

telefon (m) komórkowy cellular telephone

telefon (m) konferencyjny conference phone

telefon (m) na monety pay phone

telefon (m) w sprawach interesu business call

telefon (m) wewnętrzny internal telephone

telefonistka (f) telephonist

telefonować telephone (v)

teleks (m) telex (n)

telewizja małego obwodu *[np. w sklepie, w banku]* closed circuit TV

tempo (n) wzrostu growth rate

tendencja (f) trend

tendencja (f) zwyżkowa upward trend

tendencje (f) rynku market trends

teren (m) area *[region]*

termin (m) term *[time of validity]*

termin (m) *[dany komuś na zrobienie czegoś]* notice *[time allowed]*

termin (m) faktyczny effective date

termin (m) prekluzyjny closing date

termin spłaty / wykupu redemption date

terminal (m) *[miejsce odpraw pasażerów w ruchu lotniczym]* air terminal *or* terminal (n) *[airport]*

terminal (m) / port (m) kontenerowy container terminal

terminal (m) komputerowy computer terminal

terminal (m) lotniskowy airport terminal

terminarz (m) appointments book *or* diary

terminarz (m) biurkowy desk diary

terminowy forward

test (m) examination *[test]* or test (n)

TIR (= Transport Międzynarodowy) TIR (= Transports Internationaux Routiers)

TIR (m) articulated lorry *or* articulated vehicle *or* lorry *or* truck *[lorry]*

tłum (m) mass *[of people]*

tłumacz/-ka translator *or* interpreter

tłumaczenie (n) translation

tłumaczyć translate *or* interpret *or* explain

tona (f) tonne *or* ton

tonaż (m) tonnage

tonaż (m) brutto gross tonnage

tonaż (m) w tonach nośności deadweight tonnage

torba (f) bag

torba (f) papierowa paper bag

torować drogę pioneer (v)

totalny total (adj)

towar (m) commodity *or* merchandise *or* stock (n) *[goods]* or goods

towar (m) na składzie supply (n) *[stock of goods]*

towar (m) zabrudzony w sklepie shop-soiled

towar do zapełnienia półek shelf filler

towar najbardziej chodliwy na rynku zbytu market leader

towarowe transakcje (fpl) terminowe *[zgoda na kupno w przyszłości o ustalonej już cenie]* commodity futures

towarowy bon (m) upominkowy gift voucher

towarowy dworzec (m) kolejowy freight depot

towary (mpl) detaliczne retail goods

towary (mpl) do spożycia consumables

towary (mpl) eksportowane exports

towary (mpl) importowane imports

towary / produkty (mpl) konkurencyjne competitive products

towary (mpl) konsumpcyjne trwałe consumer durables

towary (mpl) konsumpcyjne consumer goods

towary (mpl) loco (mpl) actuals

towary (mpl) luksusowe luxury goods

towary (mpl) nietrwałe perishable goods *or* perishables

towary (mpl) o własnej marce handlowej own label goods *or* own brand goods

towary (mpl) po uiszczeniu opłaty celnej duty-paid goods

towary (mpl) przecenione cut-price goods

towary (mpl) trwałe *[trwałego użytku]* durable goods

towary (mpl) w tranzycie goods in transit

towary (mpl) wybrakowane seconds

towary (mpl) wysokiej jakości high-quality goods

towary (mpl) zamówione dues *[orders]*

towary (mpl) zasekwestrowane/zajęte distress merchandise

towary (mpl) zniszczone ogniem / pożarem fire-damaged goods

towarzystwo (n) society *[club]* or company

towarzystwo (n) asekuracyjne assurance company

towarzystwo (n) budowlane building society

towarzystwo (n) ubezpieczeniowe / asekuracyjne insurance company

tracić *[pieniądze]* lose *[money]*

transakcja (f) deal (n) *or* transaction *or* bargain (n) *[stock exchange]*

transakcja (f) deportowa backwardation

transakcja (f) gotówkowa cash transaction *or* cash deal *or* spot cash

transakcja (f) handlowa kompleksowa package deal

transakcja (f) handlowa business transaction

transakcja (f) hedgingowa hedging

transakcja (f) terminowa *[na termin]* forward contract

transakcje *[nielegalne]* **osoby wtajemniczonej w interesy firmy** insider dealing

transfer (m) transfer (n) *or* remittance

transport (m) transport (n) *or* carriage

transport (m) drogowy road transport *or* road haulage

transport (m) kolejowy rail transport

transport lądowy surface transport

transport (m) opłacony carriage paid

transport (m) publiczny common carrier

transport (m) publiczny public transport

transport (m) wolny od opłaty carriage free

transport TIR'ami trucking

transporter (m) carrier *[vehicle]*

transportować transport (v)

transza (f) batch (n) *[of products]*

tranzyt (m) transit

trasa (f) run (n) *[regular route]*

trasant (m) drawer

trasat (m) drawee

trata (f) bankowa banker's draft *or* bill of exchange *or* bank draft *or* bill (n) *[written promise to pay]* or draft (n) *[money]*

trata (f) płatna za okazaniem *[a vista]* sight draft

trend (m) trend

trendy (mpl) gospodarcze economic trends

troska (f) attention *or* concern (n) *[worry]*

trudna transakcja (f) hard bargain

trudne przeprowadzanie transakcji hard bargaining

trust (m) inwestycyjny typu otwartego *[emitujący nieograniczoną liczbę udziałów]* unit trust

trwały fixed *or* constant *or* standing

tryb (m) procedure

trybunał (m) do spraw czynszu rent tribunal

trybunał (m) rozjemczy arbitration tribunal

trybunał (m) rozjemstwa pracy industrial arbitration tribunal

trybunał (m) sądowy adjudication tribunal

trzeci kwartał third quarter

trzeciorzędny przemysł (m) tertiary industry

trzeciorzędny sektor (m) tertiary sector

trzykrotny treble

trzymać hold (v) *[keep]*

tuzin (m) dozen

twardy dysk (m) hard disk

twierdzić claim (v) *[suggest]*

tworzyć zapas stock (v)

tydzień week

tygodniowo per week

tygodniowy weekly

tymczasowe zatrudnienie (n) temporary employment

tymczasowy provisional

tymczasowy certyfikat (m) akcji scrip

typowy standard (adj)

tytuł (m) stanowiska pracy job title

Uu

uaktualniać update (v)

ubezpieczać insure

ubezpieczający insurer

ubezpieczenie insurance *or* cover (n)

ubezpieczenie (n) *[na życie]* assurance *or* life insurance

ubezpieczenie (n) domu house insurance

ubezpieczenie (n) krótkoterminowe *[na życie na określony termin]* term insurance

ubezpieczenie (n) morskie marine insurance

ubezpieczenie (n) na całe życie whole-life insurance

ubezpieczenie (n) na wypadek choroby health insurance

ubezpieczenie (n) od ognia fire insurance

ubezpieczenie (n) odpowiedzialności cywilnej third-party insurance

ubezpieczenie (n) samochodowe motor insurance

ubezpieczenie (n) uniwersalne *[auto casco plus odpowiedzialność cywilna]* comprehensive insurance *[insurance]*

ubezpieczyć czyjeś życie assure someone's life

ubezpieczyć od ryzyka cover a risk

ubezpieczyć się take out a policy

ubezpieczyciel (m) morski marine underwriter

ubiegający się o pracę applicant for a job

ubijać interes bargain (v)

ubytek (m) naturalny natural wastage

ubytki (mpl) wastage

uchwyt (m) holder *[thing]*

uchylać się evade

uchylanie się evasion

uchylanie się od płacenia podatku tax avoidance *or* tax evasion

uczęszczać attend

uczciwe przeprowadzanie transakcji fair dealing

uczciwy fair

uczciwy handel (m) *[oparty na wzajemnym porozumieniu]* fair trade

uczenie się na błędach trial and error

uczestnictwo (n) w przetargu tendering

udany successful

udogodnienia (npl) facilities

udogodnienia (npl) portowe harbour facilities

udogodnienia (npl) transportowe transport facilities

udogodnienie (n) facility *[ease]*

udoskonalać rationalize

udział (m) share (n) *[in a company]* or interest (n) *[investment]* or contribution

udział (m) kapitałowy contribution of capital

udział (m) na rynku market share

udział (m) w zyskach profit-sharing
udziałowiec (m) shareholder *or* partner
udzielać *[np. zniżki, rabatu]* allow *[give]*
udzielać kredytu credit (v) *or* lending
udzielać pożyczki / kredytu loan (v)
udzielać pomocy salvage (v)
udzielać rabatu / bonifikaty / zniżki / take off *[deduct]* discount (v)
udzielenie pomocy salvage (n) *[action]*
ufność (f) confidence
ugoda (f) composition *[with creditors]*
ujawniać disclose
ujawniać jakąś informację disclose a piece of information
ujawnienie (n) disclosure
ujawnienie informacji poufnej disclosure of confidential information
ujmować capture
ujmować coś w klamry bracket together
układ (m) arrangement *[compromise]* or scale *[system]*
układać structure (v) *[arrange]*
ukarać grzywną fine (v)
ukrycie aktyw concealment of assets
ulec przedawnieniu lapse
ulga (f) concession *[reduction]*
ulga (f) podatkowa tax concession *or* tax allowance *or* tax relief
ulica (f) road
ulica (f) handlowa *[wyłącznie dla pieszych]* shopping mall
ulotka (f) leaflet
ulotki (fpl), reklamówki (fpl) otrzymywane pocztą junk mail
ułatwienia (npl) facility *or* facilities *[ease]*
ułatwienia (n) kredytowe facility *[credit]* or credit facilities
ułożyć program / harmonogram timetable (v)
umacniać firm (v)
umarzać amortize *or* redeem
umiarkowany moderate (adj)
umiejscowić *[weksel]* domicile
umieszczać put (v) *[place]*
umieszczać na indeksie blacklist (v) *or* index (v)
umieszczenie indosu *[na odwrocie dokumentu]* endorsement *[action]*
umożliwienie szkolenia traineeship
umorzenie (n) amortization

umotywowany motivated
umowa (f) agreement *or* contract (n) *or* covenant (n)
umowa (f) bezterminowa open-ended agreement
umowa (f) czarterowa charter (n)
umowa (f) długoletnia long-standing agreement
umowa (f) długookresowa long-standing agreement
umowa (f) dwustronna reciprocal agreement
umowa (f) dzierżawy tenancy *[agreement]*
umowa (f) handlowa trade agreement
umowa (f) jednostronna one-sided agreement
umowa (f) marketingowa marketing agreement
umowa (f) o cenie stałej fixed-price agreement
umowa (f) o pracę contract of employment
umowa (f) o produktywności productivity agreement
umowa (f) o wyłączności danej firmy *[np. do sprzedaży jej wyrobów]* exclusive agreement
umowa (f) o zakazie strajków no-strike agreement
umowa (f) pisemna written agreement
umowa w sprawie unikania podwójnego opodatkowania double taxation agreement
umowa (f) ubezpieczeniowa insurance contract
umowa (f) wielostronna multilateral agreement
umowa (f) wzorcowa model agreement
umowa (f) z podwykonawcą subcontract (n)
umownie contractually
umowny contractual
unia (f) union
Unia Europejska European Union (EU)
unieruchamiać kapitał lock up capital
unieważniać cancel *or* rescind *or* void (v) *or* invalidate
unieważniać kontrakt/umowę cancel a contract
unieważnienie (n) cancellation *or* invalidation
unikać avoid *or* evade
unikać płacenia podatku evade tax

unikalna cecha, która promoże przy sprzedaży USP (= unique selling point)

uniknięcie evasion

uniwersalny comprehensive

upadek (m) collapse (n) *or* decline (n)

upadłość (f) bankruptcy *or* insolvency

upaństwowienie (n) nationalization

upaść crash (v) *[fail] or* flop (v)

upłynniać realize *[sell for money]*

upłynniać aktywa realize assets

upłynniać kurs walutowy float (v) *[a currency]*

upłynnienie (n) liquidation

upłynnienie aktyw realization of assets

upływ terminu expiration *or* expiry

upływ terminu ważności expiry date

upływać end (v)

upominek (m) gift *or* present (n) *[gift]*

upominek (m) gratisowy free gift

upomnienie (n) reminder

uporządkowanie (n) regulation

uporządkowywać order (v) *[put in order]*

upoważniać authorize *[give permission] or* entitle

upoważniać zapłatę authorize payment

upoważnienie (n) authorization

upoważniony authorized

uprawniać entitle

uprawnienie (n) entitlement

uprzedni previous

uprzednio opakowane prepack

uprzemysławiać industrialize

uprzemysłowienie (n) industrialization

uprzywilejowany wierzyciel (m) preferred creditor *or* preferential creditor

uregulować rachunek settle an account

uregulować / zapłacić *[rachunek]* settle *[an invoice]*

urlop (m) leave (n)

urlop (m) macierzyński maternity leave

urok (m) appeal (n) *[attraction]*

urozmaicenie (n) diversification

uruchamiać start-up

uruchamiać kapitał mobilize capital

uruchamiać komunikację run (v) *[buses, trains]*

uruchomienie *[przedsiębiorstwa]* flotation

urząd (m) office

urząd (m) centralny HQ (= headquarters)

urząd (m) rejestracyjny registrar

urząd (m) rejestrowania spółek/firm Registrar of Companies

urząd (m) stanu cywilnego registry office

Urząd Celny *[opłaty celne i akcyza]* Customs and Excise

urządzać establish

urządzenie (n) device

urządzić się w interesie set up in business

urzędas (m) officialese

urzędnik (m) clerk *or* official (n)

urzędnik (m) celny customs official

urzędnik (m) celny Excise officer

urzędnik (m) do prowadzenia księgi sprzedaży sales ledger clerk

urzędnik (m) do robienia rezerwacji / przyjmowania zamówień booking clerk

urzędnik (m) do spraw public relation public relations officer

urzędnik (m) niższy stażem junior clerk

urzędnik (m), który kierując się zażaleniami bada przewinienia firmy / instytucji ombudsman

urzędnik (m) udzielający informacji information officer

urzędowy formal *or* official (adj)

usługa (f) service (n) *[business which helps]*

usługa automatycznego odbierania telefonu answering service

usługi (fpl) komputerowe computer services

usługi okrawania / obcinania clipping service

uspakajać moderate (v)

ustąpienie (n) resignation

ustabilizowane ceny (fpl) stable prices

ustabilizowany firm (adj)

ustalać fix *[arrange] or* set (v) *or* determine

ustalać cenę price (v)

ustalać datę date (v)

ustalać sumę odszkodowania assess damages

ustalanie (n) fixing

ustalanie cen pricing

ustalenie (n) wymiaru podatku *[action]* tax assessment *[result]*

ustalona cena (f) set price

ustalona skala (f) opłat fixed scale of charges

ustalone cele (mpl) set targets

ustalony set (adj) *or* routine (adj)

ustanawiać institute (v)

ustawa (f) law *[rule]*

ustawa (f) o przedawnieniu statute of limitations

ustawodawstwo (n) legislation

ustawowy legal *[referring to law]* or statutory

ustny verbal

usunięcie (m) removal *[sacking someone]*

usuwać excise (v) *[cut out]* or remove

uszkodzenia (npl) spowodowane burzą storm damage

uszkodzenie (n) damage (n)

uszkodzenie (n) własności damage to property

uszkodzić damage (v)

uszkodzony damaged

utarg (m) takings

utracić depozyt forfeit a deposit

utracić forfeit (v)

utrata (f) forfeiture

utrata (f) *[przez konfiskatę]* forfeit (n)

utrata (f) klientów loss of customers

utrzymywać maintain *[keep going]* or maintain *[keep at same level]*

utrzymywanie (n) maintenance *[keeping things going]*

utrzymywanie dostaw maintenance of supplies

utworzenie nowego przedsiębiorstwa z notowaniami na giełdzie float (n) *[of company]*

utworzyć spółkę akcyjną float a company

utylizacja (f) utilization

uwaga (f) attention *or* note (n)

uwagi (fpl) do przekazania innym w pracy memo

uwalniać się od zobowiązań / odpowiedzialności discharge one's liabilities

uwalniać exempt (v)

uwarunkowany qualified *[with reservations]*

uwieńczony powodzeniem successful

uwierzytelniać authenticate

uwolnić free (v)

uwolnienie (n) release (n)

uwzględniać 10% kosztów transportu allow 10% for carriage

uwzględniać coś allow for

uzbierać się mount up

uzgodnić settle *[arrange things]*

uzgodnienie *[czynności, działalności]* w czasie timing

uzgodnienie *[kont]* rachunków reconciliation of accounts

uzgodniona cena (f) agreed price

uzgodniony agreed

uznanie (n) appreciation *[how good something is]* or recognition

uznanie (n) przez związek union recognition

uznawać accept (v) *[agree]*

uznawać kogoś za bankruta *[sądownie]* declare someone bankrupt

uznawać związek zawodowy recognize a union

uzupełniać complete (v)

uzupełniający complementary

uzupełnienie zasobów towarów restocking

uzyskiwać obtain

uzyskiwać efekty przetwarzania danych output (v) *[computer]*

uzyskiwać pieniądze na coś raise (v) *[obtain money]*

uzyskiwać wpływy take (v) *[receive money]*

użyteczny useful

użytek (m) use (n)

użytkować use (v)

użytkować na warunkach dzierżawy lease (v) *[of tenant]*

użyte employed *[money]*

użytkowanie (n) utilization

użytkownik (m) user *or* occupant

użyty *[jako]* employed *[used]*

używać use (v)

używać palet palletize

używanie (n) use (n)

używany secondhand

Vv

VAT (podatek od wartości dodatkowej) VAT (= value added tax)

Ww

wada (f) defect *or* fault *[mechanical]*

wadliwość (f) imperfection

wadliwy defective *[faulty]*

wadliwy sprzęt (m) faulty equipment *or* imperfect

waga (f) weight

waga (f) brutto gross weight

waga (f) netto net weight

waga (f) nieścisła false weight

waga (f) pomostowa *[wozowa]* weighbridge

wagon (m) truck *[railway wagon]*

wagon (m) franco free on rail

wahać się fluctuate

wahający się fluctuating

wahanie się fluctuation

wakacje należne ustawowo statutory holiday

wakans (m) vacancy *[for job]*

walizka (f) case (n) *[suitcase]*

walne zgromadzenie (n) general meeting

waluta (f) currency

waluta (f) miękka (niewymienialna) soft currency

waluta (f) rezerwowa reserve currency

waluta (f) wymienialna convertible currency

wariant (m) variation

warsztat (m) workshop

warte ceny good value (for money)

wartość (f) value (n) *or* worth (n)

wartość (f) aktywów netto net worth

wartość (f) fakturowa invoice price

wartość (f) księgowa book value

wartość (f) majątku asset value

wartość majątku netto *[po odtrąceniu zobowiązań]* equity

wartość (f) na giełdzie market capitalization

wartość (f) nominalna nominal value *or* face value

wartość (f) nominalna *[parytetowa)* par value

wartość (f) odnowienia *[odszkodowania ubezpieczeniowego]* replacement value

wartość (f) określana rzadkością zasobu scarcity value

wartość (f) przy wymianie replacement value

wartość (f) rynkowa market value *[value]*

wartość wykupu polisy ubezpieczeniowej surrender value

warty kredytu credit-worthy

warunek (m) condition *[terms]* or provision *[condition]* or stipulation or understanding

warunek (m) / klauzula (f) unieważnienia cancellation clause

warunki terms

warunki (mpl) administracji letters of administration

warunki (mpl) handlowe trade terms

warunki (mpl) oparte na płaceniu gotówką cash terms

warunki (mpl) płatności terms of payment

warunki (mpl) pracy working conditions

warunki (mpl) sprzedaży conditions of sale

warunki (mpl) sprzedaży terms of sale

warunki (mpl) zatrudnienia conditions of employment

warunki (mpl) zatrudnienia terms of employment

warunki kredytu credit terms

warunkowy conditional

ważność (f) importance *or* validity

ważny valid *or* important *or* heavy *[important]*

ważony wskaźnik (m) *[np.cen]* weighted index

ważyć weigh

wbudowane built in

wciągać do wykazu record (v)

wciągać na czarną listę blacklist (v)

wciągać na listę list (v)

wcześnie early

wcześniej advance (adj)

w dobrej wierze bona fide

według kontraktu contractually

według próbki / wzoru as per sample

wejście (n) entry *[going in]*

wejście do kontroli celnej customs entry point

wejść enter *[go in]*

wejść do doku / basenu portowego dock (v) *[ship]*

wejść w życie effect (v)

weksel (m) bill (n) *[written promise to pay]* *or* bill of exchange *or* draft (n) *[money]*

weksel (m) bankowy bank bill (GB)

weksel (m) bankowy bank draft

weksel (m) grzecznościowy accommodation bill

weksel (m) trasowany banker's draft

weksle (mpl) do zapłacenia *["wierzyciele wekslowi"]* bills payable

weksle (mpl) w porfelu *["dłużnicy wekslowi"]* bills receivable

werbować / zdobywać klientów, zamówienia canvass

werdykt (m) ruling (n)

weryfikacja (f) verification

weryfikować verify

wewnątrz zakładu in-house

wewnętrzny domestic *or* internal *[inside a company]* *or* inland

wezwać do wpłaty za akcje call (n) *[stock exchange]*

wezwanie (n) sądowe summons

wiadomość (f) communication *[message]* *or* item *[information]* *or* information *or* message

wiarygodność (f) reliability

wiarygodny reliable

wiążący binding

wicedyrektor/-ka deputy manager *or* deputy managing director *or* assistant manager

widok (m) sight

wieś (f) country *[not town]*

wiec (m) rally

wiek (m) emerytalny retirement age

wieko (n) cover (n) *[top]*

wielkość (f) size

wielkość obrotow volume of business

wielokrotny multiple (adj)

wielostronny multilateral

wierna kopia (f) true copy

wierzyciel (m) hipoteczny mortgagee

wierzyciel (m) nie zabezpieczony unsecured creditor

wierzyciel (m) creditor

wierzytelności (fpl) receivables

wierzytelność (f) liability *or* debt *or* claim

większość (f) akcjonariuszy majority shareholder

większość (f) majority

większy major

w imieniu on behalf of

wina (f) blame (n) *or* fault *[blame]*

winda (f) lift (n)

winda (f) towarowa elevator *[goods]*

winić blame (v)

w interesach on business

witryna (f) shop window

wiza (f) visa

wiza (f) tranzytowa transit visa

wiza (f) wielokrotnego przekroczenia granicy multiple entry visa

wiza (f) wjazdowa entry visa

wizytówka (f) card *[business card]* *or* business card

wizyta (f) call (n) *[visit]*

wizyta (f) w sprawach interesu business call

wkład (m) contribution *or* interest (n) *[investment]* *or* quota

wkład (m) bankowy zwrotny na żądanie demand deposit

wkład (m) kapitału contribution of capital

wkład (m) terminowy time deposit

wkładać do kieszeni pocket (v)

wliczać count (v) *[include]* *or* include

wliczający inclusive

władza (f) authority

władza wykonawcza (f) executive (n)

władze (fpl) lokalne local government

własność (f) ownership

własność (f) gruntowa real estate

własność (f) należąca do wielu *[osób, przedsiębiorstw]* multiple ownership

własność (f) publiczna common ownership *or* collective ownership

własność (f) społeczna collective ownership

własny personal

właściciel/-ka owner *or* proprietor/proprietress

właściciel/-ka domu/mieszkania landlord

właściciel (m) sklepu shopkeeper

właściwy adequate

włączać include *or* phase in *or* incorporate *or* incorporate *[a company]*

włącznie inclusive

włożyć do kartoteki file documents

wmurowane built-in

w najlepszym gatunku choice (adj)

wnęka (f) niche

wniosek (m) application

wniosek (m) o pracę letter of application

wniosek / podanie o pracę application for a job

wniosek (m) ubezpieczeniowy proposal *[insurance]*

wnosić podanie (n) o apply for *[ask for]*

wnosić powództwo / pozew / skargę do sądu bring a civil action

wnosić skargę do sądu sue

wnosić wkład contribute

w oczekiwaniu na patent patent pending

wojna (f) o ceny price war

wojna o obniżenie cen price-cutting war

woleć prefer

wolna posada (f) vacancy *[for job]*

wolna strefa (f) free zone

wolne *[od opłaty]* franco

wolne etaty (mpl) appointments vacant

wolne miejsca (npl) pracy situations vacant

wolne od cła duty-free

wolne od opłat toll free (US)

wolne od opłaty czynszowej rent-free

wolne od opłaty pocztowej post free

wolne od opodatkowania exemption from tax

wolne od podatku tax-free

wolne stanowiska (npl) appointments vacant

wolny clear (adj) *[free]* or free (adj) *[not busy]* or vacant

wolny handel (m) free trade

wolny od cła free of duty

wolny of opodatkowania free of tax

wolny port (m) *[strefa bezcłowa]* free port

wolny rynek (m) open market

word processing word-processing

worek (m) bag

wpłacać *[na konto]* bank (v)

wpłacać depozyt put the money down

wpłacający depositor

wpłacający udział contributor

wpływ (m) influence (n)

wpływ na inne rzeczy knock-on effect

wpływać influence (v)

wpływy (mpl) *[dochody]* **netto** net receipts

wpływy (mpl) earnings *[profit]* or take (n) *[money received]* or takings

wpis (m) entry *[writing]*

wpisanie do rejestru registration

wpisywać enter *[write in]*

wpisywać nieruchomość do księgi wieczystej register a property

wpisywać się na listę register (v) *[in official list]*

wprowadzać bring in *or* launch (v) *or* introduce *or* phase in *or* initiate

wprowadzać innowacje/zmiany innovate

wprowadzać na rynek market (v)

wprowadzać po raz pierwszy pioneer (v)

wprowadzać prawo regulate *[by law]*

wprowadzać w życie implement (v)

wprowadzenie (n) induction

wprowadzanie na rynek launching

wprowadzenie (n) na rynek launch (n)

wprowadzenie (n) w życie implementation

wprowadzenie danych input information

wprowadzenie na rynek flotation

wprowadzenie przedsiębiorstwa na giełdę przez emisję akcji floating of a company

wprowadzenie zmian w zawartej umowie o pożyczkę restructuring of a loan

w przybliżeniu approximately

wpuszczać admit *[let in]*

wrak (m) wreck (n) *[ship]*

w ramach firmy in-house

wręczać hand in *or* present *[give]*

w rozpatrywaniu sądowym sub judice

wsiadać *[np. na statek/do pociągu]* board (v)

wskaźnik (m) indicator *or* index number

wskaźnik błędów error rate

wskaźnik (m) cen detalicznych retail price index

wskaźnik (m) cen hurtowych wholesale price index

wskaźnik (m) efektywności inwestycji rate of return

wskaźnik (m) kosztów utrzymania cost-of-living index

wskaźnik (m) średniej/przeciętnej average (n)

wskaźnik (m) wzrostu growth index

wskaźniki (mpl) gospodarcze economic indicators

wskazówka (f) guideline *or* instruction

wspaniały przykład (m) showcase

wsparcie (n) assistance

wspierać assist

wspierać finansowo sponsor (v)

wspólne konto (n) joint account

wspólne rozmowy (fpl) joint discussions

wspólnie jointly

wspólnik (m) copartner *or* associate (n) *or* trading partner *or* partner

wspólnota (f) community

Wspólnota Europejska EU (= European Union)

wspólny common *[to more than one] or* collective *or* joint

wspólny rachunek (m) joint account

Wspólny Rynek(m) Common Market

współczynnik (m) ratio

współczynnik (m) ładowności *[obciążenia]* load factor

współczynnik (m) minusowy minus factor

współdyrektor (m) naczelny joint managing director

współdziałać contribute

współdziałanie (n) synergy *or* contribution

współkredytor (m) co-creditor

współpraca (f) co-operation *or* collaboration

współpracować co-operate *or* collaborate

współsygnatariusz (m) joint signatory

współudział (m) partnership

współwłaściciel/-ka co-owner *or* joint owner *or* part-owner

współwłasność (f) co-ownership *or* joint ownership *or* part-ownership

współzarządzanie (n) joint management

współzawodnictwo (n) competition

w sprawach interesu on business

w sprawie regarding

wstawiać zakup do rachunku charge a purchase

wsteczna podwyżka płac retroactive pay rise

wsteczny reverse (adj)

wstęp (m) induction

wstępny initial (adj) *or* opening (adj) *or* pilot (adj)

wstępować enter *[go in]*

wstrzymać wpłaty stop payments

wstrzymać wypłatę czeku stop a cheque

wstrzymanie dostaw suspension of deliveries

wstrzymany deferred

wstrzymywać hold up (v) *[delay] or* defer

wszystkie koszty pokryte all expenses paid

wszystko wliczone all-in

wszystko wliczone w cenę all-in price

w śródmieściu downtown (adv)

w terminie duly *[in time]*

wtórnik (m) duplicate

w trakcie budowy under construction

w trzech egzemplarzach in triplicate

wtyczka (f) plug (n) *[electric]*

w uzupełnieniu further to

wyładowywać towary w porcie lądowania land goods at a port

wyładowywać offload

wyłączać exclude *or* except

wyłączając **podatek** exclusive of tax

wyłączając exclusive of *or* excluding

wyłączenie (n) exclusion

wyłączne przedstawicielstwo (n) sole agency

wyłączność (f) exclusivity

wyłączny kupiec (m) sole trader

wyłączny właściciel (m) sole owner

wyłączny sole

wyżłabiać erode

wyasygnować allocate

wyasygnować fundusze budget (v)

wyasygnowanie środków pieniężnych *[np. w budżecie]* appropriate (v) *[funds]*

wybór (m) choice (n) *[choosing]* or choice (n) *[thing chosen]* or alternative (n) *or* range (n) *[variation]* or selection

wybawca (m) white knight

wybierać elect *or* choose

wybierać *[pieniądze z banku]* withdraw *[money]*

wybierać ponownie re-elect

wybieranie *[pieniądzy]* drawing

wybieranie (n) listów collection *[post]*

wybitny outstanding *[exceptional]*

wybory (mpl) election

wybrakowanie (n) rejection

wybrakowany wyrób (m) reject (n)

wybrani kandydaci (mpl) screen candidates

wybranie pieniędzy withdrawal *[of money]*

wycena (f) estimate (n) *[calculation]* or pricing *or* valuation

wycena (f) giełdowa stock market valuation

wycena (f) konkurencyjna competitive pricing

wyceniać assess *or* cost (v) *or* estimate (v) *or* price (v)

wycenione konkurencyjnie competitively priced

wyciąg (m) statement

wyciąg (m) z konta statement of account

wyciąganie danych data retrieval

wycinać excise (v) *[cut out]*

wycofać ofertę withdraw *[an offer]*

wycofać ofertę przejęcia withdraw a takeover bid

wycofać się stand down

wycofywać *[np. z rynku]* phase out

wyczerpywać run out of

wydajność (f) productivity *or* capacity *[production]* or effectiveness *or* output (n) *[goods]* or performance *or* throughput *or* output (n) computer

wydanie (n) release (n)

wydanie (n) akcji gratisowych scrip issue

wydatek (m) expenditure *or* expense *or* disbursement *or* outlay

wydatek (m) poniżej wytycznej below-the-line expenditure

wydatki (mpl) outgoings *or* expenses

wydatki (mpl) inwestycyjne capital expenditure

wydatki (mpl) konsumenta consumer spending

wydatki (mpl) nieprzewidziane incidental expenses

wydatki (mpl) operacyjne operating expenses

wydatki (mpl) reklamowe publicity expenditure

wydatki (mpl) sądowe legal expenses

wydatkować disburse

wydawać spend *[money]* or give away

wydawać instrukcje issue instructions

wydawać licencję license

wydawać ponad stan overspend

wydawać wszystkie pieniądze out of pocket

wydawać zbyt dużo overspend

wydawanie licencji/koncesji/pozwolenia licensing

wydawnictwo (n) komputerowe desk-top publishing (DTP)

wydobywać z produce (v) *[bring out]*

wydruk (m) printout

wydruk (m) komputerowy computer printout

wydrukować print out

wydział (m) dept (= department) *or* division *[part of a company]*

wydział (m) eksportu export department

wydział (m) kadr personnel department

wydział (m) księgowości accounts department

wydział (m) prawny legal department

wydział (m) projektów design department

wydział (m) public relations public relations department

Wydział Opłat Celnych Excise Department

wydziałowy departmental

wydzierżawiać lease (v) *[of landlord]*

wyegzekwować enforce

wyekwipować equip

wygaśnięcie (n) expiry *or* expiration *or* termination

wygasać end (v) *or* expire *or* terminate

wygląd / obraz (m) korporacji corporate image

wygodny w użyciu handy

wyjątkowe artykuły / towary (mpl) exceptional items

wyjątkowy exceptional *or* outstanding *[exceptional]*

wyjście (n) output (n) *[computer]*

wyjść poza swój budżet overspend one's budget

wyjazd (m) służbowy business trip

wyjazd (m) w sprawach interesu business trip

wykaz (m) list (n) *or* register statement *or* specification *or* breakdown (n) *[items]*

wykaz (m) cen index (n) *[of prices]*

wykaz (m) cen detalicznych consumer price index

wykaz (m) komputerowy computer listing

wykaz (m) nazw ulic street directory

wykazywać demonstrate

wykazywać zysk show a profit

wykluczać exclude *or* except

wykluczenie (n) exclusion

wykonalność (f) feasibility

wykonanie (n) completion *or* execution

wykonanie (n) umowy completion of a contract *or* fulfilment *or* performance

wykonanie zamówienia order fulfilment

wykonany na zamówienie custom-made

wykonawczy executive (adj)

wykonywać execute

wykonywać przymusowo enforce

wykonywać zamówienie fulfil an order

wykorzystanie ładowności capacity utilization

wykorzystywać exploit

wykorzystywać daną sytuację capitalize on

wykorzystywać prawo opcji exercise an option

wykres (m) diagram

wykres (m) chronologiczny *[obrotów]* flow chart

wykres (m) procentowy *[o kształcie kolistym]* pie chart

wykres (m) słupkowy bar chart

wykres (m) sprzedaży / obrotu sales chart

wykreślać cross out

wyksięgować zapis (m) contra an entry

wykup (m) przedsiębiorstwa na kredyt leveraged buyout (LBO)

wykup (m) przedsiębiorstwa przez zarząd management buyout (MBO)

wykup (m) przymusowy compulsory purchase

wykupić redeem

wykupić obligację redeem a bond

wykupić polisę surrender a policy

wykupić zastaw redeem a pledge

wykupienie (n) surrender (n) *[insurance]*

wykupywalny redeemable

wykwalifikowana siła robocza skilled labour

wykwalifikowany qualified *or* skilled

wyliczać się account for

wymagać require *[demand]*

wymagania (npl) requirements

wymagania (npl) siły roboczej manpower requirements

wymeldować się check out *[of hotel]*

wymiana (f) replacement *[item]*

wymiana (f) handlowa commerce

wymiana (f) obcej waluty foreign exchange *[changing money]*

wymiana (f) towarowa commodity exchange

wymiana walut bureau de change *or* exchange (n) *[currency]*

wymiar (m) podatku tax assessment *[result]*

wymiar (m) sprawiedliwości jurisdiction

wymieniać convert *or* exchange (v)

wymieniać *[towar na inny towar]* barter (v) *or* exchange (v) *[one thing for another]*

wymieniać pieniądze change (v) *[money]*

wymieniać walutę change (v) *[money]* *[currency]* *or* replace

wymieniający pieniądze money changer

wymienialność (f) convertibility

wymienny exchangeable

wymuszać zniżkę cen force prices down

wymuszać zwyżkę cen force prices up

wymuszony forced

wynagradzać make up for *or* remunerate

wynagradzać komuś straty recoup one's losses

wynagrodzenie (n) fee *[for services] or* remuneration *or* salary *or* payment *or* wage

wynagrodzenie (n) brutto gross salary

wynagrodzenie (n) netto net salary

wynagrodzenie (n) początkowe starting salary

wynajęty samochód (m) hire car

wynajem (m) hire (n)

wynajmować let (v)

wynajmowć samochód hire a car

wynajmować *[komuś]* biuro let an office

wynajmować sprzęt lease equipment

wynajmowanie (n) let (n)

wynik (m) result *[general] or* effect (n) *or* output (n) computer

wynikać z result from

wyniki (mpl) roku sprawozdawczego *[obrachunkowego]* results *[company's profit or loss]*

wynosić amount to *or* bring out

wypłacać pay out

wypłacać dywidendę pay a dividend

wypłacać *[robotnikowi]* pay (v) *[worker]*

wypłacalność (f) solvency

wypłacalny solvent (adj)

wypłata (f) pay (n) *[salary]*

wypłata (f) za wakacje holiday pay

wypłukany z pieniędzy broke (informal)

wypadek (m) crash (n) *[accident]*

wypadek (m) przy pracy industrial accident

wypadek (m) przy wykonywaniu zawodu occupational accident

wypełniać nadgorliwie wymagania pracy *[w celu zwolnienia tempa pracy - rodzaj protestu związków zawodowych]* work-to-rule

wypełniać lukę fill a gap

wypełniać magazyn towarem stock up

wypełnienie (n) fulfilment

wypełniony up to date *[complete]*

wypisywać write out

wyposażać w maszyny tool up

wyposażenie (n) *[uzbrojenie]* **kapitałowe** capital equipment

wyposażenie (n) biura office equipment

wyposażenie (n) equipment

wypowiedzenie (n) notice *[that worker is leaving his job]*

wypożyczalnia (f) hire (n)

wyprowadzać bring out

wyprzedaż (f) sale (n) *[at a low price]*

wyprzedaż (f) poremanentowa stocktaking sale

wyprzedaż (f) sezonowa end of season sale

wyprzedaż (f) towaru przed likwidacją *[np. sklepu]* closing-down sale

wyprzedaż za pół darmo half-price sale

wyprzedawać sell out *[all stock] or* clear (v) *[stock]*

wypuszczać *[na wolność]* release (v) *[free]*

wypuszczać na rynek release (v) *[put on the market] or* launch (v)

wypuszczanie na rynek launching

wypuszczenie (n) na rynek launch (n)

wypytywać sample (v) ask questions

wyrażać swoją opinię express (v) *[state]*

wyrażać na piśmie put in writing

wyraźnie wypowiedziane express (adj) *[stated clearly]*

wyraźny clear (adj) *[easy to understand]*

wyrabiać pozycję i wyobrażenie firmy promote a corporate image

wyrabiać produktowi dobrą markę na rynku merchandize a product

wyrabianie produktowi dobrej marki na rynku przy sprzedaży merchandizing

wyroby (mpl) fabryczne manufactured goods

wyroby (mpl) gotowe finished goods

wyroby (mpl) merchandise (n)

wyrok (m) adjudication *or* judgement *or* judgment

wyrokować judge (v)

wyrób (m) product

wyrób (m) do masowej sprzedaży mass market product

wyrób (m) końcowy end product

wyrównanie (n) compensation *or* equalization

wyrównujący inwestycje zgodnie ze stopą inflacji index-linked

wyrównywać pay up *or* level off *or* level out

wyrówywnać *[stratę]* compensate

wyrywkowa kontrola (f) random check

wyrywkowa próbka (f) random sample

wyrywkowe próbowanie (n) random sampling

wyrywkowy random

wyrzucanie (n) dumping

wysadzać pasażerów / wyładować ładunek land (v) *[passengers, cargo]*

wysiłek (m) effort

wysłanie (n) consignment *[sending]*

wysoce umotywowany personel zajmujący się sprzedażą highly motivated sales staff

wysoce wykwalifikowany highly qualified

wysoka jakość (f) high-quality

wysoka koniunktura danego przemysłu boom industry

wysoki czynsz (m) high rent

wysoki procent (m) high interest

wysokie koszty (mpl) heavy costs

wysokie opodatkowanie (n) high taxation

wysoko opłacany highly-paid

wysoko oprocentowane obligacje (fpl) *[bez solidnego zabezpieczenia]* junk bonds

występować z propozycją zrobienia czegoś propose to *[do something]*

występować z inicjatywą take the initiative

występować jako gwarant underwrite *[pay costs]*

występujący z pełnoprawnym roszczeniem rightful claimant

wystarczający sufficient

wystartować take off *[plane]*

wystawa (f) *[w oknie wystawowym]* window display

wystawa (f) sklepowa shop window

wystawa (f) exhibition *or* display (n) *or* presentation *[exhibition]* *or* show (n) *[exhibition]* *or* window

wystawca (m) exhibitor

wystawca (m) *[np.czeku]* drawer

wystawiać write out

wystawiać *[na pokaz]* exhibit (v) *or* display (v) *or* show (v)

wystawiać akredytywę issue a letter of credit

wystawiać czek draw *[a cheque]*

wystawiać na licytację auction (v)

wystawiać rachunek (m) make out *[invoice]* *or* bill (v)

wystawiać / wypisywać czek write out a cheque

wystawienie rachunku billing

wysuwać cel target (v)

wysuwać roszczenie wzajemne counter-claim (v)

wysuwać wniosek move *[propose]*

wysyłać dispatch (v) *[send]* *or* despatch (= dispatch) *or* send

wysyłać/nadawać pocztą lotniczą airmail (v) *or* consign

wysyłać ekspresem express (v) *[send fast]*

wysyłać faksem fax (v)

wysyłać fakturę pocztą send an invoice by post

wysyłać listem poleconym register (v) *[letter]*

wysyłać paczkę pocztą lotniczą send a package by airmail

wysyłać paczkę pocztą zwykłą send a package by surface mail

wysyłać pocztą mail (v) *or* post (v)

wysyłać przesyłkę drogą morską send a shipment by sea

wysyłać statkiem ship (v)

wysyłać teleksem telex (v)

wysyłać w kontenerach containerize *[ship in containers]*

wysyłać wytyczoną drogą channel (v)

wysyłanie czasopism pocztą magazine mailing

wysyłanie pocztą mailing

wysyłanie poczty bezpośrednio direct mailing

wysyłka (f) shipping *or* dispatch (n)

wysyłka (f) hurtowa bulk shipments *[sending]*

wysyłka w kontenerach containerization *[shipping in containers]*

wysyłkowy mail-order

wyszczególniać itemize *or* break down (v) *[itemize]* *or* specify *or* detail (v)

wyszczególniony detailed

wytłumaczyć account for

wytaczać proces o kompensatę za szkody action for damages

wytwarzać manufacture (v)

wytwarzanie (n) manufacturing

wytwórca (m) producer *or* manufacturer *or* merchandizer

wytwórczość (f) wyrób (m) production *[making]*

wytyczna (f) guideline

wywiad (m) interview (n)

wywiązywać się w terminie meet a deadline

wywiązywać się z zadania meet a target

wywierać urok appeal to (v) *[attract]*

wywoływać skutek effect (v)

wyznaczać fix *[arrange]*

wyznaczać spotkanie na godzinę 15-tą fix a meeting for 3 p.m.

wyznaczenie (n) fixing

wyznaczenie (n) *[zadań, pracy]* assignment *[work]*

wzór (m) design (n) *or* mode *or* swatch *or* sample (n) *[part]*

wzajemne oddziaływanie reciprocity

wzajemne towarzystwo (n) ubezpieczeniowe *[profit dzielony między posiadaczy polis]* mutual (insurance) company

wzajemność (f) reciprocity

wzajemny reciprocal *or* mutual (adj)

wziąć poprawkę na allow for

wznawiać resume *or* renew

wznawiać negocjacje resume negotiations

wznowienie (n) renewal

wznowienie dzierżawy renewal of a lease

wzrastać increase (v) *or* rise (v)

wzrastać w cenie increase (v) in price

wzrastające dochody (mpl) increasing profits

wzrastający increasing

wzrost (m) advance (n) *[increase]* or increase (n) *or* rise (n) *[increase]* or growth *or* climb

wzrost (m) gospodarczy economic growth

wzrost (m) kosztów utrzymania cost-of-living increase

wzrost (m) stopy procentowej percentage increase

wzrost (m) wartości appreciation *[in value]*

Zz

zaadresować list address a letter

zaadresować paczkę address a parcel

zaakceptować accept (v) *[take something]*

zaakceptować weksel accept a bill

zaakceptować odpowiedzialność za coś accept liability for something

zaakceptowanie oferty acceptance of an offer

zaangażować więcej pracowników take on more staff

zaangażowanie zbyt dużej ilości pracowników overmanning

zaasekurować underwrite *[guarantee]*

zabezpieczać safeguard

zabezpieczać *[kogoś]* provide for

zabezpieczający *[np. pożyczkę]* collateral

zabezpieczenie (n) [majątkowe] collateral (n)

zabezpieczenie (n) *[na obie strony przy operacjach giełdowych]* hedge (n)

zabezpieczenie (n) biura office security

zabezpieczenie (n) kapitału od podatku tax shelter

zabezpieczenie (n) społeczne social security

zabezpieczona pożyczka (f) secured loan

zabezpieczone długi (mpl) secured debts

zabezpieczony wierzyciel (m) secured creditor

zabezpieczyć się przed make provision for

zabiegać / starać się o zamówienia solicit orders

zablokować rachunek stop an account

zablokowana waluta (f) blocked currency

zablokowany frozen

zabronić forbid

zachęta (f) incentive

zachęta (f) pieniężna/materialna incentive bonus

zaciąganie pożyczki borrowing

zaciągnąć pożyczkę borrow

zaciągnąć długi incur debts

zaciekła konkurencja (f) cut-throat competition

zaczynać begin *or* open (v) *[begin]*

zaczynać od niczego cold start

zaczynać negocjacje open negotiations

zadać kilka pytań sample *[ask questions]*

zadać pytanie raise (v) *[a question]*

zadania (npl) / cele (mpl) produkcji production targets

zadanie (n) target (n)

zadanie (n) planowe sprzedaży sales target

zadatek (m) deposit (n) *[paid in advance]*

zadatek (m) zwrotny refundable deposit

zadatkować deposit (v)

zadeklarowana wartość (f) declared value

zadeklarowany declared

zadłużenie (n) indebtedness

zadłużony indebted

zadowalać satisfy *[customer]*

zadowolenie (n) klienta customer satisfaction

zadowolenie (n) z pracy job satisfaction

zadziałać take action *or* stage (v) *[organize]*

zadzwonić call (v) *[phone]*

zgadzać się *[z czymś]* correspond with something

zagarniać seize

zagospodarować develop *[build]*

zagranica (f) abroad *or* overseas (n)

zagraniczny foreign *or* external *[foreign]* *or* overseas (adj)

zagraniczny przekaz (m) pieniężny foreign money order

zagwarantować underwrite *[guarantee]*

zagwarantowana płaca (f) guaranteed wage

zahamowanie (n) setback

zainicjować initiate

zainkasować czek cash a cheque

zainstalować się w interesie set up in business

zająć się *[kimś]* deal with someone

zająć się zamówieniem deal with an order

zająć miejsce take place

zajezdnia (f) depot

zajęcie (n) job *[employment]* *or* occupancy *or* seizure

zajęty busy *or* engaged *[telephone]*

zajmować się akwizycją canvass

zajmować się czymś concern (v) [deal with]

zajmujący dużo miejsca bulky

zakaz (m) ban (n)

zakaz (m) importu import ban

zakaz (m) godzin nadliczbowych overtime ban

zakazać ban (v) *or* forbid

zakazujący prohibitive

zakład (m) ubezpieczeń assurance company

zakład (m) establishment *[business]* *or* plant (n) *[factory]*

zakład (m) *[pracy]* shop

zakładać establish *or* institute (v)

zakładać / otwierać konto open an account

zakładać / otwierać konto w banku open a bank account

zakładać pieniądze pay money down

zakładać plombę seal (v) *[attach a seal]*

zakładać firmę set up a company

zakładać kaucję stand security for someone

zakłady (mpl) przemysłowe industry *[companies]*

zakładając, że provided that *or* providing

zakończenie (n) completion *or* closure *or* end (n) *or* termination

zakończony complete (adj)

zakończyć zebranie close a meeting *or* wind up *[a meeting]*

zakończyć complete (v)

zakres (m) area *[subject]* *or* limit (n) *or* range

zakres (m) pełnomocnictw terms of reference

zaksięgować book (v)

zakup (m) acquisition *or* buying *or* purchasing

zakup hurtem bulk buying

zakup i odsprzedaż turnround *[goods sold]*

zakup (m) pod wpływem impulsu impulse purchase

zakup (m) przez centralę central purchasing

zakup (m) w porywie impulse purchase

zakup (m) za gotówkę cash purchase

zakup (m) z częściową wymianą *[starego na nowe]* trade-in *[old item in exchange]*

zakup (m) z miejsca *[natychmiastowy]* spot *[purchase]*

zakup (m) z prawem zwrotu see-safe

zakupiony bought *(see also BUY)*

zakupy (mpl) shopping *[goods bought]* *or* shopping *[action]*

zakwaterowanie w hotelu hotel accommodation

zalecana cena (f) wytwórcy manufacturer's recommended price (MRP)

zalegać fall behind *[be late]*

zaleganie (n) non-payment *[of debt]*

zalegalizować incorparate *[a company]*

zalegalizowanie (n) incorporation

zaległe długi (mpl) outstanding debts

zaległe zamówienia (npl) outstanding orders

zaległe zlecenia (n) back orders

zaległość (f) back payment

zaległości (mpl) arrears

zaległy podatek(m) back tax

zaległy outstanding *[unpaid]* *or* overdue

zalewać flood (v)

zależnie od depending on

zależny subsidiary (adj)

zaliczka (f) cash advance

załadować load (v)

załadować ciężarówkę load a lorry

załadować na statek load a ship

załadowanie (n) na statek embarkation

załatwiać handle (v) *[deal with]* *or* settle *[arrange things]*

załatwiać roszczenie / żądanie settle a claim

załatwianie (n) handling

załączać enclose

załącznik (m) *[w liście]* enclosure

załączony towar (m) enclosure

założony dawno temu old-established

za mało opłacany underpaid

za mało wydawać underspend

zamawiać order (v) [goods]

zamek (m) lock (n)

zameldować się check in *[at hotel]* *or* register (v) *[at hotel]* *or* report (v) [go to a place]

zamiana (f) replacement *[item]* *or* swap (n)

zamieniać exchange (v) *[one thing for another]* *or* swap (v) *or* swop (= swap) *or* commute

zamierzona sprzedaż projected sales

zamierzone projected

zamieszkujący resident (adj)

zamykać wind up *[a company]* *or* close (v) *[after work]* *or* shut (v)

zamykać/zlikwidować [np.sklep, fabrykę] close down

zamykać konto/rachunek close an account

zamykać konto/rachunek close a bank account

zamykać na klucz lock (v)

zamykać na klucz sklep lub biuro lock up a shop *or* an office

zamknięcie (n) closure *or* closing (n) *or* close (n) *[end]* *or* closed

zamknięty shut (adj)

zamknięty rynek (m) closed market

zamorski overseas (adj)

zamówienie (n) booking *or* order (n) *[for goods]* *or* purchase order

zamrozić ceny freeze (v) *[prices]*

zamrozić kapitał lock up capital

zamrozić kredyty freeze credits

zamrozić płace i ceny freeze wages and prices

zamrożenie (n) kredytu credit freeze

zamrożenie (n) freeze (n)

zamrożenie (n) płac wage freeze

zamrożony frozen

zaniechać abandon *or* omit

zaniechać działanie abandon an action

zaniedbane przedsiębiorstwo (n) neglected business

zaniedbywanie (n) negligence

zaniepokojenie (n) concern (n) *[worry]*

zanikający obsolescent

zanikanie (n) obsolescence

zaniżać lower

zaniżać ceny force prices down

zaoferowanie (n) ceny bidding

zaokrąglać *[cenę]* w górę round up

zaokrąglać *[cenę]* w dół round down

zaokrętować embark

zaokrętowanie (n) embarkation

zaopatrywać cater for *or* equip *or* supply (v) *or* stock (v) *[goods]*

zaopatrzenie (n) supply (n) *[stock of goods]*

zaopatrzeniowiec (m) buyer [for a store]

zaoszczędzić save up

zaoszczędzić na tighten up on *or* save on

zapakować parcel (v)

zapakować w kontenery containerize *[put into containers]*

zapakować w skrzynie case (v) [put in boxes]

zapakowany *[w skrzynię]* zestaw / komplet boxed set

zaparafować *[np. traktat]* initial (v)

zapas (m) reserve (n) *[supplies]* or stock (n) *[goods]* or inventory (n) *[stock]* or hoard

zapas (m) pożyczkowy loan stock

zapas (m) surowców stock of raw materials

zapas (m) towarów stockpile (n)

zapasowa kopia zbioru/pliku back up *[computer file]*

zapasowe [kopie] backup (adj) *[computer]*

zapieczętować kopertę seal (v) *[envelope]*

zapieczętowana koperta (f) sealed envelope

zapis (m) entry *[writing]* or record (n)

zapis (m) [buchalteryjny] entering

zapis (m) księgowy po stronie "Winien" debit (n)

zapis (m) przeciwstawny contra entry

zapis / rejestr (m) rozmów telefonicznych log calls

zapis (m) w księdze po stronie "Ma" credit entry *[of what has happened]*

zapis (m) w księdze po stronie "Winien" debit entry

zapisywać [detale] note (v) *[details]*

zapisywać do przechowania w pamięci komputera save (v) *[on computer]*

zapisywać na komputerze keyboard (v)

zapisywanie na komputerze keyboarding

zapłacić pay (v) *[bill]*

zapłacić czekiem remit by cheque

zapłacić gotówką pay money down

zapłacić komuś odszkodowanie za stratę indemnify someone for a loss

zapłacić należność *[za fakturę, rachunek]* pay an invoice

zapłacić odszkodowanie indemnify

zapłacić rachunek (m) pay a bill

zapłacone paid *[invoice]*

zapłata (f) payment *or* settlement *[payment]*

zapłata (f) całej należności payment in full

zapłata (f) całkowita full payment

zapłata (f) co pół roku half-yearly payment

zapłata (f) czekiem payment by cheque

zapłata (f) częściowa partial payment

zapłata (f) godzinowa hourly wage

zapłata (f) gotówką cash payment *or* payment in cash

zapłata (f) minimalna minimum payment

zapłata (f) przejściowa interim payment

zapłata (f) przedterminowa advance payment

zapłata (f) przelewem payment on account

zapłata (f) symboliczna token payment

zapłata (f) towarem payment in kind

zapłata (f) uwarunkowana rezultatami payment by results

zapłata (f) z góry advance payment

zapłata (f) za godziny nadliczbowe overtime pay

zapobiegać prevent

zapobieganie (n) prevention

zapobiegawczy preventive

zapoczątkować initiate

zapotrzebowanie (n) demand (n) *[need]* or requirements

zapraszać invite

zaprogramować komputer program a computer

zaproponować move *[propose]*

zaproponowanie (n) zakupu bidding

zaproszenie (n) invitation

zaprzestać discontinue

zaprzysiężony rewident (m) księgowy certified accountant

zapytać o ask for *[ask a price]*

zapytanie (n) inquiry

zarabiać earn *[money]*

zarabiać netto net (v)

zarejestrować się register (v) *[in official list]*

zarejestrować spółkę/przedsiębiorstwo register a company

zarejestrować znak firmowy register a trademark

zarejestrowany registered (adj)

zareklamowanie (n) sprzedaży sales promotion

zarezerwować book (v)

zarezerwować miejsce reserve a seat

zarezerwować pokój (m) reserve a room

zarezerwować stół reserve a table

zarobek (m) profit *or* wage

zarobki (mpl) earnings *[salary]*

zarobki (mpl) niewidoczne invisible earnings

zarobki (mpl) brutto gross earnings

zarobki (mpl) netto net earnings

zarys (m) draft (n) *[rough plan]*

zaryzykować take a risk

zarząd (m) management team *or* magement *[managers]* *or* board (n) *[group of people]* *or* executive (n)

zarząd (m) liniowy line management

zarząd (m) kadr personnel management

zarząd (m) na szczeblu pośrodkowym middle management

zarządzać manage *or* direct (v) *or* control (v)

zarządzać interesem/przedsiębiorstwem control a business

zarządzać własnością/majątkiem manage property

zarządzanie (n) management *[action]*

zarządzanie portfelem portfolio management

zarządzenie (n) directive

zarządzić *[spotkanie]* call (v) *[meeting]*

zarzucać *[np. rynek]* glut (v)

zasada (f) principle *or* rule (n)

zasadniczy basic (adj) *[most important]* *or* principal (adj)

zasądzać award (v)

zasiedziały lokator (m) sitting tenant

zasięgać informacji enquire (= inquire)

zasięganie informacji enquiry (= inquiry)

zasięgnąć porady prawnej take legal advice

zasiłek (m) unemployment pay *or* grant

zaskarżenie (n) prosecution *[legal action]*

zaskarżyć kogoś do sądu take someone to court

zasługa (f) merit

zasoby (mpl) finansowe financial resources

zasoby (mpl) /bogactwa (npl) naturalne natural resources

zasób (m) / zapas (m) państwowy government stock

zasób (m) towaru przy otwarciu opening stock

zaspokajać popyt meet a demand *or* satisfy a demand

zastaw (m) lien *or* security *or* deposit

zastąpić commute *[exchange]*

zastępca (m) deputy

zastępca (m) dyrektora/kierownika assistant manager

zastępca (m) dyrektora naczelnego deputy managing director

zastępować replace

zastępować kogoś deputize for someone

zastępowanie (n) replacement *[person]*

zastosować się *[do czegoś]* comply with

zastosować coś employ

zastosowanie się do *[np. czyjejś prośby, regulaminu]* compliance

zastosowany employed *[used]*

zastój (m) stagnation *or* depression

zastrzegać sobie *[w umowie]* stipulate

zastrzeżenie (n) proviso *or* stipulation *or* provision *[condition]*

zastrzeżony znak firmowy registered trademark

zaszczyt credit (n)

zaświadczać certify

zaświadczenie (n) certificate

zaświadczenie (n) lekarskie doctor's certificate

zatamować plug (v) *[block]*

zatapiać flood (v)

zator (m) bottleneck *or* hold-up (n) *[delay]*

zatrudniać employ

zatrudniać pracowników staff (v)

zatrudniający manned

zatrudnianie manning

zatrudnić kogoś confirm someone in a job

zatrudnić ponownie re-employ

zatrudnienie (n) employment

zatrudnienie na cały etat full-time employment

zatrudnienie (n) na półetacie part-time employment

zatrudniony employed *[in job]*

zatrzymanie (n) stoppage *[act of stopping]*

zatrzymywać check (v) *[stop]* or hold up (v) *[delay]*

zatrzymywać się czasowo stay (v)

zatwierdzać ratify

zatwierdzenie (n) ratification *or* approval

zatykać plug (v) *[block]*

zaufanie (n) confidentiality

zaufany confidential

zauważać take note

zawalić się collapse (v)

zawartość (f) content

zawiadamiać notify *or* inform *or* communicate

zawiadomienie (n) notification *or* notice *[piece of information]* or advice note

zawierać contain

zawierać umowę czarterową charter (v)

zawierać subkontrakt *[umowę z podwykonawcą]* subcontract (v)

zawierać transakcję transact business

zawieszać suspend

zawieszenie (n) suspension

zawieszenie (n) wykonania stay of execution

zawieszenie (n) płatności suspension of payments *or* stoppage of payments

zawijać wrap (up)

zawizować *[np. korektę]* initial (v)

zawładnąć capture

zawodowiec (m) professional (n) *[expert]*

zawodowy professional (adj) *[expert]* or occupational

zawracać reverse (v)

zawrzeć transakcję clinch

zawrzeć umowę conclude *[agreement]* or contract (v)

zawyżać ceny force prices up

zażalenie (n) complaint *or* letter of complaint

zbankrutować bankrupt (v) *or* fail [go bust] *or* crash (v) *[fail]*

zbankrutowany bankrupt (adj)

zbierać *[agitować innych dookoła siebie]* rally (v)

zbierający dzierżawę rent collector

zbieranie zamówień canvassing

zbiór (m) computer file *or* file (n) *[computer]* or set (n)

zbiornik (m) na śmieci dump bin

zbiornik (m) container *[box, tin]*

zbiornikowiec (m) tanker

zbiorowy collective *or* consolidated

zbiorowy ładunek (m) drobnicowy consolidated shipment

zbliżony approximate

zbudowany na zamówienie custom-built

zbyć sell off

zbyt (m) selling (n) *or* sales

zbyt (m) towaru według księgi book sales

zbywać sell

zbywalny negotiable *or* transferable

zdać sprawozdanie o stanie prac report on the progress of the work

zdać sprawozdanie o postępach w negocjacjach report on the progress of negotiations

zdalne kontrolowanie (n) remote control

zdawać sobie sprawę realize *[understand]*

zdecydować o drodze postępowania decide on a course of action

zdefraudować embezzle

zdejmować remove

zderzyć się crash (v) *[hit]*

zdezaktualizowany obsolete

z dnia na dzień day-to-day

zdobyć kontrakt (m) win a contract

zdobywać gain (v) *[get]* or capture

zdobywać zawód/zdobywać potrzebne kwalifikacje qualify as

zdobywanie nowych klientów przez domokrąstwo cold call

zdolność (f) capacity *[ability]*

zdolność (f) kredytowa borrowing power

zdolność (f) produkcyjna manufacturing capacity

zdolność (f) przepustowa throughput

zdolność zarobku earning capacity

zdolności (fpl) produkcyjne przemysłu industrial capacity

zdolny do capable of

zdrowie (n) health

z dywidendą cum dividend

zebranie (n) meeting *or* assembly *[meeting]*

zebranie zarządu board meeting

zebranie (n) pracowników staff meeting

zepsuć się break down (v) *[machine]*

zepsuty damaged

zero nil *or* zero

zerwać negocjacje break off negotiations

zerwać umowę/porozumienie/kontrakt break an agreement

zerwany off *[cancelled]*

zespół (m) oceniający reakcję klientów na nowy towar consumer panel

zespół (m) pracowników do spraw sprzedaży sales team

zespolenie (n) merger

zestaw (m) set (n) *or* range (n) *[series of items]*

zestawiać w formie tabel tabulate

zestawienia (npl) miesięczne monthly statement

zestawienie (n) statement *or* bill (n) [list of charges]

zestawienie (n) bilansowe balance (n) *or* balance sheet

zestawienie (n) stanu rachunków bank statement

zestawienie (n) wydatków statement of expenses

ześrodkowanie (n) centralization

zewnętrzny external *[outside a company]*

zeznanie (n) podatkowe tax return

zezwalać permit (v)

zezwalać na wejście admit *[let in]*

zezwolenie (n) permit (n) *or* permission *or* certificate of approval

zgadzać się accept(v) *[agree]* or agree *[accept]* or allow *[agree]*

zgadzać sie na warunki kontraktu approve the terms of a contract

zgadzać się z agree with *[be same as]*

zgłaszać reklamację complain (about)

zgłaszać się report (v) *[go to a place]*

zgłaszać się pisemnie apply in writing

zgłaszać towary do oclenia declare goods to customs

zgłaszać wniosek patentowy file a patent application

zgłaszać się na rozmowę report for an interview

zgłaszać się do kogoś report to someone

zgłaszać stratę/zgubę report a loss

zgłoszony declared

zgoda (f) agreement *or* acceptance *or* reconciliation

zgodnie z according to *or* under *[according to]*

zgodny z prawem legal *[referring to law]*

zgodnie z przepisami duly *[legally]*

zgodnie z rachunkiem as per invoice

zgodnie z zawiadomieniem as per advice

z góry up front *or* advance (adj)

zgromadzenie (n) assembly *[meeting]*

zgrupować bracket together

zguba (f) loss *[of something]*

zgubić zamówienie lose an order

ziemia (f) land (n)

zjednoczenie (n) incorporation

zlecenie (n) *[bankowe handlowe]* advice note

zlecenie (n) na wypłatę dywidendy dividend warrant

zlecenie (n) dostawy delivery order

zlecenie (n) order (n) *[instruction]* or mandate *or* message

zlecenie (n) zakupu purchase order

zlecenie (n) bankowi dokonywania regularnych płatności standing order

zleceniodawca (m) contracting party

zleceniobiorca (m) contractor

zlecać komuś kontrakt award a contract to someone

zległości (fpl) backlog

zliczać total (v)

zlikwidować wind up *[a company]*

zła administracja (f) maladministration

zła jakość (f) poor quality

zła obsługa (f) poor service

złączenie (n) merger

złe zarządzanie (n) maladministration or mismanagement

złe kierownictwo (n) mismanagement

złodziej (m) kradnący w sklepie shoplifter

złota karta (f) kredytowa gold card

złożono do opatentowania patent applied for

złożyć podanie apply for [ask for]

złożyć podanie o pracę apply for a job

złożyć do depozytu deposit (v)

złożyć rezygnację leave (v) [resign]

złożyć prośbę file (v) [request]

złożyć zamówienie place an order

zły zakup (m) bad buy

zły wrong

zmarły dead (adj) [person]

zmiana (f) alteration

zmiana (f) dzienna day shift

zmiana (f) shift (n) [change] or shift (n) [team of workers] or variation

zmiana (f) na lepsze upturn

zmieniać alter or switch (v) [change]

zmieniać się change (v) [become different]

zmieniać kierunek reverse (v)

zmienne kursy walutowe floating exchange rates

zmienny floating

zmniejszać decrease (v) or reduce

zmniejszać wydatki cut down on expenses

zmniejszenie decrease (n)

z mocą retroaktywną retroactive

zmonopolizować rynek corner the market

zmuszony forced

znaczek (m) stamp (n) [post]

znaczenie (n) importance

znaczyć matter (v)

znajdujący się stale na składzie stock (adj) [normal]

znak (m) mark (n) or sign (n) or token

znak (m) firmowy brand name or trademark

znak (m) jakości quality label

znakomity excellent or outstanding [exceptional]

znakować mark (v)

znaleść się na początku kolejki jump the queue

znaleść wyjście get round [a problem]

znieść lift (v) [remove]

znieść embargo lift an embargo

zniesienie dozoru decontrol

zniknięcie (n) [pieniędzy] flight [of money]

zniżka (f) concession [reduction]

zniżka na tarę tare

zniżkować drop (v) or decrease (v) or fall (v) [go lower]

zniżkowy downward

zniżkujący falling

zobowiązania (npl) commitments or liabilities or responsibilities

zobowiązania (npl) bieżące current liabilities

zobowiązanie (n) z mocy umowy contractual liability

zobowiązanie (n) liability or obligation [debt] or undertaking [promise]

zorganizować [zebranie] arrange [meeting]

zostać zwolnionym z pracy get the sack

zostawać remain [stay]

z powodu owing to

zrealizować czek cash a cheque or clear a cheque

zrealizować projekt realize a project or a plan

zrealizować plan realize a plan

zrealizowanie czeku clearance of a cheque

zręczność (f) skill

zredukowane ceny (fpl) knockdown prices or slash prices

zredukowany off [reduced by]

zrobić zamianę exchange (v) [one thing for another]

zrobić duplikat rachunku duplicate an invoice

zrobić duplikat/kopię duplicate (v)

zrobić listę kandydatów [po selekcji wstępnej] shortlist

zrobić przegląd service (v) [a machine]

zrobić zapasy stock up

zrównanie (n) equalization

zrównoważenie dochodów i wydatków budżetu balance (v) [a budget]

zrównoważona ekonomia (f) stable economy

zróżnicowany differential(adj)

zrozumieć realize *[understand]*

zrzeczenie się renunciation

zrzeczenie się pretensji disclaimer

zrzekać się *[czegoś]* resign

zrzekać się waive

zrzeszenie (n) association

zupełnie nowy brand new

zużycie przez używanie wear and tear

zużytkować niewykorzystany potencjał use up spare capacity

zwabiać attract

zwalniać slow down *or* free (v) *or* vacate *or* exempt (v)

zwalniać z więzienia za kaucją bail someone out

zwalniać pracownika dismiss an employee

zwalniać *[z pracy]* discharge (v) *[employee]*

zwalniać pracowników lay off workers

zwalniać się z pracy *[na kilka godzin lub dni]* take time off work

zwalniać *[np. z długu]* release (v) *[free]*

zwalniać kogoś z pracy sack someone

zwalniać od uiszczenia zapłaty waive a payment

związek (m) association *or* union

związek (m) handlowy trade association

związek (m) urzędników celnych customs union

związek (m) zawodowy trade union

związki (mpl) relations

związkowiec (m) trade unionist

zwierzchnik (m) superior (n) *[person]*

zwiększa się on the increase

zwiększać increase (v) *or* gain (v) *[become bigger]*

zwiększenie (n) gain (n) *[getting bigger]*

zwinąć wind up *[a company]*

zwlekać delay (v)

zwłoka (f) delay (n) *or* postponement

zwolennik (m) backer

zwolnienie (n) exemption *or* dismissal *or* leave of absence

zwolnienie od podatku exemption from tax

zwolnienie tempa slowdown

zwolnienie pracowników *[z odprawą pieniężną]* redundancy

zwolnienie (n) od płacenia podatku tax exemption

zwolnienie od podatku od wartości dodanej zero-rated

zwolnione od opodatkowania tax-exempt

zwolniony exempt (adj)

zwolniony od podatku exempt from tax

zwolniony *[z odprawą pieniężną]* redundant

zwoływać call (v) *[meeting]*

zwoływać *[np. zebranie, naradę]* convene

zwracać *[np. dług]* repay

zwracać pieniądze *[przy zwrocie towaru, z którego klient jest niezadowolony]* refund (v)

zwrot (m) return (n) *[sending back]*

zwrot (m) *[np. długu]* repayment

zwrot (m) *[np. kosztów, pieniędzy]* reimbursement *or* refund

zwrot (m) kosztów reimbursement of costs

zwrot (m) pieniędzy rebate *[money back]*

zwrot (m) pieniędzy pobranych gdy kontrakt zostanie przerwany clawback

zwrot (m) pożyczki refunding of a loan

zwrot wszystkich pieniędzy refund in full

zwrot (m) wydatków reimbursement of expenses

zwrot (m) z inwestycji return on investment

zwrotny *[o zadatku, płatności za towar]* refundable

zwrotny *[o długu]* repayable

zwrotny *[o towarze]* returnable

zwroty (mpl) returns *[unsold goods]*

zwrócone opakowania (npl) returned empties

zwykły common *[frequent]*

zwykły usual *or* ordinary *or* regular *[ordinary]*

z wyłączeniem excluding

zwyżka (m) rise (n) *[increase]* *or* gain (n) *[increase in value]*

zwyżkować soar *or* rise (v)

zwyżkujący increasing *or* booming

zysk (m) profit *or* benefit (n) *or* return (n) *[profit]* *or* yield (n) *[on investment]*

zysk (m) brutto gross profit

zysk (m) handlowy przedsiębiorstwa trading profit

zysk (m) na papierze paper profit

zysk (m) operacyjny przedsiębiorstwa operating profit

zysk (m) po opodatkowaniu profit after tax

zysk (m) przed odciągnięciem podatku pretax profit

zysk (m) przed opodatkowaniem profit before tax

zyski (mpl) earnings *[profit]* or returns *[profits]*

zyski (mpl) korporacyjne corporate profits

zyski (mpl) lichwiarskie *[duże dochody za wygórowane ceny]* excess profits

zyskiwać na wartości appreciate *[increase in value]*

zyskiwać gain (v) *[get]*

zyskowność (f) economics *[profitability]* or profitability *[ratio of profit to cost]*

zyskowny profitable

z zastrzeżeniem błędów i opuszczeń errors and omissions excepted (e.& o.e.)

Źź

źle wynagradzany underpaid

źle zarządzać mismanage

źródło dochodu source of income

Żż

żądać demand (v) or require *[demand]* or request (v)

żądać *[od kogoś, żeby coś zrobił]* call (v) *[ask to do something]*

żądać zwrotu pieniędzy ask for a refund

żądanie zapłaty demand (n) *[for payment]* or call (n) *[for money]*

żeglugowy maritime

życiorys (m) curriculum vitae (CV)

życzenie (n) request (n)

żyrant (m) guarantor or endorser or surety (n) person

żyro guarantee

żyrować guarantee (v)

żyrować dług guarantee a debt

BILINGUAL DICTIONARIES

A range of comprehensive, up-to-date bilingual business dictionaries. The dictionaries cover all aspects of business usage: buying and selling, office practice, banking, insurance, finance, stock exchange, warehousing and distribution.

Each dictionary includes:

over 50,000 entries   example sentences
clear and accurate translations   grammar notes

Ideal for any business person, teacher or student

Business French	ISBN 0-948549-64-5	600pp	h/b
Business German	ISBN 0-948549-50-5	650pp	h/b
Business Spanish	ISBN 0-948549-90-4	736pp	h/b
Business Chinese	ISBN 0-948549-63-7	534pp	h/b
Business Romanian	ISBN 0-948549-45-9	250pp	h/b
Business Swedish	ISBN 0-948549-14-9	420pp	h/b

Available from all good bookshops.

For further details, please contact:
Peter Collin Publishing Ltd
1 Cambridge Road, Teddington, TW11 8DT, UK
fax: +44 181 943 1673   email: info@pcp.co.uk   www.pcp.co.uk

MEAN STREETS

STREETS

A JOURNEY THROUGH THE NORTHERN UNDERWORLD

TONY BARNES

TONY BARNES is a broadcast journalist, presenter and author. He began his career in newspapers and spent several years on *The Sun* in London and Glasgow before switching to television to work on an investigative series for ITV. He has since reported for Granada Television, ITN's *News at Ten* and Channel Five and anchored the nightly regional news programme Granada Tonight. *Mean Streets* is his second book.

MEAN STREETS

A JOURNEY THROUGH THE NORTHERN UNDERWORLD

TONY BARNES

First published November 2000 by Milo Books
Copyright © Tony Barnes
The moral rights of the author have been asserted.

ISBN 0 9530847 5 2

Typography and layout by
Barron Hatchett Design, Manchester

Printed and bound in Great Britain by
Guernsey Press Co Ltd, Guernsey

MILO BOOKS
PO Box 153
Bury
Lancs BL0 9FX

CONTENTS

ACKNOWLEDGEMENTS

THIS BOOK was originally conceived as a project for the small screen, and *Mean Streets* the series was broadcast by Granada Television in the summer of 2000. However, it soon became clear that no TV series could do justice to the sheer volume and unique nature of the research which I had amassed. This book is the result.

Thanks are due to many people. Sue Woodward, Director of Broadcasting at Granada Television, commissioned the series in the first place and, as executive producer, was of great help in seeing clearly see through the mountain of information and archive material.

Particular thanks are also due to Dr Andrew Davies, of Liverpool University, for generously presenting his detailed research on Manchester's "scuttlers" for the first time here, and for acting as historical advisor on the series, and to Dr John Archer, of Edge Hill College, whose research into Liverpool's violent trends in the late 1800s proved invaluable.

I am also grateful to the stalwarts of the Caminada Society, especially retired police officer Charles Horan for his unique insights. Duncan Broady at The Greater Manchester Police Museum must be thanked for tireless assistance in dealing with my inquiries and for providing excellent archive photographs.

Dr Barry Godfrey, Professor Ian Taylor, and Professor Howard Davies generously gave of their time and expertise. The press offices at Merseyside Police and Greater Manchester Police were invaluable in providing introductions and the staff at the North West Film

Archive at the Manchester Metropolitan University were a great help.

Many serving and retired police officers and members of HM Customs and Excise spared great amounts of time to talk to me, and related stories which they had never previously told. Some were unexpectedly candid. I would particularly like to thank members of Greater Manchester Police's Major Crimes Unit, Robbery Squad and CID, the National Crime Squad and the National Investigations Service.

Thanks also to those who are not of the criminal fraternity but who shared fascinating memories and insights with me; especially Roy Adams, Fred Done and Anthony Stephens.

There were many others too – from undercover investigators to bar owners, bouncers, and burglars – who provided detailed knowledge of life on the streets and without whom I could not have hoped to put this subject into its proper context.

There were also others who, shall we say, fell on the wrong side of the law and whose experiences were a source of great revelation.

From the television production team, director Vernon Antcliff, Paul Walker and David Crompton helped constantly with their enthusiasm and ideas.

There are many more who should be thanked but above all, thanks to Eeva and Sami who went through the ups and downs of whole thing with me.

PREFACE

ONE of my first assignments in Manchester's notorious Moss Side district as a television reporter was in the early 1990s. A teenager had been shot dead by an assassin with an automatic weapon about an hour beforehand, and we were rushing out to cover the story – or rather, we were driving slowly, because the cameraman and soundman in the front seats were not to keen on going to Moss Side. They were nervous and said we should film what we could from the car window and then get the hell out of there. I was a bit more gung-ho, eager to get into the middle of an estate of less than one square mile and around 10,000 people inhabitants that had somehow captured the nation's collective attention as Britain's most dangerous place: a ghetto where, according to popular myth, every young man carried a gun and bullets flew with monotonous regularity.

We found the murder scene easily enough: blue and white police tape stretched between a low wall and a high fence to mark off the spot. There seemed to be dozens of officers. Some were keeping watch from a car, dressed in body armour with radio wires stuck into their ears and semi-automatics clutched to their chests. Others, clad in white paper overalls, were scouring the ground inch-by-inch. Earlier the young man's body had been picked up and stretchered into an ambulance. Another Moss Side statistic.

Murder scene investigations can last for many hours, even days. This one was less than two hours old yet the police teams were packing up to go. Measurements had been made, photos taken of the splattered brown stains of blood on the pavement. Inside ten minutes of our arrival, we were just about the last people there.

There was not an officer in sight. The camera crew wanted to go too. The police weren't hanging around and neither were we.

An old West Indian man wearing a brown tweed jacket and battered grey hat sidled up to me.

"Another kid dead," he said as he shuffled by. "Another murder they won't try to solve."

He sloped off into the twisting maze of the Alexandra Park estate. His words revealed the apathy that the community then believed the police had towards this part of the city and its problems.

As far as the press goes, Moss Side's story is probably one of the most badly covered UK crime stories of the last century, and the most misunderstood. Most reporters and politicians have been too afraid of the area's reputation to go and ask. The truth is that dozens of parts of our major cities and large towns were far more dangerous to stray into than Moss Side ever was at the height of that paranoia.

Today that continues to be true. But the danger posed by guns and the criminals who carry them is increasing in communities across the country. At the time of writing, gang members kill each other with increasing regularity. Petty disputes boil over into gunfire and death.

Neighbours of victims pop up on one-minute long TV reports saying, "You don't expect it to happen on your own doorstep" – but that's a lie. In some parts, residents *should* expect it, and not just in the cities. Without question, drugs lie at the root of it.

So just how did we get to this point?

This book, and the Granada TV series *Mean Streets,* are an attempt to examine that question from the perspective of the North West of England. The cities of Liverpool and Manchester, which dominate the region, have had the misfortune to experience nearly every criminal trend that is known. Some types of crime were invented there; others have certainly flourished in these great cities more than anywhere else in the UK.

Mean Streets does not claim to tell the definitive story of the region's crime. It would surely take many volumes and hours of TV airtime and even then it's doubtful if any work would be truly comprehensive. In any case, that was not the intention when I began this project.

A conscious decision was made to steer clear of the big "headline crimes" of the century. Those looking for detail on the Moors Murders, the James Bulger tragedy and the serial killer Dr Harold Shipman should look elsewhere to the many excellent books that deal solely with those crimes.

Instead, *Mean Streets* is an attempt to chart some of the major criminal trends over time – the big spikes on crime charts – and to examine reactions to them by the police, public and criminals alike. I wanted to specifically look at inter-gang warfare.

Separated by a 30-minute drive across the M62, Liverpool and Manchester differ in culture, social mix and history. Criminal trends have been different too. Why does Liverpool have exceptionally strong crime families, almost of *Godfather* proportions, where Manchester does not? Why does Manchester have some of the most violent youth gangs in the Western world outside America, with young cohorts who shoot to kill at the blink of an eye?

The research for this project began in the mid Nineties with a newspaper reporter's personal card file system listing every major crime carried out in Manchester. The cards grew into shelves, then a room full of material about crime in the North. By now it is probably one of the most comprehensive libraries on the subject anywhere.

It was developed further when the author, along with co-writers Richard Elias and Peter Walsh, collaborated on a book about the Liverpool super-criminal Curtis Warren. The resulting work, *Cocky*, also published by Milo Books, was a journey into the darkest recesses of the criminal underworld at the very highest level in Britain. It opened many doors to new areas of investigation.

But still there were more questions than answers.

So I began a series of interviews over more than two years to try to make sense of it all. I interviewed countless serving and retired law enforcement officers, some with service stretching back before the last World War. Historians, criminologists, journalists, criminals and prominent members of various communities were sought out. Most were only too pleased to tell their stories and reveal their thoughts. Nearly forty interviews were then done on camera at great length.

The result is *Mean Streets* – a journey back over more than 100 years to examine the roots of present day problems of crime, which affect all of us.

Tony Barnes, October 2000

THE SCUTTLERS

T HEY came from the fetid ginnels and filthy alleyways like a ghostly battalion on the move. With pale, pinched faces, hair cut in long fringes and strange clothes, the Ordsall Lane Gang marched towards enemy territory, their hobnail boots clacking against the cobbles. It was late evening and the smog of a thousand chimneys hung heavy in the air. Only the occasional gas lamp lit their sinister progress through the slum they called the "Barbary Coast".

As they neared their target, they began to trot, then run. Knives and cudgels appeared from inside jackets. Belts were tightened around fists to leave the polished brass buckles free for punching or wielding. With a blood-curdling cry, the Ordsall boys flocked around the Prince of Wales public house, smashed through the windows and bayed for the occupants to come out and fight.

Inside, the Hope Street Gang were lounging about, drinking ale and playing cards. The Prince of Wales was their base, considered safe territory even from Ordsall, their bitter rivals in the fight for supremacy over the streets of inner-city Salford. So when the first thud sounded against the door and the first brick crashed through glass, there was confusion, even panic. It passed in an instant. The Hope Street boys were hardened fighters and knew only one response to such as outrageous assault.

They rushed out *en masse* to meet their attackers and chased them across the road. A pitched battle ensued between scores of young men. Broken bottles were gouged into faces, fists and legs flailed wildly and blood splattered the road. Many were badly injured. Some barely escaped with their lives. Peter Moffat, the "captain" of the Ordsall Lane Gang, was stabbed seven times in the back and almost bled to death. He survived but was caught by the handful of police officers that eventually managed to break up the brawl. Moffat was arrested along with 17 other gang members, all bearing the scars of battle.

It may sound like a confrontation between modern football hooligans, but the Battle of Hope Street took place in 1874, long before the words "hooligan" and "gangster" gained common currency. Instead the swarms of young men that held sway in virtually every working class neighbourhood in Manchester and Salford, that struck fear into the middle classes and outraged newspaper columnists, were known by a different name: the scuttlers.

With their industrial and seafaring traditions, the great northern cities of Manchester, Salford and Liverpool have long had tough reputations. Street gangs have roots fixed firmly in the Industrial Revolution. Manchester, originally a Roman settlement, was a middling market town until two coincident events transformed its fortunes: the construction of the Bridgewater canal allowed coal to be bought to the centre of the town from the pits at Worsley, while the invention of spinning introduced mass production to the cotton trade and made the factory, instead of the home, the main place of work. The population of Manchester and neighbouring Salford rose sharply from 18,000 in 1752 to more than 70,000 within fifty years, a four-fold increase in less than a lifetime.

Lacking the Georgian splendour of much residential housing in Liverpool, thirty miles to the West, many of the new dwellings required to house Manchester's growing populace were jerry-built, cheap and insanitary. As city centre houses gave way to factories and warehouses, those with money fled to the growing suburbs. An influx of mainly Irish immigrants saw the population expand by another 45 per cent between 1821 and 1831 alone. Streets like Oldham Road in Ancoats became no-go areas for respectable citizens at night. By 1843 there were 330 brothels and "factory girl" became a euphemism for prostitute.

The Ordnance Survey map of 1849 gives a detailed picture. The commercial area of today's city centre, bounded by Deansgate to the west, Market Street to the north, Mosley Street to the east and Peter Street to the south, contained impossibly dense housing. The Deansgate Shambles, on the corner with Bridge Street, was one of the most tightly-packed areas, with a myriad of twisting alleyways. The town hall buildings were then on the corner of Cross Street and Kings Street – today's grand gothic structure in Albert Square did not yet exist. Every available piece of space was built over with factories and houses cramped around them. Some of today's most gentrified streets in the main entertainment and shopping districts were then no-go areas for all but the brave, the foolhardy, or the poor. Little clean light permeated the soot-laden sky and the dirt and stench from the open sewers was almost unbearable.

"The most striking thing about both Manchester and Liverpool in the late Victorian period is that they were cities with quite enormous disparities in wealth, so you had some fairly wealthy middle-class suburbs but also some densely overcrowded, extremely poor residential districts," says Dr Andrew Davies, a historian at Liverpool University and an expert on the scuttling gangs. "In both cases, they were very close to the city centre. A lot of families were living a hand-to-mouth existence. Many of the breadwinners were in and out of work.

"If you were to walk into a district like Greengate you would find dense, narrow streets, courts and alleyways in a perpetual smog. It was a very bleak physical environment. Many of the middle-class investigators who went into those districts were immediately struck by the dirt and stench. They were also struck by the swarms of children. Families with six, seven or eight children were living in tiny houses, sometimes one-up-and-one-down houses, so the children were inevitably spending much of their time in the streets. People also remarked on the noise, principally from commercial traffic and the din of children tearing around the narrow alleys and streets."

Dr John Archer, a historian at Edge Hill College in Lancashire, agrees. "People lived in what were called courts, small courtyards around which there would be six houses and virtually one family per room in each house. There might be four or more families in each house. That meant up to twenty-four families in a single cramped courtyard. It was very gloomy, too. In Manchester, smoke and smog would be a serious problem. In Liverpool, it was less so because it was so close to the sea. You would also be struck by the smells. Any privies would have been communal and in a terrible condition."

Conditions like these led to very high infant death rates and the sight of small bodies wrapped in cloth lying out in houses was common. Many women survived by prostitution. Manchester had many brothels but it was outdone by Liverpool, home to such infamous whores as Maggie May.

"The police tended to turn a blind eye to women who plied this trade. From time to time the town council would tell them to crack down on ladies of the night, but these were short-lived, token gestures," says Dr Archer. The Manchester Chief Constable's report for 1896 lists the number of brothels in his city as 12 and the euphemistically-titled "houses of accommodation" as three. But others claimed there were "fifty in the Oxford Road area alone". The definition of brothel was clearly a loose one. They were only regarded as such if it was "fully possible to prove" they were so.

The fact that pubs were everywhere fuelled all day drinking and often, all night fighting. Drunkenness and assault were a serious problem throughout the latter part of the century. Dr John Archer: "It wasn't a case of men behaving badly, but a case of men behaving normally. When you mixed the two together, men and drink didn't mix too well and were liable to lead to a volatile situation." Domestic violence was rife, terrible beatings meted out by men on their wives after drinking binges.

There is no more vivid description of Manchester's rougher central districts than that by a reporter from the *Manchester Evening News* published in November 1874. Entitled "Criminal Manchester", it was a series of articles on the "Thieves Quarters" and the habits of its population. The reporter received an escort from a local crook named Bob who promised him safe passage through the heart of the slums. Describing the brigands of Deansgate, he wrote:

> They are mostly thieves of the lowest order, though many clever pickpockets are also turned out, and the place is a very hotbed of social iniquity and vice. The women are of a class whose degradation is utter and whose reclamation as a body is an absolute impossibility. They only commit theft when detection is practically unable to reach them and their chief victims are drunken men and country 'atflas' whom they pick up, rob and rifle pockets with perfect impunity... We dropped into the residence of Fat Anne, where half a dozen collier lads from Wigan were enjoying themselves. Some rude attempt was being made at a song by a half drunken girl but two or three of her companions drowned out her voice by their incessant quarrelling... They are cleaned out of all their money and when they refuse to part with more they are occasionally bundled out into the street. A row is created and any portable property they may have on them in the way of scarf pins, watches, loose cash is quickly transferred to other owners.

The legendary Victorian detective Jerome Caminada (see Chapter Three) also wrote of conditions he found in a typical house in his two-volume autobiography:

> Its crumbling brick face is begrimed by the soot of years. It has three storeys, and where the windows might have been, tattered garments, crowns of old hats, brown paper and paper made brown by exposure are all used to stop up holes, so that the outside looks more like a rag man's warehouse than a family home in Christian England.
> Now we go in. We go through a lobby and into a room of unimaginable squalor and noise. It is crowded with

men, women and children. They sit on broken-backed
chairs, dilapidated stools, ranged round a filthy table
and many of them are stuffing themselves like animals
with various kinds of messes, washed down by gulps of
tea or beer. Others are on their knees before the fire,
trying to get warmth into their numb bodies. One broils
a herring, another a slice of fat bacon. Still others appear
to have just left their beds, or, as is more probable, have
had to leave to make way for someone else, and they
have come into the common room half dressed in
tattered rags, unwashed and stinking of warm sweat. On
each side of the fire the faces of two thinly clad younger
women, each with a baby on her lap, bear the most recent
cuts and bruises brutally inflicted upon them by their
forlorn and drunken men folk.

There was no doubt in Caminada's mind that these conditions led
to crime.

This house and thousands like it was in a district deeply
stained with drunkenness, debauchery, crime and vice
in every shape. The children who lived here were already
following criminal pursuits, educated into them by hoary-
headed, debauched systematic trainers of the young. The
young girls were already abandoned and reckless. The
young men were already being set up for their life of
crime by the sprinkling of sullen-faced returned convicts
and other villainous characters. This was our future
generation, being formed and moulded in this modern
Gomorra, the abscess in the side of our great wealthy
city.

There was much small-scale stealing: crimes of necessity. Clothes,
food and particularly boots were common targets. But there was
violent crime too, much of which was perpetrated against the rich
who strayed into these districts. There was an outbreak of panic in

the late 1860s when thieves turned to a new and extreme method: garrotting. Deansgate was again a favourite haunt for garrotting gangs, as were the streets leading down towards the River Irwell and what was once called New Bailey Station and is now modern day Salford Central Station.

The robbers would spy a target and approach silently from behind. In a flash, they would throw a cord around their victim's neck, throttle him to unconsciousness, and rifle through his pockets. Often they would use distraction as a ploy, working with a female accomplice who would approach a potential victim and ask him if he would like to take her for a drink in one of the nearby pubs. Perhaps a little worse for drink and excited at the prospect of an anonymous liaison, he would oblige, at which point her accomplices would strike. The villains could easily steer clear of the police: officers worked a tightly-scheduled beat system and they knew exactly where the peelers would be at any particular moment.

Garrotting also caused widespread alarm in London. Reports of this criminal tactic had filled pages of the national newspapers and it appears Mancunian criminals were copying their southern counterparts. It lasted for a few years before mysteriously dying out. Instead, gang violence would characterise the turn of the century and it was here that Manchester came into its own.

THE ORIGIN of the term "scuttlers" is unclear: it may have come from naval usage – to scuttle a ship – or have suggested the scuttling of an insect. Whatever their roots, the scuttlers saw themselves as separate from mainstream society, adopting modes of dress and behaviour that were intended to set them apart. Most conspicuous was their clothing.

"Rather like the modern football hooligans, the scuttlers were at the height of fashion," says Dr Davies. "The gangs would distinguish themselves from other young people in the working class districts by adopting a particular kind of gangsters' uniform. A scuttler in his full pomp would have presented quite a sight. They wore their hair in short-back-and-sides fashion but had a long fringe which they plastered down over the left eye, known as a donkey fringe. On top of that they would wear a pigeon board cap, something akin to a modern jockey's cap, which they would angle back on their head and then pull to the left to expose the fringe. They wore brightly-coloured scarves and different gangs would be identified in this way by the different colours or patterns [this would find a parallel a century later in the red and blue bandanas worn by the Blood and Crip gangs in Los Angeles and adopted by the Dodington and Gooch Close gangs in Manchester].

"Scuttlers would also wear striking trousers and clogs. The trousers were usually bell-bottomed with a measurement of at least 14 inches at the knee and 21 inches around the foot. The clogs were pointed and were used as a weapon in their own right. But the greatest pride and joy was the belt, which was elaborately-decorated. It was also used as a fearsome weapon. Scuttlers' belts were usually thick leather with very heavy buckles. Scuttlers inserted pins into the leather and filed them down. Each gang would also have a separate identification symbol emblazoned onto the belt to signify their allegiance. Animals or serpents were common. Sometimes they would carve the name of their sweethearts into the belt too. Gangs would try to steal these belts from rival gang members, rather like an American Indian might have taken a scalp; there was huge kudos to be gained from this. The belts might have looked decorative, but their purpose was more sinister. Gang members would wrap the belts around their hands leaving about ten inches spare at the end with the buckle free. They would whip them with terrible ferocity around their heads and strike an opponent with the bare metal and pin studs. They could inflict terrible injuries in this way."

The first reports of scuttling gangs surfaced in about 1871, during the Franco-Prussian War, when rival groups of schoolboys in the northern end of the city were re-enacting some of the battles in the streets off Rochdale Road. Up to 400 young boys and men were arrested in the 12-month period up to October of that year. Similar conflicts spread across the city and it seemed to become something of a fashion for young men. Soon they took on a territorial basis and rival lads would fight neighbouring gangs.

Each gang was generally 20-40 strong, with its members aged between 14 and 21. Leaders were called captains. The biggest estimated fight was between 400 to 500 scuttlers – it can only have been a terrifying sight. Although the battles were often terrible, there were relatively few fatalities: only a handful of deaths were reported in the Manchester and Salford newspapers between 1870 and 1900.

Newspapers reported scuttling clashes in sensationalist tones, stating that certain areas in the city centre such as Ancoats or Greengate were impossible to enter owing to the danger posed by the gangs. They neglected to mention that the violence was largely targeted at other gangs rather than members of the public. In days when getting around the city was quite difficult, owing to the confined nature of the streets and the lack of mechanical public transport, it is surprising that gangs would travel to pick a fight with a rival group of scuttlers. "There are cases of gangs from Openshaw travelling three or four miles on foot across the city to go into Salford with no other aim than to start a battle with rivals," says Dr Davies.

Scuttlers posed particular problems for the police. Constables worked a strict beat system in singles or pairs. Only the most dedicated would try to break up scuttling affrays because there was virtually no chance of large-scale back-up from other officers. Signalling was done either by whistle or by the metal-tipped batons carried by more senior officers, which made a peculiar and distinctive ring when tapped on the ground. The few who did go in to break up such fights took their lives in their hands to stop the whirling knife and belt attacks. Such was the admiration for their deeds that some were rewarded by the city Watch Committees for their bravery.

One press report from June 28, 1890, stated that a constable named PC Chapman had been walking his beat in Salford when two men came running up to him saying that a number of youths and girls were chasing them and wanting to fight. As they pleaded for help the gang rushed up and began kicking and beating the men and the police officer. The leader was a man named Whitaker:

> [While] Constable Chapman was attempting to arrest Whitaker for fighting in Ordsall Lane... he was surrounded by a large crowd with a view to rescuing Whitaker. He was attacked in a most brutal fashion. He was knocked down and kicked to such an extent that he became insensible. When Chapman blew his whistle for assistance [another scuttler] violently snatched the whistle out of his hand. Although so badly assaulted the constable held the prisoner until the arrival of police constables Lane and Andrews.

The scuttlers were all sentenced to lengthy prison sentences for the attack on the brave Constable Chapman. Yet hard labour did little to deter the gang members. "Several large outbreaks of scuttling violence, which involved several gangs from many parts of the city, were reported in the papers of the day. Some of these took place in the residential districts, but others would happen in the city centre and particularly around the music halls, which were prevalent during the late 1800s. Gangs from different parts of the city were clearly going into the central entertainment areas to pick fights with others," says Dr Davies.

The scuttling battles seemed to reach crisis point in 1889 and 1890. "There was at this time almost an epidemic of gang fighting in Manchester and Salford which prompted the terrified mayors and chief magistrates of the cities to send a deputation to London and the Home Office, where they appealed for laws to stop the spread of this gang menace. But the lawmakers were unmoved because they saw it as a peculiarly Mancunian problem and pointed out that Parliament would not legislate for a problem that was confined to one of the provincial cities," he adds.

Perhaps the most notorious scuttler was John Joseph Hillier. Born in Fermoy, County Cork, in 1873, he moved with his family to

Salford as a child, presumably to find work. By the age of 16, he was already an accomplished fighter.

"By eighteen, he had the reputation as one of Salford's best scuttlers, but that epithet also made him a marked man. Whenever he tried to attend music halls in the centre of Manchester, he was set upon by rival gangs. One incident stands out, where he was set upon in a music hall in 1891. The London Road Scuttlers, led by a man named Thomas Galligan, set about him with little mercy and beat him with an iron bar."

Hillier was himself convicted of stabbing a boastful rival named Peter McLaughlin. When arrested, Hillier boldly declared: "McLaughlin claims he is the Champion Scuttler of Salford and he has to see that there is someone who can take him down." From then on, Hillier was labelled King of the Scuttlers and soon after was seen in Salford wearing a jersey newly embroidered with his "title". It served only to mark him as a target. Everyone now wanted to take him on, scuttlers and police alike.

"In 1895 he appeared before a judge at the Manchester Assizes on a charge of attempted murder. He claimed that although he used a knife in a gang fight in Deansgate, it had been entirely in self-defence. He would claim, 'They come after me from all nations and they will not leave me alone.' He claimed he was a virtual prisoner of his home streets of Salford. To walk anywhere else meant he would be attacked.

"His last court appearance was in 1899, by which time he was twenty-four and relatively old for a scuttler. He'd been involved in a fight on Windsor Bridge in Salford in which at least two people had been stabbed. After that, he was never heard of again. No one knows if he at last grew out of scuttling, or met a more sinister end."

The scuttlers were not criminal gangs in the conventional sense, because they were rarely associated with thefts or robberies. They were essentially fighting gangs, clashing over territory and reputation. There was a great deal of pride to be claimed from marching into a rival gang's turf and battling on "foreign soil". They would also fight over the affections of young women and the gangs tended to regard the women who lived in their districts as their collective property. The sight of a local girl being walked home by a young man from another part of town was often enough for a vendetta to be instigated.

Some women were active participants themselves. One who was given great exposure in the newspapers was Hannah Robin, who was convicted of fighting in Manchester city centre in the early hours one Saturday morning in 1892. She and three other young women appeared in court, where the police testified that not only did they actively assist young men who were taking part in scuttling battles, but that Robin was the sweetheart of a 16-year-old scuttler called William Willain from Ancoats who had been sentenced to death a week previously for killing another scuttler in a battle. Robin had a fresh tattoo on her arm which read: "In loving memory of William Willain."

"The press reporters of the day seemed to find it difficult to come to terms with evidence of young women taking part in brutal street battles. They were variously described as vixens, viragos and unnatural creatures. It also seems as if the magistrates found it difficult to deal with women gang members. Invariably they would hand down less severe sentences than on their male counterparts. Often, just a stern lecture would suffice."

By the late 19th century, there was great anxiety about the activities of the scuttlers. Then, very suddenly, the gangs seemed to die out. For reasons not entirely understood, they were completely gone by 1900, no more than a decade after their zenith. The number of reports in local newspapers seemed to begin to drop off at the time of the Boer War. Some police officers in their memoirs note there were a series of crackdowns on gangs and ringleaders were put in jail for long periods of time. At the time too, new lads' clubs were opening up, giving youths an alternative outlet for their energies.

In Manchester and Salford, the day of the scuttler had passed. But Liverpool had its own problem with a particular gang which, while tough and violent like the scuttlers, was far more criminal-minded.

THE HIGH RIP GANG

BY the late 1800s, Liverpool was riding on the booming British Empire and was the greatest seaport in the world. A civic building programme created one of the finest waterfront harbourages and some of the grandest buildings anywhere outside London. Writers likened parts of the city to ancient Rome, with its grand, columned public buildings. The giant liners of the Cunard and White Star lines plied their way around the globe. Passengers and seaman could be found in bars and hotels at all times of the day and night and all kinds of banter could be heard in the streets: there was a mix of Chinese, Irish, Indian, African and European tongues found nowhere else.

Like Manchester, the city also saw hideous poverty. For all of the riches brought by trade, it was a poorer city than Manchester, which had become Britain's major cotton manufacturing centre by this time. There was less money around and seemingly a greater number of thefts. Robbery in particular was simply a way of making ends meet for many.

Against this background grew a huge criminal gang whose tentacles would stretch across the city. Its base was Scotland Road, a brisk ten-minute walk from the Pier Head, which has for generations been a byword for a particular kind of street-smart villainy: home of the Scouse "scally". It was here that the High Rip Gang had its origins. More organised than the scuttlers, the High Rip was concerned in theft, extortion and crimes of extreme violence.

It first came to prominence in 1884, following the murder of a Spanish sailor on shore leave. He was accosted by a gang with belts and knives and was stabbed to death in the street. A youth named Michael McLean, said to be the leader of the High Rip Gang, was arrested and within just a few weeks was convicted of the murder and hanged. The case drew much press coverage and brought the gang to public attention.

All of the High Rippers were young, in their mid-teens and early 20s, but they were hard as nails and had a callous disregard for authority. Whereas scuttlers would seek out other rival gangs and largely ignore members of the public, the High Rip deliberately targeted people with money. Some newspaper reports suggested that they were also robbing shopkeepers and even levying a protection tax on the city's dock labourers. As more and more lawless young men were attracted to it, the gang spread throughout the city centre.

While internecine warfare never reached the levels of the scuttlers, rival neighbourhood gangs did exist, among them the Dead Rabbits (their name possibly adopted from an infamous New York street gang of the mid-19th century) and the Logwood Gang. On one noted occasion, a pitched battle took place between the High Rip and the Logwood in a Scotland Road pub. One of the combatants was later jailed for six months but not before police officers had managed to "persuade" him to talk about fellow gang members. Later he testified against them at court. Resentment against this "grass" grew until the morning he was due to be released from jail. As he was about to step through the prison gates to freedom, he was confronted by an angry mob of more than 150 people from Scotland Road. They had one thing on their minds: to kick him to death for talking to the police about his own. The terrified youth eventually had to be smuggled out of the prison by police officers to ensure his safety.

By August 1886, the gang was well established. Though it was being pushed out of Toxteth in the south of the city and from the north end by the police, it remained powerful in Scotland Road and had set up in Islington, as the *Liverpool Reporter* told its readers: "The portion between Soho Street and Canterbury Street is now so entirely in its hands that foot passengers who may use it after dark are called upon to run the gauntlet in a very unpleasant fashion... in the case of gentlemen who may be alone, their common form of introduction is the crushing of the pedestrian's hat and upon any attempt at retaliation to attack him in force."

Liverpool was the most heavily-policed city in the country at that time, with one officer for every 200 residents. Most provincial forces would then have been able to muster only one officer to every 1,600. A special squad was formed to take on the High Rip under the direction of the Watch Committee, which looked after the affairs of the city. The squad resorted to extreme measures, using a range of illegal weapons such as coshes and meeting violence with superior violence. Press writers of the day, although prone to exaggeration, were probably close to the mark when they reported that something close to a state of panic existed in Scotland Road at that time.

One prominent and highly-respected judge, Lord Justice Day, made a special request to the Chief Constable that he should be escorted by a squad of officers around the area at midnight, to see for himself what conditions were like. "A protection squad was formed and they went off into the depths of Scotland Road, then one of the most deprived slum areas of Liverpool," says historian Dr Andrew Davies, of Liverpool University. "For at least three hours he was shown that and other areas in the city's north end. Lord Justice Day was visibly shocked by what he had seen of the terrible, grinding poverty and conditions, but did not see any evidence of a state of organised terror. However, his tour had a profound effect on his sentencing policies. Already reputed to be one of the toughest judges on the northern circuit, he then imposed some quite exemplary sentences on alleged gang members who came before him."

In May 1887, a group of four young High Rippers appeared in the dock before him. They were charged with a spate of lootings and violent stabbings in the Scotland Road area. The story shocked those listening in the courtroom. The four lads had terrorised the keeper of a small shop, rushing in and helping themselves to shirts and whatever items they could find on his sparse shelves. The merchant cowered at the back of the shop, too terrified to challenge them. As the four emerged, a 16-year-old youth who had been watching them caught the eye of one. The High Ripper went over to him.

"What are you looking at?" he demanded.

He pulled out a knife and stabbed the youth. Another local shopkeeper, who had a small child in her arms, cried out in protest at this brutal attack. One of the gang marched over and punched the child in the face, before running into her shop and wrecking it. When the woman's two brothers came to her aid, both were stabbed, as was a butcher who had dashed from his own shop to help.

After hearing of such carnage, Lord Justice Day was in no mood to be merciful. He would let them feel the full weight of the law. On finding them guilty, he first said that he would not send them to prison for too long because of their relatively young age. They got between 15 and 21 months. But just as the youths thought they had got off lightly, he added 60 lashes with the cat-o-nine-tails, in three batches to be spread out over their sentences.

"The reporters on the press bench were clearly delighted and they rushed off the file their stories. After this, Lord Justice Day revelled in his newly found nickname bestowed upon him by the press: Judgement Day," recounts Dr Davies.

Much of Liverpool's crime stemmed from drunkenness. Police records of the time show that most arrests made were on Saturday nights. Before 1870, the pubs did not close until 1am and, even then, many customers did not want to leave. The conditions at home were often dreadful. For a few pence, they could escape and drink themselves into oblivion on ale far stronger than most of today's beers. Men with money would often go into the pub after work on Friday and not reappear until the end of the weekend. Women would have to send in children to bring out their husbands and make sure they didn't spend all of the money behind the bar.

Although crimes of violence fell nationwide from 1850 onwards until the First World War, violent behaviour in Manchester and Liverpool seemed to peak in the 1870s. Dr John Archer, an expert on historical crime trends in Liverpool, says, "London-based newspapers were quick to play up this fact that the northern cities and towns seemed to be more violent than anywhere else. The *Times* and others dwelt in particular on crimes of violence. The phrase 'It's tough up North' came into common usage. Headlines like 'Lawless Lancashire' and 'Lawless Liverpool' were common, and not without good cause."

In 1874 there were 17 cases of brutal kickings at the Lancashire Assizes. At the time, many men wore wooden or pointed clogs. One hefty blow with the front of a clog was enough to do serious if not permanent damage to a victim. Areas in the Lancashire coalfields, such as Wigan, were particularly noted for this kind of attack.

"Sadistic violence was also a feature of the times," says Dr Archer. "In one incident, a group of drunken miners broke into an elderly Irish couple's home in St Helens. They beat up the old woman of the house and attacked the man, pulling one of his eyeballs out in the process. Then they poured lime into his empty socket. They poured the highly corrosive substance into his other eye and nostrils causing him agony beyond imagination. He didn't die immediately, but eventually went insane because of the pain. The police tracked down the sadistic attackers and they were sent to prison for twenty years. However there was never any explanation offered as to why the attack was so brutal in nature. The only hint of a motive was that they didn't like the Irish."

A violent crime of equally appalling magnitude led to Liverpool being branded the nation's most dangerous city. It was 9.30pm one evening in April 1874, and a wealthy and respected doctor named Richard Morgan was walking home to Leeds Street with his wife Alice and brother Samuel, having just stepped off the ferry at Pier Head. As they strolled up the wide road of Tythebarn Street, they were accosted by a group of rough-looking men hanging around at a road junction. Such groups were a fairly common sight and were known as "corner men".

One of them, John Quinn, who used the alias John McGrave or the nickname "Holyfly", stepped into Dr Morgan's path and demanded sixpence for beer money.

"And what job do you do for a living?" inquired the doctor, implying that the ruffian ought to be working for his money.

"My job is beating up people like you," replied the corner man starkly.

With that, he punched Dr Morgan in the face, knocked him to the ground and then laid in with heavy kicks. The others joined in while another held back the screaming and struggling family members who were horrified at this unprovoked attack. The screams drew a large group of people who stood around, some cheering, as Morgan was kicked across the 30 yards width of the road like a football. The attack lasted up to ten minutes and when it finally stopped, Morgan was dead. As the corner men stood around his body, the police arrived.

What happened next would shock the whole country. There were cries of, "Heck, heck, heck," which was the signal that the Law was on its way and that the gang should run. Members of the crowd who had been watching the murder take place actually held back the officers until the villains escaped.

Later that night, a stunned and angry Samuel Morgan went looking for his brother's killers. A witness to the attack had approached him and told him that he knew one of them lived in Scotland Road. It turned out to be the ringleader of the gang, John McGrave. Samuel bravely went into this lawless slum and called on the help of the police to arrest him. Another member of the gang was named Mullin. That night he went down to the docks and hid on a ship bound for America. He was discovered stowed away two days later in the middle of the Irish Sea. The captain transferred him to a passing ship which was heading back to Liverpool. On arrival, he was arrested and charged with the murder.

McGrave and Mullin were brought before a judge at Liverpool Assizes in December that year. They and a third man called Campbell were found guilty as charged. McGrave and Mullin were hanged in January 1875. Campbell was reprieved but was sentenced to penal servitude for life.

Dr John Archer has carried out extensive research into how the case affected Liverpool's reputation. "The crime created an outcry both in Liverpool and nationally. It hit the national press in a big way. It created an outcry really because of the reaction of the spectators who didn't intervene. They didn't try to save the life of Morgan, which was so shocking. The other reaction was that a crime like this could only happen in Liverpool. Lancashire, of which Liverpool was then a part, was at that time constantly in the news for stories of brutality. Lancashire was perceived as a lawless place and the Tythebarn Street murder seemed to epitomise the brutality of the county."

The police also came in for much criticism because although it was the most heavily-patrolled city in the country, officers didn't arrive on the scene for many minutes, by which time it was too late. It was difficult for the head constable to justify. He was called before an inquiry and had to prove that there were police on duty at that time in that area. He was able to show that a policeman had been in Tythebarn Street three minutes before the attack, but when it happened he was already walking away.

"There were many reasons why the spectators might not have got involved. They were fearful of being hurt themselves and of being arrested by the police when they turned up. They were probably afraid too of acting as witnesses in any subsequent trial, as there were many cases of witnesses being beaten up before and after trials."

There were of course a great many people who were law-abiding who lived in both Manchester and Liverpool and only a small number of people involved in serious crimes of violence. The Victorians called them the Criminal Class. They were the kind of people who lived outside the law and who didn't have jobs, which was completely at odds with Victorian morality. These people were often drunk, didn't bother getting married and enjoyed fighting. Corner men or roughs were seen as a serious social problem and also largely responsible for much of the crime in the city centres. In Liverpool it was they who gave the city its unfortunate reputation.

Liverpool's first police force was formed in 1835, four years before Lancashire got its own force in 1839. In those four years, officers made life extremely difficult for some of the Liverpool criminals and they often found it easier to move out of town rather than face the police. Liverpool developed a reputation for exporting its criminals into the surrounding countryside. "The Head Constable then said, as long as people didn't commit crime on his patch, then he didn't really care what they did," says Dr Archer.

Much criminal activity focussed on the docks at the Mersey estuary. Sailors freshly ashore from months at sea provided easy targets. When paid off after a long voyage, they would have a considerable amount of money on them. Many would want to spend some of it immediately and would head for one of the dozens of pubs close to the docks to get blind drunk or pick up one of the many prostitutes there. Some of the girls would be working with accomplices. They would entice the sailors out of the bar with the promise of ready sex in a house or alleyway close by. Once outside, with the girl's skirt hitched up, they would be attacked from behind and beaten up. Seamen could lose fortunes in this way.

Dr John Archer: "I have come across evidence where seamen were losing £20 or £25, which was a huge sum in those days. As much as three months wages or more could be lost in one go, and the poor victim left to wake up in the gutter or the Liverpool Infirmary."

Restraints on firearms were lax until the 20th century. A law came into effect in 1870 that stated if a person wanted to carry a firearm outside the house, he or she only had to go down to the Post Office and pay 10 shillings for a gun licence. There was no regulation of firearms kept at home. "It appears a lot of American sailors were bringing in weapons and selling them to the locals. Many of the pawnshops had guns and they could be bought cheaply. There were many cases of accidental shootings, particularly young children shooting their brothers and sisters. People would also try out their guns in the street. Liverpool's magistrates made a complaint in 1877 that there were too many firearms being shot in the streets and that it had to stop."

Publicans, to a man, had guns under the counter, which they

would produce whenever they had a troublesome drinker. Some went further than merely threatening. "There is one case in 1892 in Sefton Street where a man went into a pub. He wasn't drunk and asked for a pint. He gave the landlord sixpence and had his drink. He was about to leave so he asked the barman for his change. At that point the publican produced a revolver and said, 'I'll give you change,' at which he chased the drinker out of the pub wielding his gun in the air. The drinker got halfway across the street when the landlord started to shoot. The publican was later brought up in court and it was stated that he had used the change to buy whiskey for himself. Already quite drunk, he had turned violent. He was fined forty shillings for discharging the firearm and attempted murder."

Amidst such lawlessness, the Liverpool City Police responded with a ferocity that sometimes went too far. "They had a reputation for being brutal. On occasion the police would take people to court and the defendants would actually win because a witness would come forward and state that they had seen the police throwing the first punch, or that they had been unnecessarily heavy-handed in making the arrest. Magistrates would occasionally give the constable a dressing down in the court. Police violence was witnessed by journalists who would publish their stories the following day, identifying the officer by his number as being seen to beat up an innocent man or an innocuous drunk. These stories would often provoke letters from members of the public saying they had seen similar beatings."

The police officers of the day were only human. They went into areas in the cities of Liverpool and Manchester where journalists were too afraid to go. They were from the same districts and backgrounds as the villains and would often fall prey to drink, or run their own scams. Some – even high-ranking officers – kept brothels. Corruption was rife. Times like these would need a very special kind of policeman to make any difference. But where would such a man be found?

THE NORTHERN SHERLOCK HOLMES

J EROME Caminada was born in 1844 to a family of immigrant
Italians in Manchester. His father was a skilled man, a watch
and clock maker, but the household was always short of money
and it would have been easy for the young Jerome to fall into crime.
But he got a rare and vital break – an education. He attended St
Mary's Catholic School in Mulberry Street close to his home in
Peter Street. Few people of his low standing were taught to read
and write. He also learned the tough lessons of the inner city and
had to fight with his fists to get by in such hard times.

On leaving school he trained as an engineer at Mather and
Platts in Failsworth, but quit at the age of 23 to join the embryonic
Manchester City Police Force as a constable. It was his true calling.
He was streetwise and tough but instilled with a sense of
determination and natural justice. He joined up in 1868 on the
same day as about 30 others, all of whom were obliged to sign their
names in the register of constables. Caminada would be the only
man who penned his name that day who would remain in the force
for more than a few years. Most of the others were drummed out
for drunkenness or misbehaviour; such was the nature of many
police officers of the day.

On his first night on duty, he was sent out to work the beat
close to Deansgate and Hardman Street, one of the most lawless
parts of the city, just a stone's throw from where he was brought
up. He was called to a domestic disturbance where two brothers

were beating each other to a pulp. No sooner had he separated the men than the whole family turned on him and he was forced to make an undignified retreat. Caminada was taught a valuable lesson: be wary of barging into family problems.

A couple of nights later he was on his rounds when he heard the cry of, "Murder." Caminada hotfooted it to Wood Street, where he found a notorious 22-stone slut named Fat Martha, suffering from stab wounds. Caminada was told she had been attacked by a man called Mangle Martin, who lived with his sister Mangle Mary – they were the owners of the parish laundry mangle. The previous Sunday lunchtime, Mangle Martin had gone to an alehouse, leaving his sister at home roasting a joint of meat. Fat Martha and a companion, enticed by the smell of cooking, entered the house and stole the joint. When Martin returned to find his lunch gone, he went looking for Fat Martha. He found her and stabbed her with the carving knife he had hoped to use the previous Sunday.

Caminada found her bleeding in the gutter. At the time, police officers were also "ambulance men" and responsible for ferrying people to hospital by stretcher. Clearly the overweight victim was too much for one man to carry so Caminada summoned help with a "rip rack", a device rather like a football fan's rattle, and he and three other officers carted her off towards the infirmary. On arrival, they were met by a matron, who queried the injured woman's profession. When told it was "the oldest", the hospital slammed its doors and refused to take her. They had nowhere else to go except the workhouse, which was a good two miles away. Struggling under the tremendous weight and fighting the snow which had begun to fall, the officers finally reached their destination, whereupon Fat Martha regained consciousness and screamed at the top of her voice, "You are not putting me in there." Then she jumped off the stretcher and scuttled home, despite her injuries.

Caminada rose quickly to the rank of sergeant. He was a cut above the rest, studying elementary law books in his spare time and learning how to conduct himself in court and in the street. Police in those days often needed to fight their way out of trouble: it was something Caminada learned early and never forgot. It was not long before he swapped his blue uniform for the plain clothes of the detective, moving into an office in the grand surroundings of the new Town Hall in Albert Square, with its gothic central clock tower dwarfing all around it. Jerome Caminada was ready to take on the criminal underworld of Manchester's slums.

Over the next few years, he would become a legend. Charles Horan, who served as a police officer and detective in Manchester for almost 40 years, eventually rising to the rank of Assistant Chief Constable, remembers his uncle recounting Caminada stories with "reverence and pride", such was "the aura of fame surrounding the great detective." Some even likened Caminada to Sir Arthur Conan Doyle's' fictional sleuth Sherlock Homes. Horan agrees, but only to an extent: "Sherlock Holmes was a man who deduced things by looking at people. Caminada deduced things by hard work, by information, by knowing his thieves and by knowing members of the public. So there was a difference, but I suppose it is a fair analogy. I wouldn't argue with him being the Sherlock of the era, the real Sherlock Holmes, that is."

Former Manchester City police officer Dennis Wood, who has made a detailed study of Caminada's life, says he was a pioneer in using brain over brawn. "He wasn't a particularly tall man, about five foot nine, but he seems to have been clever. He saw the way to beat crime in those days was to get amongst the thieves himself, by disguising himself as a tramp or something else to get some intelligence. He was probably the first detective in Manchester ever to have a network of informants."

When Caminada joined the detectives, there was no real Criminal Investigation Division. It was called the Detective Department and there were few procedures laid down because detective work was comparatively new. Caminada had to make it up as he went along. Whatever he did, he was certainly prolific. In his first six years, he racked up an incredible 20,000 arrests.

Punishment was harsh and swift. "Boys aged ten and over on their first appearance for theft or a similar offence were often birched," says Denis Wood. "The police officers would carry out the punishment. In the cell corridor of most police stations there was a birching stool. The prisoner would lie across the stool, which was more like a padded table raised at one end, and the birching would be carried out. A doctor would always be present. It was quite common for a boy caught stealing an apple from a cart to be sentenced to twenty strokes.

"Caminada was brought up in this kind of atmosphere. He lived in the city centre but was probably a regular churchgoer owing to his Italian Catholic parentage. This might have been a little oasis of light in this gloomy city which helped him to choose the path he did. He was also able to talk the language of the thieves and criminals and mix with them if necessary. He wasn't an outsider, he was part of the community."

IN THE 1870s, the British mainland was under assault from a group of Irish terrorists known as the Fenian Society. They were particularly active in Manchester, with its large number of post-Famine Irish immigrants. In January 1881, a massive explosion ripped through Salford Army Barracks, blowing away much of an exterior wall and causing many injuries. A second explosion followed at the Infantry Barracks in Manchester, killing a young boy and badly injuring a woman.

Caminada received a tip-off from his network of informants that the perpetrators were two Irishmen called Mooney and O'Donnell. He set out on their trail and learned that they were meeting others sympathetic to their cause at a small cottage hideout in Widnes, Cheshire. Caminada paid the cottage owner a visit. It was clear that he was afraid of the two terrorists but Caminada was a forceful man and, as he later wrote, the owner "became more frightened of me". He said the Fenian Council, based in New York, was funding the men and using a distinctive method of sending funds. It would post two halves of a £20 note separately and they had to be pasted together on arrival.

Caminada arranged to hide in the cottage on the next occasion that the men arrived. "I took my revolver out of my pocket and placed it at full cock in readiness for anything which might occur for I knew that I must expect no mercy from these scoundrels if they discovered me," he later wrote. From his hiding place, he overheard that they were going to London armed with 80lbs of gunpowder to "do business" down there. He also saw one of the suspects write on a piece of paper. As soon as they left, he examined the blotting pad and saw that it had left the impression of an address in Paris. Caminada wired to inform to the police in the capital but he had no idea of the intended target. He did not have to wait long to find out.

The following week there was a giant explosion at Mansion House in the heart of the City of London. Caminada travelled to London and, with an officer from the capital, boarded a boat bound for France to find the mystery address. He later wrote in his memoirs:

> I pushed on for Paris, whither I learned that Mooney had gone. I had not been long there before I found him residing at the address Rue de Deux Ecus Halles and after watching him for some time I saw him crossing the market place. I met him full in the face with "Good Morning Tom, how are you?"
>
> "I don't know you!" he replied, his hand making for his breeches pocket, from which I saw slightly projecting a white-shafted revolver. I kept my eye upon the revolver. After some conversation we parted, and whilst making preparations for his apprehension I received a telegram from Manchester not to arrest him. Shortly afterwards I was joined by Inspector Mosser, Sergeant Hancock and others of the London Police. After I had shown Mooney to them, so that they might be able to identify him in the future, we made for the railway station to return home.

Farcically, the Paris police – who knew that two foreign terrorists were at large in their city but did not know that foreign policemen were there – began to follow them by mistake. At the Gare Du

Nord railway station the French detectives decided to strike and arrest this peculiar-looking bunch.

"In the confusion, whilst everyone was trying to explain, I took up Hancock's rug, which he had put down and, backing out of the crowd, made across the buffers of the train which was standing at the platform and opening the door of one of the carriages, got in at the other side. From the compartment I saw my companions marched off... and before they had succeeded in convincing the French authorities that they were police officers and not the conspirators, I was a long way on my journey home."

Mooney evaded arrest because of indecision by the Government in granting an extradition warrant but he came to a sticky end. Nine years later, Caminada received a message from New York which read: "John Murray who was drowned at Far Rockaway Beach near New York on Sunday turns out to be the dynamiter Thomas Mooney who tried to fire the steamship Queen in New York in August 1887. He was arrested for this and committed to a criminal lunatic asylum but later released. Among his effects the dead man left a bowie knife, a revolver, bag of bullets, two bars of lead and 92 cents in money. Mooney's friends were extremely anxious to conceal his identity."

In those days, a trip to Paris for a detective from Manchester was unprecedented. Caminada would later follow suspects to America, Switzerland, Ireland and Germany, all on terrorism inquiries. "He was a man on his own, he was a man who made his own decisions," says Charles Horan. "If he had worked according to the rulebook then I don't think he would have been as successful as he was. He was a man who decided the rulebook was a basis for negotiation rather than the written law."

Among the organisations he targeted was the Manchester Anarchist Communist Group, which held public meetings each Sunday morning in Ardwick Green. The Chief Constable of the day, Charles Wood, didn't like what was going on there and local residents were afraid of the boisterous crowd that would gather. Wood decided enough was enough. First he tried the soft approach, offering them an alternative place to hold their rallies in

Stephenson Square. But this did not suit the anarchists at all. A newspaper reported:

> The anarchists dislike nothing more than the laws and regulations provided for the peace and safety of the population. They cannot endure restraint. It is all very well for the common people to be compelled to conform to orders but they prefer to please themselves... They are always amiable when they are permitted to defy the law and put other people to loss and inconvenience. To restrain them from doing these things is to offend them and when they are offended they are terrible people. They are invariably fluent of speech but their vocabulary is largely composed of epithets of an irritating and alarming kind.

Caminada was despatched to sort them out. He and the Chief Constable headed to Ardwick Green where they found a Belgian revolutionary addressing a crowd of more than 200 people on the merits of the two-hour working day. The Chief told them that they were obstructing a public highway and if they wished to continue the meeting, they could use a police station yard. The foreigner agreed, but this enraged the anarchists. One climbed onto the rostrum and incited the crowd to attack the heavily outnumbered police officers. They hit Caminada with a chair and set about the Chief. Caminada was carrying an umbrella and, as the mob closed in, raised it above his head in a terrifying swirl, lashing out until a pathway opened up before him. In bashing the anarchists into submission, he broke his umbrella but made several arrests of people who were all successfully prosecuted at court for various offences, including damaging the brolly. It would inspire a writer to pen a folk song about the affair called "The scamp who broke his gamp at Ardwick Green'o".

The anarchists vowed revenge and posted handbills calling another meeting to "defend the right to freedom in spite of Caminada and his crew". When the event was held, Caminada again turned up with a force of bobbies. He arrested the main speaker, a taxidermist by trade, but still the anarchists defied the police. More meetings were held and more arrests made until eventually, as Caminada put it, "the stock of patriots and martyrs had become exhausted" and the Manchester Anarchist Communist Group was all but finished.

Caminada was just as concerned with the crooks and conmen who fleeced the vulnerable and the gullible. Near the top of his list were the legions of quack doctors then practising. "Caminada found a lad in a pawn shop who was selling pictures which were clearly stolen," relates Charles Horan. "He took the lad into the detective office where he related a sorry story. He had been a successful young clerk until he'd met a man who was handing out pamphlets. As something of a hypochondriac, when he read the leaflet he decided he had got all of the problems described on it. So he went to see the man and he got his claws into him. He was a quack doctor who was selling him high priced potions which were no good at all and it eventually bankrupted the poor chap. That's why he was selling the stolen pictures."

Caminada visited the "doctor", taking with him a urine sample laced with ammonia. The quack promptly diagnosed a spurious illness and gave his "patient" a potion for which he charged 40 guineas, a small fortune in those days. After taking the potion to the city analyst and discovering it was completely useless, Caminada went back, clapped the doctor in irons and charged him with making false pretences.

On another occasion, he enlisted the help of a matron who looked after female prisoners, as there were no women police officers. They described a list of different symptoms to several of the most notorious quacks, who sold them bottles of coloured water. Caminada went in and arrested them all. Soon after, Caminada could rightly claim that he had driven most such conmen out of the city.

Caminada was one of the first detectives to go undercover on such inquiries. On one occasion, he followed a suspected fraudster to the house of a friend, a businessman who employed several servant girls. Caminada decided to try to have a word with them, but their master had warned them against talking to anyone. According to Charles Horan, "In an era when there was no television or radio and people were grateful for simple entertainment, the resourceful Caminada acquired the services of a quartet band consisting of guitar, harp, flute and cornet and repaired with them to the back of the mansion where he conducted them in a programme of love songs." The back door opened by degrees and the maids appeared. Under the pretence of soliciting subscriptions for his minstrels, Caminada approached the girls, hat in hand. He won their trust, got the information he required about the suspect's identity and arrested his man.

In the late Victorian era, homosexuality was confined firmly to the closet and punishable by severe sentences. The detective got to hear about a "fancy dress ball" being staged in Hulme for men only. Caminada decided to take a squad and raid them. He had an informant and knew the password to get into the party was "sister". After watching nearly 50 men go inside, he despatched an officer onto the roof to carry out further observations. Boldly, he then marched up to the door, stooped to the keyhole and in a feminine voice gave the password and went in with a team of uniformed officers. Inside he found men dressed as women, dancing with each other and engaged in other "lewd acts". Some were dancing the can-can. He also found a police officer – the one he'd sent up onto the roof. He had apparently been trying to see down the chimney when he had lost his balance and fallen down into the hall.

Forty-seven men were carted off to the cells and charged with conspiracy to commit indecent acts. They were brought before a stipendiary magistrate the following morning, with Caminada insisting that they wear the same dresses they'd been wearing when arrested the previous night. A defending solicitor put it to him that if he had been minding his own business, there would have been no complaint from anyone. Caminada replied tersely, "It was my business. It is my business to mind other people's."

JUST AS HOLMES had his Moriarty, so Caminada had Bob Horridge. A violent and incorrigible burglar, Horridge was not averse to going armed and shooting anyone who tried to stop him. In his biography, Caminada wrote: "I suppose every big city has its collection of really bad apples, vicious thieves who give no quarter. Manchester certainly has its share. One of the worst in my time was Bob Horridge, who terrorised the city and was one of the nastiest pieces of work I ever hunted down."

Born in Rochdale Road to respectable and industrious parents, Horridge was a thief from his youth and by the age of 13 had already served six months in prison. When he came out, he worked for his blacksmith father but was soon burgling again. It was a pattern that repeated itself many times.

After one arrest, Horridge escaped. Caminada got word from an informant that he was hiding in a house in Collyhurst. He smashed his way into the house but Horridge bolted for freedom, climbing into the roof space and running along the rafters of the terraced row. When he reached the end, he plunged through the ceiling into a bedroom where a couple were engaged in "connubial bliss". Horridge didn't stop for a moment and ran downstairs and out of the front door. The couple were then stunned as Caminada and his uniformed officers crashed through the hole in the roof in pursuit. They lost Horridge in the maze of back streets and alleyways but it wasn't long before they got further information that their man was holed up in a pub. Caminada eventually collared Horridge and he was sent to prison.

Such a violent man could only be locked up in the toughest jail in the country, Dartmoor. But Horridge had other plans. On his way to the prison he hatched a plan with the other men to whom he was chained: they would try to escape once in the prison yard. When the time came, Horridge gave the signal but only one other man made a break with him. The wardens were armed with carbines and they shot both escapees, Horridge in the chest. He made a full recovery in prison, which was remarkable given the conditions, and was released after serving his sentence.

The moment he was back in his home city, he was back at his old business of burgling and safe breaking. Using a set of keys he had made in a smithy, he broke into a boot shop in Rochdale Road. At 4.30am, a PC Parkin spotted someone inside the shop and called for the assistance of a postman and two other people, who watched the shop while the officer went around the back. Horridge sensed that something was happening outside and yelled, "Keep back! You won't take me alive."

Parkin moved forward. Horridge drew a gun and fired at him. The bullet scarred his neck and he fell to the ground stunned. Another officer named PC Bannon heard the gunshot and rushed to the scene. He confronted Horridge and blocked his path. Horridge shot him in the chest and Bannon fell, badly injured.

Caminada, who was out of town, was summoned back to Manchester by an urgent telegram. On speaking to the two officers and getting a description of the shooter, he was certain who it was.

I knew it was Horridge. I made a routine call at the house of his father where his sister lived and both of them told me to take care because Horridge had often told them he intended to shoot me. I soon discovered that he had gone... by train to Liverpool... after drawing a revolver from the arms store at the detective office I set off.

Caminada realised he might be staying with an acquaintance, a notorious thief from Birmingham nicknamed "Wingey" because he had lost the fingers from one hand.

Inspector Robins, of Liverpool police, came with me, and when we announced who we were, we were refused admission. We forced our way in and were confronted by a large and angry-looking bulldog.

I took out my revolver. "Take this dog away or I will shoot it," I said to Wingey, who had come into the hallway. He needed no second bidding. The dog was secured while we searched the house, but Horridge wasn't there.

Maintaining my disguise, I went down to the docks area. I was walking along Duke Street with Inspector Will Schofield when a man passed us. A few yards further on my colleague Schofield said, "That man looked very hard and intently at you, as if he half recognised you."

I turned at once, and even from his departing rear view I could tell from his walk that it was Horridge... I rushed across the road and grabbed him. His hand moved towards his pocket, where he had his gun, but I was faster, and pushing my revolver into his face, I said, "Any trouble from you Bob and this time I'll blow your head off."

At the assizes, Horridge was sentenced to penal servitude for life. He had already served two terms totalling 15 years and numerous short terms behind bars. He was 36 years old. Needless to say, he did not bother Caminada again.

IT WAS a bitterly cold February evening and there few people about in Manchester city centre as Police Constable Bill Jakeman stood under a gloomy, hissing gas lamp in Victoria Street. At about seven o'clock, he watched as two men at the corner of Catton Street hail a "growler" – a four-wheeled horse drawn cab plied the streets from a stand near the Cromwell Monument at the Cathedral end of Deansgate. One was a middle-aged man, the other younger in his twenties. PC Jakeman had no inkling he was watching a murder victim and his killer.

Half an hour later, the officer was on the Cathedral Steps when he heard the rattle of the same cab. The agitated cabby rushed up to him and blurted out that the younger man had leapt from the cab in Stretford Road, Hulme, leaving the older man incapacitated inside. "Who's going to pay my fair?" he inquired.

The constable flashed his bull's eye lantern inside the cab and recognised the older man he had seen earlier. He got no reply when he questioned and shook him. Thinking he was drunk and incapable, the constable got into the cab and ordered the driver to take them both to A division headquarters at Albert Street a couple of minutes away. PC Jakeman felt for the man's pulse. "Driver!" he yelled, "straight to the Royal Infirmary and get the whip out."

The cab sped through the narrow streets towards the hospital at Piccadilly but to no avail. The man was dead. His valuables, including a watch, money and a spectacle case, were missing. The cabby said he had been engaged to drive the men from the Three Arrows Tavern in Deansgate to a large house in Hulme. The dead man's papers in his wallet revealed him to be John Fletcher, the head of a well-known paper firm in Manchester, a respectable businessman and well known on the city's stock exchange in King Street. He was a county councillor and a justice of the peace to boot.

The constable's report landed on Caminada's desk the following morning. It was to prove one of the most celebrated cases that the detective investigated and would later become known as the Manchester Cab Murder. It took an extraordinary amount of serious detective work to get to the bottom of the case, and such "jigsaw detection" in those days was rare. A series of detailed inquiries around hotels and pubs in the city revealed that the man he was seeking in connection with the killing was fit and athletic. So Caminada rounded up a number of the city's best boxers and "read the Riot Act to them". It had the desired effect and he was directed to the son of a fighting man known as Pig Jack who had once been the keeper of an inn at Greengate in Salford, the resort of "pugilists, racecourse thieves, prostitutes and other equally useful members of the community". Rumour had it that when he was a landlord, Pig Jack had been in the habit of drugging his customers' beer before robbing them when they were unconscious.

The son was called Charles Parton and, at 18 years old, still lived with his parents. One morning in March, 1889, Caminada and a squad of detectives charged into his home and found him in bed. He denied everything but Caminada found two gold sovereigns under his bed and arrested him. The cabby later identified him as the young man who had been in his taxi that night. Caminada also discovered that Parton had stolen a bottle of chloroform from a chemist's shop. When the post mortem examination revealed the victim had died from poisoning by chloral hydrate – chloroform – it was the last piece in the puzzle. It transpired that Parton frequently struck up conversations with wealthy-looking men in pubs and promised to see them safely to stations or taxis. He would then drug them and steal their property. Parton was sentenced to death, but the Home Secretary commuted his sentence to life imprisonment and spared him.

Towards the end of his career, Caminada was required to investigate the activities of a very senior police officer. A leading superintendent was found to be allowing "disorderly houses" or brothels to operate quite freely on his patch. There was a huge inquiry, which revealed corruption at the heart of the Manchester force. The officer was dismissed and the following year, 1887, Caminada was promoted to detective superintendent, the first ever in the force. He had a fixed salary of £325 per year, a huge sum for a police officer and approximately four times the pay of a top-rated constable. He continued to bust criminals of all kinds until he retired in 1899, when he was rewarded with a special pension by the city Watch Committee of £210 a year in appreciation of his "long, energetic and zealous services".

He went into the property business but could not purge the detective from his system and became a private investigator. Later he became a politician, representing the Openshaw ward on the city council from 1907 to 1910. But he was too much of a thorn in the council's side and, when voting in that year for the position of presiding officer resulted in a tie, an alderman who wanted Caminada out voted against him. That was the end of public service for him. He died in 1914 at his home, Mount St Bernard, on Denmark Road in Moss Side. Gushing tributes flowed from all over the city. One judge wrote in the *Daily Despatch*:

Manchester has lost a great character and a good citizen in Jerome Caminada, with his sterling value as a man and a detective. In the latter class he stood alone – he was a genius. He knew criminals and their ways as a zoologist knows the lower animals' habits and habitat… Of Caminada as a human ferret and a hunter of human vermin someone will no doubt in due course edit some proper record, but in all the miserable work he did so ably he was always a human being with a kind heart. He never lost faith in human nature though he knew more about moral diseases than most Bishops.

For all the vice he had witnessed, Caminada retained his humanity and sympathy for the poor. He particularly liked a quote from Charles Dickens: "Cant as we may, we shall to the end of all things find it very much harder for the poor to be virtuous than it is for the rich, and the good that is in them shines the brighter for it." Times have changed, and his like will never be seen again.

BACK STREET MILLIONAIRES

GAMBLING WAS one pastime that offered brief escape from the dull monotony of working life in the mill or mine. Almost everyone in the major cities of the North of England enjoyed the thrill of a "flutter" from time to time. They would bet on the horses, the dogs, on pitch and toss games played with two coins on wasteland on Sundays, on dice games and "find the lady". In fact, they'd bet on anything, given the chance.

But there was enormous hostility to gambling from lawmakers and social reformers. It was an activity viewed by those in comfortable surroundings as being a major contributor to poverty, along with drunkenness. Legislators did their best to suppress it. In 1906 they introduced the Street Betting Act, a divisive piece of legislation which outlawed cash betting anywhere except at a racetrack. It is hard to imagine a more deliberately anti-working class law. Betting at the races or on credit through licensed bookmakers was fine – and largely the preserve of the middle and upper classes. It was the lower working class gamblers with whom the legislators had a problem.

Attitudes to the Act on the streets and in the back alleys of the cities were of utter contempt and it is unlikely that the Act ever stopped a single bet being placed. If anything, it probably did more to increase activity. A huge number of unlicensed, illegal bookmakers set up shop wherever they could, most working out of the back yards of their red-bricked, terraced houses.

One of the most successful of those back street bookies was a man who went by the alias Fred Hyde. Like many of the illegal bookies, he had adopted a surname from the Salford street he lived in, Hyde Street. His real name was Fred Done; everyone knew him as "Spud". He became a legendary figure and would bring up two sons who would follow him into the family business. They would eventually turn their ducking and diving into the largest chain of independent bookmakers in the country, with more than 220 shops and a turnover of hundreds of millions of pounds.

One of those sons, also called Fred, was steeped in the family enterprise. "To place a bet in those days, you would probably go down a back entry and you would come to a back door. There would be a hole in it and you would go into the back yard and see someone like me stood behind another door with a hole in it and you would pass your bet over. There was no such thing as a receipt. You would probably write your bet on a cigarette packet or a scrap of paper and have a *nom de plume* on it – Joe Soap or whatever – rather than a number.

"When you came back later in the day you'd ask, 'Anything for Joe Soap, Fred?' And we'd pay out if your horse had won. So much of it was done on trust. There were no race commentaries. We would get our results over the exchange telegraph system, which came off a printer on thin strips of ticker tape. We would open at eleven o'clock and close at three o'clock. Then we'd reopen at half past five and stay open for another hour to pay out the winnings."

On rare occasions a bookie might be faced with being cleaned out and might scarper before his customers came to collect their winnings. Bookies who found themselves in such awkward positions would offer to pay winnings in instalments over several weeks if they didn't have the cash at the time.

"My old man lived like a king one week but might be broke the next," says Fred fondly. "He once took me and the family to the Isle of Man after he had a brilliant week on the horses. He spent like a king while we were there and he hired a private plane to get us back because he had to be home for Saturday. We landed at

Blackpool and got a taxi back to Salford. But the following week he was down at the pawnshop pawning his suit because he'd got nothing. If a punter won fifty quid, he'd give him a fiver a week for the next ten weeks and the punter was happy with that."

In the first decade of the 20th century, concern over violent crime diminished and public attention shifted to other forms of criminal activity, including gambling. The police came under enormous pressure to pursue gamblers despite the law being unpopular even in police stations.

"It put the police in a very difficult position," according to the historian Dr Andrew Davies. "The class bias inherent in the law was widely recognised and the police knew that if they attempted to enforce it too vigorously that would meet with stern resistance and their popularity in working class districts would plummet.

"What emerged was an uneasy truce between the police and the illegal street bookmaking fraternity, a pattern of collusion whereby officers would give a warning to a bookmaker that his pitch was due to be raided. The bookmaker would then employ a local man, often somebody unemployed, to stand out, effectively impersonating a bookie with a pocket full of change and another pocket full of falsified betting slips. The police would call at an appointed time and say, 'Right who is it that we are arresting today?' And the stooge would volunteer to be taken down to the police station. For the most part the arrangement operated smoothly. It allowed the police to fill their arrest quotas and allow the bookmakers to continue their operations with minimal interference."

In his book *Leisure, Gender and Poverty*, Dr Davies recounts the street corner signals used by bookies, as observed in Manchester by a police sergeant.

> Right hand raised to face – look out
> Handkerchief to face – the man on the beat
> Tying shoe laces – two plain clothes PCs about
> Hat raised – a stranger about
> A sharp walk from the corner – stop booking, danger.

Bookies were good employers. They would need a small team, typically consisting of the bookie himself, a clerk to keep track of the books and bets, at least two "doggers-out" to spot the police and a number of runners to collect wagers from public houses and places of work. The "jockey", who would be arrested in place of the bookie, would usually receive £5-10 for his night in the cells while stooge customers would get less.

Fred Done: "It was illegal, but in the way that drinking during prohibition was illegal. Everybody thought it was a bad law. What was wrong in the ordinary working person having three half crown trebles? Everybody treated it with utter contempt. The law was a joke. We had a credit betting business which was legal – we used to have solicitors, the police and judges phoning up to place a bet – but the ordinary working man from Salford couldn't have a bet. Where was the fairness in that?

"Obviously the police had to make an attempt to enforce the law but every bookmaker had his pet policeman who would come round once a week and we would pay him off. The money I'm talking about here is ridiculous by today's standards, maybe one or two pounds a week, and the strongest word I could say is bribe. But we didn't think of it as a bribe. The policeman would inform us when he was going to come down and say, 'Sorry Fred, I'm going to come down about half past two next Tuesday to raid you. Get your punters out and put your stooges in.'"

Fred would then pay a few men who were unemployed to stand around in the back yard and pose as punters placing bets. He would also pay the jockey to play the part of the bookie.

"The police would come down with the black maria van and arrest everyone who was standing around and cart them off to the police station. They would take them to court the following day."

The average fine was about £2 each for the punters and £10 for the jockey. The same jockey would never be used twice: if caught twice, it was seen as defying the will of the judge and that meant they faced a jail sentence. Fred would pay the fines, pay the stooges and then it would all start again.

"Then worst thing that could happen is that we weren't trading for a couple of hours," he laughs. "The only time we'd get raided really was when there was a new Chief Constable who wanted to prove a point, or a judge who was getting a bit worked up about something. But we always knew when they were coming.

"Everybody bet in those days – doctors, working men, everyone. It was part of life and Salford never ran without its bets. Neither did any of the other working class areas of the cities in those days. Even during the war the betting continued. My dad's war effort was collecting the bets down at the big firms and armaments factories at Trafford Park. My dad kept the country's morale up and kept everybody happy. But if you'd given him a gun, he wouldn't have fired it!"

"It was all right for the lords and ladies to go to Ascot and make their bets there, but the workingman in the back streets of Salford wasn't allowed to do this. Myself and the other bookmakers, we never regarded ourselves as criminals even if we weren't legal. We felt like we were being sorted out by the establishment. It was okay for them but it wasn't okay for us and we just weren't going to have it like that.

"In all honesty the punter stood no chance against the bookies. The bookmakers were really like cartels, all working loosely together and the odds were crazy. The punter stood no chance of making big money regularly really – only us bookies could do that. But the punters loved it. What else could they do after all? There was no television in those days."

While horse and dog racing were the mainstays of the business, pitch and toss was also popular, particularly on Sunday mornings on Salford wastelands known as crofts. While many people were filling church collection plates, the bookies were filling their pockets. Two coins would be tossed into the air and bets were placed on how they landed – heads, tails or one of each – with a one-in-three chance of winning.

"My old man used to do that. You would get crowds and crowds of people and then you would have to have spotters looking out for the police," says Done. "If they came, they'd do nothing more than surround the place and make a couple of arrests of a few poor fellows even if they didn't have the heart to do it. They had to show willing to the beaks, the judges, but it wasn't done with any great heart."

Problems came when the local anti-gambling lobby tried to expose collusion between the police and the bookmakers. Allegations that officers were taking bribes surfaced in both local and national newspapers. This caused deep embarrassment to police forces in Liverpool, Manchester and Salford throughout the 1920s and 1930s.

One of the most serious scandals occurred in Liverpool in 1928, when evidence emerged of systematic co-operation between a large number of officers and bookies in E division, which included the areas around both Anfield and Goodison Park football grounds. An undercover officer was drafted in. It took him many weeks to become accepted and trusted but, once on the inside, he quickly learned that many bobbies were accepting bribes. He set up a "sting" and arranged for three senior officers to hide in a car near a pay-off spot. They watched as some of their junior colleagues arrived for their regular cash bungs. Ten E Division officers were subsequently dismissed and later found guilty of conspiracy charges at the Liverpool Assizes.

"The trial attracted absolutely enormous media interest; not just blanket coverage in the local press but also in papers such as *The Times*," says Dr Andrew Davies. "The Chief Constable claimed that the problems were confined to one division of the Liverpool force and added that they had now sorted out all of the bad apples. However there is a great deal of anecdotal evidence which suggests that a pattern of collusion was taking place right across the Liverpool City Police area."

In Manchester and Salford, police activity against bookies increased, partly due to the vigour of anti-gambling campaigners. Chief among these was Peter Green, then the Canon of Manchester and a powerful figure within the church and city. In 1932, at an ecclesiastical conference in Durham, he made a string of claims about corruption in police ranks, and said the sin of gambling was being allowed to flourish freely in Manchester and Salford.

"I do not say all the police are corrupt," he said. "Most of them are perfectly straight, and the uniformed men are most untouched. It is the plain-clothes men and detectives – the great majority of whom are upright and honourable – but the temptations are strong and some of them are undoubtedly bribed... A police officer will go to a book maker and say: 'It is time you were on the carpet. Put a dummy at the end of the street at twelve o'clock on Thursday and I will take him.'"

According to Dr Davies, "the press locally and nationally seized on these allegations and there followed some very graphic headlines that bribery was widespread." It was a public relations disaster for the forces concerned. Manchester's Chief Constable engaged in an exchange of letters in the *Manchester Guardian* in which he vigorously denied the charges. Canon Green wrote back furiously with more evidence to the contrary. The exchanges became more and more bitter.

The Chief Constable of Salford was more canny, staying out of the dispute and letting his opposite number across the city boundary to take the flak. But in 1936 the scandal resurfaced on his patch when another prominent ecclesiastical campaigner, William Bowen, made similar allegations to the Salford Watch Committee, the overall bosses of the police force. The Chief of Police, Major Charles Godfrey, issued a lengthy report denying the claims; he said raids upon bookmakers were only notified to police officers minutes before they would take place, so there was no chance of the news leaking out. He added that superintendents were told to borrow men from other divisions when initiating the raids. At this time, Salford had by far the highest number of arrests of bookies and their lookouts of any provincial city.

"This in itself says a lot about the way in which the police were effectively tying themselves in knots, trying desperately to prove they could deal with bookies in a process which was totally above suspicion," says Dr Davies. "At the conclusion of the report, Godfrey said he would write to the Home Office and request the legalisation of cash betting. As he saw it, the 1906 Act put the police in an untenable position. One of the problems was that whole neighbourhoods rallied around the bookies in order to protect them. The consequence was that whenever a police officer went into a working class district, he was immediately viewed with suspicion. It meant that the police were never a neutral presence."

Perhaps one of the reasons why there was so much concern among the reformers about gambling was that it was rife within the city centres. In Salford in the early 1930s, the population was in the region of 220,000. Serving them were at least 200 bookies – that's almost one per 1,000 of population, enough for one on nearly every street corner. They were making vast profits: perhaps as much as £100 a day of untaxed income.

Inevitably the business slumped during World War Two, but with the appearance of television in the Fifties, and the live broadcasting of races, it was boom time again. "We were mad busy whenever there was a race on television," says Fred Done. "If you put a race between two flies on television, they would have bet on it. The Government realised eventually that they couldn't enforce the law. Ironically, it had been a sham right from the start. It was only after the Street Betting Act was finally repealed in 1960 that back street bookies were finally seen off."

"Simple competition succeeded where prohibition failed," says Dr Davies. "Individual bookmakers were driven out of business not by legal sanctions but by the spread of national betting chain shops such as Ladbrokes and Corals." A handful of the smart ones moved out of the backyard and into the high street, among them, the Done family. They still run Britain's biggest chain of independent bookmakers shops.

In 1961 the Gaming Act was introduced, legalising the cash betting industry. Every bookmaker had to get a licence for each shop he set up. A year later, the Government introduced a tax on every bet. "It was a brilliant move by Parliament," conceded Done. "They knew where all the bookies were and then they started taking their share. Absolutely brilliant – for them!"

Bookies shops were sparse, smoke filled places – sometimes they could be intimidating and almost exclusively male dominated. For many years, the betting shops weren't allowed to have television sets or even seats. They weren't allowed to be comfortable places because the bookies weren't supposed to be allowing people to loiter on the premises. Of course the punters did stay in the shops. For some men they became second homes. Radio commentaries were introduced, often bearing little resemblance to the race they were supposed to describe but at least they tended to get the results right most of the time. In the early Nineties, TVs were introduced to betting shops and live satellite broadcasts of races were beamed into them every day. At last they had reached the modern age.

Now in his sixties but as fit as a fiddle and a regular entrant in marathons around the world, Fred Done looks back with a deep fondness to those days. "We were making a nice bit of money, there were no taxes and it was all the better because there weren't very many bookmakers about. We had all this money and were going clubbing and gambling in the clubs because there were no casinos then, but card games certainly went on. That's what we used to do in the winter when there was no horseracing, before the days of all weather meetings at racetracks. We used to shut the doors of the 'office' and head down to the clubs in Manchester to go gambling. We played all day long. Our life was gambling. We knew nothing else."

There were also legendary punters who played the system to their advantage and could beat the bookies at their own game. One such man was called Alec Bird. "He was a professional gambler who made millions. Eventually he couldn't get his own bets on at bookmakers because he was too clever and no one would take his money. So he used to employ other bookies and their agents to break his stakes down into smaller bets and place them at different bookies. That way the bookmakers never knew where the money was coming from. If they knew it was Alec's they would not have taken it.

"I genuinely loved that time in my life. I was a young man and up for the *craic* all the time. You lived for the day. You never saved your money because you earned plenty and you knew that tomorrow there would be plenty more. You lived on your wits. There are not many bookmakers who haven't got brains. They might not have been to school but they have got brains. You had to be a dodger to survive in the game."

THE FIRST CAR THIEVES

EVEN before the coming of the car, city streets were chaotic. They bustled with pedestrians, delivery boys, horses, carts, bicycles and trams, and needed bobbies on busy junctions to control the flow. Accidents were commonplace and at least 1,000 people were killed on the roads each year *before* motorised vehicles came along.

The cities were designed and built without high-speed cars in mind; their street layouts were designed for the technology of the day. Roads were narrow, and people lived close to where they worked. Most were in the shadow of the factory or a few short steps from the dockside or mine shaft where they toiled.

Although the self-propelled motorcar was actually invented in 1769, the precursors of the cars we know today did not arrive until mid-1880s. Legislation to allow them onto the roads arrived in 1896. Before then, driving on the road required an assistant with a red flag walking several paces in front of the slow-moving vehicle. Four miles an hour was the maximum speed permitted (the first ever land-speed record was established in 1898 when Count Gaston de Chasseloup-Laubat of France drove an electric car at a speed of 39.24 miles per hour).

Just after the turn of the century, a chance meeting between Henry Royce and Charles Rolls at the Midland Hotel in central Manchester led to the pair forming a motor company. They began making cars together in 1904 under the soon-to-be-famous Rolls-

Royce marque. At that time there were only about 5,000 cars in the whole of Britain and they were still rare enough to make people stand and stare, open-mouthed, as they passed. Coroners' reports of the day show that some pedestrians crossing roads in front of cars would freeze in disbelief at what they were witnessing and would be killed because they were rooted to the spot.

Quickly the numbers began to increase and by the beginning of the First World War newspapers were reporting the first serious traffic congestion in town and city centres. By the late 1920s, cities like Manchester and Liverpool were spending a great deal of their time policing the increase in traffic and sorting out accidents. Up to 10 per cent of all officers might be engaged in traffic duties and, just like today, the attentions police gave to drivers was a source of never-ending complaint from motorists.

"This was the time when the middle- and upper-classes were beginning to come into contact and conflict with the police for the very first time," says Sean O'Connell of the University of Belfast, an expert on early cars and the social issues surrounding them. "It sparked a lot of controversy and friction. There were many reports of motorists trying to bully policemen from their privileged class position. You can imagine that the average motorist then would be a doctor or professional with status and money who is confronted by a police officer from a typically working class background. Drivers would often try to say, 'Do you know who I am? I know your commanding officer, he's a member of my golf club.' So there was real friction on an individual level."

Motorists were particularly incensed about the use of policemen to catch them speeding, and formed the Automobile Association in a bid to thwart speed traps. The AA sent out patrols of young newspaper delivery boys who worked in the inky back streets of London's Fleet Street. They would cycle into the country to patrol the main London to Brighton Road. Their job was to look out for the police traps, which consisted of two officers timing the distance travelled by a car over a given section of road; if a driver was thought to be speeding, the officers would signal with a white handkerchief to a third hiding in a hedge. He would pull out and stop the driver and arrest him for speeding.

The AA scouts warned drivers of patrols ahead. Over time, uniformed scouts with peak caps replaced the young newspaper boys. They would stand by the side off the road with the specific task of saluting every car with a member's badge on the front. Drivers were told that if they got a salute, there was a clear road ahead, but if they didn't, then there was trouble ahead and the driver should slow down immediately.

The AA later introduced horizontal flagpoles on the side of prominent buildings with a sliding ball attached; if the ball was extended to the end, it meant speed traps ahead. It also campaigned for speeding to be treated as technical rather than criminal offence. It was so effective that the 1930 Road Traffic Act actually de-criminalized speeding (It didn't last long as the number of accidents and deaths rose dramatically over the next half-decade and speed limits were introduced once more).

"Car ownership grew steadily and more people who thought they were decent and law abiding took to the roads. They didn't see speeding as an offence and got very irritated by police infringement of their right to use the roads at they liked. More and more people began to be caught by the police and motoring offences of this nature had the effect of causing a swing in middle class attitudes towards the police. They began to see the police as the bad guys, if you like, and for the first time the phrase, 'Why don't you go and catch some real criminals?' appears in the vocabulary," says Sean O'Connell.

Coupled with the gambling crises which were breaking out in the press at exactly the same time, senior officers in some forces began to see they were losing the sympathies of the public and they desperately needed to shift support back towards them. "Certain police forces at the time used the motoring issue for what today we would call spin-doctoring purposes. It was good public relations if your force area's road casualty and accident figures could be shown to be steadily reducing year on year."

Under the leadership of Chief Constable Sir Charles Godfrey, Salford City Police Force became one of the leading lights in road safety campaigns. He introduced special Play Streets, where motor traffic was banned and children could play safely on the cobbles in front of their homes. Cynics suggested it was a useful way of diverting negative publicity over the gambling corruption scandals.

Another innovation in Salford and parts of Lancashire and Cheshire was the distinctively dressed Courtesy Cop. "This was a pilot scheme which tried to shift the focus away from coming down hard on motorists who'd broken the law and re-educate them instead. They [the Courtesy Cops] were dressed in a white helmet, long white coat down to the knees and wore white gloves. They must have stood out enormously in cities, which were really smoky, sooty and blackened places. They would stop an offending motorist and provide points of advice on speed and handling and the like. They would say the driver had just broken the law but that they weren't going to take them to court on this occasion and that they should take extra care next time."

The Courtesy Cop and his softly-softly approach was seen as a victory for the motoring lobby. Middle-class sensibilities had won.

WHERE there were cars, there was joyriding. Stealing vehicles was easy. Drivers almost always left their keys in the ignition, doors were never locked and there were no alarms. Hot-wiring was in the future.

As early as the 1920s, joyriding – taking cars for pleasure and dumping them later – was becoming common. According to Sean O'Connell, car crime "really took off" after the First World War. There were a great many cars on the roads then, which provided so much more opportunity. Secondly, many people during the War had mechanical training of some sort. They learned how to drive and prepare military vehicles and look after them. That might have put ideas into the heads of those who enjoyed driving but could no longer afford to do so after they were demobbed.

"Blackpool in the 1930s was the Mecca of joyriders. A thousand cars and motorcycles a year were stolen there. Most of them were usually discovered a few hours later somewhere else in the resort. There were a lot of cars, as people would have driven there on holiday. Blackpool was the Ibiza of its day and people would go there and wouldn't be known by anyone else so they could behave more uproariously that they did in their own towns. Also, if you were a young man, you would go to the seaside resorts like Blackpool in an attempt to pick up women. The car would provide a way of appearing more affluent and therefore attractive to the opposite sex."

At first this did not create a problem for the police: joyriding was not an offence.

"If a thief took away a car and didn't intend to permanently deprive the owner of it, then that didn't qualify as theft. This was the case until 1930 when the Road Traffic Act brought in the offence of taking without the owner's consent. Until then, some tried to prosecute thieves for stealing the petrol they had used during their joyride but it was almost impossible to prove the amounts which had been stolen. It wasn't a crime, but it certainly irritated a lot of motorists and MPs who kicked up a fuss about it."

After the Second World War, the numbers of cars being produced and bought by a newly-affluent public went steadily upwards. By the Fifties, they were becoming very affordable as new budget models were made for the masses by the likes of Ford, Rover and MG.

The steadily improving road network was also allowing criminals to travel freely to commit their crimes with impunity. There was little to stop well organised city thieves jumping into a car, heading to a quieter shire town with few police and "turning over" several big houses before heading home with a boot full of loot. Some police forces were wise to this and cracked down hard, as John Stalker, who joined the police force in the 1950s and rose to become Deputy Chief Constable of Greater Manchester, recalls:

"I used to play with a dance band and I remember driving back from a booking in Blackpool down the old A6 before the motorway came. You could drive through the whole of Lancashire at that time without seeing a single police officer. The same was true of Manchester to an extent but the moment you crossed the border into Salford it was entirely different. I could guarantee that I would be stopped at least twice on the East Lancs Road. It was that sort of place and you had to have an explanation for where you were going at that time of night, who you were, why you were in Salford and whether you were going to come back. The police didn't mess about then. If it moved, they were on it."

The motorway network was a further boon to criminals.

"You had to look no further than the motorway to see how the serious criminals were operating. They began by driving out of the cities and into the country to rip off the big stately homes, and then they started looking at other ways of making money. As more freight was carried by road, they started to size up the valuable loads and then hijack them late at night while the drivers were sleeping. They could get anything they wanted in this way, from a truck full of booze or cigarettes to valuable electronic items like TV sets and fridges. Some of the most serious villains of the Sixties and Seventies were brought up on lorry-jacking," says Stalker.

Danny Ewington was an Inspector in the Greater Manchester Police Traffic Unit throughout the 1970s. "When GMP was formed by the amalgamation of other forces, we realised that suddenly we were going to get the biggest motorway network in the country. Prior to that we only had the Mancunian Way through the middle of the city and that had a speed limit of forty miles an hour, so we had no motorway experience."

GMP sent its officers to the neighbouring Cheshire force for a two-week crash course in how to police these high-speed roads. The officers there taught them more than the basics. They told them that anyone could stop and search a car, but it was getting the *right* cars that was important, and for that they would have to develop a sixth sense.

"What impressed me most was that those officers would go into a service station like the one on the M6 at Knutsford and cruise both sides of the motorway, the car parks, the filling stations, and they always got it right. They seemed to know which cars were dodgy or which people were up to no good. We realised that the motorway was shifting loads and loads of crime: burglars, car thieves, drug pushers, the whole gamut was there on the motorway." The motorway service stations would later prove to be key battlegrounds in the war on drugs in particular.

David Wakenshaw, a tough cop from the North East of England and, at the time of writing, head of the Northern Division of the National Crime Squad, says: "It was recognised in the early 1960s that there was an element of criminals who were moving out of the local towns and the local cities and operating across their region instead. Mancunian criminals might be operating in Merseyside and vice versa. The response was to form the Regional Crime Squads, which could move across force boundaries."

The theft of cars was rapidly becoming a huge business. It really took off in the 1980s, at the same time that heroin began to flood Britain and junkies found cars – or at least car radios – were an easy target to steal and sell for the next fix.

By the middle of the decade the increasing vulnerability of "hot hatches" to the attention of joyriders had become front-page news. High-powered cars were being driven at break-neck speeds by teenagers barely old enough to see over the steering wheel. Police forces fought back with helicopters capable of keeping up with cars being driven at 140mph or more. The sight of shattered glass by the kerb became common across the country. Insurance payouts rose seven-fold in the last decade of the 20th century, creating a headache for insurers and motorists alike. Car security suddenly became a major growth industry. Manchester and Salford took over from Liverpool the dubious title of Car Crime Capital. The thieves had become so brazen, they no longer cared if they were seen.

One particular blackspot – a petrol filling station in Salford – became for a while the most notorious in Britain. It was situated at the end of Regent Road, just before the dual carriageway became the M602, on the edge of the troubled Ordsall estate. The *Manchester Evening News* reported: "In two months, thieves have robbed more than 40 motorists of car phones and property worth £25,000. The forecourt prowlers ambush out-of-towners as they fill up at the Mobil petrol station before joining the motorway network...drivers from

Merseyside and Cheshire have proved to be easy pickings for the gangs." They would wait until customers had filled their tanks and gone to pay, before opening the doors or smashing windows to take handbags, coats and mobile phones.

Typical of the victims was 22-year-old Rachel Radway, from Liverpool, who endured a terrifying ordeal at the hands of six youths, aged about 12, who tried to smash into her car with bricks. "No-one helped warn them off," she said. "I had to approach the car myself asking them to leave, which they did. I then jumped into my car and decided to get off the forecourt as quickly as possible, but the main road was busy and I could not get out immediately. Unbelievably the youths returned armed with more boulders and continued to attack the car and howl abuse. Eventually I just shot into Regent Road, nearly causing an accident."

The filling station became the subject of a television documentary, with teenagers filmed breaking into cars and running off laughing. They had apparently been given the all clear to rob the car drivers by a local crime boss on the Ordsall estate, as long as they left the cashiers alone. The police did their own secret video work too and identified most of the ringleaders. They were arrested in November 1994 in a series of early morning raids on their homes, but the filling station was still plagued by problems and eventually closed. By then, car theft and burglary made up 70 per cent of all crime in Salford and senior police officers were publicly stating that arresting youths for a single car crime was a waste of time.

The thieves also perfected techniques for stealing from cars at traffic lights. One method involved tying a spark plug to the end of a piece of string and lashing it at high speed into a rear side window. The shocked driver could then only watch as hands snatched belongings from the back seat. Few victims would pursue the robber into the network of alleyways on estates, which provided perfect cover to disappear.

Others viewed re-developed business areas as opportunities to make thousands of pounds. The "yuppie" housing schemes and business parks around Salford Quays were a particularly good hunting ground.

One businessman spoke to the local paper on behalf of others. His words revealed more than just sheer frustration; they revealed what many had known for a long time: "We have been here nine years and have seen the Quays develop. But it is only in the last three years that the crime has become organised and got out of hand. The magistrates who give the culprits fines do not live in the real world. They should see the grief on peoples' faces when they return to find windows smashed. About four or five a day are broken into.

"It's not just cars owned by bosses either – ordinary people who earn a few hundred pounds a week are also having their cars damaged and to repair them could mean half a week's wages. I have made five citizen's arrests myself. On one occasion a youth smashed the window of a BMW in front of me. He brazenly told me there was nothing I could do and smashed the glass just for the sheer hell of it.

"The police came and said I could make a statement and that the youth would be arrested and charged. But the officer warned me he would only get a small sentence and he and his friends would then harass my firm and me. I can understand the police frustration because the system is weighed against them, but they have a duty to do something. The criminals now know the police don't care about thefts from vehicles and the public won't do anything because they are too frightened. We are sick and tired of the situation. The Quays is becoming a haven for criminals."

In 1999 over half a million vehicles were stolen nationwide; more than a third were never recovered. The insurance costs were £640 million. This was more than the work of joyriders taking cars for a "laugh" and setting fire to them. For a decade, highly organised criminal gangs had been stealing high-powered cars and prestige models to order, and having them shipped abroad.

One car thief spoke to the present author about how he had got away with a car-stealing racket for more than ten years. Sitting in a dark and smoky pub on the outskirts of Liverpool, this short, plump and grey-bearded man estimated he had made more than a million pounds in that time.

"It was very easy, because all we did was to get hold of a couple of tow trucks, like the ones the breakdown services use and paint a big orange stripe down the side. I'd put on a boiler suit and then go out to get the car I'd identified earlier on. I was looking for the fast hot hatches at first and selling them on to people elsewhere in the country who'd change the cars' identities. But soon I got into going for Mercs, Jags and Rollers, which we'd have shipped out of the country from Southampton, mostly to the Middle East. The beauty of having the tow truck was that no one ever questioned what I was doing. They thought we were from a garage or the council towing away a car which was parked where it wasn't supposed to be."

Another such gang came to light in 1995 when a £20,000 Ford Sierra Cosworth was found in Kingston, Jamaica. It had been stolen three months earlier in central Manchester. Detectives worked hard to plot the route it had taken, and were amazed when it revealed an extraordinarily complex scam involving international syndicates of gangsters and drug runners.

The car had been parked by its owner in the city centre one afternoon. It was stolen and driven to a location in Liverpool, where it was "ringed" – given a new identity – by swapping the identification numbers on the chassis and engine and the number plates. Then it was sealed inside a steel container and loaded onto a ship bound for the West Indies.

It was just one of an estimated 25,000 cars which at that time were vanishing from British streets to end up abroad. UK cars were turning up all over the world – in Japan, Australia, India, Malaysia and African states such as Nigeria – particularly countries where a right-hand drive car wouldn't stand out. One Manchester gang was arrested as it attempted to ship 12 luxury cars onto three separate container ships bound for New Zealand.

It was not just cars that this new breed of trafficker was interested in. About 6,000 lorries were stolen each year too, many ending up chugging along some dusty foreign road in the south of Europe. So what was the value of this crime to criminals? One senior police officer quoted by the *Observer* newspaper estimated it to be

£1billion, but he admitted that was only a guess. The figure could have been much higher. No one really knew.

In 1995, the National Criminal Intelligence Service set up the Vehicle Intelligence Unit to investigate links between car theft and international organised crime. The unit also was tasked with identifying the middlemen who set up the deals and the skilled forgers who provided false paperwork and licence plates, so making it easier to transport vehicles across national borders without being challenged. The forgers in particular were becoming increasingly sophisticated. They found almost every area to do with motoring offered opportunities for the determined criminal. Detectives in Manchester stumbled upon a gang faking MoT certificates on a multi-million pound scale. They seized 50,000 dodgy certificates.

In February 1995, the *Observer* quoted Greater Manchester Police Vehicle Fraud Squad boss Detective Chief Inspector Roland Hewitt as saying of the 17,000 cars stolen from the city's streets: "Most are taken to back street garages which know how to ring them. Some are twinned with vehicles a few hundred miles away, others with cars that have been scrapped. It is high class organised crime done by people with good international contacts, running a business with computers, mobile phones and faxes. This is international vehicle trafficking on a huge scale."

The Government made it quite clear to both the insurance and car making industry that it was time they took the problem more seriously. One example was that it was possible to take a group of a dozen owners of the same type of car, swap their keys, and at least two of them could open each other's vehicle. Another was due to basic slack attitudes. Despite the scale of the problem, there was still a sizable minority of motorists who regularly left their cars unlocked, an open invitation to thieves. A survey by one major insurance company revealed that nearly 40 per cent of drivers had not taken any steps to make their car more secure.

Manchester still topped the car crime league in April 2000, according to the windscreen company Autoglass. And according to Greater Manchester Police, over a quarter of *all* recorded crimes were car thefts or thefts from cars and 40% of all stolen cars were never recovered – many were disguised by the thief and sold to innocent purchasers. The figures were similar for all of the North of England police forces. In Spring 2000, Manchester's worst areas for car crime, including theft of, theft from and damage to vehicles, were Fallowfield, Didsbury, Old Moat, Chorlton, Ardwick and the city centre.

Home Secretary Jack Straw set down a deadline of five years by which to reduce the level of car crime by a massive 30 per cent. The methods for tackling this were to promote car crime prevention; target repeat victimisation; use partnerships between the city council and the local community to tackle it strategically; emphasise the message of social responsibility and the effects of car crime to school children – especially in hotspots; include police input into the planning process to design-out car crime.

High-tech weapons were introduced into the arsenal of the motorway patrol cop. By linking databases to the Police National Computer, police officers at the roadside were given online access to information to confirm that a driver is *bona fide* – or not. New driving licenses carry a photograph, which is held on the Driving Vehicle Licensing Agency computer. Following a change in legislation, police officers were able to view the photograph and other licence details. There is also access to the insurance industry's new anti fraud and theft register and to the MoT database to help counter the trade in cannibalising damaged cars.

"Reducing car crime is a priority because of the substantial impact it has on people's lives," said the Home Secretary. "It costs three billion pounds each year and represents one quarter of recorded crime."

Some commentators said he was headed down a cul-de-sac – car crime was too lucrative for too many people and would never be eradicated. One said, "The only way we'll stop car crime for good is when the oil runs out and there are no more cars."

If car crime might be difficult to stamp out, then tackling serious criminals who are constantly on the move in pursuit of their aims might prove to be slightly easier in the near future. David Wakenshaw, the Assistant Chief Constable of the National Crime

Squad, who is responsible for the North of England, comments: "The motorway network and the reliability of cars means that criminals can be out of their home towns and committing crime anywhere in the country with comparative ease in a matter of a few hours.

"A criminal from Merseyside who is dealing drugs probably won't deal near his home. He is more likely to head out on the motorway to the other side of the country, to Yorkshire, to the North East and make local contacts in the criminal community there. He will sell his drugs and others may deal them for him. The motorway network is the key to this and it's also the key to tracking the criminals and their movements. It's our worst enemy in one respect and yet our best resource in another."

At the time of writing there is a great deal of research being carried out into tracking criminals using the network of cameras which watch passively from bridges and motorway lights the length and breadth of the country, the theory being that if criminals movements can be anticipated in advance, it should be easier to arrest them in the act of a crime once they have reached their destination.

It's not uncommon for major criminals to have their vehicles bugged by special units of the police or Customs and Excise. These devices allow the car to be followed by means of satellite tracking. An officer doesn't have to go near the target until the very last minute when the strike is called on them. It is just one new method, which is having a significant impact on tackling major crime. It came to light when two police officers walked into the offices of a Liverpool solicitor asking for some property back. A client had brought a strange "black box" he'd found hidden inside and taken it to his solicitor for safekeeping. The police tracked its whereabouts to the solicitor's safe in the corner of the room.

However, technology already being used in the City of London's counter terrorist "ring of steel" may prove more useful. Car number plates which cross certain strategic points in the cordon around the city are photographed and the numbers relayed back to a central computer. Stolen cars on the register or plates belonging to known criminals are flashed to the central control post within four seconds of the car passing the camera. In theory, the occupants can be arrested before they get to the next set of traffic lights.

ACC David Wakenshaw: "The tide may begin to turn and very soon. We are actively seeking new ways of working which will put us one step ahead of the criminal. If we want our men, we now have the technology that will allow us to get them. The pendulum is swinging back towards favouring us."

Whether that's fact or merely wishful thinking remains to be seen.

THE SPIVS CASH IN

THE Second World War changed not just the political map of the world but also people's attitudes to crime and morality. Even before conflict broke out, the limiting of consumption – rationing – was on the agenda in Britain, with Food Defence Plans stressing the importance of potatoes, oatmeal, cheese, carrots, green vegetables and milk and acknowledging likely shortages of fruit and meat. Within a week of war being declared, the Ministry of Food was formed. It decided that there would be enough to go round if everything was shared with an equal amount for all classes of people. Those with special needs qualified for special allowances: for example, children received fruit juice instead of a tea allocation. Workers in areas where food would be eaten on an irregular basis would be given extra allocation of energy foods such as dried fruit or chocolate.

Inevitably, a black market appeared. The Government tried to limit it with a new method of price control, replacing cash with a stamp system. Each civilian received ration books containing stamps that were exchanged for a fixed amount of certain items, such as sugar, meat, butter, milk, tea, cheese, eggs, rice, jam, biscuits, tinned food and dried fruit. Each family had to register with a store where the foodstuffs would be purchased; this was the only place where the family could make purchases. Each member of the family had his/her own ration book: adults had a buff-coloured book, children over three had a blue book, while babies had a green book.

New food products appeared as an alternative to the "real thing": a strange-looking thing called Spam (short for shoulder of pork and ham) was introduced from America, corned beef came from New Zealand and Argentina, and pilchards appeared in place of larger fish. Young and old "dug for victory" and turned every spare inch of garden into vegetable patches. But as supply dwindled, prices increased. Many did not understand how to use rationing when it first began. Some thought it a waste of time because many rationed items remained readily available, particularly if you had a little extra cash and knew "the right people".

And it was "the right people" who were making the best out of any and every opportunity that the war presented. The wealthy still wanted to dine out in the handful of restaurants operating, which were cashing in greatly by charging far more than they had before the War. Despite rationing, some restaurants profited throughout wartime. Wherever they got the food, it certainly wasn't from rations. Many ordinary people were to complain that food was being given to preferential customers.

Many a family had to go without new clothes because they had neither the coupons nor the money. Young women would buy what were known as stocking kits because it was impossible to buy stockings. A cream in a variety of four shades was applied to the legs, and once dry, a special pencil enabled you to draw a straight line down the back of the leg to act as a seam.

A handful of items were off limits for everyone. For example, no one could purchase a new car no matter how well connected they were. Automotive assembly lines had been converted to building tanks and aircraft. Petrol for use in cars was rationed. Depending on need, each car was allowed between four and ten gallons per month. Siphoning and petrol theft became widespread. Some hoarded fuel in tanks and buckets in garages or backyards. And when pleasure motoring was forbidden, it caused an uproar from traders in seaside towns, who relied on day-trippers and tourists for a living. In this atmosphere, the black market became a way of life. Peddlers in illegal goods appeared on the main thoroughfares of cities, usually working in twos or threes. One would sell from a suitcase while the others kept watch for the Law. Some did the rounds of pubs while others frequented the markets. Often their wares had been ripped off from the Liverpool docks, then under constant assault from the Luftwaffe. Night watchmen were an easy target for bribes.

Many shopkeepers maintained a practice of keeping many goods "under the counter". Another practice was to mark up an item above normal for sale to the occasional buyer, but sell it at the normal price to the best customers. All these practices were illegal, and anybody caught could be fined £100 or sent to prison for three months, but with police officers engaged in more pressing matters, there were not many who could keep track.

By 1942, harsher penalties had been introduced and steps taken to confiscate ill-gotten gains. Still the business thrived, continuing after the War when rationing remained in place. Too many people had made too much money to let a good thing like this go, so instead it took on a new frenzy as cash started to trickle back into the economy.

"The black market during the War had a profound effect on people. Rationing continued into the Fifties and there were many things that were difficult to find in the shops. This seemed to affect the morals of a lot of people. Those who would never dream of buying something that was unlawfully obtained began to find it quite easy to do and it didn't affect their consciences at all," recalls former Manchester City police officer Dennis Wood, who joined the force when rationing was still in operation.

"You could understand this to a certain extent because if a woman is trying to make the meals for her children and they are only entitled to one chop and two eggs a week or something like that, and another person approached them saying, 'I've got a dozen eggs, a little bit more pricey than normal, but I have them for you now,' then she would buy them. Perhaps they weren't realising – or were turning a blind eye to the fact – that they were receiving stolen property."

"If someone could steal a quantity of petrol coupons then he really had a licence to print money. Businesses would take as many coupons as they could get. All of this put unlawfulness into many people's minds."

The barons of the black economy made fortunes, as Salford bookmaker Fred Done relates: "There was so much money about at that time we'd never seen anything like it. A lot of people had made it big on the black market and they didn't know what to do with all the money. There wasn't a whole lot to spend all that money on back then. They couldn't go abroad on holiday or anything, so we bookies were the people who benefited. They came to us and either doubled their money or lost the lot. It wasn't as if they could put all that money into the bank."

CHARLES HORAN left the Army knowing exactly what he wanted to do. He had been a young messenger boy for Manchester City Police before he was called up, delivering hand written and typed paper dispatches between the police stations by bicycle. "I was called up in 1942 and demobbed in 1946. The quickest way out of the Army in those days was to join the police force and that was exactly what I did.

"There certainly wasn't as much crime then as there is now and it wasn't the same type of crime. Most crime was burglaries, shop breakings, pickpocketing, thefts from shops in the centre of the city, and on the outside divisions you'd get thefts from the pre-payment gas meters, which you used to have to put pennies into. The thieves used to go in through the coal cellar lids and screw the meters and take out the pennies. You'd get whole streets done in a night. Detectives used to say if you find anyone in the streets with a load of pennies and smelling of gas – arrest them!"

Then, nearly all police officers were on the beat, walking the same square "box" patterns of streets pounded by generations of officers before them. If the beat was big, an officer might take a bicycle or a tram. If he arrested someone, he would contact the station by telephone, either from a street corner police post or a payphone, and call for a van to be sent to pick up his prisoner.

"In some parts of the city there were police boxes with blue flashing lights on top. If the sergeant at the station wanted you he'd put the blue light on the box and that was your signal to contact the station. Inside the box would be a phone we could use to get through to the divisional operator. The fact that you were on your own so much on the beat made young coppers grow up quickly and get their experience quickly. If you weren't capable of making quick decisions then you didn't live very long out on the beat."

Like Horan, a young man named John Ralphson left the Army in 1946 and joined the police in Liverpool. He was a tall, lean lad, fit and disciplined after his years in service. "You had to be more than five feet eleven inches tall and with a chest expansion of two inches, so they were looking for big strong fellers. We were all tough young men in those days, but we had also learned a lot of tolerance and that was very important. You needed to have tolerance but be firm at the same time. Liverpool was a very tough place. Many of the warehouses and houses had been bombed and it was unrecognisable as a city in some places. A programme of rebuilding was going on and that created opportunities for thieves."

Liverpool was cosmopolitan, with people from all parts of the world, all creeds and colours. Around the dock areas it was like a bazaar, with traders and seamen from all nations coming and going all the time.

"There were a lot of pubs and a lot of fights," recalls John. "We were called out to brawls in pubs many a time to stop them or clear up in the aftermath. You had to be pretty handy with your fists in those days."

One method of parting sailors from their money used by young toughs in Liverpool had been perfected over generations and owed much in origin to the antics of the garrotters in Manchester half a century earlier. It was still alive and well long after the Second World War had ended and there remained little or no finesse involved. It was known in Liverpool as "rolling" and the victims were invariably drunken sailors who'd just been paid after weeks or months at sea.

"They used to get blind drunk in the pubs and of course their libidos would take over when they saw a pretty young girl come into the pub. What they didn't know of course was that some of these girls were working with local robbers. They'd promise a good time with the sailor and get him outside. Well, once down a back alley on the way to the girl's home the accomplice would appear and bash them over the head. They'd take whatever they could find and leave the poor victim unconscious on the ground".

Most woke up with a sore head and no money. Others weren't so fortunate and woke up in the city infirmary with as much as three months wages missing.

The day he joined the force, John Ralphson remembers walking into the parade room and seeing a poster on the wall of a man named Freeman Reese. He was wanted on suspicion of the murder of a policeman in Stoke on Trent earlier that year. The officer had been trying to apprehend a burglar who was making off with a small safe from a factory. The villain was pushing his loot in a pram when he was challenged. He replied with a violent attack, picked up a brick or large stone and smashed open the policeman's skull, killing him.

Needless to say, in 1946 a cop killer was the most wanted man in Britain. Reese was the chief suspect, and the image of his dark face, cropped hair and staring eyes would stay etched indelibly on Ralphson's mind. He had no idea them that it would come back to him with profound consequences more than a decade later.

EVERY young police officer wanted to join the elite ranks of the detectives. The CID was hallowed ground. "You didn't normally get into the CID until you had got a lot of service under your belt," says Charles Horan. "I was fortunate in getting a good run in uniform and a lot of arrests and came to the attention of the CID. I went into the detective department four years after I joined in 1950 and was the youngest on the force. You would be asked to deal with woundings, maybe a robbery, but the number of violent crimes was pretty small back then. Certainly there weren't the number of firearm offences that we see today. We as police officers did have guns but we honestly didn't know if they would work or even if the bullets we were issued would fit them."

John Ralphson's route to the detective squad was via the plain-clothes squad, which he joined in 1948. "Our job was to watch over the illegal betting which was going on, over the clubs and the prostitutes and also the drugs. It was mostly opium and it was confined to the Chinese section of the community. We had mixed thoughts about the rights and wrongs of opium smoking. It was only the older Chinese men who smoked it and they said it was a habit they had formed in China or Hong Kong. Most had come over as seamen on the Blue Funnel line, which had its offices in Nelson Street at the time and a little Chinatown had formed around it. These opium smokers would never dream of giving it to a younger person. They used to go down into the basement dens and lie on beds and smoke it and go to sleep. They said it relaxed them and all their troubles would float away. It was part of their culture.

"Still, it was illegal and we had to be seen to be doing something about it so we would go and raid the dens from time to time. A group of us from the vice squad would go along the rows of houses and literally sniff at the letterboxes. Once you have smelled opium you never forget it, there isn't anything like it in the world, a sweet, earthy smell. We were like sniffer dogs at those letterboxes.

"If we caught a whiff of opium smoke then we would say, "Its going!" and then raid the place. Three or four of us would charge the door, after getting a warrant of course, and arrest everyone inside.

"On one occasion we crashed through one front entrance but the door didn't go because there were so many locks on it. Instead, the frame came away from the brickwork. We went hurtling onto the ground and my colleagues went charging over my head. But the door wasn't flat, it was lumpy, so we lifted it up and there was a Chinese man saying, 'Me not here, me not here.' He didn't want to be arrested with his friends, but he was anyway."

Gambling clubs operated in Chinatown too, with card and dice games taking place at all hours. "They were illegal, but there was never any violence associated with them. They played a game called Packapoo which used something like a little lottery card, but it was usually fixed by the people running the game so they couldn't lose. We tried to arrest those people whenever we could.

"Prostitution was quite common and we had to keep watch on suspected brothels. I recall watching from an upstairs window across the road from a house which one woman was using as a place of business and we couldn't believe the number of men who were going there and how often she was there. She must have been with almost every man in the city because we lost count. We were always busy in the plain clothes vice squad and it was good training for becoming a full-fledged detective."

Beat bobby Dennis Wood worked what was then the Manchester B division around the areas of Collyhurst, Miles Platting and Ancoats. The demands placed on the ordinary constable by the sergeants and inspectors in particular were tough.

"If we failed to find something on our beat like a break-in at a business or shop during our eight-hour shift we could well find ourselves in very serious trouble and brought up before the Chief Superintendent. It wasn't uncommon to see men sprawled out on the streets lying absolutely incapacitated through drink. Of course the beer was so much stronger in those days; they changed the gravity in about 1953 and made it weaker. But before that men would come out of the pubs and pass out while trying to make their way home."

John Ralphson achieved his aim of getting into the Liverpool City Police CID special section in 1951. It was the murder squad and the elite of the force. He remained in it for ten years.

"Murders were quite rare. Most were carried out by people who knew their victims and had fallen out with them for some reason. There was little finesse to their crimes." Ralphson arrested and convicted five murderers during his stint with the squad and he would play a part in capturing Britain's most wanted man: Freeman Reese, still sought in connection with the murder of a policeman.

John Ralphson: "It was at least ten years after I had seen that poster in the parade room that I was walking up Princess Road in Liverpool with a colleague when I saw a big American car pull up outside a house and go into the driveway. A huge chap over six feet tall got out and I was rooted to the spot when I saw the face. I said immediately, 'That's Freeman Reese!'"

There was little that the excited Ralphson could do at that point, as he had to have an excuse to search the house that he had seen Reese walk into. So he ran back to his police station to talk to the Chief Inspector.

"We got a warrant and got straight over to the house. We knocked, but as the door was opened slightly ajar there were two huge Alsatian dogs snarling and barking at us, blocking our way. The woman who was holding them denied she was with anyone, but we were pretty sure Reese had time to jump over the back wall and make off. We told her that we were inquiring about somebody selling cannabis so she wouldn't think we knew who the man really was. It was then I looked into a pram in the hallway and saw a baby. The face was that of a young boy who was the spitting image of the face I had seen in the poster. I just knew I was onto the right man."

The following day, John noticed a small advert in the back of the *Liverpool Echo* newspaper. It began "Dear Bill, It's not what you think… it's alright to come home.": but Reese wasn't seen again for some time. He was lying low.

Ralphson had noted that a young boy had been lodging at the house in Princess Street and had been peering curiously over the balcony as he questioned Reese's girlfriend. He later approached the boy.

"The lad was a little slow but very willing. I said I would enrol him as a junior detective if he would help me. I asked him to look out for the man and not tell a soul. I said that he should call me every night at midnight in the office and I gave him enough money to use a pay phone. I had made a rod for my own back because I had to be in the police station every night for weeks and weeks to receive those calls to say that nothing had happened."

Then, one night, Ralphson's hunch paid off; the call came through. Reese was there. He and other detectives dashed over but again Reese slipped over the back wall as they burst into the house. This time, though, they got a good lead from papers in the house which indicated he had probably fled to Douglas on the Isle of Man. The police there were able to trace him quite easily. In the 1950s, a black face stood out from the crowd even in a holiday town and he was extradited back to the UK to face trial.

The suspect's real name was in fact not Freeman Reese but Bill Delgano and he was a blues singer who worked in jazz clubs around the country. His voice was not bad but he had a reputation for a terrible temper. Delgano was American and had deserted from the Army during the war. He had been stationed close to Stoke on Trent at the time of the murder.

Despite Ralphson's best efforts, when the case came to trial it ended in sensation. The one witness, a police officer, who had seen the killer failed to identify him as Delgano. The American walked out of the dock a free man. But as he left the courthouse, he was arrested by American military policemen and shipped off back to the States. "I later heard that he had got fourteen years for desertion," recalls Ralphson with a rueful smile.

CHARLES HORAN formed Manchester City Police Force's first Fraud Squad in 1959, when he was promoted to the rank of detective inspector.

"Until then, fraud had been dealt with by the detectives on the various divisions but a lot of them didn't like fraud cases. They were complicated and very involved. I had two sergeants and three constables and that was it. Mainly we looked at long firm frauds. I got some information from my bank manager about one that was being carried out by a gang. On the outside they were a fashion firm, so we went around there and the place was packed to the rafters with boxes, which were supposed to be textile goods. While my constable was chatting up the owner, I started to open up some of those boxes and they were all empty. We decided they had been ordering goods without the intention of paying for any of them, disposing of them straight away without hanging about. When it came to having to pay up for the goods, they would scarper. All those men got time when they came up before the court."

As Britain began to find its feet economically in the Fifties, the police found themselves having to deal with the more unruly aspects of another new phenomenon: youth culture. Rock and roll was imported from America, with the likes of Bill Haley and the Comets, Jerry Lee Lewis and the young Elvis Presley spawning dozens of imitation bands. While the music was imported, the Teddy Boys were homegrown.

Dennis Wood: "Towards the end of the Fifties we began to have problems with serious crime being committed by youth gangs. This was the time of the Teddy Boys, who dressed in the Edwardian style which they turned on its head – green trousers and pink jackets and so on. They started to form large gangs of a hundred or more and they were from largely working class areas. They teamed up and this naturally led to fights between rival gangs. There would be up to a hundred people fighting in the street with chains and flick knives and knuckle-dusters. It was terrifying for the people who had to live in these areas and the sight of a group of Teddy Boys was very intimidating. At the Willet Street Police station, we collected the weapons we had seized and adorned the walls of a cell. It looked like a torture chamber with belts and knives and spikes. It was a real shock for a lot of police officers because we hadn't seen big gang fights like this in our time."

Although the police didn't know it, there were clear parallels between the scuttling gangs that had terrorised the city nearly three quarters of a century earlier, forming gangs with allegiances to neighbourhoods and seeking out fights with rivals. Again, the music halls and cinemas of the city centre were major venues for conflict.

"As policemen, we had to stand in the aisles when the rock and roll films came on," recalls Dennis. "All the young people began screaming and jumping and tearing up the seats with knives. We'd never seen anything like it. It lasted for about three or four years and then it died away as suddenly as it had arrived."

The war and the two decades afterwards had transformed society. Everything was continuing to change at enormous speed: fashions, music, transport and communications and the amount of money in people's pockets. Those with a bit of spare cash looked for ways of enjoying themselves to the full. Some found outlets for their leisure time in cramped and smoky basement bars that were beginning to open up in the cities. The era of the nightclub had arrived.

WHEN THE KRAYS CAME TO TOWN

AT ITS height, the nightlife in Manchester and Liverpool rivalled London's West End for variety and quality. Fifties Manchester had more than 350 clubs, many in basement premises in the side streets of the city centre. A decade later, Liverpool would earn a worldwide reputation for its music scene.

Pedestrians walking along pavements in the early hours of the morning would often hear faint muffled sounds of cabaret music and laughter emanating from behind iron barred-windows at foot level in Manchester. The entertainers, singers and comics who would make it big on television in the Sixties and Seventies made their names in these clubs for a few quid a turn: Jimmy Tarbuck, Freddie Starr, Mike Yarwood and many others. Some did two or three gigs a night in different clubs. And the venues themselves had names to conjure with: the Wilton, where roulette and card games would go on round the clock, the Havana, the Royalty. Then there was the most famous of all the Manchester clubs, the Cromford, with its bar, cabaret lounge and gaming room.

"The Cromford was just off Market Street and was the first night club in Manchester," recalls bookie Fred Done. "It was a marvellous place. It was run absolutely straight. You could take your wife and friends there with no problems, there were no hassles with security and you were treated well."

The Cromford was co-managed by former Collyhurst boxer Paddy McGrath. "They really were good times," says his wife, Jean. "Anyone who was anyone came to the Cromford. People we know as famous faces from the TV started out performing in our club as young entertainers. You could see the ones who were going to make it big."

The biggest stars of all in a football-mad city were the Busby Babes of Manchester United, and the Cromford's most famous regular was their legendary manager, Matt (later Sir Matt) Busby. He and McGrath were close friends and the club was said to be Busby's second home.

Yet though their clientele loved them, the clubs were viewed with suspicion by the police. "When I first came onto the division in 1956, there were quite a number of clubs," remembers retired Assistant Chief Constable Charles Horan. "A lot of them were respectable and owned by respectable people. They were a good source of contact for the police in finding out who was 'at it'. But some were very bad. Not only were they not a source of contact for what was going on, but it was them that was causing it, or at least helping to cause it."

Former officer Dennis Wood, who also covered the city centre, says the club scene mushroomed in the mid-Fifties. "The first of what I would call the proper nightclubs sprung up in the city about 1957. There wasn't so much a gradual growth in their number as a veritable explosion. It seemed that anyone with a bit of cash started renting basements and turning them into clubs. The Chief Constable said to himself that if people could stay up to four or five o'clock in the morning in these clubs, then they weren't gainfully employed anywhere. There was a strong suspicion by senior officers that a lot of the clubs were being frequented by a great many people who led a criminal life."

So a team of officers was handpicked to root out the good nightclubs from the bad, the straight from the bent. They were to work undercover and were to dress and act like ordinary club goers. And they were quickly given a nickname.

"The squad was called the Hush Puppies. They were mainly younger recruits who didn't much look like detectives and were asked to grow their hair long, as was the fashion. They used to go into the clubs and take observations, see whether licensing laws were being flouted openly or betting was taking place. This led to a number of club owners being struck off the register and in that way the Chief closed a lot of clubs," says Wood.

Even the great Cromford wasn't immune from the Hush Puppies. And on rare occasions they brought in officers from other parts of the country to do their spying for them.

"The Cromford used to have a gambling room and a direct line from there to one of our offices and they would phone bets over," says Fred Done. "We knew all the police in Manchester and the police would never raid that club without telling us that they were going to raid it. We had a new Chief Constable in the Fifties and he wanted to prove a point to a few people so he brought in the Metropolitan Police from London and we were taking bets off the Met."

The club was raided and a number of people in the gaming area were scooped up and taken to the nearest police station. However, they weren't there for long. "When the police came back later for the evidence, it wasn't there. The phone lines had gone, the books had gone, everything had gone. Case dissolved."

BOOMING clubland soon attracted the attentions of organised crime.

"There were a number of people who were directed towards crime in order to finance the setting up of some of these clubs. They became very bad club owners. They would associate with criminals with the object of financing their own deals in clubland," says Charles Horan.

There was also a loose collection of family groups which presided over their parts of town, much as the Kray Twins and the Richardson brothers controlled their respective parts of London.

Fred Done recalls: "There were certainly families who ran the place and kept the lid on things. They wouldn't have the little tearaways who walk about with guns now, that wouldn't have been allowed. Every district had its family, which was looking after things, and there was order. Perhaps it's me that's getting old fashioned but back then we had hard cases and if they got too heavy then you spoke to somebody and the problem was sorted out."

The police had their own ways of dealing with gangs. "You would make yourself available to let these people see you and you would let them know one way or another that they weren't welcome in Manchester and they weren't welcome doing what they were doing. There was a lot of crime prevention that went on in this way by confronting these people," says Horan.

John Stalker, a former beat bobby who became Deputy Chief Constable of Manchester, remembers one gang based around the Camp Street area of Salford.

"They were a group of Scotch hard cases who had moved out or had been kicked out of Glasgow and decided to try their luck in Salford. In a very short time they seemed to take over this part of town and were involved in most of the criminal activity around there. Salford City Police force was tough then and they stood for no nonsense. The coppers took it upon themselves to stand on the shoulders of these individuals and make it known that they weren't required in the city. Quite how it was done we can only imagine, but these Scotch tough guys were sent packing rather quickly and they were never heard of again."

Detectives would stick so close to gangsters that they felt they were a second shadow. At the first sign of trouble, maybe even before, they would arrest their suspect and take them in for questioning. Detectives prided themselves on being able to extract "the cough" from a suspect – a written admission of guilt. It was the basis on which many convictions were obtained.

Charles Horan: "There is an art in questioning criminals and it is not a question of entrapping an innocent person into saying something that he regrets, but of getting the guilty person to admit what he or she has done. No one knows better than the guilty what the exact circumstances of a crime were. Why police officers cannot use a little bit of subterfuge at times if necessary to elicit the proper answer is beyond me. It was a routine business back then, you wouldn't think twice about it."

Such methods of interviewing, however, became widely discredited after it emerged that many "coughs" had been fabricated. In the 1980s, the Police and Criminal Evidence Act applied much stricter rules to the interviewing of suspects, something many police officers still rue.

LOCAL LEGENDS surrounding the activities of gangs are strong. One has it that Manchester's protection rackets in the 1960s were run by a loosely-affiliated group called the Quality Street Gang. The QSG's influence has since been much exaggerated. They were largely boxers and tough guys from areas like Ancoats who moved from car dealing and boxing promotion to nightclub ownership as they got older.

Former local Conservative Party chairman Kevin Taylor, who was friendly with some of the men identified by police as leading lights in the QSG, would claim: "There was never any such gang, but several Manchester characters had styled themselves that way as a joke, in commemoration of a Quality Street TV advertisement of the 1960s depicting rather suave debonair crooks."

They apparently walked into a pub one night dressed in wide brimmed hats and long coats and one wag piped up, "Look, here comes the Quality Street Gang!" And a good nickname sticks.

The QSG are sometimes credited with keeping the Kray Twins out of Manchester. This is not true: they were the wrong generation. The notorious East End brothers did show up in the city, however. They were shown the door not by local villains but by the police.

The Midland Hotel on Great Peter Street has been the scene of many famous meetings over the years. It is where Mr Rolls met Mr Royce, where George Best had his picture taken with a young man made in his image named Ryan Giggs. But perhaps the most fascinating meeting there was between Reggie and Ronnie Kray and the Manchester City Police Crime Squad.

The notorious Twins were trying to spread their wings from their London heartland and decided they would take a look around the North West. They had a deal to put to some of the main Mancunian club owners, and called a meeting where the offer would be outlined.

Charles Horan: "They came up here with the object of taking over a club. The club owners up here didn't like this idea themselves, so they gave the wire to the Manchester City Police Crime Squad."

Dennis Wood: "They thought they would provide a sort of insurance for these club owners in Manchester to protect them against violence in the club and damage being done. They got in touch with somebody in the club world up here, telling them of their intention to come up and have a meeting at the Midland Hotel. There a business proposition would be put to all the club owners but one of the owners told leading detectives what was going to happen."

This started a near panic in the CID. They swore that there was no way that such London criminals were going to get a foothold in Manchester. One club was all it needed and would become a creeping cancer through others. Before you knew it, they thought, all the clubs would go bad as other London firms would embark on trips to the North.

When the Cockney pair stepped off the train at Piccadilly station, dressed in long black coats and smart suits, as was the fashion of the day, they had a small number of big bruising henchmen at their shoulders. They looked mean and impressive. But an equally tough reception party was waiting for them.

One clubland figure recalls, "They were marched around Manchester followed by the police. There was a trail of taxi cabs going around the city which stopped off at a few clubs and then at the Midland Hotel."

Once inside, the Krays were met with the sight of the entire Manchester City Crime Squad ringed around the walls. The loud-mouthed brothers with the fearsome reputation were suddenly struck dumb.

Dennis Wood: "Well, there wasn't much of an agenda after that because of all the police officers in the audience. The senior detective there didn't stop them making their speech, in fact I think he urged them to continue, but what could they say? They were of course going to suggest to the club owners that if they paid a monthly premium, their clubs would be all right. But they didn't get around to saying anything of the kind. The meeting didn't last very long after that."

The twins and their sidekicks marched out of the hotel and climbed back into their taxis. They returned to Piccadilly station, followed once more by the Manchester City Police and left on the first train to London. They never were able to make inroads into the city.

But they still kept an eye on the region. The clubs were booming and cash was flowing freely over the bars and gaming tables. It would not be long before they tried to muscle in on the action in other cities. Again they would find detectives who were not such a pushover as they had found on their home turf.

In Liverpool it came down to a nose-to-nose confrontation between Reggie Kray and a single officer who stood between the gangster and his city. John Ralphson was then a Detective Inspector in charge of a patch which included Duke Street, the centre of the nightclub area.

"I got a call from a police officer I knew over in Leigh in Lancashire, telling me that a pub there had been set on fire and they suspected that the Krays were behind it because they'd had a visit from them just before. The police officer told me that the Krays were on their way to Liverpool to talk to a club owner here with a view to taking it over. I hotfooted it down to the club and had a word with the owner and told him to call me the minute that the Krays appeared."

The owner was as good as his word and duly phoned when the London crowd showed up.

"I got down there sharpish with a sergeant and went into the club. I left the sergeant on the door with instructions to get help if there was a problem. Inside I said hello to the barman and the owner, who was sitting down with one of the Kray Twins and a big fella with his face all battered from years of fighting. I asked to be introduced and I was.

"He put his arm around me and said something like he was here to do a bit of business and the police shouldn't worry. I said, 'This is my patch and I want you away from this city right now.' Well, Kray wasn't too pleased about this and said was there somewhere we could go and have a quiet talk about things. So I gestured him towards a phone booth in the back of the club."

Reggie Kray and Ralphson squeezed uncomfortably into the booth together and their "quiet chat", as Ralphson puts it, began.

"I knew exactly what was coming. He was going to offer me a bribe or a cut of the takings from the club to allow him to come in and take over. I was having none of it. We had a conversation and I was persuasive – in fact I was very persuasive."

What Reggie didn't know was that earlier in the day, Ralphson had been supervising a delivery of gold bullion to Liverpool's Lime Street Station and had been issued with a revolver. He still had it tucked into the belt of his trousers.

"I was beginning to get angry with this man so I took out the gun and stuck it under his chin. I told him words to the effect that if he didn't get out of town then I would blow his head off."

"You're mad!" exclaimed the startled Kray.

"Yes, I am mad. Now clear off," replied Ralphson.

Kray didn't need to be told again. He stumbled out of the phone box, gathered his team and left for the station that minute. From then on, the city was generally given a wide berth by most London gangsters.

Other Londoners did chance their arm in smaller towns in the North West, however, and did make inroads. Among them were the Richardsons, the Krays' powerful rivals from south London, and their henchman "Mad" Frankie Fraser.

According to Liverpool nightclub owner Roy Adams, "Certain people from Southport were having a bit of trouble with some local villains and they decided to go down to London and get a few names up to help them out. Well, as soon as they saw Southport they liked it and they decided to stay and make it a base. They were always up here after that."

Fraser, the underworld's most notorious enforcer, ran a racket involving one-armed bandits that he used to ply across the country. He had machines in clubs and bars in Southport, and in his autobiography *Mad Frank* recalls trouble at the Kings Head on the seafront. He had just installed his pinball and fruit machines in the basement there when "hooligans from Liverpool tried to smash them up". Incensed, Fraser, by his own account, "did three of them with a big lump of lead outside the club".

It wasn't the only violent encounter he had in the town. Worse came at a club called the Horseshoe where Fraser was drinking with Eddie Richardson, a tall, intimidating ex-boxer. An altercation broke out with a man called Peter "the Greek" Joannides and Richardson apparently smashed a glass in his face. The club stewards then turned on the London men and chased them into the street.

Richardson and Fraser were subsequently arrested and charged but the case was thrown out when Joannides, his face sporting fresh scars, suffered a change of heart and claimed not to be able to recognise his attacker. The collapse of a trial of such a notorious gangster caused an outcry and George Brown, then the deputy leader of the Labour Party, made a public statement and called on Home Secretary Henry Brooke to hold a full investigation in police allegations about intimidation of witnesses. "This seems to be a case that needs to be looked into further," he said. But nothing more was done.

The row had been over allowing their company to put one-armed bandits into the club. In the end, Fraser's company went on to gain the rights to put machines into over 50 clubs dotted around the area.

THE CABARET-STYLE clubs of the Fifties eventually gave way to new types of venue catering for the booming youth market of the Sixties. Thousands of young people were going out on Friday and Saturday nights looking to drink and dance. It was inevitable that they would seek a different kind of experience.

It took imposing men to keep order in the chaotically-busy dance venues: men like Roy Adams in Liverpool. A body builder in the days before steroids, Adams still boasts an impressive physique and is tall and handsome, with a winning smile. He held sway on the door of a Sunday club in Liverpool the late Fifties called the Harlequin. His wife ran the coffee bar inside and she got him a job on the door. Each week for almost seven years, he made hundreds of new members for the club that was growing in popularity all the time. Each paid a shilling to join. They came from all over to dance to the skiffle sounds of Leon Saint and his Jazz Band.

"In the end we had to put big iron concertina gates on the front to keep the crowd of people out who were trying to get in because the place was packed full," recalls Adams. "We had to close the gates at a quarter to eight each Sunday because the place was packed. There was so little to do in those days if you were under thirty. It was the dancehalls on Friday or Saturday and the pictures and that was it. Sunday clubs had special licences and we stayed open till midnight. There was never any trouble in the clubs; it was always outside with the people who couldn't get in.

"We tried to keep the violent element out of the place and used any excuse – trousers too short, jackets too long, really to target the teddy boys. Doormen had to actually measure the lengths of jackets with rulers because they needed an excuse to turn people away. So if the jacket was too long, that was as good an excuse as any. They were never happy and caused problems. We always had to fight for our existence at the weekend on the doors. All for a pound a night."

Adams was smart and got together with another doorman to open their own nightclub in 1964, the first of many he would own over the next four decades. "We rented a little house and knocked the three upstairs bedrooms into one. We put a bar at one end of the L-shaped room and little stage at the other with a tiny dance floor of about eight feet square in the middle. We called it The Chequers and opened up. Like all the other clubs, we had a Mickey

Mouse trio, drums and bass, no records or DJ. Bands were expensive to employ then. There was no such thing as draft lager so we served halves of bitter and later Double Diamond when it came out."

Business was good and other clubs started to spring up around the city: the Wookey Hollow, the Iron Door, the Mardi Gras and, most famously of all, the Cavern, which Roy would later own.

"Those clubs were a godsend for the city. So much trouble was being caused by the young people who couldn't get into clubs that when the big places did open up, they could each take more than a thousand. Trouble was cut and there was good business to be had. They were glamorous times too with the mini skirts and hot pants that came into fashion.

"The tide began to turn musically at this time. Bands like The Beatles came into being and I went over to Spain for a holiday with my business partner where we saw clubs with big flashy neon lights outside, which looked incredible. Inside they were pokey little dives that played records all night, no live music. I thought this was fantastic, so when we got home we decided to open another club called the Pyramid. It was actually the first disco in Liverpool. We had two beautiful girls and one would play a record while the other danced and then they would swap. There was no talking from them, just records and dancing. People came to that place in their thousands."

There were recognised ways of dealing with troublemakers and Liverpool bouncers earned a fearsome reputation. "Doormen had to be tough. If something started, it had to be sorted out quickly and the troublemakers thrown out or stopped from annoying other customers. The big criminals of the day didn't cause any problems for the club owners. They weren't interested in so-called protection rackets in Liverpool. They would come and enjoy the nightclubs just like everyone else. From time to time there might be problems if rivals were in the same club. If it kicked off between groupsbecause there were heavy people around, the doormen would have to get involved to try to stop it, but it was fairly rare. The main weapons that were used by criminals to settle scores were iron bars. There were certainly no guns brought into the open."

Top *Jerome Caminada, prince of detectives and scourge of the Manchester underworld, who used to meet his informers in the back pews of a church.*

Above *Bob Horridge, ruthless criminal and Caminada's bête noire.*

Right *The old police phones were once a common sight. Bobbies were expected to ring in regularly to report any crimes.*

Top *Booking one of the early motorists. The Automobile Association was founded to protect drivers from the police.* **Middle** *Soon the cops caught up: a police motorcycle section ready for duty in 1933.* **Bottom** *Panda cars had taken over from the motorbikes and sidecars by the early Sixties.*

Top *Reggie (left) and Ronnie Kray. The notorious East End twins visited both Liverpool and Manchester, bidding to muscle in on the club scene.*
Above Right *John Ralphson, the detective who ran Reggie Kray out of Liverpool, recovers with a cup of tea after being thrown over a car while trying to stop a suspect.*
Bottom *Freeman Reese, the American blues singer who was hunted down by Ralphson only to walk free from a charge of killing a police officer.*

Above *Club owner Roy Adams today (left) and in his bodybuilding days: "The Liverpool personality was not conducive to intimidation."*

Above *The legendary back-street bookie Fred "Spud" Done.*
Right *His son, also Fred, of Done's Bookmakers: "Our life was gambling. We knew nothing else."*

The sinister world of the Triads.
Top *Cannabis recovered from wooden cabinets which led to a haul weighing 40 tonnes.*
Below *Wong Tak Yiu (left) and Kim Kwan Cheng (above), two of the Far East syndicate that conspired to smuggle the drugs to the North West of England. They became the first suspects ever to be extradited to Britain from Chinese Hong Kong.*

101

Two victims of the Manchester gun wars. **Above** *Benji Stanley, the innocent 14-year-old whose death outside a Moss Side patty shop sparked a national outrage.*
Right *Gang member "White" Tony Johnson, said to be he first Manchester gangster to wear body armour. It did not save him from being shot dead outside the Black Penny pub in Cheetham Hill in 1991.* PICTURES COURTESY OF GREATER MANCHESTER POLICE

Above left *Officers drilling into lead ingots to recover cocaine linked to Liverpool's Cocky Watchman, Curtis Warren, who was head of a drugs gang smashed by the Dutch police in October 1996.* **Above right** *Tommy Cromerford, pioneer drug smuggler, bon viveur and "likeable rogue".* PICTURE COURTESY OF LIVERPOOL POST & ECHO **Left** *Curtis Warren, who has been described as "the richest and most successful British criminal who has ever been caught."*

103

The Battering Ram Gang, Britain's most audacious armed robbers.

Above One of the huge metal spikes they welded onto trucks to smash into cash vaults or the sides of security vans.

Right Mastermind David Hill put together a combined Liverpool and Salford gang to carry out the terrifying raids. He was later jailed for 20 years. His co-accused, Dorrian, Kennedy and Brown also received long sentences. PICTURES COURTESY OF GREATER MANCHESTER POLICE

David Hill

Graham Dorrian

Kevin Kennedy

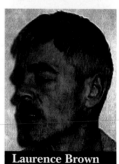

Laurence Brown

104

If an individual club owner was being leaned on by criminals, the doormen would rally round. "They would have what was known as a call out, and all get together and go looking for the person or people who were making the threats. It was a way of saying that just because someone ran a club on their own, they weren't alone. The call out would have the aim of frightening the people they were looking for. Often it was only enough that a call out had happened for the message to get through. They didn't really want to find the people and do them harm."

One threat Roy Adams did receive came, once again, from the capital. "I got a call from a contact of mine saying there was a firm in London which had its eye on my club and they were going to come up and sort me out. Of course I had to prepare myself for this and it was not a nice time. They came up, spent a bit of time in Liverpool and then left for London. My contact later said that they had decided the Liverpool personality wasn't conducive to intimidation and the local villains wouldn't have any of it. They left and we were glad to see the back of them."

Roy Adams was the last owner of the Cavern. "The place was licensed for eight hundred people but there were sixteen hundred in there most weekends. We had to serve drink in paper cups and we'd get through thousands each weekend. You couldn't serve bottles or glasses in a place as tightly packed as that. At the doorway and entrance hall it was so tightly packed that we had to pass bodies over our heads to get them to the door."

The legalisation of gambling and bookies' shops was the beginning of the end for the small basement nightclubs. Once the likes of the Mecca chain spread, few wanted to go down into the cramped and smokey backroom gambling dens any more. Even the bigger cabaret venues struggled. Some limped on through the disco era of the Seventies but by the end of the decade it was all over for most of them.

After the Cavern closed, Adams continued to be involved in bars and clubs but outside the city. He watched from a distance as yet another type of club scene began. With it came new criminals.

"It was the drug problem which changed everything. When we started out you just didn't see drugs of any kind. Occasionally someone would say to me, 'Have you seen that man over there, he's got a cannabis cigarette?' and we'd go over and politely ask them to leave. They did and there was no trouble and it happened very, very occasionally. When the hard drugs came in, I'm fortunate to say that it was after my day."

It was a threat to which not just club owners but, more importantly, the police would have to devise new responses. But they would have their own titanic struggles to modernise and meet that challenge.

CALL THE COMMANDOS!

EVEN BY THE early 1960s, policing wasn't *that* different from Jerome Caminada's day, 100 years before. There were no radios, few cars and officers still walked the same beat system, unchanged in decades.

One bright young recruit who joined Liverpool City Police force as a cadet in 1962 was Albert Kirby. He was destined to become a high-profile detective who would spend much of his life looking at top-end criminals. Towards the end of his service, he would head the investigation into the murder of toddler James Bulger that made headlines worldwide.

"Things were quite archaic in 1964 when I was let loose on the streets of Liverpool after doing two years as a cadet. Policing had not changed for twenty or thirty years. We had to parade for duty fifteen minutes before we went out onto the street and you had all sorts of rituals you had to perform, like producing your appointments and your whistle and baton for the sergeant."

With tongue firmly in cheek, he recalls some of the great innovations of the day: "Someone had the bright idea that, to really bring you forward into the Sixties, you should always carry fourpence in your pocket to use the telephone under the old 'press button A, press button B' system that they had. You had a piece of string, now that was really technical because someone thought if you were handed a stray dog on the streets then you could bring it back to the station with the string as a lead rather than hold it by the collar. But the real epitome of the evolution of the police service then was a piece of red cellophane which you used to have to put over the end of your torch because someone thought, if you waved it at a car you wished to stop, especially a stolen car, that driver would automatically stop for you.

"You weren't trusted with anything, so when you came on duty you would be given this pocket-sized hardback book which was called *Working As Laid Down* and the inspector used to say to you, this is your beat and this is the way you will work it. The beats were rigidly fixed, you'd walk up Church Street, turn right up Hanover Street, and that was the way you had to walk and do your beat. But everyone knew the system so well that the inspectors always knew where to find you; there was an art to it, because if on your beat you had coffee and tea shops, you knew how long you could stay in there to get back on your beat to get to your point waiting for the inspector.

"We had no radios. All signalling was done with the old signalling sticks, the long batons that the inspectors and the sergeants had. They used to tap the ferrule [metal tip] on the pavement and make a very clear and distinctive ring, so you always knew the inspector was around and was looking for you. Your response as a constable was to take your baton and to bang it on the pavement to make a similar noise."

If policing in the cities was old fashioned, in the rural counties it was positively pre-historic. Another young lad, fired up to be a policeman, joined the Lancashire force as a cadet, leaving his home in Broughton in the rural Lake District, where crime was almost non-existent. His name was Ray Walker. Later in his career he would be called upon to make key tactical decisions to tackle one of the most violent gun wars ever seen on Britain's streets. But at the start of his career he found himself in the elegantly sedate seaside town of Lytham St Annes, on the Fylde coast.

"I joined as a cadet in the Lake District when that southern part of the Furness coastline belonged to Lancashire. Up there, being a cadet wasn't so much like being in the police but making the tea and biscuits and looking after the office instead. I went off and trained at the police college and then at nineteen years and three months old I was sent to Lytham.

"The best comparison I can give is the *Heartbeat* series on TV. The sergeant at the station was all-important – he was like God and he ran the station his way. We had no radios, no cars and I had to walk the beat from telephone box to telephone box on the hour. If they wanted me, they knew which phone box I would have reached at a particular time. If something happened in the intervening fifty minutes, it had to wait until you reached the next box. The first car didn't arrive until two years later but we beat constables weren't allowed to use it. It was for the sergeant, who used it to come and find us for whatever reason."

In an upmarket area such as Lytham, appearances were important. The uniformed officer on the beat was a visual symbol of security and public safety. Bobbies always walked in the main street and down each alley and made sure as many people saw them as possible. They also spoke to as many people as they could. And, despite its staid reputation, Lytham had its lively moments.

"There were burglaries and drunks and quite honestly anything could happen. Working an area like that meant the work was all encompassing. You were the only policeman on duty and you had to deal with everything – the dead body, the firearms certificates, the licensing.

"We had one detective in the station, a big man who commanded real authority. Towards the end of my probationary period I had to do a month with him and I thought it was wonderful, being in the CID at the age of twenty-one. There I was, a country bumpkin from the Lake District, and to me Lytham was quite a big town. Everybody knew this detective. The sort of thing he could do was incredible. We'd be driving around going somewhere or other and he'd spot one of the local villains and just shout out of the window, 'My office, seven o'clock tonight.' They'd say okay and sure enough they would turn up. The detective knew the crime he wanted to talk to them about and within a matter of minutes he'd have a confession and the paperwork done, all ready for court the following morning with a guilty plea."

In hundreds of other villages and towns across the North-West, crime detection and policing was carried out in this way. Communities were close-knit and everyone knew what was going on. The courts were important and local newspapers covered them scrupulously. Even though most crimes were petty, they were very important to the people who lived there.

Then there was the local aristocracy, who had to be treated with kid gloves. "I remember causing a bit of a furore when I reported the local mayor for having a dangerous mascot on his car. It sent shockwaves through the community and was the source of much talk and gossip. It was an angel's wings sticking out in metal with a sort of crown on the head, right on the front of the bonnet, and if the car had hit anyone it would have gone right through their body and killed them.

"A lot of questions were asked of my actions because it was the mayor I had reported, but he went to court and got fined twenty pounds and had to remove the offending item from the car. There was also a big reaction when the sergeant had a visit from a member of the local landed gentry with a complaint and I suppose, yes, it was probably dealt with faster than ordinary complaints. More was probably done for the more important people in the area but that was the way it worked."

The brash resort of Blackpool, a few miles up the coast, had its own borough police force separate from Lancashire. There was very little contact between officers like Walker and those in the bustling holiday town.

"They seemed to have so many more officers, more equipment, just more of everything. The best example I can give of the difference between us was at the time of the opening of the Illuminations in Blackpool. The boundary between them and us was near to Blackpool Airport on the seafront. The borough force would march eight men down the front and come down to Squires Gate Lane and at that junction switch off the traffic lights. They would cover every angle of the junction and had a supervisory officer as well. Whereas on our side we had just two officers and we used to slip on our armlets and struggle with five and six lanes of traffic, trying to get it down into two. We were professional but we just didn't have the numbers or the resources that they had."

No matter where they served, young constables lived in fear of their sergeants and inspectors.

Liverpool's Albert Kirby: "It was a mixture of fear and awe for the inspectors – we were petrified of them because they really ruled the roost. They were disciplinarians. We had one in the city centre who was known as Bucket Gob because he didn't need a radio, you could hear him shouting from one end of Lime Street to the other. But they were always respected for the control that they had. It made for a tremendous *esprit de corps* amongst the constables because it was like an eight-hour battle of wits against the inspectors every day. They used to have a sheet of paper in the station called the Form 170 and once you were marched out after parade – right turn, salute, left right, left right, out – you weren't allowed back except for your forty-five-minute break for lunch. If you had to come back to go to the toilet more than once a week, believe it or not the inspector used to question you about your bowel movements. I don't know what he expected you to do the rest of the time."

Television accurately caught the mood with *Dixon of Dock Green*, the police serial that became required viewing for the nation. It amassed some 430 episodes between 1955 and the mid-Seventies and still looms large over the genre. PC George Dixon represented a safe image of post-war England: he did not take bribes, arrest innocent Irishmen, or abuse prisoners because of race or class. In fact, Dixon and his colleagues were rarely called upon to deal with serious crime; their usual purview was domestic incidents and small-scale moments of friction. The problems were always solved, and each episode was book-ended by George Dixon's musings on the issues raised.

The end of Walker's stint at Lytham coincided with the demise of that image. Beat officers stopped walking and moved into cars for the first time. The young Ray was moved to busier beats in Preston. "It was just at the time that the panda cars and in particular the crime cars, called Z cars, were coming in. Lancashire Police had trailed the system and was way ahead of most of the other forces in that respect."

Charles Horan, in Manchester, saw the introduction of the motor car in city policing as something to be cautious of. "Somebody from the Home Office had been sent off to Chicago and had seen the way the patrol car system worked. They came back and decided that was how our police officers should work. The idea was basically all right provided that foot patrols were there as well. The trouble was that once you start putting policemen into cars, it is very difficult to get them out again."

The first trials were held in Accrington in Lancashire and in Huyton and Kirby, the overspill towns on the outskirts of Liverpool. They were largely a success, particularly in speeding up response times to 999 calls. However, in city centres where streets were narrow and roads congested, they did not work so well.

Charles Horan: "It's all very well using cars in Lancashire, where there are long distances to be covered, but in somewhere like the centre of Manchester all the police cars were doing was adding to the traffic problem. You could walk across town quicker than you could drive, even back then."

There had been a previous trial of a different method that might have proved more successful in big urban areas. It was known as the Aberdeen system and had been brought from Scotland by a go-ahead senior officer who had transferred to Salford City Police.

Charles Horan: "The force bought a number of Ford V8s and sent them out with at least four or five officers in them, a sergeant in the passenger seat and the rest being constables. The idea was that the sergeant would drop off each policeman at a particular point so he could carry out his beat patrol as normal. Then the car would continue on and drop off another officer, then another and another. The car would then circle back to its original starting point and collect the officers one by one. The car would constantly move around its area and the police could respond very quickly to any problems or crimes that arose, and get back-up quickly too. It worked like a mobile police station and was a really good system, combining the benefits of speed brought by the motorcar and the benefits of the traditional beat system." But in the end it was not adopted.

"The panda cars took the officers away from the public. If a police officer is walking along a street, in my day someone might come up to you and give you a bit of information. That happens if you are walking; it's much harder to flag down a car," says Horan.

Officers who started their careers before the pandas are largely unanimous that that was the point at which the police force "lost the plot" and lost touch with the public.

Former Manchester officer Dennis Wood: "You can't have a better way of policing and keeping law and order than lots of policemen and women walking about on small beats with a little bit of zero tolerance. It makes the public feel a bit better and safer. If a policeman is strolling down a street at three o'clock in the morning and there's a man hiding to do no good, and he sees the policeman, well he may just think twice about committing the crime. You don't get that with policemen in cars tearing up the road at seventy miles an hour. Policemen on small beats might mooch about in back entries, look in dustbins and peer over walls so criminals had very little chance of doing much under those circumstances. All that changed when the police disappeared from the streets."

Danny Ewington is a striking figure, more than six feet two inches tall with a confident, forthright manner. He's the kind of man who takes no lip from anyone. Perfect traffic officer material – and he spent much of his life patrolling the roads in motorway patrol cars, Range Rovers, motorcycles and at the very beginning, the little pandas in Manchester.

"The mobile beat schemes were trailed first on a single division in the Manchester and Salford City police force. The force got hold of some 1600cc Ford Cortinas, which were painted blue with white doors. It was brilliant at first because officers could get around so much faster. The police motorcyclists, who were by then on patrol as a matter of routine, got extra back-up which was brilliant – they weren't getting to the scene of a crime first and then having to wait for the foot patrols to come running.

"Panda car patrols initially covered two foot beats. Within a short time, it was increased to cover an area of four foot beats. The area I ended up working was three miles by four miles, a massive area, and there was no way you could work that on foot at all. From that we went to a couple of officers in a patrol car covering dozens of beats. It was a recipe for trouble."

But young officers like Ray Walker were itching for the excitement of the cars. "My aim was to get into the Z cars. This was a stepping-stone into the CID for real, so I went down the road to Preston at a time when the bigger borough police forces were being amalgamated into the rural Lancashire force.

"The panda cars and the crime cars in particular made a big difference to the way we did things. We had the advantage of being able to get around and respond so much faster. The problem was that we lost contact with the public. It was one of those things: damned if you do and damned if you don't. We needed to start moving faster, to move on from that telephone box call every hour. And with the crime cars as a tier above the panda cars, it meant we could tackle a particular problem effectively. It gave the force a unit they could send at a moment's notice to areas where there was a particular problem.

"Instead of staying around one area in, say, Preston, they could send five or six cars to Burnley or Blackburn where there might be a spate of night-time burglaries being carried out. I remember working in Morecambe for six weeks on nights because of a burglar. In those days, villains tended to have a certain way of carrying out their crimes and we could tell that jobs were linked to the same person. This man in Morecambe used insecure rear windows to get inside. He turned out to be a window cleaner who would leave a dustbin under an ajar window to get in.

"There was another famous burglar called Friday Night Freddie who for years went out and burgled an end of terraced house as regular as clockwork. There were others who would break windows using sticky tape so they wouldn't shatter and make a sound, others would bore holes into the frame with a brace and bit and flick up the lock on the inside. Some weren't so clever and just burst the front door or used a plastic card on the locks. But they had a pattern and we could sit in the office and say, 'We know that Billy so-and-so does that,' and we'd go and have a word with them. We'd usually get the right man and end up with a conviction. These were the kind of jobs the crime car squad was used on."

Manchester's John Stalker believes that the introduction of the motorised patrol was a cause of public disenchantment. "That is one of the main reasons for the drift away from the public. The panda was never meant to be a mobile police scheme. All it was meant to do was to make a policeman available to drive and park up and then walk his beat. It never worked like that from the very first moment. And the introduction of the personal radio meant that individual police officers lost the ability to talk their way out of trouble because they could call for the cavalry at the first sign of trouble."

Albert Kirby recalls the memorable night he was issued with a radio. "I go down in the annals as making the first arrest with a radio in Liverpool and I will remember the date for ever: the fifth of November, 1965. I was walking up Islington past a car park where the long distance lorry drivers used to park up overnight and stay in a hostel nearby. It was foggy, I was on overtime, I was tired with this big radio on my back, you really needed a trailer to carry them, and as I was walking I heard some people moving around the wagons. I crept around and saw a gang slitting the side of a trailer and removing the load.

"As I walked up to them they turned around and saw me and ran. I was a fit and agile lad at the time and went after them but with my coat and helmet I was flagging a bit. And as I came towards the archway which went into Gerard Gardens I thought, these are going to get away from me unless I do something, because if I don't arrest them my overtime's gone, the inspector will shout at me. I realised the radio was going to come in useful at this point because I took it off and slung it at one of the guys and it copped him on the back of the head. He stopped and turned around in absolute amazement, so I grabbed him and arrested him. And that went down as the first arrest using a radio in Liverpool."

Panda cars and radios were just the visible signs of rapidly changing police forces. City and borough forces were being amalgamated, creating bigger crime fighting operations, with unforeseen consequences.

John Stalker: "In my day policemen had to work where they lived. Of the two thousand officers in the Manchester City Police Force in the 1960s, one thousand nine hundred lived within the boundaries of the city centre. They live all over the place now, and that meant the police lost a stake in the society they were asked to patrol and keep order in."

Those who joined up as change was beginning noticed the difference immediately, like constable Roy Wilson, recruited to the newly-formed Merseyside Police created by amalgamating parts of Lancashire and Cheshire with Liverpool and Bootle Police. He would later become a key figure within the Merseyside firearms unit, but at first was a beat copper like everybody else. "When I joined in the early Seventies, officers like me knew everybody. We called into shops to say hello and have cups of tea and a chat. The bobbies would get to know everyone on their patch."

"Then more and more officers were put into cars and within a fairly short time we were almost all sitting in panda cars and patrolling the streets from behind a wheel. It was then that I started to notice that we lost the ability to communicate. Bobbies enjoyed the driving but what none of us realised was that it was very difficult to park up, get out of the car and have a chat. You couldn't pop your head around a door to see what was happening. Then the generation of bobbies after me came into the force and they hardly walked the beat at all. Everyone was in cars before we knew where we were."

RAY WALKER moved on from Preston to Huyton, an overspill town catering largely for those displaced by slum clearances in inner-city Liverpool. The residents left behind rows of terraced houses and moved to concrete high-rises and long lines of flats with networks of walkways.

"What a culture shock for a young lad from the Lakes to find himself in a place like Huyton, and Kirkby up the road, which had also been built to take people out of the city. It was really Liverpool, but the map said it was part of Lancashire. I was five years into my service and I saw a search warrant for the first time. In all the previous places I had served, people took it as read that a police officer would want to search their house. But here, if I wanted to carry out a search, quite legitimately and properly I had to go to court and get a warrant. People didn't freely come forward with information or respond to questioning in the way that I had been used to.

"For the first time too, I saw armed crime. There were a lot of cash collectors – rent collectors, pools collectors and so on – and criminals would stick them up at gunpoint. There were also big armed robberies, especially on Thursdays and Fridays when wages were being paid. We used to guard money in transit from the bank."

Planners had come up with the idea of building the new estates cheaply and giving everyone luxuries such as hot running water and inside toilets. But the urban jungles Walker and others patrolled would see serious social problems, and some blamed their design for contributing to this.

Liverpool City Council paid £5 a head to Lancashire for each of its former residents to be accepted into Kirkby. The first estates were filled with people who were vetted by police officers and council officials. Anyone with a serious criminal record was turned down. But a deal was later done to increase the payment to £20 if the vetting stopped. Liverpool then took the opportunity to get rid of troublesome characters.

"Kirkby got a lot of people who had been struggling in their lives after the war," recalls one former resident and councillor. "Conditions hadn't got any better in the city and then they were shoved out to what was a very isolated housing scheme, no matter how big or how well-resourced those who built it thought it was. A lot of people were trapped in the mentality of not looking after the place where they lived or the community around them. Sadly, crime flourished in this atmosphere. It wasn't helped by the quality of the buildings which many of these people had been shunted into."

Ray Walker again: "I was dealing with crimes I had never even heard of before I arrived. Bigamy and illegal abortions were big issues. The top criminals of the day were people who could blow safes open or perhaps rob a bank. I recall going to crime conferences and the local collator would put up pictures on the screen and tell us who they were interested in, the big villains of the time. There was the odd murder but they tended to be few and far between. Murder investigations and armed robberies were really significant then and huge resources would be piled into them."

The shift in attitude was also shaped by another television drama praised for its realism. *Z Cars* debuted in 1962. Its portrayals were unusually accurate, its stories taking place in an atmosphere of poverty and dog-eat-dog. Motivations were complex, and problems rarely found one-dimensional solutions. For the first time, police officers were mortal, with knotted private lives and obvious failings.

Moving up at this time was Albert Kirby: "I went off into the Vice Squad and plain clothes, dealing with the clubs and the pimps and the prostitutes. You never felt frightened in the Sixties going around the clubs. Even working by yourself, you didn't feel intimidated. The people on the doors always had respect for us. They didn't have the same violent tendencies then, they would speak to you and help you on occasion."

But the dangers were increasing, particularly in Liverpool city centre in the late evenings. Gangs of young men were carrying out wanton vandalism, smashing plate glass windows and wrecking pubs. The message came down from the top. Fight force with force. A special squad called the Commandos was born. Albert Kirby was selected to join their ranks. "The head of CID was Burt Balmer and he had the idea, because crime was getting rife in the city centre, to have policemen posing as street workers, road sweepers and the like and try to catch people committing crime and it was very successful."

Their boss was John Ralphson, the detective who had chased Reggie Kray out of town. "They gave me a lot of sleepless nights, did the Commando Squad. They were fearsome and tough and they looked ferocious, some of them, because they shaved their heads. There were a lot of allegations put against them that they were too hard, that they were happy to hit back if attacked and sometimes things did get a little out of hand. But it was necessary to control the violence that was beginning to break out."

Club owner Roy Adams recalls the Commandos turning up one evening after someone had called for police assistance to tackle a disturbance outside. "They pulled up in the black maria and some of them, big tough men, jumped out pulling on their gloves, shouting, Right, where are they?

"The troublemakers were pointed out and the Commandos went up to them and, bang, they punched them, grabbed them and put them in the back of the van and drove them away. That's how they dealt with trouble."

Fights in pubs sometimes resulted in even bigger brawls when the Commandos were called. Some remember how the police officers waded in with fists flying. There were allegations of knuckle-dusters and coshes being used but they were never substantiated.

"We decided that enough was enough and we weren't going to turn the city over to groups of young thugs who came into the city at night and caused havoc," says Ralphson. "There was one poor lad who was standing in a bus queue minding his own business and one of these people whipped him across the face with a car aerial and took his eye out. That lad was partially-sighted in the other eye and as a result of that mindless attack was blinded for life. The only way to take on people like that was with tough methods."

Albert Kirby: "Lawyers didn't like it. One or two prominent lawyers in the city thought we were setting people up to commit crime and it was wrong to leave a car parked with the window open and the keys in the ignition. There were all sorts of ploys that were carried out to catch people. It resulted in a lot of people who would not normally have been caught being apprehended and put away. It was something that was needed at that time.

"It made a big impact because times were sadly becoming more violent, particularly over the Seventies. It all changed over quite a short period of time. There was a high level of drunkenness and respect towards people in authority diminished. People's values changed too, especially young people. There was more openness with drugs. Amphetamine, which makes people very aggressive, especially with drink, was a cause and when called to a crime such as a robbery where really bad violence had been used, we used to say that they must have been on amphetamine and quite often that was right. The times changed from 1973 right up to the riots of 1981."

For career criminals, the growing drugs trade was a licence to print money. Those who could import or supply large amounts would be catapulted into an entirely new league. The era of the "Mr Bigs" was on its way. Police forces needed to shake off any vestiges of their Victorian past if they were to do anything about it.

THE RISE OF THE MISTER BIGS

SOME cities have "signature" crimes, specific offences that categorise the villains of a particular place. In Liverpool, ripping off goods from the docks became an art form. Eight miles of waterfront, peppered with berths for hundreds of ships and thousands of men employed to load and unload every conceivable import and export, offered a treasure trove of booty.

"Certainly before the docks went into complete decline and before containerisation came in, there were an awful lot of lorry loads stolen. It was happening all over the region but was particularly prevalent around the docks. It was really big professional crime," says Albert Kirby.

"The problem came for the criminals not in stealing the wagons, but in the disposal of the stolen goods, because often there was so much of the same kind of item. They would steal almost anything but some loads were more lucrative than others. I remember doing a inquiry into a lorry load of apples which had been stolen in Liverpool and tracking it to a market trader outside the city, who had stolen it. He was quite a character, only a small fellow, very cheerful and always smiling. It was hard to get serious with him because he was always laughing. He'd gone into the wagon rip-offs because he used to blow up safes years before but had got sick of spending hours with cutters that were big and heavy and opening them only to find a note saying: Hard luck...the money's not here!"

Such independent operators were few. To be successful took nerve, bottle and good connections. "Good quality" criminals tended to band together to form alliances. There were those who did the stealing and those who did the fencing. A handful became rich.

"Some of the big criminals around the city became almost like folk heroes, not just among the people but the CID too," says former Liverpool detective Ray Walker. "We recognised that some of these people were beginning to head towards a kind of legitimacy and some felt that we weren't good enough to catch the very best of them.

"That perhaps led to some of the corruption that took place in some of the forces in the early Seventies and the interaction between the CID and criminals who were starting to become significant. The exchange of information between those people and the detective became more important than arresting those same people for carrying out crimes. It was a strange paradox: the exchange of information would lead to that criminal not being tackled.

"The big criminals of the time were interesting characters because they demanded respect in the criminal fraternity and yet were fraternising with the police. They would probably get their legs blown off these days for having anything to do with then police but in those days it was almost acceptable."

A particularly daring crime could establish reputations, even if those behind it were caught. One such was the infamous Water Street bank job, in the heart of Liverpool. The criminal at the centre of it was a 37-year-old Scouser, Tommy "Tacker" Comerford, the archetypal likeable rogue:

Comerford, also known as 'Top Cat' after the quick-witted children's cartoon character, was a big, fleshy man with long strands of hair swept across a bald crown, twinkling eyes and a ready grin. He became a legend in an underworld where a glib tongue, lavish spending and incorrigible criminality are much admired. Here was an unreformed scallywag who cruised the Caribbean in the Queen Elizabeth II while on the dole, jetted to the best hotels while applying for a council flat and snorted coke with rock stars while claiming housing benefit.

(quoted from *Cocky: The Rise and Fall of Curtis Warren*, by Tony Barnes *et al*, Milo Books)

Comerford had a fast mouth and was happy to give his opinion at any opportunity. His tendency to talk would eventually be his downfall.

"Tommy Comerford was the first of the criminals who were truly professional, who you knew were actually making their whole living out of crime," asserts Albert Kirby. One evening Kirby was driving along Duke Street, past many of Liverpool's nightclubs, when he saw three men standing in the street urinating.

"I rolled down my window and I suppose it would be best to say I had a word with them to stop. I drove a little further up the road, parked up and got out when these three men jumped me. I thought, Albert's going to be a football now. They started kicking me on the ground. The beating was going on and on and I thought, these people are going to kill me, when I heard a voice shout from an upstairs window of one of the clubs."

It was Comerford. He yelled at the men to lay off the young detective, then ordered his doormen to intervene.

"All Tacker's henchmen came running out and chased these men down the road. I picked myself up but Tacker wanted to know who they were, so he started making inquiries. It as about two o'clock in the morning that I found myself with my sergeant outside a house somewhere in Liverpool with all these men from Tacker's place trying to break the door down to get the men who had attacked me. Fortunately they had fled to Manchester, we later found out, because I don't know what would have happened to them if they had been in, and I don't think I would have been able to control those men. The people who attacked me were later caught by the police and charged but you could see the kind of sway he held.

"Tacker was a man who had respect for who we were. He would intimate to you, I am a criminal and that's how I make my living and you are a policeman and you have your job to do and I respect you for that. He was part of a group which did have respect for us, even if he didn't much like the fact that we were trying to stop him in his tracks much of the time."

Tacker's leap to criminal stardom came in 1969 with the Water Street Job. He and his gang spent two days of the August bank holiday weekend tunnelling into a bank from a bakery next door. This was how the *Liverpool Echo* reported the story when it came to light the following Monday:

> Thieves used thermal lances to cut their way into the strong room during the weekend and today intensive police investigations were launched by top detectives from the Hardman Street Headquarters.
>
> The raid was discovered when staff reported for work at 9am at the Water Street branch of the District bank in Liverpool today.
>
> Chief Superintendent Tom Whittlestone, deputy head of Liverpool CID, who went to the premises, said later that it appeared the thieves had got away with only deed boxes although examinations of the strong room and its contents were still going on.

The following day, the true picture was beginning to emerge. The Liverpool *Post* reported: "Raiders who broke into the District Bank at 3 Water Street over the weekend escaped with £150,000 in new Bank of England notes." Detectives speculated that the raid was carried out by "eight or ten" highly-organised, professional criminals. They left behind oxygen cylinders and thermal lances which they had used to cut into the vault. They had also left behind chicken bones, the remains of the food that had sustained them through the long job of burning through the steel. Duplicate keys had been used to gain entry to the shop next door. It had been well planned and brilliantly executed.

Rumours about the gang's identity flew around the city and the reputations of those involved swelled. However, because the notes were new, the police had a record of their serial numbers. Some of the burglars were eventually caught by a combination of passing the stolen notes and not knowing when to keep their mouths shut.

Albert Kirby: "The Water Street Job goes down in the history of professional crimes in Liverpool because the team used the ventilation system within the bank to take away the smell from the cutting open of the safe. And the people who were involved in that went on to enjoy the fruits of a very prosperous criminal life. They were caught for that job and they went to prison but it never put them out. "Over the years we followed Comerford's career and others and they had real criminal skills – a lot of nerve and a lot of bottle. But they wouldn't actually hurt people in the commission of their crimes."

Thomas Anthony Comerford stood trial for bank robbery with others the following year. He pleaded not guilty to entering the bank as a trespasser and stealing nearly £145,000 cash and £20,000 in valuables. He was also charged with handling nearly £25,000, thought to be his share of the loot, and a cigarette case and pendant which had been held in a strong box. Said to be the mastermind behind the raid, he was jailed for ten years,

Detective John Ralphson remembers him differently: "I knew Tommy, we all did in those days. He was a fool, was Tommy. He went into the dock and he couldn't keep his mouth shut. He would say, I am the big feller, and of course he got the longer sentence because the others let him take the rap. They let him think he was the leader of the gang but he wasn't, not at that time."

Ray Walker: "The notoriety of crimes like that were almost acceptable because it didn't offend the public. It wasn't like they had robbed old ladies, been sex offenders or child abusers. If an institution lost a lot of money or a lorry load of goods, then strangely it seemed to be acceptable. But if somebody committed a robbery on an old lady then it would be those big criminals who would be the first to tell the police who it was."

While Comerford was serving his time, Walker and hundreds of other officers were swallowed up by the giant new Merseyside police force created in 1974. He was now in the CID in one of Britain's toughest cities. The country copper from the Lakes found himself at the sharp end.

"Almost immediately I was pointed in the direction of the more senior and significant criminals in Liverpool. One of the things I targeted for three and a half years was the robbing of lorry loads. There was a tremendous base for it in Liverpool, albeit that the offences were taking place around the country."

This was the first time that serious criminals seemed to be travelling far to carry out crimes off their "patch", using the motorways and A-roads to their advantage.

"It was full lorry loads," says Walker. "Some of them were straight thefts, where goods were removed while the lorry was parked up overnight. They would pay off the driver, who would later claim to have been dumped out of the cab. Others were more sophisticated: they were managing to get lorries out of places like the docks with forged paperwork."

In the days before containerisation, goods had to be lifted from ships by crane and handled by labourers. There was plenty of opportunity for theft.

Ray Walker: "Both smuggling in from abroad and getting stuff out through the gates was turned into a highly sophisticated business by some people and they grew rich on the proceeds. Many of the people who would become the very top criminals in the city and even in the whole country came out of this trade.

"They had their own distribution networks. They would take the trucks to 'slaughters' or warehouses to hide them and split up the loads. Tobacco was a key commodity of the time because there were huge hikes in the tax duty paid on that in the Seventies. Around 1976, potatoes were in massive demand because chip shops had problems getting hold of them from suppliers. Chip shop owners would pay a fortune for them. I recall sitting in observation on a load of potatoes in a wagon that we knew was stolen. We sat there for about three days waiting for the people to come along and take them. We got our men of course."

Slowly, a criminal elite appeared, travelling regularly to work with their counterparts in other cities to distribute their stolen goods. It was clear that the crime squads of individual police forces weren't going to be able to tackle them alone. New task forces were needed, ones dedicated to tackling the explosion in serious crime.

THE JOB of a detective was tough on family life. The hours were desperately long: criminals tend not to work to the clock. Stress was high and heavy drinking and smoking were part of the culture.

Ray Walker: "You certainly had to be flexible, working all hours, day and night. There was an expectation that detectives didn't claim overtime and instead got an allowance. It was fairly substantial compared to the wages and could be up to twenty per cent on top of the basic salary. It didn't matter how many hours you worked, because it was taken as an average across the whole force. It was all piled into a pot and worked out accordingly. Of course, it meant that we were expected to be working around the clock. We worked fortnightly cycles, with one weekend off in two, but in reality you worked almost all those days. You started around 9am and would invariably still be there at around 11pm. The culture demanded that you could drink well and smoked heavily too."

Smoking became part of the art of interviewing. In the 1959 feature film *Hell is a City*, set in Manchester, the actor Stanley Baker plays a purposeful northern detective on the trail of a gang of murderers. He questions a man who is desperate for a cigarette and blows smoke into his face repeatedly. Finally the suspect cracks. It was just like the real thing.

Ray Walker: "Handing the cigarette over to the suspect was all part of it. You would have blown smoke all over him throughout the questioning and he was really gasping at the end. Finally, you would hand one over and they would usually cough to the crime."

Few detectives stray into pubs these days when on duty. Those that do generally order orange juice or join the ranks of the mineral water-drinking lunchtime executives with whom they might rub shoulders. Alcohol is forbidden on police time. How times have changed.

Ray Walker: "As a detective you were expected to visit licensed premises as part of your work, to form relationships with the landlords and regulars so that everyone knew who you were. You would leave the police station as early as eight o'clock and visit several pubs during the course of the evening. If we were visiting tough pubs, two of us would go together and stand facing each other at the bar, looking over each other's shoulders to make sure nothing like a bottle was coming our way. Drinkers could make you feel slightly uncomfortable by opening up a space around you or you might get an announcement on the microphone saying: 'Would anyone with outstanding warrants see the detectives at the bar.' But we were expected to go to these places. The superintendent would often do the rounds of the pubs too, asking the landlords. 'When were the detectives last in? How well do you know them?' and questions like that to check up on what we were doing.

"We were drinking pints of mild or bottles of brown, nothing as sophisticated as scotch because we couldn't afford it. Licensees tended to be generous, we'd buy a drink and they would buy us another and even some of the local villains would send a drink across. But it didn't lead to a good home life. When I went into the CID, I was single but as time went by and I got married, it affects the whole thing. It takes the right kind of partner to put up with you getting home at two or three in the morning and then going out again to be in the office by nine, day in, day out, coupled with the drinking. I have no doubt that if detectives were to have that lifestyle today the breathalyser would crucify us all, but then it was culturally acceptable."

The drinking and fraternising were leading to serious consequences for other forces, particularly the Metropolitan Police in London. Allegations of corruption were rife and endless meetings in smoky pubs were compromising detectives, with serious criminals exploiting their status as informants. The message came down from the top – no more going into pubs and drinking with contacts.

"The use of informants drifted after that, as did the degree of information we got from licensees and regulars in the pubs. But the culture of the job was beginning to change anyway and took us away from the pubs. We were dealing with more serious crime year on year and we were working in the office until ten or eleven each night so there wasn't the time to go out drinking."

In a single decade, police forces across Britain had made the same series of small shifts. Taken together, they made a massive difference. The number of bobbies on the beat had been cut because more were in cars. Crime had begun a sharp rise and detectives were being encouraged to clean up their act, which took them away from their sources of information. Borough and police forces were amalgamated to form giant super-forces, including Merseyside Police and Greater Manchester Police, the latter formed by linking Manchester and Salford City Police with swathes of Lancashire, Cheshire and towns like Oldham.

John Stalker: "Suddenly you had a whole group of police officers living miles and miles away from the places they actually policed during the day. In Manchester we had officers coming in from Stockport and Derbyshire and Bolton and Wigan to police inner-city areas like Moss Side and Hulme. It's no fault of theirs that they weren't living in those areas and couldn't possibly understand the nature of those areas, but that's what happened. Once, there were hundreds of police houses in Moss Side. The coppers used to drink in the same pubs, their kids went to the same schools and they knew what was going on in their areas. Nowadays I doubt if there's a single policeman who lives in that area."

The police forces of England, Wales and Scotland were all slowly removing themselves from direct, everyday contact with the community. The effect on crime and detection rates was significant.

Ray Walker: "The lack of contact with people resulted in a reduction in the information detectives were getting. Very often people will tell you something useful when they don't realise it.

This was part of the skill of the detective. I always thought the real art was to go out and find out something you didn't know before you went out of the door. That started to drift."

Detectives increasingly had to rely on scientific methods of gaining evidence such as forensic testing. Arrested criminals were also noticing that detectives were no longer so knowledgeable, and so the old-fashioned "cough" grew more rare. Suspects became more likely to go through entire interviews saying nothing because they realised many interrogations were simply fishing exercises not backed up by evidence.

The drift from the public had another serious effect too, according to Walker. "You had this fear factor starting to creep in. Less people wanted to become involved in giving evidence, even good people who had been wronged, because it was such a traumatic experience. We would take statements for two to three hours and then twelve months down the road they were being challenged in court about their own lives. I don't think we were particularly good at treating people well in courts in those days, we left them sitting in rooms for days on end wondering if they would be called to give evidence. Fortunately, that has changed and people really do care these days, but then it was different. I believe the seeds of the witness protection schemes, where we have to change people's identities to get them to give evidence, were sewn way back then."

WHILE drug use was rare, cannabis did have a tradition in some parts, particularly where large immigrant communities had set up home. Toxteth in Liverpool was one place where ganja was smoked by men sitting on doorsteps during long summer nights and even given to infants for coughs. It was part of the culture they had brought with them and was deemed to be low key and fairly harmless.

In the Fifties, the supply in Toxteth was reportedly run by a Jamaican immigrant called Rudolph "The Bull" Gardner, who arrived with a few quid in his pocket and started selling dope to make ends meet. He was later jailed after the police raided his shebeen. Then in 1957, a clean-up operation of central Liverpool for the city's 750th anniversary pushed scores of night-time hangouts over to the south of the city, to the postcode district of Liverpool 8.

The hippy culture of the late Sixties and the era of psychedelia brought not only discussion of drugs into the open, but also their use. Student populations were at the forefront of this and grass, LSD and amphetamines became available. In both Liverpool and Manchester it was a quirk of geography that universities were situated virtually next-door to large immigrant communities: supply on the doorstep of demand. As drug consumption rose in the Seventies, the shebeens were obvious places to score dope and have a quiet smoke.

Customs and Excise officer Steve Rowton has worked in the North of England most of his life, beginning on Manchester's docks in the Sixties. "Drugs weren't a feature then," he recalls. "There may have been a little opium and some cannabis but it didn't amount to much and we certainly never came across heroin or cocaine. Presumably people were after other things they could get their hands on, like TVs, that were highly prized and could be ripped off from the docks.

"There were as many thefts of items going out of the country as coming in. When I joined, most of the seizures were King Edward Cigars, which were a prize asset for nightclub owners. They weren't sold in the UK at the time, so anybody who could get their hands on a King Edward thought they were doing quite well. They were smuggled in mostly by crew members from the Manchester Liners which used to ply between the Great Lakes and Manchester."

But eventually customs officers noticed more illegal drugs being smuggled. "Times changed when people started to travel more. Package holidays in the Seventies made it easy for all kinds of people to go abroad. It started with cannabis in baggage and gradually increased over the years into boxes of cannabis, bags of cannabis, then van loads, lorry loads, container loads, boat loads, before it moved on into heroin, cocaine, and synthetic drugs."

Plenty of villains eyed the ad-hoc cannabis markets and suppliers as a serious money-making venture. Tommy Comerford, whose period of incarceration coincided with this seismic shift in the criminal landscape, emerged from prison realising that the money to be made from hash and narcotics would make his £25,000 from the bank job look like small change.

Comerford didn't hang about. Before long, he had recruited dockworkers to pick up a cannabis consignment from north Africa. They were arrested as they went to the quayside in Liverpool to collect. Comerford and seven others had enough spare cash to post bail of £120,000. Their subsequent trial at Liverpool Crown Court was a chance for Tacker to hold court himself, giving press conferences each morning. His charm and *savoir-fair* didn't save him from another seven-year stretch.

By the time he came out again, Merseyside was facing a heroin epidemic. It wasn't long before Tacker was organising supplies of "smack" and other drugs, including cocaine, cannabis and LSD, in a network stretching from Liverpool to Colombia and the USA. To the outside world, he was claiming benefit and living in a council house. A mile down the road was his real abode, Treetops, a luxurious bungalow where he lived in style with his wife.

As his taste for the high life increased, he stayed in five-star hotels around the world and took a cruise on the QEII. When he returned he put in an insurance claim for £11,500 for suitcases "lost" at JFK airport in New York. At the same time, he was claiming rent rebates from the Department of Health and Social Security and getting a decorating allowance for his council flat.

In May 1984 he was placed under the surveillance of the Number One Regional Crime Squad. They arrested one of his runners with a package of cannabis after a dramatic car chase through Liverpool. Six weeks later, police were tipped off that Comerford would be flying from Germany to Heathrow Airport. Sure enough, he strutted through the green channel carrying a pair of suitcases and a duty free bag. Another gang member was there to meet him. As they walked to the car they were arrested and officers opened up one of the cases to find half a kilo of heroin.

The other case contained £20,000 worth of German marks, UK sterling, US dollars, and Swiss francs.

Comerford and others were eventually charged with possessing heroin worth £1 million and conspiracy to import drugs. Comerford was also accused of attempting to bribe one of the arresting officers with £15,000. At his trial in 1985, the Old Bailey in London was told how a courier would travel through Europe with bags of heroin strapped to his body with crepe bandages and sticking plaster and return to Britain by air. Comerford was acquitted of bribery but convicted of the other offences. He got a maximum 14-year jail sentence. His trademark Scouse humour did not desert him as he headed down to the cells: "Merry Christmas, your honour," he said to the judge.

While Comerford had been enjoying the high life, recession and the shake-up of the British economy caused by the monetarist policies of Margaret Thatcher's Government had inflicted terrible devastation on the inner cities. In the north of England, manufacturing all but collapsed and traditional industries like shipbuilding and coal mining were wiped out. If you were black, the chances of getting a job to support your family were practically nil in some areas.

It should have been no surprise that communities vented their frustration in riots which tore the hearts out of whole districts. Moss Side and Toxteth were just two largely-black areas which erupted in the summer of 1981; others followed in copycat fashion. While endless discussion programmes and newspaper leaders ranted on about the nature of inner city life and the lack of opportunity, many police officers who were plugged into the criminals of these areas saw it differently.

Albert Kirby: "A lot of people blame the 1981 riots on poverty and poor housing, but to my mind it couldn't have been further from the truth. Lots of people have to live in those conditions in Liverpool every day and they don't resort to rioting. I have no doubt, and I think there's lots of evidence to support it, that it was something that was put up to shield the activities of a small group of people who were really getting their toe in the door in becoming professional criminals and, in particular, drug dealers. They had vast connections to people in other professional crimes. The people behind it were manipulating local councillors who didn't realise what was going on and they were using it to say: Police, get out, we want to stay in here, this is a no-go area for you. The police service suffered badly as a result."

Merseyside officer Roy Wilson was one of the 4,000 policemen who stood on the front line at the Toxteth riots in equipment barely adequate for a Sunday walk in the rain: "We had never had a riot of this magnitude in the UK before and what happened caught everyone by surprise. Training for this kind of situation was virtually non-existent. We were up against people who did not want to back off. They wanted to stand and fight and were prepared to throw petrol bombs.

"I remember being there with my ordinary helmet with a little plastic visor and I was on the front line. I had my shield and there were missiles being thrown at me. There were colleagues on the left and right of me who were going down like ninepins. The rioters were smashing out the streetlights and even tearing down the lampposts. It was a very frightening experience. For the first time in my life, I had come up against people who wanted me and my colleagues dead.

"Vividly I remember hearing – it was obviously a senior officer – 'Hold the line! Don't break the ranks!' I am convinced he didn't know what it meant. They just wanted the rioters not to move any further forward. Thankfully they were only armed with petrol bombs and not firearms. We had absolutely no training."

More than 700 officers were injured. Some never worked again.

Albert Kirby: "I'll always remember coming down to the old headquarters on the Sunday morning after the riot. I saw all the buses parked out on Hope Street. I can never forget being stood in the inquiry office there and seeing police officers coming in with heads bandaged and arms in slings, with their wives and girlfriends supporting them, it was absolutely devastating to see."

Positive things came out of the riots experience too, as Kirby is quick to point out. "When you look at the clothing, and the training as it was then, the police service has never looked back. Quickly it had to be developed so officers were ready. Now when any officer does go into that situation they can thank those officers who were trying to fight petrol bombs with bin lids and anything else they could get hold of."

As the riots died down, the conflict switched from the streets to the community forums and TV screens. A war of words began which paralysed Liverpool in as many ways as the physical actions of the rioters. The problems were compounded by political turmoil in the town hall under the influence of Militant. The police came under siege both politically by the police authority and from the myriad of community groups which sprang up.

Michael and Delroy Showers were influential figures before and after the riots in Toxteth. Michael in particular was a key community leader, a tall, well-groomed and articulate man of African parentage. He would cruise the streets in his car with the window wound down and dispense advice to locals standing at bus stops. He enjoyed the attention of the media. The BBC's flagship documentary series *Panorama* followed him as he went around in his suit and tie, and he was invited to give his opinions on Robin Day's *Question Time.* But there was much more to him than met the eye.

As a young man, Showers had picked up convictions for wounding and robbery and once tried to run down a police constable in a car. He was also sent to prison for seven years for attempting to murder an African seamen with a shotgun in the doorway of the Somali Social Club on Toxteth's Upper Parliament Street. Delroy, his younger brother, controlled a syndicate which imported cannabis from Africa. In 1980 he was arrested in London and was later jailed for nine years for drug smuggling offences.

One former CID officer who investigated the Showers brothers recalls: "They were a key villainous group at that time and we were acutely aware of their existence and the allegations about the power base they had got. They were seen as key operators in the drugs world and were really the forerunners to the sort of drugs barons of today.

"To get people like that convicted took huge operations. They were long investigations with major difficulties in getting evidence. There were also senior officers who couldn't understand that we needed to go to places like Kenya or Ethiopia to get evidence and it needed a big culture change to catch people like that. At the end of the day it was just one arrest statistically, one prisoner, one crime and the community wanted crime in other areas tackled. Deploying resources was a difficult issue."

After the riots, Merseyside officers began attending a series of community forums to listen to the views of the people living in Toxteth. They seemed more concerned with police harassment and prosaic matters such as dog fouling than drug dealers in their midst. The police were in a difficult position. Senior figures such as Michael Showers had positioned themselves well and hogged the limelight. Yet at the same time they were suspected of organising criminal activity.

For the chiefs in the brown-bricked headquarters building overlooking the soon-to-be refurbished Albert Dock, the dilemma was the most complex they would ever face. How could they keep a lid on the drugs and the violence that could explode at any moment when the public and political masters in the Home Office wanted action in other areas? And at the same time budgets were being slashed. Retiring officers were not being replaced. Forces like Merseyside were getting smaller just when the workload was soaring.

A breakthrough came in 1990 with a tip-off that Michael Showers was planning to import £2 million of Afghan heroin. It led to a complicated and extensive Customs operation: Showers was eventually convicted and jailed for twenty-two years, an extraordinarily long sentence. Three years later, Delroy was picked up in Scandinavia. He had been masterminding a multi-million pounds drug racket from Holland involving heroin, cocaine, cannabis and amphetamines. Information was passed from the National Criminal Intelligence Service to the foreign authorities and he was arrested in Denmark while trying to sort out a deal that had been botched by underlings. He was jailed for eight years (he would later escape).

Of the Showers brothers, a senior officer says, "They were both very bright, smart and articulate men and I presume still are, they had an ability and a charisma to take people along with them and they blindfolded the community to some of the issues that were going on. What the community didn't know, but we did from intelligence, was that they were two very dangerous people who were carrying out very high levels of criminal activity and manipulating the community."

While all this was going on, one young dealer was rising up through the street ranks of Liverpool and was creating his own opportunities. He was quick and bright but had little time for school. The streets had been his university. Even before the Showers brothers were jailed, he was making the moves which would propel him towards becoming the richest criminal that Britain has ever produced.

HEROIN

HARD DRUGS would have a dramatic effect on British society. At the end of the 1970s, a wave of heroin entered the country. Most of originated from the mountainous border regions of Afghanistan and was smuggled via Pakistan and Turkey by couriers with bags strapped to their bodies or suitcases with false compartments. Their methods were not terribly sophisticated because Customs and Excise officers at the ports and airports were not expecting narcotics when the trade began in earnest.

Young people with no job and few prospects fell prey. They smoked and injected "smack" because there was not much else to do. Some took it once, threw up and didn't touch it again. Most went back for more. Heroin had them hooked from day one. State benefits were not enough to feed an average three-bag-a-day habit, so many turned to crime. Within a matter of months of heroin hitting British shores in a major way, the rate of burglary, robbery and theft began to rise. The police and authorities didn't know what had hit them.

Heroin, or diacetyl-morphine, is derived from the resin of the poppy plant that grows predominantly in south east and south west Asia, Mexico and, more recently, Colombia. It is manufactured in remote laboratories using rudimentary equipment, which presses the powder into bricks for bulk shipment. Pure heroin is a white powder with a bitter taste. Most illicit heroin is a sugar-brown powder that may vary in colour because of impurities left from the manufacturing process or the presence of additives.

It is a highly addictive drug that briefly stimulates the higher centres of the brain but then depresses activity of the central nervous system. It gives users a pleasant warm feeling like their body is floating away. There is almost no primary physical danger with heroin use, provided it is taken in the right amounts. That is why it was popular for use in medicine in the early part of the last century. The dangers of addiction weren't realised until around the First World War, 50 years after it was first used in surgeries.

For abusers of heroin, the dangers come instead from secondary factors associated with the injection of the drug. Since heroin is illegal, the street quality and strength of it is uncontrolled. It is impossible for users to know how strong the heroin is; many overdose and die. Yet pure heroin is rarely sold on the street. A "bag" may contain 100 mg of powder, only ten per cent or less of which is heroin. The remainder could be sugars, starch, powdered milk, or quinine. Users dissolve it before injecting the liquid.

The drug had been around the darker areas of the music industry and the club scene for years. A handful of famous jazz musicians became addicted in the Fifties, while rock musicians experimented and died from it in the Sixties. Opium, the base from which it is made, also has a long history among some immigrant communities in Britain and it was they who introduced it here, according to Customs investigator David Raynes.

"There was a history of opium abuse and opiates in the Chinese community over a long time. Its use is centuries old. It wasn't until the 1970s that heroin started to appear on the market in a serious way in the UK, and its source was Chinese. Other groups rapidly overtook their position but they were certainly still involved with distribution in other countries quite close to the UK, such as Holland. They still have a problem with Chinese heroin, where we haven't.

"The reasons for that are many, but most likely because the Chinese have always found it difficult to make contact with British people – the 'white ghosts' as they call us. That is the most dangerous time when you are a dealer: trying to sell your product. Is it a policeman you are selling to? Is it a Customs officer? The Chinese had some bad experiences in the Seventies and that seemed to stop the trade."

Contrary to popular belief at the time and the state of near national panic which followed, heroin did not threaten every teenager in our inner cities. Instead it infested a handful of housing estates and spread through them like a quickly-moving cancer, while neighbouring housing schemes could go untouched.

Professor Howard Parker is a professional researcher on drugs at Manchester University. He and his team studied heroin use on Merseyside for many years during the first major outbreak of the 1980s.

"There have been drugs around the North West for the whole century but it was low key and quiet and not in the public eye. It was only when heroin arrived at the end of the Seventies and the beginning of the Eighties that, if you like, the media constructed the 'drugs problem'. Heroin was that landmark. The media, politicians, ordinary families with kids on heroin, all became incredibly alarmed. And that drug problem wasn't at first perceived as, Isn't it dreadful that eight to ten thousand people are taking heroin on Merseyside? but instead, Have you seen what's happened to car crime and domestic burglaries have gone up 200 per cent in the nice rich towns next to the poor towns?

"We had a baby boom after the war, so there were lot of young adults at the end of the Seventies, and that coincided with Thatcherism and youth unemployment and the failure of some of the 1960s housing estates – all of that came together in what we could now call social exclusion and heroin arrived at the same time. Heroin tends to be taken up by a very small number of people, usually ones who aren't doing too well in their lives. So if you'd left school without any O levels, were unemployed, lived in poor conditions on a grotty estate, it was possible that you'd fall into heroin abuse. So what we got was a lot of young men, 17 to 23 years old, who got into smoking heroin and their habit was costing them £20 to £30 a day and their benefits were just not going to cover those costs, so they turned to shoplifting and thefts from cars and burglaries."

The amounts of heroin coming into Britain increased. David Raynes: "From the Chinese it moved to the Iranians, who found it much easier to sell heroin to British people. There was not as great a divide between the Iranians and the British communities as there was between the indigenous British and the Chinese. After the Iranians came the Pakistanis and they were successful particularly in the north of England. They still have strongholds today around the areas of Bradford, Oldham and Manchester. A lot of heroin was and still is of Pakistani origin brought out of Afghanistan. The Pakistanis tended then to smuggle smaller quantities of heroin by individual couriers and now by freight methods.

"But the main providers of heroin over the last fifteen to twenty years of the twentieth century were with Turks. They were able to ship vast quantities of heroin to Britain and it is still a major threat."

The networks of Turkish heroin dealing are fairly fixed, according to Customs investigators who have looked into their methods. Families based in Turkey have connections to people living and working predominantly in parts of north London, around the Islington and Stoke Newington areas. Those tentacles stretch further to Liverpool in particular, where there is a cross over into the indigenous white community that actively traffics the heroin further afield – across the country and back to London in some cases.

David Raynes: "The Turks have always prided themselves on making very good concealments in cars and lorries. They were so good that in some cases in the late Eighties we were really struggling to find drugs that were hidden in cars, even when we had rock solid information that the car was full of them. They are very, very adept and do serious welding jobs. They are not the kind of hiding places you can just stumble across. You have to have excellent intelligence to find such concealments."

Ray Walker remembers the moment he realised a minor social problem had turned into a Merseyside epidemic. A young man was found dead in desperate circumstances in the Croxteth area of the city; thin from lack of food, he had overdosed. The tower blocks of Croxteth became known from that point onwards as

Smack Heights. Dealers lurked behind doors and dealt through the letterboxes, swapping bags of "brown" for £10 notes.

"I don't think [the CID] recognised enough what the problem was in terms of crime," says Walker. "It took police forces and senior officers a long time before they started saying that drugs and crime were linked and so we didn't pile resources into drug squads. We went through some token gestures in the early days and very small units of people who were dedicated and keen but whose work was not recognised for the complexity of the task.

"It takes a lot of skills to catch people involved in selling drugs. By their nature they are shrewd and careful about what they do. I don't think we were particularly good at forming units to tackle the problems. Detectives at that time were focused on burglars and armed robbers, which they viewed as 'proper' crime. Drugs were not a crime – in fact, statistically they weren't shown in the Home Office figures as a crime, so even then performance issues dictated responses. I suppose the feeling was, Why pour resources into drugs when we were being measured on burglary and the rest? While I wouldn't say that was the reason that drugs exploded, we weren't really geared up to deal with it and when it did explode it took us a long time to catch up."

He adds with a sigh: "Well, in fairness, we never caught up and I doubt if we ever will."

When police forces like Merseyside did wake up to the problem, it wasn't the distribution and the sad deaths of people from addiction and overdose which they were focused on. Instead, it was crime caused by junkies – burglary, car crime and deceptions – which occupied them. In the late Seventies, car crime doubled. It would quadruple again before the Eighties were out.

Professor Howard Parker says that police priorities were wrong. "Having your house broken into is obviously a traumatic experience but when ten houses get done in the same street you get a collective action developing, so not only were these young men into heroin and into crime but they also got a kind of public spotlight on them. The police had to respond, so these young addicts got involved in the criminal justice system very early on.

The collective result was family breakdown, child protection issues, and young smackheads going in and out of police custody.

"It's hard after all these years to give a feeling of just how excited politicians were about this issue, but for several years it was right at the top of the agenda in politics, in health, and so on. But it actually revolved around a relatively small number of people – on Merseyside maybe ten or twelve thousand young adults.

"The first places we saw heroin were the inner-city estates: in Glasgow, Edinburgh, Liverpool and Manchester. Slowly it spread through Greater Manchester and Merseyside as a whole but the epicentre was in Birkenhead on the Wirral. The spread went out to Chester and North Wales and also into the centre of Liverpool but not as much as you might have expected. It certainly didn't go into black Liverpool 8. Instead it went into Croxteth and Bootle, bypassing Toxteth. Some areas just missed it at the time, such as Bolton and St Helens – they caught it much later. In those days it moved out by public transport routes. Nowadays it moves out by mobile phone and car down the motorways.

"I would say it was 1988 and 1989 before you could see a co-ordinated response, the police and social services getting their acts together, the health trusts getting enough psychiatrists, outreach workers and needle exchanges. I sat for hours and hours in council meetings listening to Labour and Conservative councillors arguing the toss over whether they should have needle exchanges or whatever. It took a long time for the establishment to come to terms with this problem. The initial response from magistrates was simple: lock them up. Quite soon the prisons were full of heroin users who were coming out and going straight back on it. There was no treatment, no other intervention, and because it was driven by a fear of crime there was a punitive response, the courts just locked them back up again."

Merseyside police officer Albert Kirby says that it became clear that the trade was being controlled by a number of groups within the city. Some were family groups that had married into other families of criminal activity.

"They were seeing the biggest profits to be made were in drugs; in cannabis at first and then heroin and later cocaine, but particularly from heroin. You could see the build up. You can see around the city these people, the big cars, and the outrageously-dressed wives who take their children to private schools. People stopped being ashamed about receiving money from criminality and seemed to gain a status in society.

"Anyone who makes the suggestion that any form of drugs should be legalised has never seen the other side of the coin. When you see people involved in hard drugs, the way it impacts on them and their families and the amount of crime that they must commit to ensure they have enough money or their supplies, that's the seedy side. At any time in those days, the most frequent visitor to the cells would be the police surgeon because of the state of the people who had been brought in. It really is a frightening thing to see and if anyone has any doubts about drugs, walk into any police station and see the state of people who have been committing crime out of sheer necessity."

Ray Walker: "It was the quick fix to get the car radio and go down the pub and get a fiver for it, sufficient for the next bag of heroin. We didn't link that surge in car crime with the drug problem. It took us a long time to do that and bring the two investigative arms together and to work together to tackle the two problems at once.

"We tackled the issue of car crime rather than the drug issue, and we were pretty good at it. We could clear up all the car crimes in a particular area and get it right down to nothing but it would be displaced elsewhere. People who were desperate for drugs would go anywhere to commit the crime to get the money they needed. There was no planning in what they did, so it was hard to predict. There were surges in street robberies, they weren't planned but just happened when a drug addict needed money. Then we got the bogus official offence creeping in – posing as water board officers or meter readers to search houses and steal. We ran a special operation on bogus officials and ninety-eight per cent of the offenders we caught were heroin addicts."

In 1984, Merseyside Police set up a special squad that had some impact on the dealers who had turned Birkenhead into Britain's worst heroin blackspot. The unit was the Wirral Crime Squad and was the initiative of the Assistant Chief Constable Richard Adams. It was led by Mike Mulloy, a tough cop who had served in the Regional Crime Squad, the Robbery Squad, Murder Squad and the Serious Crime Squad. In Mulloy's book *Chasing The Dragons*, Adams says the formation of the squad came "as a direct result of public disquiet" at blatant dealing from houses and flats. Public servants and the local media piled pressure on the police to "do something" even though the Wirral Division, with only 600 officers policing more than 330,000 people, was already stretched. Adams bit the bullet and committed 30 officers to deal full-time with drug dealing and its offshoots.

Mulloy himself saw how young addicts would repeatedly attempt to burgle houses until they struck lucky. Unlike ordinary criminals, if they failed at the first, they would not leave the scene but would simply go straight to the house next door. And as high-rise blocks became increasingly unpopular and families moved out, the policy was to offer their vacant flats to young people. The blocks became "drug-infested nests of lawlessness."

"Chasing the dragon" involved heating powdered heroin on silver foil. The diamorphine in the fumes was then inhaled through a snorting tube. A gram of well-diluted heroin provided an addict with about a dozen snorts and cost about £70. Needless to say, it didn't take long to develop a habit which could only be sustained by resorting to crime.

In 1984, the Merseyside Police Drug Squad consisted of just eleven officers. Officially there were just 497 registered drug addicts on the whole of Merseyside. Mulloy writes that he knew of more that that number in Birkenhead alone. He would receive 11 commendations for the work he did with the squad. In the first five years of its existence, it arrested more than 2,300 prisoners and detected over 3,500 burglaries, recovered hundreds of thousands of pounds worth of stolen property and played a major part in bringing down some of the syndicates that operated in the area.

Yet by the end of the decade, heroin and other drugs were firmly established, and not just on the sink estates. Pushers had adopted the selling methods of the door-to-door salesman. They gave free samples and targeted schools where impressionable thrill-seeking teenagers were easy prey. The fantastic sums that could be made became more apparent. Dealers sported gold jewellery, designer clothes and new BMW cars. The small drug squads weren't adequately equipped to tackle such people.

Ray Walker: "It was very, very hard in those days. Long observations, gathering in the evidence, arrests that resulted in no-comment interviews, failed identifications, people not getting charged or getting dismissed at court on first appearance or committal. We went through a really bad period in dealing with those types of people. They grew in strength and the net result was turf wars, because the money was so good. It was at that point we started to see the drug user as the victim. They weren't of concern to us as criminals after that because we had to get at the Mister Bigs instead."

John Stalker: "The specialist teams of police who looked at major criminals weren't really brought into the fight against drugs until about 1985. Before that it had been a local matter for local drugs squads and there was undoubtedly an element of 'if a criminal is not operating on my patch, then we're not bothered about it'. It was a change for the better when the regional crime squads started looking at drugs but it was a move that came late."

Intelligence was often the key to finding concealments. Customs officers stood little chance of finding drugs in routine stops at the ports. On one occasion, a lorry containing more than 120 kilos of Turkish origin heroin had been trailed around the UK for a whole day after coming off the overnight ferry from Holland to Felixstowe. When it was eventually stopped and the driver arrested, the lorry was driven to Customs House on the banks of the River Thames and teams started to look at where the drugs might be located. After much stripping down and scratching of heads, a Volvo truck technician was called in to assist.

"It was a quite ingenious hiding place and we didn't really stand a hope of finding it quickly," recalls Customs officer Ranald MacDonald, who was on the search team. "The technician noticed that there were three bolts on the strip of metal above the rear bumper that formed part of the floor. These bolts, although well disguised, shouldn't have been there. The bolts were removed and behind them were ten hand-built metal draws, each ten feet long, packed with heroin. The draws simply slid out to reveal their contents." The driver of the truck was later jailed for 16 years.

David Raynes: "These concealments have been responsible for the flood of heroin we've seen on our streets. A typical courier might carry up to twenty kilos on him in baggage, but in a freight consignment you might expect to find upwards of two or three hundred kilos. It's an area that Customs are focusing on very hard."

JUST AFTER the first wave of male heroin users came a large number of female users. The issues that this raised shocked those who had to deal with it, with young women giving birth to heroin-addicted babies. Professor Howard Parker believes the courts found women more difficult to lock up.

"The courts started asking, What about treatment? It's strange that nearly twenty years on from the start of it, we are only just now getting the courts and the treatment to come together. It was the Nineties before we really saw that happening. Doctors didn't want to know, health trusts didn't want to know. The media endlessly fanned the flames with the documentaries and local newspapers running campaigns, dubbing estates 'Smack City'.

"They were very difficult times because there was no infrastructure to deal with it. Because it was such a morally-charged and political issue, the disagreements about what to do raged for years and years. You have to remember that the police did their thing and councils did theirs and departments didn't talk to each other. No one even thought of joining it all up at that time.

"I never felt we got to the bottom of the heroin dealing and distribution in the Eighties. Why was the Wirral the epicentre and not central Liverpool? I think it has to do with criminal associations and connections with London and people transferring out of handling stolen goods to moving heroin, because there were certainly a lot of heroin dealers around who would take stolen goods instead of money. Higher up there must have been some better-organised people, but dealing on the estates tended to be through the connections between people who knew each other. Then a lot of user-dealers started to come on the scene, those who would do the running of drugs around estates to fund their own habit. They were young men who maybe needed three bags a day. They would do the business and cover their own costs and worked for the slightly better-organised dealers."

Other illegal drugs were prevalent. "Heroin is a drug which only a small number of people will take, even in an outbreak area like Merseyside. Probably twenty times more people were smoking cannabis at the time but it wasn't an issue. Through the Eighties, LSD was coming back into fashion. By the end of the Eighties, ecstasy was the big media topic. The end of the decade saw heroin accepted as a particular urban problem that was starting to be dealt with. We also had AIDS arriving and the issues about injecting heroin, so it became an issue of public health.

"Official responses changed: 'We need to talk to heroin users, we need to bring them into clinics, we need to blood test them, we need to give them clean needles.' There was a strange period when people went out to find heroin users and be nice to them and give them clean syringes. Although use of heroin was up, society had got used to the idea and was beginning to tackle it and had a new panic to think about, the young kids chasing all over the country going to raves to take their drugs. People forgot about heroin really until a couple of years ago, when the worry came back again.

"When ecstasy arrived, there was a period when door staff and bouncer crews were involved in a lot of dealing. It is real and its connection with organised crime is real but my feeling is that it was exaggerated. Kids like to get their drugs before they go into clubs and from people they know, a friend of a friend. Now obviously somewhere up the chain is a drug dealer. But kids who go clubbing like to get their drugs from someone who isn't the archetypal shady drug dealer in the corner. They prefer to go through the route of their girlfriend's second cousin's best friend because it seems okay. Most of them don't consider themselves criminals – they might take class-A drugs but they don't want any bother at all, they just want to dance.

"There are millions of drug dealers in this country, just ordinary conventional young people, because at the point of consumption, most of the dealing is done through the friendship networks at school, college and work. Higher up there is some kind of organised crime, although how organised is debatable. The people who run the drugs industry are so lucky because they have got free foot soldiers doing the running for them."

Today the pattern of wholesale drug distribution – for hard and "recreational" soft drugs alike – isn't much different from 20 years ago when heroin first kicked in. Merseyside is still a key staging post for distribution.

"Illegal drug use is still the highest in Scotland and then it's next highest in Northern England as far as heroin and recreational drugs go. Within that, Merseyside is kind of a centre point. Although Liverpool doesn't have a second generation heroin problem, somewhere there are people sitting on mountains of heroin and controlling the dealing for all the new areas that are opening up now, on the east coast of Britain, and in the small towns and villages. If you go all the way up to Grampian and Aberdeen, where there is currently a terrible heroin problem, the connection to Merseyside is very real. The same thing is true on the South Coast, Hastings, Bournemouth, and down into Avon and Devon. Parts of Liverpool and parts of Greater Manchester seem to have become serious wholesale distribution points for heroin and other drugs. These areas are not places for new users of heroin though.

"Because it messes people up, you find there's a twenty to thirty year cycle. The generation which came after the one that got into heroin in the Eighties sees the old uncle who is a bag-head or meth-head on the bus, that shambles around with no life to speak of. The city kids are very negative about that; they hate heroin and they take the warning. They don't mess with heroin because they have seen the consequences. New heroin users are being found in smaller towns where heroin wasn't a problem the first time around. The users now don't know much about heroin, they have no negative role models and the market comes in and deliberately supplies heroin to them. The problem is created and there are few support services in these areas. Just as Liverpool and Glasgow and Manchester didn't know what to do in the Eighties, these little tiny towns and villages are now facing the same situation. We are having very quiet, hidden little outbreaks."

Those who use heroin now have also changed the way they take it. There is more smoking and snorting than injecting either intravenously, subcutaneously (known as skin-popping), or intramuscularly, and this method of administration may be more appealing to new users because it eliminates both the fear of acquiring syringe-borne diseases such as HIV/AIDS and hepatitis, and the historical stigma attached to intravenous heroin use. The typical heroin user today consumes more than a typical user a decade ago, which is not surprising given the higher purity currently available at the street level.

It became clear to most detectives that the way they were handling the problem of drug crime would have to change.

Albert Kirby: "The pace of change quickened and we realised that we couldn't catch criminals by waiting for them to go and commit crime. You would identify who the active criminals were. You would look at their lifestyle, their property, and their bank accounts and ask some basic questions. Where did they get the money? Were they working? No. So the chances were that they were getting money from criminality. So you would identify the individual and then look at the crimes that they were suspected of and build up a picture of the individual. Then we'd use all the skills that we had to try to watch these people, follow them and catch them even in the stages where they were planning crimes."

In April 1998, the National Crime Squad was formed by amalgamating the old regional crime squads, with the remit of tackling major organised criminals. Ninety per cent of its work concerns drugs.

David Wakenshaw is Assistant Chief Constable of the NCS. He says, "We are looking at the broader picture of organised crime. Criminals have seen the opportunity that drugs present and they have ruthlessly exploited it. They don't have any rules to comply with and they are not interested in the human misery they cause with their activities. All they can see at the end of the day are the profits.

"Drugs are not generally produced in the United Kingdom and have to be brought in from abroad. Therefore there is a chain of communication, a chain of transportation and a chain of organisation to enable the criminal to carry out his importation and distribution of drugs. We can exploit weaknesses in the chain to bring about the arrest of these people and break the supply. They operate on the same level as legitimate business except they have an advantage of not having to stick to any rules."

But, he adds, the basic rules of policing have not really changed. Many of the principles of Jerome Caminada's day still hold true.

"We still have to know the target criminal and understand how he works. We have to gather intelligence on him. Basic police work of gathering information is still as important today as it was a hundred years ago. What we do is enhance this with the sophisticated methods that we have at our disposal in this day and age."

These "sophisticated methods" include techniques borrowed from the world of James Bond, such as satellite tracking, trace marking of contraband and intercepting communications by bugging phones, faxes and email. Co-operation between forces on a Europe-wide and worldwide scale is increasingly important. It is impossible to trap gangs of criminals who exploit border crossings and differences in state laws without law enforcement agencies working as one. At the time of writing, the UK has drug enforcement officers in more than 40 countries to tackle local problems which ultimately affect the UK as one of the main destinations for end-users of the product.

Mike Newsome of Customs and Excise NIS drug unit: "What's

better, burning a field of poppies in Afghanistan or seizing 200 kilos of heroin at Dover in a lorry? We have to tackle the whole chain to make any significant difference. If we can take drugs out anywhere down the chain then we will, whether the seizure is made in Holland or Pakistan or in the UK. It doesn't matter to us now who gets the collar."

Only a matter of two years before the new century dawned, it did matter. Police and Customs officers were at each other's throats when the National Crime Squad was first formed. They were similar organisations judged on how many arrests and seizures they each made. Government woke up to the problem and changed the way the law agencies were judged. Instead of numbers, they would be judged on "significant effects" caused by their actions. A five-year investigation could result in the arrest of a single man who would show up as a single dealer on a Customs chart. But what if that man was so powerful that his arrest brought the cessation of an entire drugs ring? It was welcomed by all concerned and allowed the petty fights over jurisdiction to stop and the serious business of busting drug traffickers to go ahead in earnest.

And it had to. There were serious players making millions at every turn. But if the key to stopping it lies in international co-operation between the law enforcement agencies worldwide, then they should hope for a little bit of luck too. In the summer of 1999, Afghanistan had one of the highest levels of rainfall on record. It brought about a bumper crop of poppies for the cultivators on remote plains. In September of that year, intelligence filtered down to the National Criminal Intelligence Service, which gave a grim warning: expect a tidal wave of heroin in about twelve months time on the streets of Britain.

THE COCKY WATCHMAN

CURTIS WARREN had a radar for danger. "I've got the sixth sense, haven't I?" he would brag. His uncanny knack for spotting a suspect car or an undercover cop was renowned in the criminal circles he dominated. Once alerted, he could vanish without trace: "I can just go to ground, know what I mean? The little moonlight flit."

Only Warren knows what his sixth sense told him on a cold November day in 1993. But something clearly bothered him as he stepped out onto the raised platform overlooking the parking bays at Burtonwood service station, a drab pit-stop at the western end of the M62 motorway, the clogged artery linking Liverpool with Leeds. Whatever it was, he paused for just a few seconds before turning back, jumping into his silver Honda Legend and driving off.

It was already too late. That one brief moment would spark the biggest ever joint police-Customs operation, uncover the full extent of links between the world's most powerful organised crime groups and their UK counterparts and lead ultimately to the downfall of the man dubbed "the richest and most successful British criminal who has ever been caught."

Staking out Burtonwood on that same afternoon was a Customs surveillance team shadowing a suspect Turkish lorry. They had tailed it on a circuitous route from the south-east coast and followed as it pulled into the service station and stopped. From the corner of his eye, one of the Customs team noticed a burly figure standing on a balcony commanding a clear view of the car park and the HGV. The officer looked closer. The effect was electrifying.

"I could scarcely believe who it was but I knew him straight away. He looked as if he was just stepping out for a breath of fresh air. He spent no more than a few moments looking at the car park and then he was gone. I got on the radio to the others and told them to keep their heads down," says the officer.

The man he had spotted was Warren, a mixed-race Scouser in his thirties with razor-cropped hair and the shoulders of a wrestler. The officer knew him well. But why was he in the car park at the same time as the suspect lorry? And why had he left so hurriedly?

The truck driver also resumed his journey. He was tailed to the outskirts of London where he was arrested by armed officers. They found thin metal trays running the length of his trailer bed (see page 139). Each contained a row of transparent plastic packets of brown powder. It was 180 kilos of almost-pure heroin. When cut and sold on the streets it would have been worth up to £40 million, the biggest single seizure of heroin in the UK up to that time

Though there has never been any evidence to link Warren to the drugs, the coincidence of seeing him in close proximity to such a huge haul was enough. Soon afterwards, two top-ranking Customs men and two bosses from the North-West Regional Crime Squad (now the National Crime Squad) held a secret meeting in an office block near Manchester United football ground. They agreed to target the main Merseyside-based drugs importers. They would put unprecedented resources and manpower into it. And Warren would be Target One.

CURTIS FRANCIS WARREN was born on 31 May 1963 in a fading townhouse on Upper Parliament Street, the broad boulevard that dissects Toxteth and runs down to the Mersey estuary. His grandfather had been a coffee manufacturer in the Americas and his father was a merchant seaman. The Warrens settled in the Granby ward, a multi-racial jumble of terracotta terraced houses, street stalls, exotic food stores and after-hours shebeens. It was a poor area and notoriously tough.

Warren and his mates grew up on the streets, "sagging" school, dodging the cops and gabbling in backslang, a peculiar dialect that takes words and splits their syllables with meaningless sounds; spoken with the nasal intonation and quick rhythms of Scouse, it is incomprehensible to the uninitiated, the secret language of prostitutes and criminals. Crime also beckoned. At the age of 12, Warren was stopped in a stolen vehicle, though barely big enough to see over the steering wheel. He was hauled before the juvenile court and put under a supervision order, the first of a string of convictions that would stretch through his teens and include theft, burglary, robbery and offensive behaviour. After graduating from a detention centre, he was fined for punching a police officer and butting another. A few months later, he was sent to Borstal.

Warren's misspent youth coincided with a sudden surge in unemployment. Liverpool was particularly badly hit and Warren's criminal record gave him little chance of finding any paid work. Instead, he became a fully-fledged "buck". The term, derived from the Irish "bucko", describes a young man, strong and lawless, who lives for the day and hangs the consequences.

One speciality of the bucks was "rolling" – robbing the clients of the waterfront hookers. At the age of eighteen, Warren and a muscular friend called Johnny Phillips cornered a young prostitute and ordered her to pick up a customer and steal his money. "We'll be back," they said.

Three days later, they found the girl and demanded their share. She didn't have it. "If you don't get our money, we'll slit your throat," she was told.

Shortly afterwards, Warren and Phillips saw the same girl in a car with a man. They smashed one of the windows and hit the startled punter with a wrench. He managed to make it to a nearby police station and his attackers were later arrested. Despite pleading innocence, Warren was jailed for two years and Phillips for three.

At the time of their incarceration, there was a tectonic shift in the underworld landscape. Liverpool, with its seafaring links to

South America and Africa, came to dominate the booming UK drug trade.

Then, in July 1981, Toxteth, always a ready market for cannabis, went up in flames in three nights of hellish rioting. For the young bucks of Granby, a line had been crossed. They had fought the Law – and won. The Liverpool drug mafia would have a new band of allies.

"Before the riots, each group would keep to their own little section but afterwards they realised there was more money to be made by joining forces," says a former solicitor who has represented many major criminals. "Liverpool 8, for the right reasons or not, has always been associated with drugs and there has always been a market for them there. The white lads realised this and teamed up with the blacks who had already established a ready market. The whites were able to provide the money to fund bigger deals. A brighter, more ruthless type of criminal emerged."

It was the time when Merseyside Police believed Michael Showers (see Chapter 9) to be the one of the main figures in the trade. Warren was not yet in Showers's league; the police regarded him more as a nuisance than a major villain. In 1983 he was part of an armed gang that robbed a Securicor van outside a Liverpool post office. A feisty passer-by, mother-of-four Pamela Walsh, decided to wade in. She was hit with the stock of a shotgun and suffered a fractured skull but recovered to give evidence in court that helped put Warren away for five years.

After his release he cropped up in, of all places, Switzerland, where he was caught stealing cash from the till of a shoe shop and was given 30 days for theft; hardly the behaviour of a master-criminal. It wasn't uncommon for young Liverpudlian criminals to have picked up convictions abroad, many while following their football teams, Liverpool or Everton.

"Warren was not a stand out player at that time,' says a detective who worked the Toxteth area in the late Eighties. 'There were others who were much more active. Either he was up to things we didn't know about or he wasn't that big. It makes what he became later all the more remarkable."

Where Warren finally found his niche was in the cut and thrust of the drug trade. He was diplomatic, quick-thinking and had a remarkable memory, backed up by an intimidating presence and a wide circle of associates. In short, he was a natural dealmaker. As his stock soared, he acquired a street name to match: the Cocky Watchman, an obscure slang term reflecting his watchfulness. Often it was shortened to Cocky.

His ascendancy coincided with the fall of the old guard. When Michael Showers was jailed for importing heroin, suddenly there was a vacancy at head of the Toxteth drug world. The man who filled it, say Customs officers, was Warren.

In SEPTEMBER 1991, Cocky flew to South America in the company of a balding car dealer from Teesside. Brian Charrington was an intriguing study, a bold-as-brass risk-taker who owned powerboats, two private aircraft and a yacht and was reputed to be the biggest cannabis importer in the North East of England. What they did – and who they met – on their trip has never been clearly established. What is beyond doubt is that somebody put together a deal with the world's most powerful organised crime group, the Cali cartel, to bring unprecedented amounts of Colombian cocaine into Britain.

The drugs arrived by sea a short while later: concealed inside 50 lead ingots, impervious to X-rays, were 1,000 kilos of top-grade coke. Five hundred kilos were off-loaded for UK distribution while the rest went on to Greece. Within days the white powder would flood the streets. In January 1992, another 32 ingots docked at Felixstowe. This time Customs and the police had been tipped off. They secretly drilled into the ingots in a warehouse and removed 900 kilos of cocaine, worth £150 million, before re-sealing them and putting them under constant surveillance. Warren and nine other men were subsequently arrested and charged with conspiring to import cocaine.

The case was heard at Newcastle Crown Court. The optimism of the prosecution team soon turned to dust. Charges against

Charrington, whose house had been found to contain more than £2 million in drug-contaminated cash, were dropped when police revealed he had been working as an informer. Then the judge ruled that crucial surveillance evidence against Warren was inadmissible. He instructed the jury to acquit. Only one of the defendants would be convicted, receiving a sentence of 24 years.

According to criminal legend, Cocky left the dock, walked up to a small huddle of shell-shocked Customs officers in the courthouse corridor and declared, "I'm off to spend my £87 million from the first shipment and you can't fucking touch me." His lawyer denies the story. It is also said that that night he drove through the streets of Granby in an open-topped Lexus, accepting the plaudits of his acolytes.

Six months later came the brief sighting at Burtonwood service station, and law enforcement interest in Warren was re-ignited. It led to the setting up of Operation Crayfish. A hand-picked team of police and Customs officer was relocated to an anonymous military building in the North West, nicknamed Fraggle Rock after the children's television programme. Warrants were granted for electronic bugging devices and for intercepts to be placed on the phones of key targets. The team also gained a valuable and still-anonymous informant.

"Crayfish was set up because there was the perception that criminals who were well organised in Merseyside were importing and distributing and trafficking large quantities of narcotics," says Steve Rowton, assistant chief investigator at the Manchester office of Customs and Excise. "On our own, simply because of resources, there was no hope of Customs being able to tackle to sort of problem that we perceived there was, so a joint task force was set up with what was then the Regional Crime Squad and with help from the local police. It quickly became apparent that drugs were being brought in from all parts of the world, be it South America or Turkey or the Far East, and finding their way to Europe and then to the UK. If we were going to have any impact at all then we needed close co-operation, not just with colleagues in this country, but on the Continent too."

They soon found that Warren's counter-intelligence was highly advanced. He adopted the "cell" structure favoured by terrorist groups, keeping his various transport men and wholesalers isolated from each other and in ignorance of the bigger picture. On one occasion he was overheard berating an associate for mentioning names over a phone line: "I keep fucking warning youse and warning youse, don't I? See what I mean about the names, lad? You won't fucking listen, will you?" The irony was not lost on officers who were eavesdropping the call.

"No wonder Jesus had a hard time, everyone questioning him," sighed Cocky.

The near-impossibility of pinning anything on him led the Crayfish team to target his disciples. "We tried to take out he limbs of Warren's organisation," says Paul Acda, then Customs deputy chief investigations officer. "Every time we would take off a leg or an arm, we would go to our counsel and say, Is this enough to get the big guy? If it wasn't, we would go back and go for another limb."

The former head of Merseyside CID, Ray Walker, says of Warren: "Some people are good at it. Some people can control others and some people can't and clearly he could. He had a good mind and was able to control it without each group who he was dealing with knowing about the other. Invariably a weakness in any gang is that somebody will talk. Then the group becomes vulnerable because somebody will tell us and then we get an in. He managed successfully to prevent that. Whether that was through money he had built up or fear, I'm not sure."

Warren thrived, moving around his territory with growing confidence. "He would leave his Honda Legend parked with the keys in the ignition and no-one would go near it," says a Customs officer who trailed him regularly. "He would not use violence for the sake of it but nobody messed with him. At one time there was a series of rip-offs in Liverpool where people were following others to drug deals and stealing their money. On one occasion it was Warren's money. It was returned post-haste."

He was never flash but splashed out a large sum for an executive home, the Coach House, at swanky Hoylake on the Wirral.

He also planned to buy a helicopter. "He had pockets full of cash, always paid with crisp new notes," recalls an instructor who gave him flying lessons. "He was very affable and had a habit of putting his arm around you, which was quite intimidating. He smiled, but not with his eyes."

Cocky was on the verge of becoming untouchable. Then in May 1995, 35-year-old businessman David Ungi was shot dead on a Liverpool street, the lethal backlash from a row over ownership of a pub. His death sparked a gang war between two factions, one white, the other made up largely of black or mixed-race associates of Warren from Granby (for more details, see Chapter 12). Merseyside Police responded with the first routine armed patrols on mainland Britain. The tension was palpable. "Gangsters Put Liverpool Top of Gun League," announced the headlines. Life suddenly got too hot to stick around.

Two men wanted for questioning in relation to Ungi's death vanished. A rumour circulated that Cocky had had spirited the pair out of the country to Jamaica. The stories then turned even more outlandish, as Warren's close friend Tony Bray related over the telephone. Transcripts of phone conversations between Warren and his confidantes were obtained by the author and his co-writers for the book *Cocky: The Rise and Fall of Curtis Warren* (Milo Books, 2000):

TB   Tell you what, you know, the shite they think up is unbelievable. The special people [possibly Special Branch] have got the plod [police] in the Jamaica looking for the other two.

CW   Yeah?

TB   This is what they've got down: you give the order to do the other fella [David Ungi], they done the business for you and then you got them out of Jamaica, right?

CW   Yeah?

TB   They wanted more money to keep their mouths shut. You have got connections with gangsters there, so you got them

>   slotted [killed]… Fuck, so now they're all looking for these
>   two fucking bodies in Jamaica.
> **CW** Mad, aren't they?

In fact there is no evidence that the two wanted men are dead, nor
that Warren had anything to do with David Ungi's murder. The
gang war was bad for business. "We believe Warren tried to step in
as mediator and settle the feud," says Customs senior investigating
officer Colin Gurton, who would receive the MBE for his work on
Operation Crayfish. "He wanted the gun battles to stop. The police
crackdown was causing too much heat and the drug trade had pretty
much come to a standstill."

Then, at the end of 1995, Warren vanished.

AFTER WEEKS of searching, the Crayfish team traced him to
Sassenheim, a quiet town halfway between Amsterdam and The
Hague. He was living incognito in a large, secluded villa.
Occasionally he would scan the surrounding tulip fields through
powerful binoculars mounted on a stand by one of the windows.
When it became apparent that he was not returning to the UK, a
high-powered delegation flew to The Hague to persuade the Dutch
to take him on as a target. At first, they were unimpressed. Holland
is the fulcrum of European drug distribution and one more rough-
arse Scouser was a low priority. "What persuaded them was
intelligence which showed he had clear links to South America
and the cartels there," says Paul Acda.

They were particularly interested in alleged phone references
to a "Mr L". The Dutch believed this to be Luis 'Lucho' Botera, a
small, middle-aged man with a moustache. "A few years ago the
Police National Colombia arrested guys like Pablo Escobar and
Fabio Ochoa, the first generation of Colombian drug barons. After
that came a new group and Lucho was one of them," says Tom
Driessen, the tall, rangy boss of the elite Dutch Prisma team set up
solely to investigate South American organised crime. Commander

Driessen agreed to take on Warren in the hope he would lead to Botera.

Cocky did not know it but moving to Holland had been a major error. Telephone taps, inadmissible as evidence in British courts, were admissible in Holland. It meant every word he spoke into his secretly-tapped phones could be used against him. First, however, the listeners had to work out what he was saying. They had to overcome his accent and his regular use of backslang and decipher his many euphemisms. A gun was a "squirt". Money was "goulash" or "tank". A parcel of cash was a "bag of sand". An aircraft was a "petrol budgie". Various names were used for drugs, "lemon" being the most common. Everyone had a nickname: Big Foot, Cracker, Badger, Twit and Twat, the Vamp, the Werewolf, the Bell With No Stalk.

From the verbal fog it emerged that Warren was now dealing directly with sources of supply for all the major illegal drugs, buying cannabis from the Moroccans, heroin from the Turks, coke from the Colombians and ecstasy from Holland. As a bulk buyer he could barter for massive discounts, paying as little as £2,000 a kilo for heroin and £3,000 a kilo for cocaine. Criminal gangs prepared to buy from him in Holland and arrange their own transport to the UK would pay £17-19,000 a kilo. If they wanted Warren to ship, they paid £25,000 a kilo. The street price was up to £80,000 a kilo.

He was a hands-on boss and a loyal friend. In July that year the brother of his girlfriend, Stephanie, was arrested after pointing a gun at a nightclub bouncer and then a policeman in Liverpool. He was charged with two counts of attempted murder. Warren, across the North Sea, quickly took a hand. Through a couple of intermediaries, he got word to Detective Chief Inspector Elmore "Elly" Davies, a former deputy head of Merseyside Police drugs squad. He offered £20,000 to steal the gun from the police strongroom.

But it had already been sent for forensic tests. On July 22, Tony Bray rang Warren with news:

TB Now listen very carefully. That gun was incapable of firing…
       It's a decommissioned gun. Someone's tried to bore it out
       to make it like a real one but the bullet's jammed in it…
       Get an independent body to look at that gun. Then they'll
       drop the charges on the two attempted murders.

CW No problem.

TB Elly's the main man. But he'll want some dough.

CW How much?

TB Well, I don't know, but if you can come across with some
       dough he can get all the statements on everyone who's said
       anything… What shall we give him, Cock?

CW Give him two grand.

TB Yeah?

CW Tell him if the charges get dropped he can have another
       eighteen grand. And tell him I don't want them opposing
       bail. I want him out on bail on his next appearance.

Cocky drove a hard bargain, but why not? He was at the peak of his
powers. When his friend complained about the broiling heat,
Warren chided him: "It's been the perfect summer."

BY THE AUTUMN of 1996, Warren had assembled a new cell to help
handle orders and deliveries in Holland. They included Stephen
Mee, a hard-looking Mancunian on the run after an armed breakout
from a prison van; Stephen Whitehead, a proficient young drug
wholesaler from Rochdale; and "Ray-Ray" Nolan, a notorious young
burglar and car thief wanted in connection with Merseyside's
biggest-ever robbery, a £1.7 million raid on a Security Express depot.
While Cocky remained at his Sassenheim villa, most of the gang
were housed in another large property nicknamed The Shed.

"It would be easy to paint the picture of a well-organised group
run with military precision but it wasn't quite like that," says a
Crayfish officer. "They were one of the most active drug gangs in
Europe yet some mornings they would get up and one would say,

'Why don't we go fishing?' And off they would go to spend the day by the canal."

Only Warren never slowed down. He was in the process of completing another huge deal with the Colombians. Once again, lead ingots were the chosen method of concealment. They would be despatched to Rotterdam on a freighter from Venezuela in 32 giant cubes. It is believed Warren planned to send the powder to Bulgaria, where he had bought a winery. He would dissolve the narcotic inside bottles of red wine for export to the UK, where it would be reconstituted.

Success was going to Cocky's head. He was convinced he had the British police beaten. "They don't like it when you're a bit intelligent, do they?" he boasted. Life was good. He kept fit by playing squash and relaxed in massage parlours. He was thinking of buying a new Mercedes and a £100,000 Porsche Turbo. But the net was about to close.

SHORTLY BEFORE dawn on Thursday, October 24, dozens of masked, black-clad police officers armed with stun grenades, disabling gas, heat-seeking detectors and sub-machine guns burst into several homes and a warehouse in the Netherlands. Warren was alone, asleep in bed. For once in his life, he showed fear. "From the moment he opened his eyes, the first thing he saw was a gun at his head. I think he was very scared," says Tom Driessen.

His gang were rounded up at The Shed. They had guns, grenades and 960 CS gas canisters, as well as large quantities of ecstasy and heroin and 1,500 kilos of cannabis. At Rotterdam Europoort, the recently arrived lead ingots were opened in a holding pen. They contained 400 kilos of cocaine. The total haul was worth around £125 million.

Though held in solitary confinement, Warren's reach still extended beyond the prison bars. Dealers who owed him money fancied they might now get away without paying. They were soon disabused. One of Warren's most feared associates did the rounds, making clear what the penalties would be for anyone taking liberties. No-one did.

But this time the Cocky Watchman did not walk free. Despite claiming that the investigation against him had been triggered by illegal wiretapping by British officers, he was convicted of importing and exporting drugs and being the leader of a criminal organisation. He was jailed for twelve years, a long sentence by Dutch standards. His co-accused received terms ranging from one to seven years.

"The mythology of British villainy needs to be re-written," stated the *Observer*. "Next to Warren, the Krays were pathetic minnows. The Great Train Robbers and Brinks Mat robbers, swaggering highwaymen from the pre-drugs era, were way down the division. The plain fact is that Curtis Warren is the richest and most successful British criminal who has ever been caught."

Yet at Fraggle Rock the atmosphere was strangely muted. The officers had missed their chance to get Warren in a British court, where he would have faced double the sentence. "There was no cheering or handclapping. We all had on-going jobs to do and we just got on with them really," says one of the team.

Cocky is currently held in spartan conditions in a special secure unit – a "jail within a jail", according to his lawyer – at Vught, on the site of the only Nazi concentration camp built outside the Third Reich. Despite the monotony of the regime, life has not been dull. Warren has so far taken his case to two unsuccessful appeals and is now pursuing an action to the European Court of Human Rights. Even drug barons have rights. If he serves his full term of imprisonment without parole he will be out again by 2009.

Lucho Botera was captured when he strayed into the Dutch Antilles for a holiday and was jailed for six years for drug offences. And DCI Elmore Davies, after being immortalised in the BBC television documentary series *Mersey Blues*, was jailed for five years for corruption, taking with him Warren's friend Tony Bray and Michael "Warrior" Ahearne, better known as one of TV's *Gladiators*.

In June 1999, one of Warren's gang, Stephen Whitehead, escaped from jail by swimming across a moat to a waiting car. In

September, Cocky was apparently attacked during an exercise period by a Turkish murderer named Cemal. The details are hazy but in the ensuing skirmish the Turk suffered a brain haemorrhage and later died. At the time of writing, Warren is facing an application to seize more than £20 million of alleged assets, including up to 270 houses, petrol stations and apartment buildings.

Yet if anyone thought his downfall would mark the end of the Liverpool mafia, they were wrong. It recently emerged that one of the city's major white gangs had sent a delegation to South America. "They wanted to establish direct links to Colombia as Curtis Warren had done and have access to as much heroin and cocaine as they wanted," reported an informant.

Then, early in the new century, came a highly-significant but largely-ignored drug trial. "A South American drug baron was jailed for 20 years at Croydon Crown Court for supplying cocaine worth millions of pounds," reported the *Times*. "Ivan Mendoza Di Giorgio, 39, from Gypsy Hill, South London, sold drugs to 'awayday' dealers at railway stations."

That brief paragraph failed to mention that Di Giorgio was the Cali cartel's representative in Britain and his customers included two young men acting as conduits to the Liverpool drug empire. The Cocky Watchman was in prison, but there were people already vying to move into his shoes.

"Curtis Warren came from almost nowhere to become a very top criminal in a comparatively short time," says the former head of the National Investigations Service drugs unit, Mike Newsome. "One minute he was a street dealer and the next, through very hard work, he was top of the tree. I don't say that everyone is like that but there are some people who if not caught at a very early stage will develop. Just as small business grows into big business, so it is for drug dealers too."

MERSEY MADNESS

THE CHAIN of events that led to Curtis Warren's downfall
began with the Liverpool gang war, which forced him to move
to Holland. At the height of the war, between 1995 and 1996,
detectives searched a car belonging to a low-ranking ecstasy dealer
who hung out in one of the city's high profile nightclubs. He pushed
pills to clubbers and students and seemed fairly flush. But until
the police knocked on his door, no one really knew just how flush
he was. It came as a surprise just how much money there was to be
made from the sharp end of the game.

Lying loose in the boot was more than £50,000. There was
more money in this house and his bank account was fairly healthy
too. The cash in the car was apparently the excess that he didn't
know what to do with. It was just lying there, scattered around in
plastic bags and on the carpet.

Finds like this were growing in frequency in the mid Nineties.
Young coppers earning in the region of £24,000 a year were finding
sums in council houses and run-down flats used by drug dealers
that they could only dream of. It tested detectives' moral standpoints
to the limit, according to the former head of Merseyside CID, Ray
Walker: "Now imagine the police officer perhaps with a few debts
and his family is struggling a bit, who's searching a car like that.
Who's going to know if he pockets some of that? Once they have
crossed over then there is no going back. It was and still is a very
real issue for the police force and all law enforcement agencies."

The money came from an escalation in drug dealing which
took on a frenzy in the early part of the last decade. Such riches
led to conflict between groups of criminals who viewed each other's

territory with envy. Tough people who could command the respect and loyalty of others felt they should have a slice of that action too.

Liverpool's descent into all-out gang war on the streets began in early 1995 and continued through that long hot summer and into the following year. There was no single cause. Instead there were many that stacked up like sticks of dynamite waiting for a loose spark to ignite them. The melting pot of mid-ranking gangsters who inhabited the south side of the city in particular had come close to boiling over on several occasions, with conflicts over control of club doors and the distribution rights to drugs creating tension and division.

Merseyside Police sensed trouble brewing. They launched Operation Aladdin to tackle the root. Dedicated detectives spent a year in very difficult circumstances looking at the activities of bouncers and others connected with the organisation of several security firms with contracts in the city. It culminated in a series of early morning raids, where officers in body armour and balaclavas wielded metal battering rams to crash through the front doors of chief suspects' homes and arrested them in their beds. They pulled in 17 people in connection with a variety of offences, from protection racketing to arson. It was much needed action, but in taking out so many of the alleged main players, it was open season for up and coming young bucks to move in. Some of the figures taken out of circulation had kept a lid on things and without their influence, however misguided and violent in its own right it might have been, trouble flared on the doors of clubs. Rival groups of drug dealers tried to muscle in on each other's patches.

The spark of the all out war, if there was one, is generally accepted to be a fight over "ownership" of a bar between Johnny Phillips, Curtis Warren's boyhood mate and a man widely regarded as keeping dealers in line in Toxteth, and a group of white men from neighbouring Dingle. Cheers was a charmless, dingy, flat roofed block on the corner of Aigburth Road that used to be a Conservative Club and was now a drinking den frequented by a predominantly local white crowd. The *Guardian* reported at the time: "A local black businessman and some associates tried to take it over and the white regulars tried to drive them out."

The businessman was Phillips; the white regulars included David Ungi, who found himself barred with other members of his family. In the time-honoured way, as senior figure in the family, he took it upon himself to settle the matter with a "straightener" – a one-on-one fistfight – on 20 March 1995. Phillips lost.

That should have been the end of the matter but the following day, as Ungi pulled up in his car outside his home, someone stepped out in front of him with a gun and fired shots at him. He escaped unhurt.

Then on May 1, as police attempted to launch secret operations against the two sides which by then were squaring up to each other, another attempt was made on David Ungi's life. Shortly before 5.30pm, he slowed his VW Passat at a road junction in Toxteth when a black VW Golf blocked his way. Shots were fired at the Passat and Ungi was fatally wounded. No one was ever charged, although rumours of who did it abounded.

From that point there was no return. Ray Walker's immediate recollection of the troubles when asked? "Never getting home," he says with the furrowed brow of a man who faced one of the toughest tests that any police officer could face.

"It seemed we were all working from early morning until very late at night because suddenly there was a complete change in attitude out there on the street. Guns were more than the flavour of the month and were almost a fashion accessory. It was very difficult to get public support for what we were doing as well as the support of police officers. The fear that officers had in knowing villains they wanted to stop might be carrying a gun, which could kill them, was very real."

It wasn't many more days before a match was struck and Cheers was burned to the ground. Later in the same week several houses in Halewood and the Dingle were sprayed with bullets. It escalated further with other criminals taking the opportunity provided by the change in attitude to settle their own scores with guns.

The *Observer* reported:

> For police and community leaders the last four weeks
> have been a nightmare as two, perhaps three, turf wars
> have erupted. One involves gangs which control security
> at the city's lucrative pubs and nightclubs. The others
> centre on less lucrative issues of pride and territory. The
> picture is confused because the same men involved in
> the bouncers' war are brought into disputes between
> local criminals, blurring the line between gang activity
> and other disputes. According to police investigating the
> shootings, these are men who live by their own code and
> settle their own problems, often with an organised brawl.
> Councillors, press and law enforcement agencies admit
> that the identity of the warring families and groups and
> their leaders is the city's biggest open secret.

At Merseyside Police's gloomy HQ building in Canning Place,
overlooking Albert Dock, the jewel in Liverpool's crown of
regeneration, worried senior officers had to decide what to do.
Bobbies out on the streets were understandably very concerned at
being put into the front line against well-armed and lawless
individuals who shot first and asked questions later.

Ray Walker tells of the dilemma they all faced as he and others
sat around the table with the Chief Constable Sir James Sharples:
"How do you give those police officers support? We clearly had an
internal problem to deal with on that score. Then there was the
external problem of the public. Would they tell us anything when
there was a war going on out there? And on top of all that we had
the issue of who could make the most money and almost childish
disputes would lead to the killing of somebody with the inevitability
that they would then take over the power base and the distribution
network. It seemed to me we had this whole change towards the
gun becoming important.

"Regardless of a victim's personal history, if someone was
gunned down, we had to investigate and treat it as a murder

investigation like any other. We got a lot of criticism from the public. They wondered why we were wasting time and resources investigating the deaths of drug dealers. 'He's only a drug dealer, a no good, why are you bothering?' they would say. That was difficult because if we let it go completely, then the laws of the jungle would have won. Quite rightly the press were demanding a lot from us."

Then the biggest step came in putting armed police officers on routine patrol on the streets for the first time ever on the British mainland. The Chief Constable bravely, but determinedly, vowed to "fight fire with fire". He did just that.

Ray Walker: "What a huge step to take. Carrying guns overtly, the policeman turning up at routine problems with a gun at his hip. People being stretched out in the street with guns held to their head. Police officers in body armour with black Heckler and Koch MP5 machine guns held across their chests cruised the city in armoured Land Rovers and bullet proof Rovers. Searches were done at gunpoint with suspects spread-eagled on the ground, their faces pushed into the dirt.

"You get as good a reaction perhaps from your own family and my partner and daughter thought it was horrendous seeing armed officers walking the streets, particularly in areas where they thought there wasn't a problem, but of course we had to do it across the force because we didn't know where the next incident was going to strike up. They were appalled but then those who were closely involved in it, who maybe had been in blocks of houses which had been raked with gunfire, could understand where we were going with it.

"I think the biggest impact was internally in Merseyside Police. We needed to support the bobby on the beat, particularly in south Liverpool. If you were a panda car driver and you were going to stop a car of four or five people who looked, without stereotyping people, like they worked in the door control business, you needed to know who was behind you backing you up. As a consequence, before we took the steps to introduce armed patrols, those kind of checks stopped, and understandably.

"I suppose it was nice from the comfort of my office to be

saying, We should be checking these people. But in reality if you were the twenty-two-year-old constable who had a family at home, what would you do? There was a fear that we had to overcome and the armed response vehicles did that. If a police officer had doubts, he would call an ARV to cover it.

"In the early days, I remember checks where people were caught with guns tucked inside their trousers. Within a few days, all that had stopped and no guns were being found in those situations. We stopped all the on-the-spot shootings where gunfire would take place just because two groups happened to meet by accident, so clearly they had been thinking they could carry guns around. If we caught someone red handed with a gun then they were going to get a five to ten stretch and the criminals realised that. They only went armed on planned attacks after that."

The level of violence was terrifying. Apart from gun attacks, people were being hacked to death by gangs of men while their families stood around helpless. Despite dozens of witnesses seeing incidents of this nature, few would testify at court, fearing for their lives. Merseyside Police went into witness protection in a big way and set up a full time unit. "It's very expensive to keep witnesses safe and give them new identities but we were fortunate to get money from Europe to do so because it was vital. It was about the safety of Liverpool," says Walker.

SHORTLY before the Liverpool gang war broke out, there had been a curious about-turn in the attitude from those whose job it was to direct the way that police forces should carry out their work. The Audit Commission delivered a report saying all forces should be "intelligence led". It said detectives should get out and create informants. The private briefings that followed with Chief Constables suggested officers should go into pubs and foster contacts with licensees and regular drinkers.

One commented: "Where had we heard that before? They were telling us to do what we always used to do. But the problem was no one had done it like that for about fifteen years and it wasn't as easy as going down the local for a drink every other night and digging up the dirt on who was doing what and who were the big names. It wasn't easy to go back to doing that immediately, and it took time. Life had changed."

Coupled with the difficulties in obtaining intelligence, some forces were almost committing suicide – particularly in the detective field. Policies such as "tenure of post" had been introduced which meant officers could only spend so long in a particular position before they were moved on, usually after five years. It was designed to stop the possibility of corruption but meant that experienced detectives were just getting really good at their jobs when they were being moved and replaced by inexperienced staff. There was no time to train the new intake so detective departments suffered.

The detective adds: "We might not have been able to stop the major outbreaks of serious violence like we saw in Liverpool from happening or even that which happened between the various factions in Manchester, but we might have been able to predict it a little better and get into some of the key players earlier before it all got too far out of hand. Our lack of intelligence gathering at the basic level meant that, certainly in Liverpool, we felt like we were always trying to get on top of the game, instead of dictating how it was played – reacting to each event as it happened. It took us a long time to get on top of it and that was only because of the very brave moves made by Jim Sharples in putting out the ARVs. But every decision taken at the time was difficult and big."

WHEN people said to be key figures in the Liverpool gun wars appeared at court charged with possessing firearms, there were disturbances in the south end of Liverpool. They weren't full-scale riots but youths turned out the throw stones at police vehicles to make the point that those a little higher up the ladder weren't happy. One brief 30-minute outbreak one summer night caused a press agency to file a report of a "near riot" and one national television news organisation flooded Liverpool with more than 20 cameramen, reporters and a news editor dispatched from home on his day off, all in vain. It was an indication of how twitchy the press had become about the story which was unfolding.

The police put extra resources into gaining intelligence on the key figures and in time it began to pay off. In a raid on an M6 service station car park they seized eight pistols and nearly 400 rounds of ammunition, which were destined to be used in the continuing battle.

Johnny Phillips, who had a cast iron alibi for David Ungi's murder, was arrested as he flew into Manchester airport after returning home from a holiday in Jamaica and charged with the first attempt on his life. Still the shootings went on. More houses were raked with gunfire; young men were stopped and arrested carrying machine pistols. One young man was shot and lingered on in hospital for five months before dying.

The ARVs on the streets caused major problems for the serious top-end drug traffickers like Curtis Warren. All this heat was no good for business and it stopped him and others moving around freely. At one point he had attempted to step in as a mediator but events had gone too far. Too much pride had been hurt.

A story which surfaced many years later was that a bullet had been put through the window of one of Warren's city centre homes. A source close to him tells how he believed no gangster would have the bottle to have a go at him, no one would be that foolish. It must have been police bullet instead, he thought. Certainly, according to Customs officers who were watching his every move he became convinced that the police were going to shoot him on sight. So he slipped quietly out of the country to Holland, and so began his downfall.

That September, Johnny Phillips walked out of Liverpool Magistrates Court a free man after the charges against him for the attempted murder of David Ungi were dropped. A key witness had failed to show up. In October, the home of one of Ungi's brothers was riddled with bullets. A few days later, Phillips's BMW 328i was blasted with automatic gunfire.

On November 20, David Ungi was laid to rest in one of the biggest funerals the city had seen for several decades. A thousand people gathered outside Our Lady of Mount Carmel Church in Toxteth. A flatbed lorry carried the floral tributes. A Police helicopter hung overhead. The In Memoriam section of the *Liverpool Echo* ran to five pages of tributes. Reporters attending the funeral were invited to a briefing at Police Headquarters at Canning Place to be told their safety could not be guaranteed. Some television camera crews were issued with body armour by their managers, fearful of what might happen. In the end it passed peacefully, but those who were there say you could cut the tension.

The madness continued over Christmas and into the New Year. In March 1996 someone tried again to kill Johnny Phillips as he sat with his daughter in his car outside his home. However the worst was yet to come. There was a spate of attacks in which shooting followed shooting. Men were shot in the legs; teenagers were shot several times. One was a case of mistaken identity. Late one night, two men burst through the door of a house in the north of the city and ran upstairs to find the owner on the landing, his terrified girlfriend behind him. They forced the pair to lie on the floor while they had a conversation about what to do. One said to the other 'shoot him anyway' and they did, three times in the left leg, three times in the right and once in the right arm. He wasn't connected in any way with the gun war. He was a 24-year-old police officer whose home they had mistaken for that of their intended victim.

On August 24, 1996, an ambulance was called to a flat in Toxteth. There was a gun by the entrance and blood on the carpet inside. The paramedics could do nothing to help the victim. He was already dead. It was Johnny Phillips.

His family was convinced someone had murdered him but two post mortems revealed the cause of death to be a heart attack. According to police, years of bodybuilding and steroids to create his mountainous body had taken its toll. But in the immediate hours after his body was found, a wild rumour swept around the city that a police marksman had shot him. It was a rumour that certain members of Merseyside Police were happy *not* to deny immediately for their own reasons.

A senior police officer recalls: "We didn't seek to stop the rumour that one of our armed teams had shot him. There was a noticeable panic which set into the most active criminals at that point. We didn't start the rumour, but it was very useful to us. It brought forward good information to us and it calmed down a very difficult situation. It worked in our favour."

Not long afterwards, the war seemed to calm somewhat. Tensions remained, but the guns disappeared.

On his retirement from Merseyside Police, Sir Jim Sharples gave a lengthy interview to this author about his legacy and what he felt the future held for his force. Interestingly, the issue of guns wasn't the most pressing problem as he saw it. That was a battle they had fought and won, and were experienced at dealing with. Again, out of the chaos, much had been learned.

It was the issue of officers like his once trusted lieutenant, Elmore Davies, and others who had accepted bribes from drug dealers like Curtis Warren that irked him the most. He had set up a special unit, the Professional Standards Division, to oversee inquiries into officers who may be tempted to cross the line like Davies had done.

He was very clear in his feelings: "The biggest problem is the possibility of police officers being corrupted by criminals in the drugs arena. There is so much money out there and everyone has their price. We have to be absolutely certain about the professional standards of each and every person that we employ."

Just how serious the corruption threat had become was revealed to a television executive from the north of England at a private dinner with a very senior Liverpool police chief. They were chatting when the officer admitted that one of his team had come to him on one occasion and confessed, "I have been offered a million pounds if I help [a named criminal] and I am in a difficult position."

The officer added to his fellow diner, "He came to me and we were able to deal with the situation. But how many others wouldn't have come to me when such figures are offered?"

Bribes of £1 million are hardly commonplace. But they reveal just how much money the drug barons are making – and what contempt they have for the police. The issue of serious police corruption is not just a situation that is confined to Britain. It faces every police force in every country in the world. The author interviewed Tom Driessen, formerly head of the special task force on South American Organised Crime in Holland, about the same issue. He said: "It's not the drugs that are the biggest problem. We can deal with those. What really faces us is the amount of money which these criminals have. Everyone has their price, police officers, judges, everyone. You cannot even begin to imagine how much cash the few criminals at the very top of the league have got and the influence that could buy."

Certainly the cash from drug sales was evident even on the streets of Liverpool during the gun wars. Ray Walker describes the incident with the £50,000 in the ecstasy dealer's car as being a good example of that, if not a typical one.

"We've seen officers who started out really believing in the cause, who believe what they are doing is necessary, being sucked into the criminal fraternity themselves. There are dangers for informants, undercover officers and ordinary police officers alike."

Some just waiting to be found in the boot of a car.

SNAKEHEAD CITY

THE CHINESE communities in both Manchester and Liverpool are thriving, law abiding and industrious. Their Chinatowns are busy day and night, their gold leaf and highly-decorated Chinese arches testament to a sense of collective pride.

But behind this façade is a cancer. It is shrouded in ritual and tradition, but this cannot hide its brutal nature.

"A Triad is an organised grouping to which people affiliate. At its best it's a defender of community welfare that helps people in trouble. Some people pay a fee, like a social tax, that helps them in times of difficulties," says Customs and Excise investigator David Raynes. "At the other end though, there is terrible violence and serious protection racketeering and Triads are involved in all sorts of criminality. Life is cheap at that end of the spectrum."

The first Chinese arrived in England via Liverpool. Many of their descendants live and work under the shadow of the imperious Anglican Church in Nelson Street, the area they first settled more than 200 years ago. The old Blue Funnel shipping line had its offices in Nelson Street and the line plied its trade between Liverpool and the Far East and employed mainly Chinese sailors.

Their ancient societies, known as Triads, followed in the wake and found fertile ground. In his excellent book *The Dragon Syndicate* (Doubleday, 1999), author Martin Booth asserts that the first criminal Triad Society to arrive in Britain was the so-called 14K, probably some time after the Second World War. It went unchallenged until 1967 and had three main power bases: London, Liverpool and Bristol, with a lesser influence in Manchester and Southampton. The 14K traditionally attracts disaffected young men from the growing pool of illegal immigrants and is known to target the shops of businesses of other immigrant groups, such as Pakistanis and Indians, for its extortion rackets.

The 14K has been surpassed in importance, however, by the rival Wo Shing Wo, which is based in Manchester but has sub-branches in other major cities. Today, Manchester's Chinese community far outnumbers that of Liverpool and is second only to London; it has its own consular office, newspaper and current affairs radio programme broadcast in Cantonese. In the ten years of the 1980s, its Chinese population increased five-fold to 35,000, with most business concentrated tightly in one small area of the city centre. Manchester became an official Dragon City – one of only four outside the Orient, the others being San Francisco, Vancouver and Perth, Australia – allowing it to display a dragon at major ceremonies.

According to Booth, the Wo Shing Wo have a "substantial force" of soldiers, known as 49s, and fighting unit commanders, called Red Poles, in the city. Many brazenly wear society tee-shirts. They control the Chinese labour market, extorting an "employment agency fee" from new arrivals seeking work. They are also believed to be heavily involved in protection rackets at restaurants and casinos, and in the Chinese video trade.

Within a Triad is a clearly defined hierarchy. At the lower end are the soldiers, young men who act as muscle. This is a difficult area to investigate because soldiers are often flown in from abroad for particular assignments: they may arrive from Vietnam, Hong Kong or Singapore, carry out an attack, then disappear. Higher up the chain there are advisers and, at the top, chairman-of-the-board figures. In China, any member of a Triad is generally known by the slang term "snakehead".

There have been battles between the Wo Shing Wo and 14K but they are rarely reported. "At the moment, it's fairly evenly split between the two groups and there are rarely serious conflicts between them. One thing about this community is that they tend not to go to the police. They sort out their own problems. It's been that way throughout history, giving information to the authorities comes very difficult for a lot of Chinese people. Triad groups battle for territory, sometimes trading territory and sometimes for control of restaurants," says David Raynes.

"The Chinese communities are exceptionally hard-working. They have dispersed across the whole of Britain and there's hardly a town or village which doesn't have its Chinese restaurant or take away. Most tend to be in the catering trade and the families are very loyal to each other. They are keen to do well and keen on the education of their children.

"It is important to understand that not every Chinese business is affected, but a good number of them are forced to pay a concealed tax to a Triad as a permission to trade. It's hidden and doesn't go through the books and it's extortion under threat. Each Triad has a kind of secret council locally, which decides on exactly who can trade, where they can trade and what payment they should make. It's very easy to disrupt the business of a restaurant and you don't need to go near the owner. There have been cases where the chef has been threatened, even kidnapped, until the restaurant owner agrees to pay up. If the chef doesn't come to work, the restaurant doesn't function.

"The other technique seen on many occasions is to send a group of predominantly young people known as soldiers into a restaurant who cause a fuss and begin to turn over tables, and frighten the customers. It's interesting to notice that a good many restaurants have video cameras inside trained on the tables that you don't see in Indian restaurants. That tells you something about the protection racketeering and attempts by the owners to stop that."

There are other prize targets, too. Raynes investigated Triad involvement in Chinese video shops in the late 1980's in a lengthy and detailed probe.

"Chinese people want their children to grow up speaking the Chinese language, but the parents are often working hard, so they will go to work and leave the kids watching Chinese language videos at home. Triads thought that if they controlled the Chinese video business then they could control the whole Chinese community.

That's because everybody registers with the video shops, they register their family name and their address. Once you have that index then you know exactly where every Chinese family in Britain is. That is a very powerful tool for crime."

One day in 1988, Customs and Excise officers raided almost every Chinese video shop in Britain. Many of the people running the shops were avoiding VAT and Customs eventually took more than £1 million in fines in lieu of prison sentences. But it was a clear signal to the Triad gangs that they couldn't use the video business again for their illicit operations.

"We frightened those elements of the community because we went into more businesses than anybody had ever done before or since. The intelligence we had and the way we built up a list of every business affected across the country and the number of search warrants was very impressive. The intelligence which arose from the interviews done after making arrests led us even further."

But Triads are powerful and they didn't sit back. They hatched a plan to break into the Customs building, which was then at Old Dean House near Salford Station in Greater Manchester. "There was a strong suggestion they planned to break in and steal or destroy evidence. There was another suggestion that they planned to kidnap and bribe Customs officers. We took steps to see that didn't happen."

MOST Chinese businessmen try to keep Triads at arms length and wish they didn't exist. But occasionally, even the most respected members of the Chinese community have betrayed their links to organised crime.

In November 1985, the so-called "Lord Mayor" of the Chinese community was sent to prison for two years for his part in a kidnap plot. Kam Fat Lai was head waiter at a major restaurant and chairman of the Council of Chinese Organisations, as well as a member of Manchester City Council's race sub-committee. According to evidence at his trial, he lured Hong King film promoter Terry Pak Yee Tam to the restaurant and then watched as he was snatched by accomplices outside a casino in the heart of Manchester. Tam was bundled into a car and driven 80 miles south to Birmingham where he was imprisoned for two days. He was beaten in a bid to extort a debt of £4,000 and £1,000 interest that the kidnappers said he owed.

Tam had been paid the money some months earlier for the rights to a planned visit by the Chinese Opera Company to Birmingham, which fell through. Tam was allowed to make a phone call to a friend in London in an attempt to raise the cash, but the caller's suspicions were aroused and the police were alerted. Kam Fat Lai, then aged 45 and a father of six, was sent to prison for his part in the kidnap. Tam would later tell the court, "I looked to him for help. He was smiling and he left as I was held by two men in the car."

The judge told Lai: "In many, many ways you have done what you could to help the Chinese people of this area but you have used your position as Lord Mayor to commit these terrible crimes."

Police forces in the UK have always found it difficult to develop close relationships with their Chinese communities. Greater Manchester, for example, has no Chinese police officers. A handful of liaison officers do their best to know what is going on but the job is difficult. GMP sent two officers to Hong Kong in January 1995 on a fact-finding mission, partly to see how they might entice Chinese officers into their ranks, but mostly because they feared the handover of Hong Kong to China in 1997 would mean an influx of gangsters to Manchester. The officers were told that it was unlikely that Triads would seek to flee the colony, although there would be a sudden exodus if the Communist Chinese leaders cracked down on the booming economy of the islands.

At the time, Chief Inspector Peter Ip of the Royal Hong Kong Police criminal intelligence unit, said, "There is no need to worry because our criminals, including Triads, will be staying here in Hong Kong. The most likely place they will expand from Hong Kong is into parts of China. If they did come to a new place such as Manchester or cities in America or Canada, they would be seeking new partnerships."

Those who do go to the police – or try to defend themselves – risk death.

THE GOLDEN ARCH chip shop sits beside the main A57 road from Manchester to Glossop, in the shadow of a giant Victorian viaduct and about half a mile outside the Derbyshire town's centre. It is a small converted terraced house, like many of the Chinese businesses that dot small towns across the country.

Twenty-year-old Eddie Hui was working behind the counter, helping his aunt and uncle who owned the shop. Hui was a hard-working student at Manchester University, and the pocket money he earned came in handy. But it was a cold, damp night in February 1995 and trade was slow. Just as he was thinking of closing up, two men walked in. One produced a sawn-off shotgun. As Eddie Hui turned to run into the kitchen, the assassin fired. The young student died instantly from a massive head wound. His killers disappeared into the night.

The murder shocked the small Peak District town. It also stunned the Chinese community in Manchester. Rumours abounded that Triads were involved. And one of the most complex inquiries ever undertaken by Derbyshire Police was to reveal an extraordinary story that told much about Triad ritual and pride.

Hui had stepped into a row which was not his. A Triad soldier named Be Keung had gone on holiday and, while he was away, several young friends of Hui's had apparently broken into his flat and played his computer games. When Keung returned and discovered the break-in, he believed he had lost face, crucial in the Triad code, and decided to regain his credibility.

He traced three of the people who had broken into the apartment and accused them of stealing a camcorder. After consulting his Triad *tai-lo*, or boss, he demanded a sum of £540 from each of them. The sum was significant because the five and four used together in Chinese characters means "don't die". Pay up or face death, was the message.

One of the accused youths asked Hui for help. He was clearly scared and Hui said he would intercede. But rather than reason with Keung, Hui picked a fight with him outside the Rainbow snooker club in Manchester, which was frequented by some of the young Chinese community. Hui won the fight but signed his death warrant. His intervention was the second loss of face for Keung, who swore revenge.

The following day, Keung and several other Triad soldiers held a meeting in a bedroom at the home of gang leader Keith Li, a kung fu master. Two of the assembled soldiers were asked if they would point a gun at Eddie. They agreed and went looking for him. They drew a blank at first but found one of his friends from university named Tony Fu. He was kidnapped and threatened with violence unless he revealed Eddie's whereabouts.

Terrified, Tony Fu led the gang to Glossop. Soldiers John Hoang and Henry Yip went into the takeaway and shot Hui in the back of the head. The shotgun had come from Calais. Li had driven there with a girlfriend and others the month before and bought it. After the killing the gang drove to Stoke where they buried the gun and then continued to London to lie low.

At Manchester Crown Court, 28-year-old Li was sentenced to life imprisonment. So too was Keung. Henry Yip, only 18 years old, and gang member John Wong, 17, were detained at Her Majesty's pleasure owing to their age. John Wai, 20, and Eddie Leung were jailed for kidnapping Tony Fu. "This was a planned murder and the cold-blooded execution of another young man with the whole of his life in front of him," said the Recorder, Judge Rhys Davies, QC.

Kidnapper Wai will live in fear for the rest of his life because he broke the Triad rule of secrecy. "He gave the police significant and material assistance," his barrister told the trial. "Particularly in the area of professional and organised crime and where the bonds of secrecy and trust surround members of Triad groups, anyone who breaks ranks and helps the English police merits some discount. And I say this to alert the Prison Service to what he was done because of his security while serving his sentence."

KIDNAPPING and extortion are staple Triad crimes. One gang which employed them to brutal effect was formed by former Vietnamese "boat people" who had arrived in the UK and had been offered the chance to start new lives. They abused that hospitality to threaten victims with death and mutilation unless their families handed over substantial sums of money.

Dinh Ta and brothers Van Soi Bui and Van Sang Bui snatched their first victim, the owner of a restaurant in Manchester's Chinatown, in March 1993. The second was a businessman who ran a small clothing factory, taken at knifepoint from his car.

They visited their victims' families in person to tell them their husbands and fathers would be killed unless ransoms were paid. One terrified wife was made to listen to a tape of her husband's screams of pain and pleas for mercy as the kidnappers beat him. They wanted a total of £48,000.

Their plan fell apart as the families were desperately trying to raise cash. The kidnappers fell asleep and their two victims were able to escape – one handcuffed, barefoot and bleeding. When arrested, the young driver they had used turned informer.

The brothers were jailed for of 21 years and Ta for nine and a half. "It must be demonstrated to people contemplating these horrible offences what they are facing. Crimes of this sort are terrifying for the victims and their families. The crimes were premeditated, brutal in execution and in the treatment of the victims and the way their wives were approached," said the judge.

However, crimes of this nature rarely get to court because Triad violence tends to be swift and anonymous. One minute there is calm, the next chaos, and then calm again as the perpetrators vanish. One such attack took place in August 1996 at the Stanley Strand Casino in Princess Street, the main thoroughfare that borders the southern end of Manchester's Chinatown.

Thugs burst into the casino and set about a group of businessmen who were sitting at the gaming tables. Some of the gang drew machetes and cut down lengths of scaffolding and thrashed at their victims who cowered under the tables and chairs for protection. One of the victims had his ear hacked off. Within half a minute the attack was over and the soldiers were gone. They were never traced.

PERHAPS the most interesting of all Triad figures in Northern England in recent years is Georgie "The Duck" Pai. He has been named as head of the Wo Shing Wo in Manchester and as one of the most influential Triad bosses in Britain. He has been repeatedly kicked out of the country but bafflingly allowed back in. The rise to supremacy of the Wo Shing Wo has been attributed largely to him.

He was born Yau Lap-Yuen, but prefers his Anglicised name. His nickname comes from his pronounced limp, caused by a beating as a young Triad. He rose through the ranks of the Wo Shing Wo in Hong Kong and Kowloon and arrived in Britain in February 1975.

According to author Martin Booth, in *The Dragon Syndicates*, the "Wo Shing Wo then consisted of a number of groups scattered about Britain. Pai embarked on a crusade to unite them. After an internal power struggle and a contretemps with the 14K, Pai had assembled a gang of about forty followers. Disregarding the 14K they moved into Soho, putting the squeeze on legal and illegal business alike. This led to a skirmish with the 14K from which Pai's Wo Shing Wo emerged triumphant. Encouraged by success, they expanded outside London."

By 1977, Greater Manchester police reckoned that every Chinese business in the city was paying an average of £8 a week in protection money. Pai spent a lot of time in Manchester at this point. While police forces all over the country were building up comprehensive dossiers on him, no one was prepared to testify against him in court. It was not just fear, but also respect. Pai exemplified the Triad code: a man of honour within his own terms, he took his responsibilities seriously and was charismatic, approachable and trustworthy.

Pai's first problem came when he overlooked the renewal of his visa in July of 1977. The police and immigration officials began to look at him and opened a can of worms. He was jailed for two years for blackmail and conspiracy to demand money with menaces from film-show organisers in Portsmouth and Southampton. When he got out, he was deported to Hong Kong.

He next popped up in the UK in October 1983, trying to enter the country through Dover on a fake passport. He was turned back to Belgium. He got in the following year on false papers and was arrested yet again, but was released while his appeal against deportation was made. He fought deportation until the summer of 1992 when he was granted temporary right of abode. The following year, remarkably, it was made permanent. His parents had been running a small Chinese restaurant in Glastonbury in Somerset for years.

In January 1993, Pai and other Triads came under the scrutiny of TV journalist Roger Cook, famed for his door-stepping activities. The programme claimed to expose organised crime, extortion and violence in the heart of the city's Chinese community. Local leaders denounced it as unfair, sensationalist and even racist.

Cook's team used a former Hong Kong policeman in a sting operation. Under the name The Flying Dragon, he set up a bogus Chinese video rental business. His office was wired with hidden cameras and microphones. All the production team had to do was sit back and wait. And it didn't take long before they caught the kind of action they were looking for.

Five Triad soldiers walked in and demanded money before beating the former policeman, Joe Tan, with a chair. Blood splattered onto the walls. Tan later told the *Manchester Evening News* how, at a subsequent meeting to sort out the problem, he was cornered in a restaurant and feared for his life

"They had me surrounded and wanted to give me a body search in the toilets. I know what they are capable of – they wouldn't have thought twice about killing me in there. My heart was beating fast and I knew I had to get away. When they led me to the toilets I jumped for a flight of stairs leading to George Street. I landed badly on my ankles. The pain was horrible."

Tan broke his ankles but escaped with his life. The TV evidence was handed to Greater Manchester Police and several arrests were made, leading to convictions. In the same programme, Pai was pursued by Cook down a street and, ironically, sought refuge in a police station. Though he was not charged with any offence, it emerged soon after transmission that Pai had attempted to get the show pulled off the air using legal means, but had failed.

According to some reports, Pai is thought today to be the head of the Wo Shing Wo in Birmingham, if not in Britain, is under almost constant police surveillance and uses his undoubted influence to mediate Triad disputes. Police attention has largely shifted to younger, more ruthless figures.

WHILST the Chinese have found it hard – or unnecessary – to integrate into Western society in general, there are a handful who have seen the opportunity presented by drugs and have made the cross over to work with the *why lo* or white ghosts.

One gang of Triads shipped more than 40 tonnes of high grade Cambodian cannabis into Europe and had close working relationships with a host of white traffickers. Three of them were from North West England: 53-year-old Wolfgang Cadogan from Liverpool, Paul Gleeson, 37, from Wigan, and Anthony Scott from Wallasey. A tip-off after a small seizure of cannabis in a tiny Lancashire village led to a three-year investigation of them and their Chinese contacts. That investigation would span the globe.

Customs and Excise got a tip that Cadogan and Scott, who were then living on the Costa del Sol in Spain, were planning to import amphetamine and Ecstasy for the clubs in their home towns. They employed two young couriers and a third man to hollow out lorry engines and pack the drugs inside. The drugs were seized and the conspirators arrested, except the main men, Cadogan and Scott.

Cadogan next travelled to Thailand and spent time enjoying the delights of Bangkok. Customs and Regional Crime Squad officers were close on his tail.

"We'd been aware of Cadogan for some time," says Mike Fletcher, a senior investigator with the Customs and Excise National

Investigations Service. "He was caught for trafficking heroin in America and received a long prison sentence but had been released early from that and had returned initially to the Wirral near Liverpool and then relocated on the Costa del Sol.

"He was associating with a group of traffickers in Liverpool and he then went out to Bangkok on a short holiday. It encouraged us to liaise with the Thai police and to look at what he was up to. He associated with Triad traffickers in Bangkok."

Cadogan met with two men in their early 40s, Wong Tak Yiu and Kim Kwan Cheng, both well known to anti-Triad cops in the Far East. They were part of a Hong Kong-based syndicate that set up massive drug deals around the world.

"What opened the operation up for us was the placement of a package into the DHL courier service in Bangkok, for delivery to Liverpool. We were able to intercept this package and, with a warrant, to inspect its contents before resealing it and sending it on its way. The contents were shipping documents relating to a container which was due to leave Phnom Penh in Cambodia and a key with a note saying it was to open the padlock on the container."

The container duly arrived onboard a giant freighter at Southampton docks. It was just one of about 3,000 similar steel boxes on that ship. When it was taken off, Customs officers identified it and filmed its progress through the dockyard. Once inside a warehouse, they set about inspecting it. The key, which they had copied, fitted the padlock perfectly, and they found inside a giant pile of heavy wooden furniture.

"First, on opening the doors were some sideboards, 1950s style very well built and very heavy. It took seven men to lift each one. There were four of these and behind them were a set of wooden display cabinets, about two feet square with locks on the front, but underneath the keys had been taped. When we opened the boxes, they contained slabs of herbal cannabis," says Fletcher.

The pile, which was produced from nearly 40 cabinets inside, was almost as tall as a man and ten feet wide. It weighed at least two tonnes.

"Armed with the intelligence from this single shipment, we

identified the source of the container in Cambodia and began to monitor similar shipments with our colleagues in Asia. We found, in a very short period of time, shipments to Antwerp, to Rotterdam and to Malta, notified the authorities in those countries of our suspicions and without exception they seized huge amounts of drugs."

The total was more than 40 tonnes, worth in excess of £125 million.

"We continued to liase with police in Thailand and two Chinese men who had met with Cadogan in Bangkok were traced to Hong Kong and they were arrested by the Royal Hong Kong Police."

The Chinese pair, who both had previous convictions for smuggling heroin into the USA, were arrested shortly before the handover of Hong Kong to the Chinese. They were only able to watch the historic proceedings on the television set in their prison. "Extradition proceedings were started but these were delayed by the handover. Afterwards, the two became the first suspects ever to be extradited to Britain from Chinese Hong Kong."

They were jailed for six years each. Cadogan and his gang all pleaded guilty to the conspiracy and received hefty jail sentences. After their trial, a jubilant Detective Inspector Peter Wellburn from the National Crime Squad, said, "This is a massive international industry and we can only chip away at it. This operation has sent out a very clear message that we are not just taking out drugs on a local or national basis but internationally too."

International co-operation is now routine. British law enforcement officers spend more time than ever before on aircraft bound for foreign locations.

Mike Newsome, the former head of drug operations at the National Investigations Service, says, "This is a truly international business. It's not enough to seize the drugs once they arrive in the UK. We have to disrupt the supply chain at every opportunity. That takes co-operation between every force in the world. If we have to go to the country of origin of the drugs to stop them getting to our country, then so be it. We are having real success in Asia, in the sub-continent and in the Middle East with this policy and it's an area that will certainly increase in the future."

BOYS WITH GUNS

NOBODY IS really sure of the death toll. It rises with grim regularity. Now well into their second decade, the Manchester Gang Wars show no sign of abating.

The city's Moss Side district was established in the minds of many as a place to avoid after hundreds of people rioted there in 1981. Twenty years on, the area has become a byword for the kind of violence more often associated with the urban ghettoes of the United States. Newspapers called it "Britain's Bronx".

Yet at the time of writing, Moss Side and neighbouring Hulme are undergoing one of the most exciting and opportunity-bringing redevelopments anywhere in Britain. Tens of millions of pounds are being invested. Everywhere are signs of regeneration. New businesses, supermarkets, houses and even luxury car dealerships are beginning to appear.

Driving north on Princess Parkway, the main duel carriageway that splits Moss Side in two, there is little to betray the fact that, for a long time, this was one of the most feared areas in the country. To the left is an open expanse of grassland with a few straggly trees, behind which are modern terraced houses running back about a quarter of a mile. They have small windows and were built in the Sixties along what were then thought to be energy-saving principles. The myriad of walkways and rat runs where drug dealers used to hang out are gone now thanks to town planners who corrected many of the mistakes of their predecessors.

To the right is a row of brightly coloured shops at the head of older-style terraced houses, like the ones seen on the titles of *Coronation Street*. At the heart of this area is Maine Road, the home of Manchester City Football Club and a place awash with sky-blue shirted supporters during home matches. It ends another quarter-mile away, close to the vibrant and colourful Indian restaurants and sari shops which make up "Curry Mile" on Wilmslow Road.

But there is an undercurrent of fear, which is perpetuated by no more than a handful of teenagers who threaten to wreck much that is being built: not the bricks and mortar, but the area's battered reputation. These boys with guns are following in a tradition that is no more than a decade and a half old. The area's reputation as a centre of drug dealing and violence are very recent in its history.

Originally known as Twenty Pits after the indentations that lay in the damp moss on the edge of the city, Moss Side became the residence of the wealthy middle classes in the middle of the 19th century, with large houses springing up as the city spread outwards. By the 1870s, it had lost its prestige. Fifty years later, the large houses were almost exclusively broken up into individual rooms that were rented out to dozens of families under the same roof. Landlords were rarely seen and prostitutes moved in. During the late 1940s and 50s, the fact that renting rooms in Moss Side was cheap brought in immigrants from Africa and the West Indies who had little money to begin with. Manchester was a forward thinking city with a reputation for free trade and no colour bar to getting work, so it also attracted coloured workers from elsewhere in Britain, especially the West Midlands. Many found skilled work in the manufacturing industries and prospered. Less that 20 per cent of black workers were in unskilled work. There was a strong skill base and a sense of pride in making their community work.

Long-serving Manchester City policeman Charles Horan remembers it: "When I went to Platt Lane [police station], I worked on the Hulme and Moss Side districts as a detective. There were three detectives under a sergeant and down Hulme, there were rows of two up and two down houses, working class people, salt of the earth. They were friendly towards the police, most of them. If there was a bit of villainy going on that was affecting the neighbourhood, you could rest assured that someone would tell you about it. This was the main way you detected crime in those days, by information, we were really our own community contact department. We were there on the streets every morning and you got to know everybody, the public house keepers and anybody who was likely to be in a position to give you information. It was a good area. The coloured immigrants were coming in and those people too were fine people. The doors were rarely closed."

The immigrants brought their own cultures and mixed easily in the tolerant melting pot that was Moss Side. The youth of the area, and of neighbouring Hulme and Whalley Range, learned respect growing up in the Seventies. One of them was Anthony Stephens, a streetwise youngster from Whalley Range. He knew that defiling the area in which he lived would only bring trouble from his parents.

"A friend of mine decided to scrawl some graffiti over the park wall. I remember his mother stood there with him, beating him, trying to scrub it off. She was saying, 'We bought our homes in this area and you are trying to desecrate it, no way!' There was always the threat of your dad kicking the living crap out of you when you got home that kept a lot of us in check. We had respect in those days."

John Stalker, later Deputy Chief Constable of Greater Manchester Police, was once a detective in charge of the division that included Moss Side. "The coloured community lived most of the summer outdoors, in much the same way as on the steps of the brownstone houses of somewhere like New York. Doors were open and families were extended ones."

Caribbean arrivals brought their all-day, all-night drinking houses, known as shebeens, where a tin of Red Stripe lager and a cannabis joint could be enjoyed amongst friends. Some were no more than front rooms of houses. "They got raided from time to time, but at least you knew where they were," says Charles Horan. "They weren't pursued vigorously. If a shebeen owner was giving you good information, that was the price of his liberty.'

Anthony Stephens: "You could always find somewhere open to have a smoke or a drink in peace. There is many an occasion that I have been in a shebeen and I have seen police officers come in and the owner give them a bottle of scotch and they would sit and have a drink and then say that everything seems to be in order and they would get off."

Yet not everyone was happy. John Stalker recalls there was huge pressure to shut down the shebeens from the owners of pubs and clubs who saw them as unfair competition.

"They were unlicensed and therefore if there had been any fires or anyone had been injured, and the police knew about them, then the police would have been criticised for not doing something. Every Monday morning, there was a long list of complaints from publicans who had to abide by the drinking laws and who complained about the shebeens being open all night, taking the trade they would have liked.

"In some ways they were very useful to a detective. You knew where you could find people at two or three in the morning – or in fact six o'clock in the morning. Some of them were raided from time to time, and not really because they were causing a problem in the social sense, but because the divisional commander couldn't be seen to have illegal clubs operating on his patch. That could have led to allegations of corruption. The police chief had to be able to say he wasn't in the shebeen owners' pockets.

"It was a constant balancing act because there were many which detectives might have allowed to run for longer if it had been left to them, but the policing of shebeens was not a CID matter. It was for the uniform to handle. There was a fair amount of back-stairs conflict between the CID and the Divisional Chief Superintendent about whether shebeens should be raided or not."

"Moss Side was a destination for people," says Anthony Stephens. "There was always somewhere to go. There were clubs like the Reno which were funny because you would see bicycles chained up to Shorty's patty shop next-door and right in front of the bikes there would be a Rolls Royce with a private number plate on it. You would see very affluent women from the suburbs of south Manchester coming out with big fur coats on, dripping in jewellery, getting into the cars after going into the Reno. Then you would get some tramp sipping beer, with blanket fluff in his hair and soup in his beard, in there rubbing shoulders with all kinds. There was always something going on in Moss Side."

THE BREAKDOWN between police and public in Moss Side can be traced to the 1970s. As many manufacturing industries collapsed, the area started to face similar problems to those being experienced by almost every other working class area of the city – only it seemed to be more difficult for black males to find new work, which led to long term unemployment for many. Another cause, according to some police officers, was the great shake up of major metropolitan police forces in 1974, when Manchester and Salford merged with parts of the counties around them to form the giant Greater Manchester Force.

"We became part of a much bigger force and people came in from Wigan and Stockport to police Moss Side," says John Stalker. "When I joined the division there were two police officers – Heath and Morley – who knew absolutely everything that was going on, and I mean everything. Nothing passed them by and the area was better for their presence. When they retired, there weren't any Heaths and Morleys left. Suddenly you had a breed of policemen that didn't have that depth of knowledge, that childhood knowledge of the Sixties."

The problem was exacerbated by the architectural calamities of the period, with high- and mid-rise flats replacing the old back-to-back slums; in particular the notorious Crescents in Hulme. 'They weren't no-go areas, they were just difficult to patrol, the high-rises, the flats and walkways, the Crescents and others,' says John Stalker. 'And that was probably the beginning of the end of the kind of relationship that I had with the people of Moss Side because it developed a degree of insularity, the police just didn't go into those areas.'

It culminated in the riots of 1981, when a thousand people took to the streets and threw petrol bombs and wrecked cars. Copycat disturbances also happened in Salford and other areas of the city, but in Moss Side it was the first inkling of gangs and the breakdown of the old shebeen culture as a new generation of unemployed young men emerged. Crime shot up, defying all of the short, sharp shocks the Tory Government could throw at it. Police morale began to dip.

Perversely, when the economy began to revive by the mid-Eighties, the estates were left behind. Professor Ian Taylor, a historian and criminologist formerly of Salford University, spent a great deal of time researching the city's problems. "What starts to be visible are areas that are left behind in the process of economic transformation, with very high levels of what some commentators call multiple deprivation: particular housing estates, particular high-rises in particular locales. Moreover [there is] a sense in some areas that these high levels of deprivation are not just temporary but perhaps even permanent.'

Anthony Stephens agrees. "It was hard enough for black people anyway but when it came to the Thatcher years of rocketing unemployment, I think young black males were at the bottom of the pile. We decided to seek other ways of making money. The ones who had the balls turned to armed robberies and God knows what and those who had brains thought, there's the drugs market."

Young men who had drawn £32.50 a fortnight on the dole, out of which they would have to pay for their keep, suddenly found themselves able to earn several thousand pounds a day. "We went from taking the number eighty-one bus all over the place to overnight buying cars. We had dreamed about stuff like that. During that period, if someone couldn't generate a couple of thousand a week for himself, he was an idiot, there was just that much money floating about," says one ex-dealer who spoke with the author.

ANTHONY STEPHENS cuts an impressive figure. He is broad-shouldered, sharp and aware, with a business head he uses to great effect. He is one of the success stories to come out of Moss Side. Stephens admits that he was "no angel" in the past. He knocked about with a gang in the mid and late Eighties because "it seemed to be the thing to do". He has seen friends die and he has seen the anguish on many faces at too many funerals. He quit the scene relatively early and made something of his life. It wasn't easy.

"Margaret Thatcher and her cabinet thought unemployment was a price worth paying to keep inflation under control. It was hard enough for black people because there were all those mad racial clashes and neo-Nazi groups. Black males were finding it very hard to get work. When I left school and my friends left, we were all looking but we couldn't find employment anywhere. So lots of people started to look at other ways to have a decent lifestyle. What were we supposed to do with thirty quid a fortnight? I'm talking about people now who became very serious gangsters.

"I remember one guy tried to start a garage business and fix cars. Myself, I tried to start a PA hire business because I was always interested in music and sound systems. I remember the first interview I went to after leaving school. It was a job I was well qualified to do. I had an earring in my ear and the man's secretary said he was a bit old-fashioned and that I should take it out, so I did. He called me in and he had his head down looking at some papers on the desk. When he looked up he said, Oh, and I thought, I might as well go home right now. As soon as he saw I was black that was the end of the story."

When the trouble with guns started, the gang culture recognisable today did not exist. But as petty arguments surfaced, young men started forming alliances. Most of the friction was over relatively petty things – or women.

"I recall three major incidents and they all involved arguments over women. The lines were drawn because of these little incidents. I never saw the sense in going to war with someone over something as silly as a woman and, more than that, going to war with a gang of people who have absolutely nothing to do with the argument," says Stephens

As for the drugs, there was one outlet in particular which became notorious towards the end of the Eighties. It was a pub called the Pepperhill, an ugly, modern building on the Alexandra Park estate. The group of lads who hung out there became known as the Pepperhill Gang. Other factions in the area would become known as the Gooch and the Dodington. A former Pepperhill member who spoke with the author says: "It wasn't that we'd sit there and say, what shall we call our gang? It's the same with the Gooch, they used to stand about on Gooch Close and got their name through that. Dodington, they got their name because they used to hang about on Dodington Close, simple as that. They were names to depict certain groups of people who used to hang around in certain areas and ply their trade."

From that sprang conflict. Initially, the Pepperhill Mob's main rivals were not from Moss Side but from Cheetham Hill, a similar area of mixed immigrant and indigenous white population which lay a few miles away to the north of the city centre. The so-called Cheetham Hill Gang, many of them young armed robbers, had many links with, and friends in, Moss Side but it did not take much for them to fall out.

Figures with presence who could command the respect of the impressionable youths who hung around them took affront to petty issues. There were a series of machete and knife attacks and then the gunplay started. According to another well-placed former gang source, one of few who were prepared to speak to the author, the war began over something so trivial it is now forgotten. "It was as though there was an imaginary line drawn south of the city centre. The likelihood was that if Cheetham Hill stepped south of that line, they would be shot. It was the same for anyone from the south who got caught in the north side; they knew they would be shot as well.

"It got complicated because some people in the gangs decided that it wasn't enough to do that, but if anyone was caught doing business with anyone from the north side, then they would be shot as well. This is where it became ridiculous because there were people in the Gooch who were members of family, and old friends, with people from Cheetham Hill. That's when the gangs of south central Manchester, the Gooch and the Dodington, fell out."

THE WATERSHED is often seen as the death of Ivan Preston in March,

1987. A 43-year-old father-of-three, Preston was a doorman at a Moss Side shebeen. He was killed by a gun blast through the front door of the club, thought to be a revenge attack by someone who earlier had been refused admission. Though not strictly part of any gang dispute, it marked the crossing of a line. Two months later, a young man called Julian Bradshaw was gunned down in a Moss Side street by a gang leader seeking revenge for an attack on his girlfriend. That summer also saw a series of violent street disturbances and assaults on police.

But the worst problems came between the Pepperhill and Cheetham and began in earnest that Christmas. One of the Pepperhill leaders was beaten up in the street and robbed of his jewellery. In January 1988, Anthony 'Scratch' Gardner, a young Moss Sider was shot dead outside a shebeen. No-one has ever been convicted although the chief suspect was a young Cheetham Hill triggerman, "White" Tony Johnson. A month later, one of the Cheetham leaders was lucky to escape with a minor head wound when he was shot. In a tit-for-tat reprisal, a dozen Cheetham men entered a Moss Side reggae club. Words were exchanged with some Pepperhill men, a shotgun was fired, wounding a bystander, and an attempt was made to decapitate one of the Moss Side leaders with a machete.

By now the dispute was making headlines. "£1m drugs racket in gang's mini Chicago," exclaimed the *Manchester Evening News*, blaming the growing trade in drugs for exacerbating the gang rivalries. The police launched a major operation and did have some success in seizing weapons and disrupting some of the gang activity, but most of the main players stayed at liberty. There were plenty of disaffected youngsters queuing up to take sides and wear the "colours" of each gang, in the style of the Los Angeles Blood and Crip clans.

A former gang member: "There was nothing better in the early days than for a girl to be seen with a guy who had a reputation, a flash car and the money and the gold and everything that went with it. People wanted to hang around that set because they were the champagne set. It wasn't a case of, 'What are you drinking?'

We'd just buy a crate of champagne. Everybody had the big gold chains on their wrists and around their necks and rings on their fingers and more gold in their mouths than the national reserve. It was a mad period, and I guess there was a lot of romance attached to it in a way.

"I also know a lot of those people who have reached their thirties now and say it was the worst time of their life. It was like accepting the devil's shilling – it's great when you spend it but eventually the devil comes and he wants his money back with interest."

FOR ANTHONY STEPHENS, enough was enough. "The hardest thing I had to do was make a decision… I remember being with my boys one day, I was looking at how they were talking, where they were going, what they were doing, how they were dressed, how they were conducting themselves [and] I thought, there is now a massive gulf between me and my boys and I feel the time has come that I have got to pull away. Because I was not prepared to go around having people trying to kill me and me having to try to kill [them] over some guy's argument over an ex-girlfriend. I though, no way, it's ridiculous."

In November 1990 a successful police interdiction, Operation Corkscrew, removed some of the main Moss Side dealers in the precinct shopping centre. This would cause dealing to move to the brick and tarmac maze that was the Alexandra Park estate. It sparked a separate feud between rival gangs on that estate, the Gooch and the Dodington, which had absorbed a number of the Pepperhill team into its ranks. Though many of their key members lived just yards form each other, they were to engage in a lethal and still lingering feud.

"It was getting very difficult to work out what was going on at times, who was falling out with who and over what," recalls former Moss Side detective Ron Gaffey. "At the centre of it all was the control of drug dealing and territory, but there were still problems between people from all sides of the city."

Police officers on observations around Cheetham Hill had disturbing news to report to their bosses at the HQ near Manchester United's Old Trafford ground one evening in late 1990. They had seen the 21-year-old Cheetham Hill gangster Tony Johnson carrying firearms and wearing body armour. According to Gaffey, officers started asking: "Why don't we have body armour?" Within a few months it was issued to officers for the first time. It was also the signal to significantly increase the resources being put into the problem, and the armed crime unit in particular. Early in 1991, Johnson was gunned down outside the Penny Black pub in Cheetham Hill. Few officers were sorry to hear the news. "We could have sold tickets to his post mortem," said one senior policeman.

Drug dealing by now was becoming far more organised. Street dealers turned to the new technology provided by mobile telephones and radio pagers to assist them. The Gooch Close Gang were entrenched in their cul-de-sac and doled out drugs with impunity. No one could touch them. If a police car came within a quarter of a mile, a network of spotters would pass the message and the dealers could disperse.

The only way to catch them, thought the detectives, was to employ some modern technology of their own. Undercover officers risked a great deal to install cameras in Gooch Close, which were linked by microwave to a recorder in a flat a few hundred yards away. Police officers stayed in the apartment for days on end, monitoring as colleagues posed as addicts to buy drugs. The deals were caught on camera. Over a five-week period in 1991, thirty seven drug deals were filmed. Thirty-six were for heroin and one was for crack cocaine.

A highly edited version of the tape was handed out to the media later on, but the author was shown the un-edited version of events by a senior Greater Manchester Police intelligence officer. In grainy black and white, one camera faces down Gooch Close to the point where it joins a main road; groups of young men and teenagers are milling around, waiting for punters to approach. One does, a young white man. He looks for a dealer; one of several steps forward and the deal is done within a matter of seconds. The buyer disappears again. Another young man plays with a knife, throwing it into a patch of mud on the ground, stabbing the blade into the grass. There is a hint of black metal in another's hand. A gun? The picture is too fuzzy to be sure.

Another extract shows a dealer who had hidden his stash under a large rock in a garden. Others are close by. When a police van drives by at high speed, there is a high degree of agitation. One throws a rock at it; others vanish into the surrounding network of alleyways. Another camera position shows a woman walking with a baby in a pushchair and a child beside her as a junkie scores from a hooded dealer on a mountain bike, in the shadow of a house porchway.

The evidence was dynamite. In August 1991, scores of officers were called into an early morning meeting in a sports hall. The media had been invited to film the opening words of a senior detective before they were kicked out as the real briefing took place. This was to be the culmination of Operation China. More than 40 unmarked and marked vehicles sped into Moss Side as dawn broke. Two hundred officers poured out of them. They arrested 23 people and seized drugs and weapons including a loaded handgun and a crossbow. Those arrested were aged between 17 and 24. They received jail terms of between three and eight years.

Operation China was an enormous success but it was only a small set back for the dealers. Says a source: "It seemed to calm the situation right down. The first major scoop came against the Gooch. All of a sudden the Dodington had no one to fight. There were a few tit-for-tat things with Cheetham but they couldn't really be bothered to travel all the way across town. "When the Gooch all came out of jail they were a bit remorseful and it seemed like some of them wanted a truce. The next lot to go to jail were to Dodington so the Gooch had no one to have a go at."

The dealers who were left had learned a valuable lesson and started to remove themselves from the "hands-on" side of the business. The cell phone was used more and more by dealers to arrange "drops" and so avoid the exposure of standing on a corner touting for business. Along with the pager, it became the pushers' greatest single asset.

If a dealer – always using an alias or streetname – did not know the customer calling him, or was suspicious, he could simply refuse to sell, or arrange to meet at a place advantageous to him. Youngsters on mountain bikes were often used to make the deliveries, which could take place miles from where the original call was placed.

At around this time, crack cocaine started to show up more and more in street searches. Fearful of an explosion of the highly-addictive drug, GMP detectives flew to Florida in the USA on a fact-finding mission. They were concerned that dealers might try to set up safehouse fortresses in the way some operators had been able to in the States. But their fears were largely unfounded. The spread of crack in the UK was slow; heroin remained more of a problem.

At the same time, Manchester's pop bands were enjoying unprecedented success with music that came out of the clubs and went straight up the charts. The city's clubs had been riding a wave of euphoria for at least two years and clubbers were being drawn to the city from all over the country looking for a drug-fuelled night out. To them it was "Madchester". The start of it was the so-called Summer of Love in 1987 but the vibe was still going strong years later. Bands like the Happy Mondays, the Stone Roses, Inspiral Carpets, 808 State and others had put the city on the music map.

The scene was fuelled by ecstasy – aspirin-sized tablets containing the chemical compound MDMA. They were easy to hide, easy to take and had few apparent side effects. Kids could dance all night in a hallucinogenic haze along with a sweaty, frenzied crowd similarly high.

The scene was predominantly white, not black, and offered opportunities for ruthless young men from the city's white crime gangs to muscle in. The heaviest of these by far came from the neighbouring city of Salford and would become the dominant faction in Manchester's clubland.

SALFORD had fared badly in the years of recession. Great swathes of the city became unemployment black spots. Giant manufacturing, engineering and textile firms had closed down, and thousands of men and women were slung out of work with little chance of finding any. It came hard on the back of the slum clearances in the late 1960s and early 1970s, when tight-knit communities were pulled apart.

Salford MP Hazel Blears was brought up in a typical two-up, two-down house with an outside toilet. "You were given some pretty stark choices. The home we lived in was due to be demolished and the choice we were given was to stay in Salford and perhaps go into a multi-storey flat or try to move out to a home of your own which you could buy in Swinton or Eccles. That was a very stark choice. Families who could afford a home of their own because they were in work, like mine, did just that. The people who were left behind were perhaps the less able, without skills, who found life more of a struggle and found it difficult to get work. "I think that was the beginning of the separation from the able working class, who in my mind are the glue that holds the community together and help other people to make progress. Salford became almost a two-tier city."

By the time drugs and guns arrived on the scene, the type of violence found in Salford tended to be more organised than in other parts of Greater Manchester. There were small but deeply ingrained groups operating on some estates. There were also systematic assaults by protection racketeers on businesses, especially pubs.

Hazel Blears: "I live in Salford and find it very hard to find a local pub where I can go and have a normal chat, and I think that is one of the big symbols of decline. The normality of daily life died when the pubs closed down. There was no cohesion to daily life for many men – they didn't go to work, come home have their tea and go down the pub for the last pint because there were no jobs and no pubs. When there are no pubs, normal conversations about where there might be jobs going, don't happen."

The landlords were unsupported by their breweries and the police found it difficult to do anything because 24-hour surveillance was not possible given levels of manpower. Pubs were firebombed when landlords refused to pay up protection money. Some were beaten. Others had guns pulled on them and their families threatened. It's not surprising some locked up and never returned. Roger Hall, of the Campaign for Real Ale, says, "I've seen many examples of pubs which have been damaged in Salford. Many licensees have been threatened and many have found themselves unable to continue working in a threatening environment." In Ordsall there are just two pubs where thirty to fifty years ago there might have been sixty or eighty. So for a fairly large population in a significant area of Salford, we've just two pubs."

He rightly qualifies that by saying that not all pubs closed owing to campaigns of terror. Salford's population had shrunk as industry closed down and people moved away. The super-pubs of the Manchester's city centre took much of the young trade and many street corner boozers were no longer profitable. But at least 100 pubs and their landlords were subjected to serious and prolonged attacks.

One landlord recalled to the author how a group of young lads came into his bar the first night he took over. When he rang the bell for last orders and asked them to leave, one vaulted the bar and kicked him to the ground. They said, "This is our pub and we'll stay here as long as we like." In the end he left the bar with a gang of fifteen men still drinking until four or five in the morning. He was fortunate that he wasn't financially tied to the pub and was able to get out before it got worse.

The problem spread further. John Stalker recalls how determined efforts to keep open a pub that was located well away from Salford failed, even though it involved the brewery, the local council, the police and the licensee. It failed because the thugs who demanded protection money wouldn't take no for an answer. They kept coming back and coming back.

"There was so little that they could do and all because of a group of very local young thugs who created mayhem at the drop of a hat. The barman lived off site, there were security cameras, regular police patrols and even doormen but still they couldn't stop the gang from causing trouble." As the business dried up, the gangs looked for newer and richer pickings elsewhere. Naturally they viewed the bright lights of the city centre with interest. They were naturals at exploiting sales of rave drugs in the dance scene.

John Stalker on the Salford gangs: "They started to stray into Manchester and came up against ingrained black and other gangs and there were fights, turf wars, over who should run doors, the people who decided who should go in clubs. "Because if you do that you also control drug distribution as well, the trade in that particular club. So you had got almost two armies girding themselves for a type of war.'

Anthony Stephens agrees. "All the grief that had been going on the streets now developed into trouble within nightclubs as well. It wasn't that a guy would have a load of grief during the day and then put on his glad rags and go out at night and have a good time; he'd take the same grief with him off the street into the clubs. Doormen in those days were people who held down jobs in the day and turn up at night and earn another thirty quid to stand on the door. They had no chance with the gangs. They would just stand aside and let the gangs walk past them and do whatever they wanted."

IT WAS NOT LONG before the gangsters were approaching club owners and "offering" to run their doors and security operations. They said they could stop trouble in the clubs. They said they could keep drugs out. What really happened was that they kicked out rival dealers and employed their own. It was a licence to print money.

A former nightclub promoter: "A few of them saw just how much money could be generated from the security thing. It was incidental at first, but they saw it could become a multi-million pound business if they played it right. Clubs which had been running sweet for years would all of a sudden have a run of trouble over a couple of weeks, for no reason. Then they'd get a visit from somebody saying, 'We've heard you are having a lot of trouble, we can sort it out for you, here's my card, we run security.' And it was done."

"Back in those mad days it wasn't unusual to walk into a club and see some guy stood there shaking a bag of weed and saying, 'I've got weed here, I've got tablets here…' all quite open. These people got pushed aside and told, if you deal in this club any more you are dead."

The closures of three clubs frequented by gang members, the Gallery, the Konspiracy and the Thunderdome – the latter after three bouncers were shot in the legs – transplanted many of the more unsavoury characters to the city's most famous club, the Haçienda. One of those who noticed the more sinister atmosphere was the acclaimed DJ Dave Haslam.

"A DJ can sense the vibe; your instincts are locked into the atmosphere," he writes in his book *Manchester England.* "Occasionally in those years you could sense there was going to be violence – there was tense unease in the club – but there was very little you could do about it. The fights in the club were usually between gangs of dealers vying for territory, rarely involving innocent customers."

Greater Manchester Police was increasingly concerned about the amount of ecstasy which was flooding into the clubs and the growing violence on doors. The Haçienda shut down just after Christmas 1990. It reopened the following year but no one could contain the gangsters from staking their pitch at the door and inside. The club would stagger on through the Nineties, never quite recapturing its glory days, before going into liquidation in June 1997, a few weeks after its fifteenth birthday party and not long after an 18-year-old had been run down in the street outside – in front of a visiting contingent of licensing magistrates – having apparently incurred the wrath of a Salford gang inside. It was the end of an era.

AT THE START of the move into taking over club doors, some young men who had grown up with nothing were becoming very rich. They had become so used to wads of cash that it was now a way of life. There was no way back. At one time there was a fashion for driving down to London and returning in a rented Ferrari costing £2,000 a day.

The same thing was happening in towns and cities across Britain: Liverpool, Newcastle, Nottingham and London. But Manchester seemed to cause particular concern. Perhaps it was a combination of Moss Side and "Madchester," but the media took a special interest.

July 14, 1989, sparked an uproar in the press and paranoia in parents everywhere. That was the day that 16-year-old Claire Leighton from Cannock in Staffordshire traveled up the M6 and went to the Haçienda with a loaned birth certificate. She popped an E tablet into her mouth, given to her by her boyfriend. Not long afterwards, she collapsed while people danced wildly around her. She died later in hospital.

Others followed: Robert Parsonage from Denton died in May 1991; Alasdair Burnett from Bury two months later; Paula Carrier from Marple in Derbyshire; Ayshea Pero from Bolton in 1992; Stacy Brown, 15, took ecstasy outside a club in Trafford Park in February 1994 and died. The death toll in Manchester rose to six.

John Stalker: "The clubs have always been a problem but they became more so when they became places for drugs to be distributed in. The police rely enormously on a system of regulation from within the clubs themselves, but if the club doesn't do that then the police find it difficult to do much. If there is no working relationship between the police and the clubs over the way that doors are run, then the chance is there for anarchy to set in. That's when the gangsters run everything. All police forces found the problem of drug distribution in clubs caught them by surprise. The police didn't know what was happening until it became a problem which manifested itself in the shooting of gangsters and innocent people caught in the crossfire.

"In my day as a detective, I could walk into most places and people knew who I was, they might not like me or welcome me but I could go in to their establishments. It would be very difficult now for a copper of any generation to walk into some of the clubs that are operating these days. The police have got an impossible job to know exactly what is going on in the clubs. The type of policeman needed to infiltrate these places simply doesn't exist today."

It was estimated at the start of the decade that up to 30,000 young people were flooding the city on Friday and Saturday nights to go to clubs. One survey conducted by the University of Manchester at the end of 1991 reported that six out of ten 14-15 year olds in the North West had been offered drugs and 36 per cent of them had used drugs of varying kinds. The survey also reported that about 40 per cent of all young people had smoked cannabis, experimented with sniffing solvents or had taken a dance drug like ecstasy. Coupled with the gang war it made headline news everywhere. Soon even the Los Angeles Guardian Angel group of vigilante train riders, with their elaborate red berets, decided Manchester was their next port of call after trying their luck in London.

In January 1993, the listings magazine *City Life* reported: "We have two main strands to modern Manchester violence. We have casual and random violence associated usually with alcohol abuse; and we have serious, targeted violence associated with guns, organized crime and drugs. The former bothers us because we might be the next victim...the latter is a more daunting problem. If allowed to get out of hand, we could go the way of the USA."

In April 1993, the head of Greater Manchester Police's drug squad, Detective Superintendent David Brennan gave a presentation to an Association of Chief Police Officers meeting in Preston. He outlined the latest intelligence on the gangs of his city and how they had developed:

> In Moss Side, there are two rival gangs – in Gooch Close and Dodington Close. Each has around thirty identified members. The average age of the Dodington is eighteen. The Gooch average is about twenty. But about two miles from Moss Side, just north of the city centre is the Cheetham Hill gang, whose numbers are considerably larger. About sixty members have been identified with an average age of twenty-six.

Apart from the fact that Moss Side's gangs are weakened by division, Cheetham Hill have always been stronger and more sophisticated, and they are organized along almost military lines. They are beginning to wear standard uniforms of boiler suits and balaclavas and they are almost militarily precise when it comes to achieving their objectives. The Moss Side gangs distinguish themselves by different coloured bandanas.

And there are the Salford lads who tend to be involved more in the supply of the "clean" drugs such as ecstasy and amphetamines to the rave scene in the city centre (as against the dirty ones like cocaine, crack and heroin). There is also a tendency to become increasingly involved in the supply of weapons. The Salford lads number around forty and their average age is about twenty-six.

IN MAY 1994, gunfire reverberated around Manchester's city centre yet again and another young man died. This time, it revealed how the gangsters had moved into all areas of the entertainment business. Fly-poster sticker Chris Horrox was shot dead in Sackville Street in the heart of the city while slapping some posters advertising a music event onto a wall. The *Manchester Evening News* later claimed that control over fly-posting operations was worth more than £200,000 a year and was a business fiercely contested by rival gangs.

A Moss Side gang source: "What the gun culture showed was that you didn't have to be hard any more. After all the years of me breaking my knuckles on people's faces and getting my face battered all over the place, that counted for nothing because all it took was for some little sneak to walk up to you with a gun and go "bang" and you were dead. A lot of people who would have been absolute nobodies got reputations because they were using guns. It used to be that you were judged on how you handled yourself in a street fight. Suddenly there were scrawny little kids running around with firearms. Who the hell was going to argue with them? I have seen the biggest hardest guys have to back down to children because that child had a gun pointing at them."

BENJI STANLEY was a lively youngster who rode around Moss Side on his mountain bike like many other teenagers. He avoided trouble and was not involved in running drugs like some of his contemporaries. Unfortunately, trouble did not avoid him. One night in January 1993 he was queuing for fish and chips in a patty shop around the corner from Manchester City's football stadium when there was a crack of gunfire. The people behind the counter ducked for cover as bullets pierced a hole in the window. One of Benji's friends vaulted the counter. Benji was not so lucky. He caught a bullet and died soon after. He was just 14 years old.

Mistaken identity? A warning to his friends? Anyone who knows why he was shot isn't saying. No one was ever charged with his murder.

The press jumped on the story and poured into Moss Side from all over the world. TV satellite trucks parked along Claremont Road while reporters from America's CNN and Japan's NHK stood by the fading bunches of flowers placed on the pavement and did live two-way interviews with far-away anchormen. Reporters with notebooks cobbled their stories together in an Indian restaurant in Rusholme, fearful of hanging around too long in the pubs of Moss Side. Documentary producers pontificated. Leader writers ranted. A week later they were all gone but the image of Britain's Bronx remained fixed in the world's imagination.

Anthony Stephens on the death of Benji Stanley: "I know Benji's father Chris well [and while] Benji's death was very, very tragic, it wasn't as if it was the first. It was just highlighted because it came at a very low news point, just after the New Year. All of a sudden this 14-year-old boy got shot dead in Moss Side. Not the first, not the last. But it wasn't just the local media and the national media but the international media who all jumped on this problem of guns in Moss Side. But it had been there from way before that point."

His view that by now Moss Side was a "good story, forget the facts" is backed up by the statistics. Professor Ian Taylor and authors Karen Evans and Penny Fraser write of the reality told by statistics of Moss Side in their book about crime in Manchester and Sheffield, *A Tale of Two Cities*: "In 1993, at the height of the panic over murders in Moss Side and firearms use across Greater Manchester as a whole, there were only 34 murders across the whole of the Greater Manchester Police area (covering a city of 2.6million people) and only four in C Division, the area covering Moss Side and adjacent neighbourhoods."

Of those only one – the death of Benji Stanley – was related in any way to the gang problem.

The authors went further: "In 1993 the total number of offences reported in C Division was actually one of the lowest of all divisions of the city. The highest overall number of woundings, for example, occurred in Salford (a primarily poor white city adjoining Manchester centre) and the outlying towns of Wigan and Bolton... Manchester had attributed to it, in the imaginations of journalists, politicians and others, its own particular, fearful ethnic ghetto."

Clearly other parts of the city were more dangerous. It speaks volumes about the attitudes of a largely white press to reporting difficulties experienced by a largely black community.

The authors also set about a major project to interview people from Moss Side and Cheetham Hill and city dwellers not from those areas concerning their views about those parts of town. Academics were doing the job that most out-of-town journalists couldn't be bothered to do. Without exception, the non-residents cited them as bad areas, which they avoided. They used words such as "guns" and "gangsters" and "violence". But the people who lived in Moss Side and Cheetham Hill had entirely different perceptions.

One typical respondent said, "It's a joke that. I've lived in Moss Side all my life... what they say about Moss Side is a load of rubbish. I've walked around there at four o'clock in the morning and I've never seen anything."

After Benji died, the police did put more resources into getting guns off the streets. But no one knew how many there were. All they could do was target known gangsters. They were successful in turning over safe houses that were usually in the homes of gangsters' girlfriends. The remit was simple: get intelligence, get "hands on", get warrants and get the guns. And it worked, up to a point.

The gangs themselves brokered a truce. It happened in a pub close to the city centre. "It may have been a serious attempt by certain heads of certain factions to call time on this silly situation," says one informed source. "Everyone was always dead sceptical over it. There was so much firepower in there that they had the ability to annihilate each other. It was like a stand off between America and Russia. Whilst everyone said we will go with this truce, the suspicion was such that no-one took off their flak jackets and no-one walked unarmed."

WHERE the guns came from is a matter of great intrigue. Some theories are elaborate. Writer Brian Freemantle in his book about organised crime in Europe, *The Octopus*, believes the weapons trade is masterminded by the Russian mafia from luxury enclaves in London.

"Illegal drugs, that bedrock upon which all organised crime is founded, provide the income and a linked demand for the weapons. A gun – several if possible and certainly one that is automatic – is an essential accoutrement for every Jamaican in the notoriously violent Yardie gangs in the established centres of London and Manchester and Liverpool," he writes.

A Moss Side source known by the author for nearly ten years says with a shrug that guns "came from everywhere".

"The guns didn't come from any one single place," he says. "They came from all over and they were plentiful. I could understand the people who carried guns because they were in fear of their lives and needed to protect themselves. What I couldn't understand was the people who carried guns because they liked the respect it brought them. They like to walk around in a long coat and carry a gun underneath. When people saw someone walking in a long coat, they would get off the streets, the crowds would part for them because they knew he was one of those gangsters. There were plenty of young men who were nothings and yet walked around like that because they carried guns all the time."

Greater Manchester Police Serious Crime Unit says the guns came from abroad to begin with. The collapse of the Berlin Wall enabled smugglers to drive to Europe, buy guns and drive them back to Britain but most were stolen from people who held them for perfectly legal reasons. After the Dunblane massacre in 1996, when a lone gunman murdered 16 children and a teacher at their tiny Scottish school, there was a swift response. Handguns were banned in the wake of the outpouring of grief and bewilderment. A national amnesty took in thousands of unwanted weapons. Lawfully held weapons were handed in and burglars found fewer guns to take. GMP noticed a marked fall in the number of handguns being found in the hands of gangsters when they raided their safe houses.

Around the spring of 1997, there was a rise in the use of semi-automatic weapons being used – Mac10s and Uzis – which could blast off dozens of rounds per second. The guns were unpredictable in trained hands, let alone in the hands of a teenage gang-banger. Many came from the same source, a Brighton armourer who was getting hold of decommissioned guns and turning them into useable weapons. It's thought he was responsible for more that 200 getting into the hands of criminals and gangsters across the country from London to Scotland. Naturally, many of them found their way to the North West and to Manchester in particular and were used in several major incidents. The armourer, Anthony Mitchell, was arrested and sent to prison in 1998 and the trade in these high-powered weapons dried up, although there were still a handful around. The last two years of the 20th century saw six incidents involving machine pistols in the region.

DEALING on the estates of Manchester was proving to be less profitable than it had in the "golden" years which preceded – golden because those in the drug trade took great pleasure in wearing their wealth around their wrists, necks and on their fingers. The police raids and attitudes of the dealers took their toll and scared people away. Drug buyers habits changed too. Fewer and fewer risked going onto the estates, and more started dealing amongst themselves and for friends in informal networks. No one wanted to meet the shadowy dealer with the hood pulled over his head and a gun in his pocket any more.

In 1995, after a year, the truce began to crumble. Internal division within one gang, the Dodington, led to an internecine feud that left several young men dead. The number of shootings increased sharply: in 1996, 12 people were injured by gunshot; the following year it rose to 39. By 1999, the figure was 43.

The last year of the century would be the worst of all. There were new crews on the scene, very young, some barely into their teens, who were carrying weapons and blowing people away. Though incredibly dangerous, they were the lowest rung on the organised crime ladder. Far, far above them were the real moneymakers.

THE £5 MILLION KISS

WHILE THE new breed of street gangs battled for control of drug supply, other individuals were competing for huge stake in the free-for-all of importation. Transport, any Customs officer will say, is the key to drug distribution. If you can get it into the country, the rest is easy. And so just as the likes of the Gooch Gang were turning to modern communications such as cell phones, scanners and encrypted pagers, so the importers were using ever more expensive methods. Above all, the Mr Bigs would never touch the drugs themselves. This made it ever more difficult to secure convictions against them.

One major case was that of Ted Avis, a stocky, middle-aged Liverpudlian with thick black curly hair, cut in the style of an Eighties footballer's "mullet", and an eye for the main chance. In 1997, he put together a plot to import a huge quantity of ecstasy tablets, using light aircraft.

"This was a classic case of a conspiracy where we never once had any one of our suspects with their hands on the drugs," says Customs Investigator Mike Fletcher. "Very often it is not possible to catch them in that way. We have to instead demonstrate their involvement in the offence by association and we do that by surveillance and by observation and monitoring movements, eventually showing a jury the full picture of how these people went about trying to commit the offence of smuggling. On this occasion we were able to do just that."

Avis lived in the Childwall area of south Liverpool, in a semi-detached house that had been expensively renovated and decorated. Working with a younger man from the Midlands named Paul Ellis, a thin lad with a crew cut, he hired unwitting pilots to fly over to Holland and Belgium to collect bags of pills and fly home with them. By using small grass airstrips, they hoped to exploit the lack of Customs controls.

But early on in their plan, the alleged conspirators came under close observation from Customs and Excise and the North West Regional Crime Squad. Surveillance officers monitored one meeting between Avis and a pilot in Manchester's Crowne Plaza Midland Hotel. Another was observed in a Little Chef roadside restaurant outside Knutsford in Cheshire. Crime Squad officers dressed as waiters to eavesdrop and the meeting was recorded on video by a camera in the kitchen and by a microphone hidden under their table. They were followed and filmed for weeks. Their phone conversations were intercepted and their cars tailed. It must have seemed to Avis, later on, that even the walls had ears.

In April, Avis flew to The Netherlands to arrange purchase of ecstasy, spending three days there. "About a month after that trip, an aircraft took off from a grass airstrip near Manchester and headed over to Holland, refuelling on the way. They landed but no drugs were collected and the aircraft returned to Manchester. We believe that was a dry run," says Fletcher.

The light aircraft had been shadowed all the way by a spy plane. On landing in Manchester, the local police helicopter carried out more surveillance, filming the pilot and co-pilot alighting from the plane at close range. Soon after, another light aircraft was chartered and flown from Manchester to an isolated grass strip in Yorkshire. The following day, the twin-engine four-seater flew from there to Belgium.

The plane's destination was a small airstrip at Deest where, unknown to the pilot, a courier was waiting with two big bags containing 30 kilos of newly-pressed ecstasy tablets. They had a street value of nearly £2million. It should have been a discreet handover. Unfortunately for them, however, the conspirators had chosen a bad day: instead of a deserted strip where their deal would go unnoticed, they were flying into the heart of a military air display. Jet fighters tore around them and parachutists were dropping from above. To cap that, a crowd of 5,000 aircraft enthusiasts had flocked to watch the show. The plan was hastily abandoned.

"It was a complete cock-up," says Customs officer Steve Rowton. "It seems the people involved screwed up when it came to the crucial moment. They had chosen an airfield in Belgium to land and collect the drugs but on the day they arrived there was a military air show taking place, which caused panic to set in. The drugs were there but it didn't seem like a very good idea at the time to load them up and bring them back. The Belgian Police moved in and seized the drugs, which a courier was holding. We made our arrests in the UK based on the evidence we had obtained before the actual day."

Mike Fletcher adds: "We were working closely with colleagues on the Continent, the Belgian police were able to seize the drugs and make arrests there and we arrested the organisers in the UK who were subsequently tried and convicted and given heavy sentences for attempting to import the drugs into the country. The pilots said at court that they were duped into attempting to smuggle drugs." The pilots were found to be completely innocent. They had been duped by Avis and Ellis, who had never revealed to them the true nature of their intended cargo.

Describing Avis's own denials as 'a cock-and-bull story', Mr Justice Owen told him: "You have a reputation as a gambler. You have gambled and you lost. You intended – and would have done so except for the intervention of undercover officers – to make a very considerable profit. You organised and planned it. It is difficult to imagine a more serious offence relating to Class A drugs. Those who deal in the importation, supply and selling of such drugs are dealing in death, degradation, misery and suffering."

He jailed Avis for 22 years, a massive sentence for a conspiracy charge that delighted the investigators. Ellis received 18 years. Both sentences were reduced slightly on appeal later, but the message went out loud and clear that the courts were going to throw the key away for all drug traffickers brought before them.

David Wakenshaw, Assistant Chief Constable of the National Crime Squad, the organisation which was formed in 1998 to look at organised crime in the UK, believes drugs are now the biggest threat to the security of Britain. Drug traffickers will risk spending half their lives in jail for the potential rewards. "You can see that they run a type of business that is as sophisticated as many of the multinational organisations in legitimate business. They operate in a very similar way and have a similar structure. Their advantage of course, is that they don't have to stick to the rules."

"There is a clear problem for those organisations investigating serious crime. Indeed, is what they are investigating really a crime if no one complains? Their victims often don't report what has happened to them. Maybe they've been the victims of a money laundering scam, maybe the victim of a fraud and for obvious reasons don't want to report it to the police because they themselves have been up to no good. We have had to develop our techniques in this area significantly, by bringing in experts in finance, accountancy and technology to make sure that we are tackling this sort of crime with a totally different method of investigation.

"The basic rules of policing are still the same. You have to know your target and what he is going to do and where he is operating. This is still as important today as it was fifty years ago. It's about getting to know people and then backing this up with the new techniques that we are developing."

THE SPA TOWN of Buxton, nestling in the Derbyshire Peak District, is an unlikely base for a multi-national drug trafficker. But that is exactly where the biggest dealer in Turkish heroin of recent times set up his base. Hussein Ege was a short, fat middle-aged man with scrubby black hair. He had no source of legitimate income, no job or business, yet drove a top of the line Mercedes and blew tens of thousands of pounds over the roulette and card tables of casinos up and down the country.

He was identified by the National Crime Squad and targeted in Operation Salamander. The head of the team was Detective Chief Inspector Roger Hardy, a tall, thin, quietly-spoken man with an understated air of dogged tenacity.

"The starting point was some very specific information from officers in the Metropolitan Police in London about Ege," he says. "They identified him as being a very prominent member of the Turkish community who mixed with known targets of the Met Drug Squad. The intelligence indicated he was a very, very significant player in the distribution of heroin throughout northern England.

"We carried out a very intensive surveillance operation on Ege and his associates over many months. When we looked at him closely, we realised he was extremely well connected with major heroin traffickers in Holland and in other European countries, going alls the way down the chain to Turkey."

It was his flamboyant lifestyle that made Ege stand out from the crowd. Over a six-month period, he lost nearly £100,000 in casinos. He travelled regularly to Morecambe on the north Lancashire coast, to cities in Scotland and towns in West Yorkshire, to Birmingham and London to gamble. He had his £35,000 Merc cleaned every day, tipping the carwash staff between £50 and £100 a time, and did nothing to hide his wealth.

Towards the end of 1997, the National Crime Squad team learned that a major consignment of heroin was on its way to Britain; specifically, to Ege. The NCS team intensified their operation. The "mules", or couriers, on the trip were a young Polish family who had no idea what their real cargo was. They drove a white Ford Granada from Turkey, through the Balkan countries and Poland and on through Germany and the Low Countries and France before crossing the Channel and ending their trip at a hotel near the Elephant and Castle in south London.

The hotel records revealed that another Pole named Gregorz Kolton had stayed there on the same night. He was there to take the car on its final leg of the journey to Manchester. Coulton drove up the M6 the following day and parked in an NCP car park close to Piccadilly Gardens on the heart of the city. He made his was to the huge concrete monolith of the Piccadilly Hotel and waited in the reception. Ege and others arrived and took the Pole in their car to a lock-up garage to talk further. It had been identified by the NCS team a few days earlier and was under secret surveillance. Ege then directed them to go in the Granada and drive to a secret location in Oldham where they would park the car in another garage.

Later in the day, Ege, and a Dutch minder met with the Pole and others at the Stanley Casino in Bolton, a large building that once was a Wesleyan Church. The only praying that goes on there now is for the roulette ball to fall on red or black.

"What we got unexpectedly was some very useful intelligence from the casino. We saw Ege and Coulton in a huge embrace in the reception area which was recorded on security camera," says DCI Hardy. This would later be referred to in the subsequent trial as the "five million pound kiss".

"They were clearly very, very pleased with themselves and felt that everything had come together."

They didn't know that they were under heavy surveillance at the time. The conspirators finished their gambling session at the casino and headed back to a small terraced house in Manchester's Cheetham Hill area. The celebrations inside went on for several hours.

"We made a very careful decision that this was probably the safest time to take them out. We didn't know if they were carrying firearms so we called in a Greater Manchester Police firearms team. As soon as they came out of the house the strike was called.

"A search of the house was made but the police didn't have to look too far for evidence. There was a table in the centre of the room and on it was a shoebox that contained nearly £28,000. What was particularly unusual was that when we interviewed them, no one wanted to own up to ownership of the money. No one wanted to be connected with it."

Forensic examination of the notes revealed traces of heroin powder. The cash was clearly being used to buy some of the consignment that had arrived earlier in the day.

Then the team switched their attentions to the Granada in the garage in Oldham. "We opened the boot and sure enough there were three holdalls containing a massive amount of heroin."

The conspirators had unpacked the heroin from its hiding places under the floor of the boot and from behind the dashboard. In total there were 52 bricks of heroin weighing half a kilo each and approximately 60 per cent pure, which is a high purity for heroin. It was worth £4-5 million, the second highest seizure of heroin anywhere in Britain during 1997.

After the arrests, DCI Hardy went to the National Criminal Intelligence Service with the details of the case and the people they had lifted. He wanted to trace the chain further.

"After just two or three days, they were able to tell us that the Dutch had made a similar seizure three months earlier. We found that the Polish courier was actually a major figure in that inquiry, which involved a major Turkish trafficking family based in Rotterdam. We traced the courier's movements over a three-year period leading up to the arrest and found he had been consistently crossing national borders. That made him a very significant player in what was clearly a very well-organised heroin trafficking network."

Inquiries were made with the police in his hometown of Lublin in Poland. They discovered he had recruited local people there to work for him and drive consignments of heroin from Turkey all over Europe.

DCI Hardy: "There is no doubt that, in the last half decade, Turkish-produced heroin has become a major threat to towns and cities of the UK. Over ninety per cent of the heroin which comes into the country has Turkish origins. At the time that we were looking at him, Ege was the main Turkish heroin distributor in the North of England. He was a major figure and when he was sentenced by the judge he got a sentence which reflected that."

Ege got 25 years. Three co-conspirators including the Polish courier got 18 years each. The compulsive gambler had risked it all and lost the biggest bet of his life.

ALTHOUGH the number one threat from crime in the UK is undoubtedly drugs, there are still some tough and determined criminals who have the bottle to carry out well planned armed raids where the opportunity to make millions is still very real. Raids on banks and building societies rarely net the perpetrator more than a few hundred pounds these days. Surveillance by video is routine and front counters are bullet proof to protect the staff behind them. Only a fool would risk a ten-stretch for a handful of notes.

One school of armed robbers though, which was operating throughout the mid and late Nineties, had identified a way of getting vaults full of them. They ignored the bank counters and instead went for the cash delivery vans and even the security company vaults where the money was taken in transit.

Their *modus operandi* was simple but effective: weld a giant battering ram with a spike on the end into the back of a large truck and reverse it into the van or building. Then run inside with a balaclava and gun and frighten everyone into turning over the cash; if they don't comply, hold a gun at someone's head until they do. The team were a perfect example of the way criminals from different cities were teaming up for major crimes: it drew members from both Salford and Liverpool and was an ugly mix of some very ruthless characters. They robbed in the winter and spent their earnings in the summer. This pattern carried on for several years.

They struck first at a Tesco store in Mather Avenue in Liverpool, backing a flatbed lorry into a Securicor van. Next they bashed down the wall of an Armaguard vault in Salford. They escaped with about £750,000 from the two attacks; as much small denomination currency as they could carry into a waiting BMW M5 car capable of nearly 160 miles an hour, which they always used for their escape.

The gang became the work of Greater Manchester Police Force's specialist Robbery Squad for nearly three years. At the head of the team was Detective Inspector Steve Nolan: "They were very cool in the execution of their crimes and had clearly done their planning well. They fired shots into the ceiling of the Salford vault when they went in, so they weren't afraid of using extreme violence too. They were very dangerous people.

"This type of crime caused a certain amount of concern and unrest amongst commerce in Greater Manchester and Liverpool at the time. The ability to move money around is a key part of being able to do business. If we'd let this gang continue, it could have caused real problems for commerce as a whole and we had to tackle it."

The squad launched Operation Jaguar against them. When summer crept around, the trail seemed to grow cold. They knew they would have to be patient.

THERE WAS still much to do, as another operation against similarly organised and violent robbers was going on at the same time. Again, the gang was based in Salford and they were arguably more violent. Certainly, they were more unpredictable.

At its head was a ruthless 33-year-old named Paul "Parva" Corkovic. Under him was a group of men ten years his junior but who were happy to follow him in raids that netted then £275,000. Their method was to threaten extreme violence and to take hostages in public places to force staff to hand over money. They carried out eight robberies before they were eventually caught, the first in November 1994. It was just a month after Corkovic had been released from prison for a previous robbery. They struck at Bailey's cash-and-carry store in Salford Quays, rushing into the shop, forcing people to lie on the ground and going for the safe in the cash office. They turned over Morrisons supermarket in Eccles, the Albion Casino in Salford, and two Manchester National Westminster Bank branches.

Their most terrifying attack came when they raided the giant Sainsbury's store on Regent Road, Salford, at one of its busiest times of the day. They ran in brandishing loaded guns and forced 200 shoppers to lie on the floor amongst the aisles. They then tried desperately to get into the cash office, but failed. Presumably as a warning, they fired a gun into the ceiling as they fled empty-handed and clambered into a getaway car. One of the gang didn't get away, though. Lee Anderson, aged 25, was impaled on a spiked railing which he tried to vault to get to the waiting car. Staff and shoppers rushed outside and grabbed him.

Corkovic and his team were arrested in dramatic scenes at the lock-up industrial warehouse they used as an HQ. The danger of the gang having loaded firearms and using them wasn't lost on the armed units that went to take them out. Chief Constable David Wilmot had given special permission to use CS gas and stun grenades. Some of the robbers came out of the building choking and shocked, only to be pinned to the ground by armed policemen wearing gasmasks. Corkovic and another escaped their clutches, but only temporarily. When the gas cleared, the Robbery Squad went inside to building and found loaded guns, masks and a Land Rover with a battering ram welded to the back, ready for the next heist.

At Manchester Crown Court, the police produced a damning photograph of Corkovic and another gang member counting a huge wad of money in his sitting room. They jury had no hesitation in returning a guilty verdict. Judge David Owen told Corkovic that the evidence against him was overwhelming and condemned him for the terrifying violence used against ordinary shoppers.

"You used meticulous planning and timing to steal hundreds of thousands of pounds which has not been recovered. Firearms were discharged on a number of occasions and one man was forced to kneel down with the barrel of a loaded shotgun pressed to his neck, followed by a demand of, 'Give us the cash or we'll kill him.' Your weapon was terror inflicted on the guards, bank staff and the public."

He was sentenced to a massive 23 years in jail. Other gang members Jason McFeely, aged 23, Lee Taberer, 25, Anthony Erdman, 25, James Neale and Lee Anderson each got 15 years after pleading guilty.

The *Manchester Evening News* reported the head of Salford Police as saying: "The people of Salford should be very relieved by the verdicts. The gang did not care who got in their way and in my opinion it was only a matter of time before someone was shot."

MEANWHILE Operation Jaguar was now taking shape. Detectives had a major stroke of luck in being able to trace the movements of the flatbed lorry used by the robbers in the first raid on the van outside Tesco. The flatbed with its twelve-foot long, retractable battering ram welded onto the back had been driven to Liverpool from Greater Manchester. Using a secret method, they were able to track it back to its starting point, which turned out to be a shabby industrial estate on the outskirts of Bolton. This was where the battering ram had been welded onto the stolen flatbed lorry. Late one night, detectives went down and installed a remote-operated camera to record the movements of everyone coming and going. But before they could really get into gear on the other members of the team, the robbers were on the move.

They headed down the M6 towards London. The following night they struck at a Securicor vault in Dartford, Kent. Again, a battering ram was reversed at speed through a wall by the main shuttered entrance. Three robbers jumped out of a stolen BMW M5 while another waited in the car revving the engine. Staff ran for cover as shots were blasted into the ceiling and through a window. They got into a safe which was in the process of being filled and took what was inside: £435,000. Then they disappeared into the night, abandoning the ram truck.

Steve Nolan: "There wasn't much we could do to prevent that attack, but it did give us a really good opportunity to look at the way that the team worked and get ready for the next time they struck. There was no doubt in my mind that there would be another time.

"Each robber seemed to have his particular job within the gang. One would steal the wagon, another might be involved in welding while others would carry the firearms or do the robbing. If we'd tried to pick them up at any stage during the planning we would only have enough evidence to prove that they were stealing lorries or wearing balaclava masks for no apparent reason. To be successful at gaining a conviction we were going to have to wait for them to do another job."

The gang had discharged their weapons on two previous occasions, inside the vaults in Salford and Dartford. They had proved they were dangerous. The Robbery Squad was taking a big risk in letting them stay on the streets. But soon there was another break.

Steve Nolan: "One of the robbers we had identified did something rather unusual while we were watching him. He went to an industrial unit at Bute Street in Salford and climbed onto the roof. Then he kicked in a window and had a good look around. We thought this was too good an opportunity to miss so we put the lock-up under close surveillance."

Within days a large lorry, almost the size of a furniture truck, was stolen in Stockport and driven to the lock-up. Other members of the team started coming in from time to time and it was clear some heavy work was going on inside. Late one night the detectives took a torch and a camera and broke into the warehouse. They opened up the back of the lorry to see a giant girder had been welded to the metal floor. Another girder had been attached with a locking pivot and a flat ram-tip with a spike was in the process of being added to the end. The construction meant that the ram could be driven on the roads concealed inside, but pulled out to form a terrifying and powerful weapon at the moment of attack. Surveillance was stepped up and so too were other operations.

Steve Nolan: "We had no idea where they were going to strike next. It could have been around the corner or it might have been anywhere in England, Scotland or Wales. We had to take steps to ensure that when the target was identified we could get the vault staff to safety and lock down the cash. But we couldn't put out a general alert to the cash security industry because we didn't know if they had someone on the inside who was giving them information."

A top-level secret meeting was held between the detectives and senior members of the major companies that operated vaults across the country. They had 400 possible targets between them nationwide. A contingency plan to ensure the safety of vault staff was thrashed out.

Then one evening in late 1997, a BMW M5 was stolen from South Manchester. If the team was following the same procedure as previously, the next attack wasn't far away. In fact it happened within the week.

Steve Nolan: "The truck came out of the lock-up and was driven to Poole in Dorset. There it was parked in a layby overnight and the man who'd taken it down went back to Manchester. The following evening it was picked up and driven towards an industrial estate on the edge of town."

There were three possible targets in the Poole area, according to the details passed to the Robbery Squad by the vault companies, but it wasn't until the last minute that it became clear which one they were going for. It was another Securicor warehouse.

The operation was controlled by DI Nolan and his team from a special control room in Manchester. They were able to put the staff inside the vault on alert one minute before the gang struck. A call was placed to them and a code word given. The staff were instructed to close down all the safes inside and lock themselves into a secure room with a mobile phone their only contact with the outside world.

The truck pulled into the Securicor yard, closely followed by the BMW, which hadn't been near the truck until then. The robbers and the ram came together for only a few moments and it was at this point that the police had a chance to strike.

A GMP firearms team was lurking close by, but the position of the lorry blocked their path and it was impossible to make an arrest safely. The officers inside cursed their bad luck and could only listen as the ram crashed into the wall with the sickening thud of concrete cracking. Three robbers in balaclavas rushed into the vault – but their luck was out. There was no one to take hostage to force others to open the safes. Several shots were fired at the locks in a desperate bid to open them. After no more than a minute, it was clear to the robbers that their attempts were futile.

But the Robbery Squad couldn't hear what was going on. The Securicor mobile phone in the vault packed up at that precise moment. They had to rely on a running commentary from their firearms team on the ground, who described how the robbers were running back out of the vault and into the BMW to make their escape.

Then came the most unexpected twist of all. The BMW broke down, leaving four armed and highly agitated robbers with no transport. GMP's firearms team was being backed up by local Dorset police tactical arms units, which were supposed to be waiting in reserve. But one of them had strayed into the area to take a look at what was happening. As the firearms unit drove around a corner, they were confronted by a masked man standing in the middle of the road pointing a gun at their windscreen. He and his accomplices forced the car to stop and pulled the officers out. They made one of them kneel on the ground, holding a loaded pistol to his head. The getaway driver climbed into the front seat and gunned the engine. The robbers made their escape in a bulletproof police firearms car with a boot full of high calibre weapons and ammunition. It was a disaster.

"The Dorset team were disadvantaged and taken by surprise. It was a very difficult moment for us," says Steve Nolan. The car was dumped in countryside a short distance outside Poole: it had not occurred to the fraught robbers to take a closer look at what it contained. The Robbery Squad, who had been living on adrenalin in the same room for more than 24 hours, tried to clear their heads to anticipate what the fugitives would do next. They knew the robbers had no transport. Where would they go?

The logical answer was home. British Transport Police in London were instructed to look out for the prime suspects. It wasn't long before a phone call came in. Two of them had been videoed by a security camera at Euston station getting onto a train bound for Manchester. They were carrying small bags.

The pair settled back on the three-hour journey north and sipped from cans of lager, no doubt mulling over their escapade. At Crewe, undercover police officers boarded the train and sat down next to them. A short distance down the line, at Wilmslow, the pair alighted and the following officers lost them. They were picked up again later in the day by security cameras at Oxford Road station in the centre of Manchester. They wandered about 100 yards to the corner of the main road and put their bags down on the ground at their feet.

Steve Nolan: "They were standing outside an arts centre called the Cornerhouse, which is a very distinctive shape. It is U-shaped and they were standing at the apex, clearly waiting to be picked up by a car. This was our moment to pounce; there was no time to be wasted calling in an armed team."

The Detective Inspector and several members of the team in the control room grabbed their jackets and ran outside. They got into an unmarked car and drove at high speed into the city. Continuing on foot a short distance from their quarry, they crept up along one of the outside walls of the building. Seeing that the bags were still at the feet of their suspects, and their hands were free from pockets, DI Nolan and his men made their move. Shoppers walking past jumped back as the two were grabbed and thrown onto the pavement. They were handcuffed and read their rights. The police had been right to be cautious. Inside the bags were the firearms the gang had used in not just the Poole raid but also at Dartford and Salford previously.

The other two robbers had fled abroad – one to the Isle of Man and the other to Amsterdam. They were traced, arrested and extradited back to the UK to face trial.

Seven men eventually stood in the dock at Manchester Crown Court. Among them were three men who had carried out the robberies: Graham Dorrian, Kevin Kennedy and Laurence Brown. A getaway driver, delivery driver and welder were with them, as was the so-called mastermind behind the planning, bespectacled 47-year-old David Hill from Liverpool. He had seen the biggest change in lifestyle, swapping a council flat in Speke for a £175,000 home the following week. He also got the biggest sentence of 20 years for conspiracy to commit robbery. Between them, the gang got prison sentences totalling nearly 100 years.

Steve Nolan and his team, who had worked tirelessly on the case, were delighted. They continued to work for the next two years to identify and seize the assets of the gang's raids and eventually were able to return nearly £1.25 million pounds to Securicor and others.

A money-laundering scam was uncovered too. The cash from the raids was taken to horse racing meetings by a professional gambler who placed minimal-risk bets, mostly on favourites. He lost about ten to twelve per cent of his stakes over time but that seemed to be an acceptable price to pay to have the cash unwittingly laundered by bookies at the tracks.

The cash-in-transit industry learned from the gang's exploits too. Previously, firms had been happy to use light industrial units to store money, which were never really designed as strong houses. With a little pressure from police forces such as Greater Manchester Police, most of these were vacated and specially designed vaults impervious to ram-raid attacks were constructed.

Steve Nolan: "This was a crime of its time and it couldn't happen now because the industry has put a lot of measures into place to make sure it can't. The people who contemplate this kind of crime have to realise that there is no future in it for them. All they are going to end up with is long prison sentences and assets seized. We were prepared to be patient, to play a waiting game in order to get this gang. It's what the Robbery Squad is there to do. We worked for nearly five years on Operation Jaguar to achieve a successful outcome. It's a long time and it's hard work but at the end of the day it's our job to see that these kind of people do not profit from crime."

Senior police officers believe that taking away the assets of major criminals is the way forward. "Why should they do a long prison sentence only to come out at the end of it with a large pot waiting for them?" says David Wakenshaw. "It is important that we seize the assets of crime. We must take away the big houses, the expensive cars, all the trappings of the good life, in order to show that you can't profit from crime. Major criminals must spend substantial sentences in prison, which is the best and only place for them. Taking away Curtis Warren, for instance, was a major success, but getting to the assets of a tremendously sophisticated operator like him, who managed to store away millions in properties and other interests, is also very important. We must do the same in all fields of crime to guarantee any real success.

"There will always be a leader or a chairman of the board, if you like, and there will always be people below them in the pecking order. We have to get amongst all these people because unless we do there will be more chairmen of the board than we can do anything about."

MEANER STREETS?

I T DID NOT take much, it seems, to spark the worst twelve
months of gang violence ever experienced in Manchester.
It may have been something as trivial as someone looking at
someone else in the wrong way. Incredible as it may seem, such a
minor episode was to spark a conflict between two gangs of
teenagers, some still at school, that shattered the lingering remains
of any gang truce.

The shootings that followed were largely between remnants
of the Dodington Gang and the so-called New Gooch, up-and-
coming successors to the Gooch Close Gang, many of whom now
lived not in their old Moss Side base but in nearby Longsight. One
group claimed to have sworn a misguided allegiance to a dead Moss
Side gangster, who few of them had even known.

Such playground-style machinations might have ended with
a scrappy fistfight at one time. But those days are long gone. Now,
youths not even old enough to buy a packet of cigarettes had access
to deadly firepower and were prepared to use it. The local evening
paper, the *Manchester Evening News*, was to dub it The Year of Living
Dangerously.

The shootings began in January 1999. Leon McKenley, 18, a
music student, was shot dead at the front door of his home in Old
Trafford.

In April and May there were a number of shootings and
kidnappings in Salford, none fatal.

On July 30, 1999, a hooded intruder broke into the home of
Patrick Logan late one night in Withington, south Manchester.
Logan had been born in Belfast 40 years earlier and had moved to

Manchester after getting out of jail in Northern Ireland. His fiancée, Susan Thompson, was in bed next to him as he called the police from the phone beside his bed. What happened next was recorded by the 999 operator.

"I've just been woken up. There's two… There's people down the stairs, we've been burgled," says Logan. Then he shrieks as a gun is pointed at him. Shots are heard.

There is a brief silence before Ms Thompson screams, "Please help" to the operator. Police revealed later that Logan was known to them and might have had connections to drugs dealers in Ireland. It wasn't thought to be linked to a local dispute and police later said "serious individuals" had executed him, possibly from Ireland. But other incidents most definitely were linked to local problems.

The following day Martin Bennett, aged 25, was shot in Moss Side. In the past he had been identified as a mover in the Gooch mob. A few days later, on August 3, Dorrie McKie, aged 20, was gunned down in Moss Side when he and a friend were ambushed by six people on mountain bikes. In another unconnected attack that September, Gooch member Chris Swarray was shot dead as he sat in a car in the Ladywood area of Birmingham. Both Swarray and Bennett had confided to friends only weeks before that they were desperate to get out of "the life" and the area but found it extremely difficult.

The shootings continued. On August 15, Anthony Cook, aged 24, was chased through the streets of Moss Side and shot dead. His VW Jetta crashed into another car, then a lamppost. A pursuing BMW pulled alongside the wrecked VW and a gunman fired seven times into his head and chest with an automatic weapon. The *Manchester Evening News* identified him as a leading member of the Dodington.

Next, Judah Dewar, aged 35, was killed in Longsight. He was a formed Sale Grammar School pupil who lived in Oldham and was visiting friends in his BMW when he was murdered. Detective Superintendent Andy Tattersall, a veteran of Salford gang troubles for more than a decade, had recently acquired the Moss Side patch just as the new shootings flared up. Of Mr Dewar, he said: "I want to stress that this was an ordinary, decent man who was in the wrong place at the wrong time. It is not a gang-related or drug-related murder. But it is possible that Mr Dewar was singled out because he had a smart BMW."

Three days later a 30-year-old man escaped with his life when he was shot in Hulme nearby. A bullet entered his hip and ricocheted upwards, tearing one of his lungs.

On December 27, father-of-one Simon Brown, aged 27, was shot outside a nightclub in Cheetham Hill. He had stepped into an argument, which wasn't really his and paid for it with his life. A police source tells how an argument between younger members of his family and others over ownership of a bike was behind it. Simon had intervened and angered some pretty notorious figures. He lay low for a time and then went out on Boxing Day. Shocked revellers watched as he was shot moments after he stepped out of the Manchester Black Community Trust, just after 5.30 am the following morning. Armed officers were called to the building after getting reports that a man had been shot. Despite desperate attempts by paramedics, he died at the scene.

And so it continued, depressingly, into the new century. Roger Ormsby, aged 35, was shot three times in the back of the head in Whalley Range on January 5, 2000. He was a man with a clean criminal record, three children and a share in a garage business and a property company. Police and local sources say two young men got into the back of his red BMW on the pretext of buying something from him. Whatever it was, they took it along with a few pounds he had with him and then shot him in the head for the hell of it. His foot slipped on the accelerator and revved to engine to the point where it caught fire. A .32 handgun was found near the murder scene.

Within two days, GMP took a step that many local residents had long been asking for, given the high levels of shootings which were taking place – in 1999, seven people had been killed and 43 injured with firearms in Greater Manchester. They put armed officers on patrol. Of the Ormsby murder, Detective Superintendent

Andy Tattersall told the BBC: "We know what is going on the streets of Manchester, drugs are being dealt. It was not an ad hoc murder. They had the distinct intention to kill him."

Perhaps the most shocking of all the killings came on January 12, when 17-year-old Gabriel Egharevba was gunned down while he rode his mountain bike through Longsight towards his mother's house. An innocent victim of mistaken identity, he was killed with several single shots and then a burst of automatic gunfire from someone sitting on a motorbike.

Detective Superintendent Keith Jardine said that a frightening minority of local youths had turned to guns to get to the top of the local criminal pecking order. "We have a relatively small group of youngish people who are into a culture where firearms seem to have a great deal of importance and who have the nerve at the moment to go and use the firearms. It's a culture where the gun appears to play a large part. It is a respect thing. The gun is sometimes seen as an accessory, almost a fashion accessory, and is sometimes used to demand respect from their peer group."

Because many of those killed were black, and because the warring factions had links with the old Moss Side gangs, the deaths tended to revive the demonising of "the Moss", even though they had not actually happened there. Many were quick to rise to the area's defence, including the local parish priest, Father Phil Sumner, who has been a respected and occasionally outspoken figure at St Wilfred's Church in Moss Side since 1976. He was one of the few people willing to talk about the gangs during the height of their prominence in the early Nineties and reflected a general feeling of the community when he said some people had lived in Moss Side for years and had never seen a gun.

"They only know what they read in the papers about the trouble. A spate of shootings can often begin from an ordinary argument between two guys about a girlfriend and because some of these young men are involved in the drug economy they have weapons to protect themselves. Once someone is shot the tit-for-tat thing can happen."

Nevertheless, the Gunchester headlines were back. Half a decade of regeneration and millions being poured into Moss Side by the city council, Europe and private enterprise looked close to being undermined. The *Mirror* wasn't alone when it screamed: "ANOTHER MURDER ON THE STREETS OF THE CITY WHERE YOUTHS CARRY GUNS AS FASHION ITEMS"

Law-abiding local people fashioned their own response: many of them got together and held a three-day vigil for peace. The rich Jamaican tones of reggae star-turned-preacher "Lieutenant" Stitchie reverberated in a packed church as he chanted: "Tell me again, how much tolerance do we give to crime and killings?"

"Zero tolerance!" came the reply from the 400-strong congregation, young and old, crammed into the tiny building. Three times he asked them, and three times they replied, each time louder than the last, as if by the strength of their voices, they could get their message through.

A sorrowful Faye Dewar, mother of Judah, voiced the anguish of all those who had lost loved ones. In front of a crowded police news conference, she asked, "How many more mothers?" It all seemed so pointless. The word from those who knew was that the outbreak was down to a lawless group of teenagers that had a total disregard for the elder, once-feared gangsters, some of whom had laid down their arms in the hope of a lasting truce.

Why that should be was hard to answer. Maybe the days of money for all had gone. Certainly drug buyers were no longer coming into Moss Side and the surrounding areas in the numbers of previous years. Where once the Alexandra Park estate hosted the largest heroin market in the North West, now dealing was fragmented throughout the city, on dozens of estates. Policing, redevelopment and the area's reputation had combined to push the trade away. Dealing had changed too, with the middleman street dealer becoming less important.

Instead, the new upstarts used their guns to "tax" the handful of local dealers who were left and rob anyone who looked like they had a bit of money. By killing people who had reputations from earlier years, their reps amongst their own small groups would rocket.

In April 2000, the community bit back. An anonymous tip-off to a 999 operator led to 15 people being arrested in a house in Longsight. Seven were later charged with various offences. Police had been led to what was alleged to be a pow-wow of two gangs. They had a lot of questions to ask.

A recurring theme over the last 100 years in the North West of England is that so much gang violence has been driven by the most trivial of matters. Only the extreme measures used to exact revenge or to inflict hurt have changed with the times – and the increasing amount which is meted out. The belts and knives of the scuttlers have been replaced by the semi-automatics of today's teenage gang bangers. But there are still some parallels.

The main problems are still caused by young men, many of them in their teens. They are still often territorial in nature. And little has changed in that even the most insignificant incident can ignite a bloodbath. The issue of guns is still of prime concern for police forces, not just in the cities, but in the rural areas too. Those with firearms and who are prepared to use them believe they hold a trump card in their hand. Some just feel they have to have them because their rivals have them.

Former Merseyside Superintendent Albert Kirkby sums it up: "The big worry to me is this: when you are dealing with professional criminals who are travelling a lot and have a great deal at stake, they will carry firearms as a matter of course, usually to protect themselves against their competitors. They feel they need firearms for bravado; the use of the firearm is a kind of cult thing now.

"That means the police have to run around the country with teams of highly trained firearms officers who have to be deployed at the drop of a hat and make arrests in very difficult situations. It's a big responsibility and a big change in the way police operations are run in a very short period of time.

"I can never see that altering until perhaps there is a reintroduction of the death penalty where people really do believe they could lose their own lives in the commission of a crime. And I can never see politicians re-introducing the death penalty. Then I fear that the use of guns in crime is going to escalate. It's a sad part of society where violence is predominant and it has come in only a couple of generations but it is here and here to stay. There is now no excuse needed by these people to kick someone's head in, to stab somebody, to shoot somebody, because it's their natural way of reacting."

THE PACE of change has always been fast in crime and yet some things never change. We have heard much about narcotic drugs being a major factor in crime in recent years, but for the most part, a drug of a different kind causes violence. The recurring theme is that which is caused through the effects of alcohol. Domestic violence and street violence were caused by excessive drink 100 years ago and the same is true today. Indiscriminate violence is evident for anyone to see at chucking out time in any town or city in Britain on a Friday or Saturday night. Cities change character between 6 pm and 7 pm – they empty of workers, the professionals, the middle-aged and the old. Then the young colonise the streets and the bars. It is intimidating for the majority, who will actively avoid certain parts of the city, fearing they may encounter trouble. It is a problem that generations of politicians have failed to tackle with any great passion.

As for professional criminals, they have always been quick to pick up on technology to assist them as it changed, and today the advantages are increasing by the day. The mobile phone and radio pagers when they first came out at the end of the Eighties are probably the drug dealer's greatest assets. The advent of "disposable" mobiles proved to be perfect for them too. "They have created a new obstruction in the River Mersey," quips one Liverpool detective. "Hundreds of pay-as-you-go phones have been chucked in there, used once for a deal and never used again. There's a giant mobile phone sand bank built up in there."

Now there is a move towards harnessing the enormous power of the Internet and the potential for criminal communications offered by anonymous, unlimited e-mail and chat groups.

Law enforcement agencies have hit back with even more

sophisticated equipment of their own: James Bond stuff such as satellite tracking, bugging, and devices which can read computer screens by their monitor emissions from hundreds of yards away are now being employed on routine investigations.

The National Crime Squad's David Wakenshaw: "People generally are more sophisticated these days than they used to be, that's true for most of society. The pace of technological change is greater than ever before. The criminals themselves are adept at changing and they will recruit the kind of people who are good operators within their fields. They will recruit people with knowledge in fraud, they will recruit experts in areas they are interested in attacking, so we have to be able to respond and hopefully be ahead of the game.

"If we identify a criminal gang that is operating nationally and internationally we try to look at them, find out where their weaknesses lie, where their Achilles heel might be relative to the type of operation they are involved in. We will then employ all of our resources to stop them in their tracks and make sure they don't carry out their plans. It is only through co-operation with agencies in all areas of law enforcement that we can hope to make a difference."

"The majority of gangs at the moment revolve around the importation and the distribution of drugs. However they are moving into other markets, whatever proves to be profitable – smuggling cigarettes, bootlegging alcohol, counterfeiting of clothing, it's all the same to them. But still their bread and butter is drug dealing and that's where we have to hit them. They aren't interested in the human misery that their activities bring about. All they can see at the end of the day is the money and the profit.

"Cyber crime is of enormous concern to law enforcement agencies across the world," he adds, with a note of real caution. "We have to be very wary of the Internet and what is happening on it. It's well known that paedophiles operate on the Internet but it also creates opportunities for other kinds of criminals as much as it does for legitimate business operators. It will create opportunities to set up bogus companies obtaining details of credit cards and all of those kinds of things. They can set up anywhere in the world and prove to be very hard to catch."

Possibly more worrying than all of this (and even more difficult to solve) is the crossover of criminals into legitimate business that give them a toehold of respectability; it's a useful way of laundering cash too. One much-used method over the past decade for serious criminals has been to form "security" companies. The euphemism is a useful one when filling in tax returns.

Although many legitimate and respectable operations exist, few would dispute that there are others that are simply covers for criminal enterprise. In October 1999, the *Manchester Evening News* reported how at last, politicians were beginning to respond to the dangers these firms pose:

> Salford city council has called on the government to bring in tough new controls to regulate private security firms. The city is among the first in the country to draw up a list of "approved contractors" for security services. But it believes new laws are needed to prevent criminals muscling in on the industry.

Salford Councillor Jim King told the paper: "There has been a phenomenal growth of the private security industry in Salford from the late 1980s and we are concerned that there should be specific legislation governing it. Britain is the only country in Europe without such legislation, yet the industry is estimated to be worth about £4 billion a year in the UK. There are about 340 companies registered with the British Security Industry Association, employing about a 100,000 people, but only 70 per cent of firms are attached to this self-regulatory body. Because of the dramatic growth of the industry, people need to have more confidence in operators. The potential for criminals to take advantage is enormous. We need to have barriers to prevent people with criminal records getting involved, otherwise the industry is going to be wide open to possible abuse."

The previous April there had been a private meeting of business people in Salford with the Home Secretary, Jack Straw. He was told of their fears that criminals involved in protection rackets are also behind some security firms. "The only growth industry in Salford at the moment is security," MP Hazel Blears said at the time. "Every shopping centre in the city has a security guard. For criminals, it is a self-perpetuating business. If they make it dangerous enough, the city will need security companies."

The sound of stable doors being bolted ten years too late again echoed, but at least the politicians had finally woken up to the problem. The security firm issue is just one manifestation of a wider dilemma which politicians, police and the public face. There are serious villains who have made vast fortunes out of drugs, but who have legitimised their operations and created new legitimate businesses. In turn those businesses have become substantial and bring much-needed jobs to our cities and regions. Should the police be stopping these criminals from going legit or turn a blind eye? Is it justifiable to take these new businessmen down if, at the same time, it leads to the loss of genuine jobs when the company folds?

Ray Walker says, "How do you separate the good money from the bad, the villains from the businessmen. When does a criminal become an asset to society and when is he a threat? The lines are becoming more and more blurred."

The days are long gone when a lone police officer such as Jerome Caminada could come in and clean up a city single-handed. He made up the rules as he went along, because there were no rules. He was instilled with a sense of natural justice and that seemed to work for him. Former Manchester Assistant Chief Constable Charles Horan, a great admirer of the first detective, is the first to admit that he wouldn't be able to operate in such a way today.

"Caminada's tactics would probably be considered entrapment today. He was a hard but fair man and the rulebook for him was a basis for negotiation. The rule book as it exists now does not let the police officer do what he could in those days. We don't just need one Jerome Caminada now, we need a legion of them."

Policing will always be a difficult job. It is an exercise in social control and no one likes to be controlled. Both the cities of Liverpool and Manchester and the towns and villages of North West England have changed over the century; their fortunes have ebbed and flowed with the tidal changes of Britain's economy. Population shifts, recession and bad town planning may have been factors of causation for crime, but they were not the whole cause.

The police forces themselves were often slow to adapt to change and the loss of contact with the public is something which can only be rectified by a massive recruitment campaign at a time when the numbers of people applying to join up is at an all time low. Wages are not great and neither is morale. It is getting harder to secure convictions and major criminals can, and do, employ legions of well-paid lawyers to keep them out of jail.

According to Home Office spending figures for the year 1999/ 2000, Britain allocates more than £22 billion on its armed forces – the Army, Navy and Air Force – in preparation for a war that might not happen. The public purse will fund the police and Customs criminal investigators to the tune of a little over £7 billion pounds. Only the lawmen are fighting a war that is happening right now on our streets and which affects all of us.

Are we willing to fund the fight? Can we as a population afford not to? A dilemma indeed as we embrace the new century and continue to tackle crime on streets still as mean as they were at the turn of the last one.

The hard drug trade has brought riches for a few at the very top of the trade and great misery for thousands of users. Mid and low ranking dealers haven't seen the light as many of them end up facing serious violence sooner or later, or long jail terms when they are caught. The average shelf life for a drug dealer before the law or his competitors catch up with him is about 18 months. Few of them significantly improve their living standards with the money they make. They don't earn enough to enable them to leave their impoverished home streets behind and what cash they do bring in from the trade makes them stand out as a target for others.

IN THE EARLY 1990s, the author went on a series off early morning raids with police officers in the old textile town of Blackburn in East Lancashire. We cruised some of the most deprived housing estates before dawn. Fierce looking officers in balaclavas and boiler suits shattered doors into splinters with metal battering rams and charged into houses to arrest hung-over and frightened people in their beds. Most were rather relieved to find out that it was the police and not rival dealers who were coming for them.

As junior detectives searched under floorboards and inside toothpaste tubes for hidden drugs, a senior officer told me: "Take a look around this place; it's a complete shit hole. The man we've just arrested is one of the biggest dealers in town, he makes hundreds of pounds every night, but look at the lifestyle."

I had to agree; it was anything but Miami Vice. The three-bedroom council house was sparsely furnished, the kitchen sink was coming away from the wall, window panes were broken and litter was strewn around the hallway floor and out into the back garden. There was a sticky feeling under my feet with every step across the filthy carpet. There was a smell of cigarette smoke and rotting food.

"They sell drugs, have £30 takeaway curries every night and get wasted on grass and bottles of Thunderbird," said the detective. "Their kids still go hungry, they have little furniture – just a cheap TV and a stereo. It's hardly a path to glamour and riches, is it?"

COCKY

THE RISE AND FALL OF CURTIS WARREN BRITAIN'S BIGGEST DRUG BARON

BY TONY BARNES, RICHARD ELIAS AND PETER WALSH

CURTIS WARREN is an underworld legend, the Liverpool scally who took the methods of the street dope dealer and elevated then to an art form. He forged direct links with the cocaine cartels of Colombia, the heroin godfathers of Turkey, the cannabis cultivators of Morocco and the ecstasy labs of Holland and Eastern Europe. He has been called 'the richest and most successful British criminal who has ever been caught.' This is his explosive story.

'Curtis Warren gunned his £30,000 silver Honda Legend down the motorway back to Liverpool. He was dressed cool and loose in designer-label sports top, tracksuit bottoms and clean new trainers. A cellphone lay on the passenger seat. He steered smoothly, the automatic gear stick in Drive, his right hand on the wheel, no haste in his movements. Only the regular flicker of his gaze towards the rear view mirror betrayed any tension…'

COCKY is a shocking insight into organised crime and an important and revealing investigation of a contemporary drug baron.

Shortlisted for The Macallan Gold Dagger for Non-Fiction 2000

'Compelling' – *The Observer*

Available at all major bookstores priced £14.99